李祥金　吴小帅　编著

刑法原理与实务

XINGFA YUANLI YU SHIWU

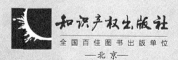

知识产权出版社
全国百佳图书出版单位
——北京——

图书在版编目（CIP）数据

刑法原理与实务 / 李祥金，吴小帅编著 . —北京：知识产权出版社，2020.8
ISBN 978－7－5130－6746－1

Ⅰ. ①刑… Ⅱ. ①李… ②吴… Ⅲ. ①刑法—中国—研究生—教材 Ⅳ. ①D924

中国版本图书馆 CIP 数据核字（2020）第 014002 号

责任编辑：彭小华　　　　　　　　　　　责任校对：王　岩
封面设计：SUN 工作室　纺印图文　　　责任印制：孙婷婷

刑法原理与实务

李祥金　吴小帅　编著

出版发行：知识产权出版社 有限责任公司	网　　址：http：//www. ipph. cn
社　　址：北京市海淀区气象路 50 号院	邮　　编：100081
责编电话：010－82000860 转 8115	责编邮箱：huapxh@ sina. com
发行电话：010－82000860 转 8101/8102	发行传真：010－82000893/82005070/82000270
印　　刷：北京九州迅驰传媒文化有限公司	经　　销：各大网上书店、新华书店及相关专业书店
开　　本：720mm×1000mm　1/16	印　　张：26
版　　次：2020 年 8 月第 1 版	印　　次：2020 年 8 月第 1 次印刷
字　　数：480 千字	定　　价：120.00 元

ISBN 978－7－5130－6746－1

目　　录

原 理 篇

实 务 篇

原理篇

第一章　刑法学概述

第一节　刑法学的概念、研究对象和体系

一、刑法学的概念

刑法学是以犯罪和刑罚及其罪刑关系为研究对象的科学。刑法学属于部门法学的范畴，是部门法学中最重要的学科之一。

二、刑法学的研究对象

（一）犯罪

没有犯罪就没有刑法，因此在界定刑法的时候，不能离开犯罪。由于犯罪在刑法中的重要地位，因而在某些国家，刑法又被称为犯罪法。对于刑法和犯罪的关系，可以从历史和逻辑两个方面理解。

首先，犯罪是刑法存在的前提。刑法随着犯罪的产生而出现，也将随着犯罪的消灭而消灭。关于犯罪会被消灭，刑法会随着犯罪的消灭而消亡，目前无法证实。但刑法随着犯罪的产生而出现，却可以得到历史的印证。例如，"夏有乱政，而作禹刑；商有乱政，而作汤刑；周有乱政，而作九刑"，这里的"乱政"，就是社会中存在的犯罪；而禹刑、汤刑、九刑，则指夏、商、周时的刑法。

其次，犯罪是刑法的规制对象。刑法通过某种行为的否定评价将其规定为犯罪，具有规范性。刑法还具有惩治性，通过使犯罪人遭受一定的痛苦而显示刑法的实体性存在，达到报应和预防的目的。

（二）刑罚

刑罚是一种刑事制裁，正是这种刑事制裁方法决定了刑法与其他部门法的区别。刑法不以特定的调整对象作为存在的根据，而是以调整方法的不同区分于其他部门法。任何法律规范，只要以刑罚为其法律后果，就属于刑法规范。

（三）罪刑关系

罪与刑之间的关系：一是因果关系，即犯罪是原因，刑罚是法律后果，这种关系体现了刑法的报应性；二是功利关系，刑罚作为一种法律制裁措施，通过适用产生一定的功利效果，体现了刑法的预防性。

三、刑法学的体系

刑法学的体系，是指刑法的组成和结构，即如何更加科学合理地安排刑法的内容和结构。我国刑法学的体系如下。

（1）上编。

①刑法论，主要包括刑法的概念、任务、基本原则、适用范围等。

②犯罪论，主要包括犯罪的概念、犯罪构成、犯罪形态等。

③刑罚论，主要包括刑罚权、刑罚及其种类、刑罚的具体运用等。

（2）下编。

①罪刑各论概述，主要包括罪名、罪状、法定刑等。

②各类具体犯罪及其刑罚，即十大类犯罪及个罪的罪与罚。

（3）附则。第452条，包括刑法的施行时间，以及刑法对旧刑法、单行刑法效力的规定。

从1997年《中华人民共和国刑法》（以下简称《刑法》）的层次上看，我国《刑法》总体上分为总则、分则、附则。具体可分为编、章、节、条、款、项、目。总则和分则各为一编，其编下根据法律规范的性质和内容有次序地划分为章、节、条、款、项。为了引用上的方便，条为不间断序数。

四、刑法的分类

（一）从含义、范围上可分为广义刑法和狭义刑法

广义刑法是指一切规定犯罪、刑事责任和刑罚的法律规范，它包括以下三种形式。

（1）刑法。（2）单行刑法。为了补充或修改刑法而颁布的，如1998年《全国人大常委会关于惩治骗购外汇、逃汇和非法买卖外汇犯罪的决定》。（3）附属刑法。一般指经济、行政法律中附带罪与刑的刑事法规，如《中华人民共和国食品卫生法》《中华人民共和国保密法》中，都附有刑法规范。1979年制定的《中华人民共和国刑法》（以下简称旧刑法）适用期间，立法机关共颁布了130多个附属刑法条文；《刑法》生效后，这些附属刑法条文均已被吸收到《刑法》中。目前我国没有典型的附属刑法。

狭义刑法是指《刑法》。

（二）从内容、范围上来看可分为普通刑法和特别刑法

普通刑法是指《刑法》。

特别刑法是指单行刑法和附属刑法。

（三）根据刑法是否涉及国际关系，分为国内刑法和国际刑法

国内刑法是指一定的主权国家制定的、在其刑事管辖权范围内适用的刑法。一般意义上的刑法，都是国内刑法。

国际刑法指国际公约中旨在制裁国际犯罪（如战争罪、国际贩毒、海盗、跨国的恐怖组织犯罪），维护各国共同利益的各种刑事法规范。

第二节　刑法的特征、性质、功能、目的和任务

一、刑法的特征

作为一个部门法，刑法具有以下特征。

（一）公法的特征

法律有公法与私法之分，公法是涉及公共利益，尤其是国家利益的法律；私法是涉及私人利益的法律。在公法关系中，个人在法律上处于国家的从属地位，而在私法关系中，公民之间或者法人之间以及公民和法人之间处于法律上的平等地位。刑法作为一种公法，个人处于受国家权力支配的地位，只要主体的行为触犯刑律构成犯罪，就应当受到司法机关的刑事追究。

（二）刑事法的特征

刑事法是与民事法、行政法相对应的概念，凡与犯罪有关的一切法律，均可称为刑事法。因此，刑事法包括刑法、刑事诉讼法、监狱法等。在刑事法中，刑法居于核心地位，是主法、实体法，又称本体刑法；程序法往往被称为助法。

（三）强行法的特征

强行法是与任意法相对应的概念，任意法具有意思自治的性质，法律允许法律关系参加者自己确定相互之间的权利义务的具体内容。而强行法则是必须强制执行的法律。在刑法中，某一行为一旦构成犯罪，除少数告诉才处理的犯罪以外，一律应当追究刑事责任，不允许私了，因而具有强行法的特征。

二、刑法的性质

（一）刑法的阶级性质

刑法的阶级性质就是指刑法的阶级属性。刑法和其他法律一样，不是自古就有的，而是随着私有制和阶级的出现，才作为阶级矛盾不可调和的产物应运而生。刑法是统治阶级根据自己的意志和利益制定的，是统治阶级对被统治阶级实行专政的工具。刑法的阶级本质由国家的阶级本质决定。

（二）刑法的法律性质

刑法调整与保护的社会关系的范围与其他部门法不同。刑法与其他部门法的强制性不同。刑罚与民法规定的承担民事责任的方式、行政法所规定的行政处分、行政处罚相比，无疑具有更强的强制性和严厉性。刑法是其他部门法得以实施的后盾与保障，换言之，刑法具有最后手段的意思，不到万不得已时无论是在立法上还是司法上都不能动用刑法，除非采用民事手段、行政手段尚无法制裁、遏制该种行为。

以上的特征决定了刑法具有谦抑的特性。当社会运转处于正常状态时，刑法并不插手社会生活的任何领域，而一旦某一部门法律所调整的社会关系遭受严重破坏，且该部门法自身无力有效处置时，刑法才开始介入。从这一点讲，刑法的调整范围应当限制和紧缩。这里有一个问题值得深思，那就是刑法与其他部门法对社会关系进行调整的临界点该如何确定，即何种社会关系被破坏到何种程度时，才能动用刑法。

在古代的中国，民刑不分，刑法调整社会生活的方方面面，解决民事纠纷也会用刑法的制裁手段。随着资本主义的发展，市民社会和政治国家分立，逐渐形成了二元的社会结构，刑法从调整人们行为的第一线退下来，成为第二次性的手段，由主要的调整手段变为次要的、补充性的调整手段。刑法虽然是一种有力的手段，但并不适用于所有的违法行为。在私人生活领域，主要强调个人的契约自由，国家不得过度干预，刑法的调整范围仅仅限定在公共关系领域内，成为与私法相对应的公法的组成部分。在整个国内法体系中，刑法以外的其他部门法是统治社会的第一道防线，刑法是统治社会的最后一道防线，二者的适用有先后顺序。统治阶级把社会上发生的绝大多数侵害国家、社会和个人利益的行为，用民事、经济或行政手段予以制裁，只有当行为达到相当严重的危害社会的程度，采用其他部门法手段难以充分保护时，才会动用刑法。

三、刑法的功能

刑法的功能又称刑法的机能，指刑法在其运行中产生的功效和作用。

刑法的功能包括三个方面，即行为规制功能、社会保护功能和人权保障功能。

（一）行为规制功能

即通过对犯罪行为的规范评价，对公民的行为进行规范、制约的功能。刑法将某种行为规定为犯罪并宣布给予刑罚，向公民提供一张"刑法价目表"，表明该种行为在刑法上是无价值的，并命令人们不要作出实施该种行为的意思决定，从而达到规制人们行为的功能。该功能是与刑法规范既是评价规范、又是意思决定规范相对应的，是刑法最基本的功能。

（二）社会保护功能

又称为刑法的秩序维持功能，简称为保护功能。即通过对犯罪行为的制裁而保护法益，维持正常的社会秩序。首先，刑法的保护功能表现为对法益的保护。其次，刑法的保护功能表现为对犯罪的制止和预防。对法益的保护和对秩序的维持是通过对犯罪的制止和预防实现的。

（三）人权保障功能

又称为刑法的自由保障功能，简称为保障功能。刑法在实现法益保护功能时，必须考虑使刑法不至于侵犯公民的个人自由，不至于侵犯公民的人权。这就是刑法的自由保障功能。保障功能包括两方面的含义：（1）刑法保障善良公民不受国家的随意侵害；（2）司法机关不得违反刑法的规定对犯罪人科处刑罚，犯罪人有不受刑法规定以外的制裁的权利。即"无罪的人不受刑事追究，有罪的人不受非法追究"。

保障功能和保护功能虽然是由刑法的规制功能派生出来的功能，但却具有十分重要的意义。保护功能涉及整体利益，保障功能涉及个体利益，整体利益与个体利益之间应当达到平衡、协调。所以，保护功能和保障功能，整体利益和个体利益，正义和秩序，这两者之间既互相联系又互相矛盾，好的刑法制度总是力求在两者之间达到恰当的平衡。

四、刑法的目的和任务

（一）刑法制定的目的和根据

刑法制定的目的和根据规定在我国《刑法》第 1 条中，即"为了惩罚犯罪，保护人民，根据宪法，结合我国同犯罪作斗争的具体经验和实际情况，制定本法"。

1. 刑法制定的目的：惩罚犯罪，保护人民

如何理解"惩罚犯罪"呢？报应主义认为刑法的正当性在于它对犯罪的一种回报。犯罪人犯了罪，就对社会有一种应偿付之债，社会则因犯罪的恶行而向其回索，正如欠债还钱一样，杀人就要偿命。对刑法来说，对犯罪给予处罚，用制度化的复仇来满足受害者的愿望，从而减少了私自的报复，具有一定的社会价值。但是，单纯地为了满足社会正义感而确立刑罚，不考虑刑法的社会效果，在很大程度上贬低了刑法的社会意义。"惩罚犯罪"四个字给了我们强烈的震撼，这显示出我国刑法的首要立法目的是要惩罚犯罪，因而报应主义色彩浓烈。

如何理解"保护人民"呢？"人民"是个政治概念，具有鲜明的阶级性。人民的外延比公民要小，人民是公民的一部分。公民相对于人民来说更适合在法律中运用，属于法律领域的话语。"人民"一词是否包括犯罪分子呢？很明显，犯罪分子不但不包括在人民的范围内，而且是人民专政的对象。从这一点来看，犯罪分子在刑法的立法目的上是不受刑法保护的，而且是刑法打击的对象。这样犯罪分子必将失去人权，一切刑讯逼供、一切酷刑都将合法化。另外，"人民"一词是否包括在我国境内的外国公民呢？属地原则告诉我们，一个具有刑事责任能力的中国公民对一个在我国旅游的外国公民进行犯罪，也要受到刑法处罚，因此外国公民也受我国刑法的保护，但外国公民显然不是"人民"。所以，《刑法》第1条中关于我国刑法目的的表述是不科学的。

2. 刑法制定的根据：宪法根据、事实根据

（1）宪法根据。刑事立法，权限、程序、具体的罪刑规定以及刑法的解释、修改、补充都应当由宪法规定。

（2）事实根据。我国人民在长期与犯罪作斗争的实践中，取得了极其丰富的经验，无论是我国旧刑法，还是1997年修订的《刑法》，从整个体系到具体条文的内容，都可以说是对这些经验进行科学概括的结果。旧刑法施行以来，我国开始进入了在经济上发展社会主义市场经济，政治上建设高度文明、高度民主的社会主义法治国家，在人权、法治等社会基本价值上逐步与国际主流社会接轨的崭新的历史时期。为了适应改革开放的逐步深入，以及因政治、经济和社会生活条件的急剧变革而在与犯罪作斗争方面出现的新情况、新问题，更有效地运用刑法同日益复杂严峻的犯罪现象进行斗争，在经过了十多年的酝酿之后，我国在1997年对旧刑法进行了全面的修订。其中的每一个重大的修改，都可以说是立足我国现实，总结概括旧刑法施行以来我国人民同犯罪作斗争的经验，充分考虑到我国地域广大、民族众多、犯罪形势复杂以及我国在与犯罪作斗争中所面临的国际、国内形势的变化的实际情况的结果。

例如，在总则方面，考虑到类推制度在我国实际上并没有发挥打击犯罪的作用，以及我国法治建设日益与国际主流社会价值接轨的实际情况，《刑法》取消了类推制度，明确规定了罪刑法定原则；考虑到在司法实践中还存在"权比法大"，以"官"抵"罚"等适用刑法不平等的现象，《刑法》明确规定了在刑法面前人人平等原则，"不允许任何人有超越法律的特权"；考虑到我国在改革开放以后，国家工作人员、军人在国外犯罪日益增多和我国参加的国际刑事公（条）约日益增多的实际情况，《刑法》扩大了刑法对我国公民，特别是国家工作人员、军人在国外犯罪的适用范围，增加了在我国承担的国际义务范围内对国际犯罪行使普遍管辖权的规定；考虑到旧刑法施行后，不少地方对正当防卫掌握过严，不利于发挥正当防卫保护公民正当权益、激发人民与犯罪作斗争的勇气的实际情况，《刑法》不仅以"明显超过必要限度造成重大损害"为限，放宽了正当防卫的一般条件，还专门增设了"对正在进行行凶、杀人、抢劫、强奸、绑架以及其他严重危及人身安全的暴力犯罪，采取防卫行为，造成不法侵害人伤亡的，不属于防卫过当，不负刑事责任"的"无过当防卫"条款；为了更有利于发挥刑法促进犯罪人的悔过自新和实现刑罚预防犯罪的目的，《刑法》明确规定将被采取强制措施的犯罪嫌疑人、被告人和正在服刑的犯罪人，供述司法机关尚未掌握的本人其他罪行"以自首论"，并将立功从自首制度里面分离出来，规定为独立的从轻、减轻或者免除处罚的情节。

在分则方面，1997 年刑法修改时，根据我国人民同犯罪作斗争的具体经验，结合我国的实际情况，将自 1979 年以来制定的几乎所有刑法规范充分吸收到《刑法》中，在体系上使我国《刑法》成为一部统一的、比较完备的刑法典。在具体规定方面，也进行了许多重大的改革。例如，根据时代的需要，将反革命罪改为危害国家安全罪，并按现代刑法的通例重新界定了危害国家安全的范围；对旧刑法中规定得比较笼统，适用中随意性较大的"投机倒把罪""流氓罪""玩忽职守罪"等"口袋罪"进行了分解，便于司法实践中的正确运用；根据在我国犯罪中出现的新情况，增设了有关对黑社会性质犯罪、恐怖活动组织犯罪、计算机犯罪、侵犯商业秘密犯罪等新的犯罪形态定罪处刑的规定；并鉴于有关走私、毒品犯罪等日益严重的现实情况，相关的刑法规定加重了对它们的打击力度，等等。

（二）刑法的任务

根据《刑法》第 2 条，刑法的任务，是用刑罚同一切犯罪行为作斗争，以保卫国家安全，保卫人民民主专政的政权和社会主义制度，保护国有财产和劳动群众集体所有的财产，保护公民私人所有的财产，保护公民的人身权利、民主权利和其他权利，维护社会秩序、经济秩序，保障社会主义建设事业的顺利进行。

保卫国家安全、保卫人民民主专政的政权和社会主义制度是《刑法》的首要任务。用刑罚方法同一切组织、策划、实施武装叛乱、武装暴乱、颠覆国家政权、推翻社会主义制度以及勾结外国危害我国主权、领土完整和安全，组织、策划、实施分裂国家、破坏国家统一等犯罪作斗争，是《刑法》一项很重要的任务。保护国有财产和劳动群众集体所有的财产，保护公民私人所有的财产是《刑法》的另一项重要任务。为保护我国宪法规定的公民各项基本权利，如公民的生命、健康、人身自由等方面的权利，公民依照法律参加国家管理和政治生活的各项权利，劳动，婚姻自由，老人、儿童不受虐待、遗弃等权利等，《刑法》规定了侵犯公民人身权利、民主权利的犯罪并设置了明确细致的法定刑。最后，维护社会秩序和经济秩序也是《刑法》的一项重要任务，对于扰乱社会秩序和经济秩序的犯罪，依照《刑法》予以制裁。

第三节　刑法的创制和完善

我国自1949年中华人民共和国成立至1979年的30年间没有刑法典，只是在中华人民共和国成立初期有三部单行刑法：《惩治反革命条例》《惩治贪污条例》和《惩治妨害国家货币条例》。

中华人民共和国成立初期开始了刑法典的起草工作，由中央人民政府法制委员会主持。从1950年开始工作，到1956年11月，共写出13稿。中共八大以后步伐加快，到1957年6月28日，写出第22稿。但之后四年多时间里起草工作完全停止。从1961年10月开始，起草工作重新进行，到1963年10月9日写出第33稿。但接着"四清""文化大革命"开始，一切立法工作停止。

"文化大革命"结束后，1978年10月开始重新对第33稿进行修改。十一届三中全会后进一步修改，先后写出五个稿本。1979年5月29日由中央政治局原则通过后，五届人大二次会议进行了审议，最终于1979年7月1日通过，1980年1月1日生效。1979年刑法被习惯称为旧刑法。

立法机关从1982年提出对旧刑法进行修改。从1982年到1989年6月，主要是收集材料、进行论证。1993年以后重新开始，但后来立法工作的重点放到对刑事诉讼法的修改上，刑法修改工作暂停。1996年新的《刑事诉讼法》通过后，立法者开始对刑法进行修改，8月8日拿出第一稿，10月拿出第二稿，12月拿出第三稿，1997年1月拿出第四稿。1997年3月14日经八届人大五次会议通过，并于 1997 年 10 月 1 日起施行。

1979 年旧刑法实施之后、1997 年《刑法》实施之前，立法机关一共颁布过 24 个单行刑法。《刑法》实施之后，全国人大常委会又通过了一个单行刑法，即《关于惩治骗购外汇、逃汇和非法买卖外汇犯罪的决定》。旧刑法适用期间，立法机关共颁布了 130 余个附属刑法条文。《刑法》生效后，这些附属刑法条文均已被吸收到《刑法》之中。目前我国没有典型的附属刑法。

《刑法》生效后，立法机关先后颁布了 10 个刑法修正案。

(1) 1999 年 12 月 25 日《中华人民共和国刑法修正案》。

(2) 2001 年 8 月 31 日《中华人民共和国刑法修正案》（二）。

(3) 2001 年 12 月 29 日《中华人民共和国刑法修正案》（三）。

(4) 2002 年 12 月 28 日《中华人民共和国刑法修正案》（四）。

(5) 2005 年 2 月 28 日《中华人民共和国刑法修正案》（五）。

(6) 2006 年 6 月 29 日《中华人民共和国刑法修正案》（六）。

(7) 2009 年 2 月 28 日《中华人民共和国刑法修正案》（七）。

(8) 2011 年 2 月 25 日《中华人民共和国刑法修正案》（八）。

(9) 2015 年 8 月 29 日《中华人民共和国刑法修正案》（九）。

(10) 2017 年 11 月 4 日《中华人民共和国刑法修正案》（十）。

第四节　刑法的解释

一、刑法解释的概念

刑法的解释指对刑法条文含义的阐明，对刑法规范蕴含的内容的阐述。

在刑法理论上，关于如何对刑法进行解释，存在主观解释论与客观解释论之争。主观解释论认为，法律是立法者为社会一般人设计的行为规范，表达了立法者希望或不希望、允许或不允许人们从事什么样的行为的主观愿望，因而法律应该具有明确性。就刑法而言，刑法应以成文法的形式明确规定什么行为是犯罪以及应受何种刑罚处罚。依据法律规定的行为规范，人们就可以在社会生活中设计自己的行为方式，预见到自己行为的法律后果。法律的明确性同时促使法官严格依法办案，在法律规定的权限范围内行使权力，禁止法官滥用职权，侵犯公民的合法权利，即使是犯罪人也不应受到法外制裁。法律的安全价值由此得到保障。法律的这种可示人以规范的明确性是安全价值的保障。因此，任何对法律的解释都是对立法者在立法时表达的立法原意的理解，亦即找出立法原意。由于这种法律解释的主张以立法原意为认识目标，企图达到立法者的主观状况，因而被称为法律解释上的主观解释理论。

客观解释论认为，法律是社会的产物，法律解释必须符合实际的社会生活。所谓客观，在词义上是指客观的社会现实的需要，以此对应于主观解释理论主张的立法者的主观状况。因此，客观解释论者指出，法律并非僵死的文字，而是具有生命的、随时空因素的变化而变化的行为规范。立法者一旦颁布了法律，法律便随着时间的变化而逐渐地并越来越远地脱离立法者而独立自主地生存下去，并逐渐地失去了立法者赋予它的某些性质，获得另外一些性质。

二、刑法解释的必要性与特殊性

（一）刑法解释的必要性

在国外法学理论中，"解释法律"意味着解释者理解法律的主观过程，具有解释者用自己"特殊的知识、信念、判断、了解或想象""赋予"法律"特别的含义"的意思。所以，早期的资产阶级启蒙思想家，如法国的孟德斯鸠、卢梭，意大利的贝卡利亚等都极力反对法官有解释刑法的权力。如孟德斯鸠在其名著《论法的精神》中主张，法官在执行法律的过程中只能是"法律的留声机"，不得对法律进行解释；贝卡利亚在其代表作《论犯罪与刑罚》中也明确地提出了法官不能对刑法规范进行解释的主张。启蒙思想家们反对法官解释刑法的主要理由有以下两点：一是根据三权分立的学说，只有立法者才有权立法，规定法律规范的含义。如果允许法官解释法律，就很难避免法官赋予刑法规范与立法目的相悖的含义。如果允许法官解释法律，实际上就是同意法官也有立法权，三权分立的政治基础就会因之而受到破坏。二是刑法的机能主要是保护公民的自由，如果允许法官解释法律，法官就可能利用对法律的解释，得出不利于被告的结论。

由于启蒙思想家们天真地设想过的那种"从伟大的哲学家到普通的民众都能一眼看明白"的刑法规范，在现实生活中根本不可能出现。所以，在当今各国刑法学界中，完全反对刑法解释的人可以说基本上不存在。刑法必须进行解释的理由，主要有以下几条。

第一，刑法是普遍性的法律规范，刑法规范的这一特性决定了其必然只能以抽象标准的形式出现。任何刑法规范，不论规定得多么具体，都不可避免地具有抽象性和概括性，而现实生活是千姿百态的。要把任何抽象或概括的标准应用于现实中的具体事实，都必须准确把握该标准的真实含义。所以，适用任何刑法规范前，必须先对刑法进行解释，明确该规范的真实含义，然后才可能将规范作为定罪处刑的标准，准确地适用于具体的事实。例如，我国刑法对刑事责任年龄的规定，应该是我国刑法中最明确的规定之一。但是，即使这样的规定，也必须予以解释。例如，年满 16 周岁的计算基准究竟应该是农历还是公历；究竟是虚岁还是实岁；究竟应从 16 岁生日的当天起计算还是从次日起计算；如果在生日当天过失致人重伤，被害人第二天在医院不治身亡如何处理，等等，如果不通过解释，遇到涉及上述问题的刑事案件，有关刑事责任年龄的刑法规定就无法适用。

第二，刑法的表述形式是语言，当人们以语言作为刑法的表述形式时，就无法避免字面含义与实质含义的冲突。因为这是任何以语言为表述形式的东西都必然具有的局限。由于立法者的水平，立法过程中各种意见的冲突和妥协，以及刑法规定中不可能不采用一些含义本身就有很大争议的专业术语（如"犯罪""刑事责任""故意""过失"）等原因，刑法规范中必然会出现许多意思模糊的概念，词义不清的表述，以及一词多义，多词一义的情况。为了确定法律条文的真实含义，统一人们对多义词，同义词的理解和使一般人能理解法律中使用的专门术语，就必须对法律进行解释。

第三，刑法条文具有一定的稳定性，而现实生活总是变动的，为了使司法活动能够适应犯罪态势的客观变化，可以在条文内容允许的情况下，赋予刑法条文以某种含义。从法律与现实的联系看，一定的刑法规范总是立法者受特定社会历史条件限制的产物。由于社会生活的复杂性和变动性，不论立法者多么睿智，多么富有预见，刑法规范多么富有原则性或灵活性，人们都不可能制定出完全涵盖现实生活中的全部内容、永远与社会发展相适应的刑法规范，在现实中总会出现立法者没有想到或立法者根本就不可能想到的情况。在立法机制日趋复杂的今天，根本就不可能针对新的犯罪随时制定新的法律。如果不根据社会的需要不断赋予刑法规范适应社会发展现实的含义，就会出现刑法规定永远落后于社会现实的情况。

基于上述理由，可以说离开了刑法的解释，就不可能正确地适用刑法，甚至以解释刑法规范的含义为主要研究内容的刑法学也没有存在的必要。正是在这个意义上，国外有不少刑法学者干脆就称刑法学为刑法解释学。

（二）刑法解释的特殊性

尽管没有刑法的解释，就不可能有刑法的适用。但是，由于刑法的内容涉及直接保护或剥夺公民的生命、人身自由、财产等最基本的权利，相对其他法律的解释而言，刑法的解释不能不具有一定的特殊性。

刑法解释的特殊性，主要表现为解释刑法比解释其他法律有更严格的限制。刑法应严格解释，可以说是世界各国刑法学界的共识。但是，什么叫刑法的严格解释，或者说刑法的解释应该严格到什么程度，对刑法的解释应该作哪些限制，各国刑法理论并没有统一的认识。

三、刑法解释的种类

在刑法解释的分类问题上，国内外刑法学界可以说是见仁见智。但总地说来，国外刑法学界多以刑法解释所依据的方法作为刑法解释分类的基础，国内学者则一般从刑法解释的效力和刑法解释的方法两个不同的角度来对刑法的解释进行分类。

（一）刑法解释的效力分类

以刑法解释是否对司法机关适用刑法具有强制性约束力为标准，我国刑法理论将刑法解释分为法定解释和学理解释两大类。

（1）法定解释。法定解释，在我国刑法理论中又称"有权解释""正式解释"，是指特定国家机关根据宪法和法律的授权，对刑法规范作出的具有强制约束力的解释。根据《中华人民共和国宪法》（以下简称《宪法》）和《中华人民共和国立法法》（以下简称《立法法》），全国人民代表大会常务委员会（以下简称人大常委会）具有解释法律的职责；根据《中华人民共和国人民法院组织法》（以下简称《人民法院组织法》）和全国人大常委会《关于加强法律解释工作的决议》的规定，最高人民法院和最高人民检察院有权对于审判、检察工作中具体应用法律、法令的问题进行解释。

法定解释分两种，一种是立法解释；另一种是司法解释。全国人大常委会是国家的立法机关，其对刑法的解释，又称"立法解释"，立法解释同法律具有同等效力。立法解释的主体是立法机关，指具有刑事立法权的立法机关，因而一般是指国家最高立法机关，而不包括地方性立法机关。根据我国刑法的规定，民族自治地方在刑法规定不能全部适用的情况下，可以制定变通或者补充规定。这种变通或者补充规定是根据当地民族的政治、经济、文化特点作出的，具有补充立法的性质，但这不能称作立法解释。依照《立法法》，全国人大常委会制定法律解释，必须通过特定的程序。无论全国人大的负责人或全国人大的下属机关对刑法的理解，如果没有经过全国人大或全国人大常委会以法定程序表决通过，都不能视为"与法律具有同等效力"的立法解释。刑法条文中的解释性规定（如《刑法》第93条关于国家工作人员的规定），在逻辑上是通过立法程序表决制定的"法律"本身，不能将其等同于以相对简单的制定法律解释程序通过的"法律解释"。坚持这一点，不仅可以防止人大常委会通过刑法解释的方式可能对全国人大制定的刑法的基本原则作出不合理的解释，同时也可以避免出现对"立法解释"的"立法解释"这种没有宪法根据的现象。

我国刑法领域的立法解释有：①2000 年 4 月 29 日《关于〈中华人民共和国刑法〉第 93 条第 2 款的解释》，即对"其他依法从事公务的人员"的解释；②2001 年 8 月 31 日《关于〈中华人民共和国刑法〉第 228 条、第 342 条、第 410 条的解释》；③2002 年 4 月 28 日《关于〈中华人民共和国刑法〉第 294 条第 1 款的解释》，即对"黑社会性质的组织"的解释；④2002 年 8 月 29 日《关于〈中华人民共和国刑法〉第 313 条的解释》；⑤2002 年 12 月 28 日《关于〈中华人民共和国刑法〉第九章渎职罪主体适用问题的解释》。

需要注意的是，立法解释是对《刑法》规定的某些内容予以阐明，这与《刑法修正案》所作的修改补充，在内容和作用上都是不同的。

司法解释，就是最高司法机关对刑法的含义所作的解释，最高人民法院和最高人民检察院有权对适用刑法中的具体问题进行解释。在目前情况下，这种司法解释对维护我国法制统一起着不可替代的作用。但是，有学者认为，这种解释没有宪法依据，且与宪法关于"人民法院依照法律规定独立行使审判权"（《宪法》第 131 条），最高人民法院的工作是"监督地方各级人民法院和专门人民法院的审判工作"（《宪法》第 132 条）的规定，以及《立法法》中关于"法律解释权属于全国人民代表大会常务委员会"的规定相抵触，因为最高人民法院、最高人民检察院等国家机关只是"可以向全国人民代表大会常务委员会提出法律解释要求"，在我国目前的法制框架内，通过判例、制定司法指导意见等方式来发挥最高人民法院对全国各级人民法院的监督、指导职能，也许是解决法律适用过程中如何保证法制统一问题最可行的选择。根据《人民法院组织法》和全国人大常委会《关于加强法律解释工作的决议》的规定，最高人民法院和最高人民检察院有权对于审判、检察工作中具体应用法律、法令的问题进行解释。

需要注意的是，立法解释的效力高于司法解释的效力，因此二者发生冲突时，不是适用新解释优于旧解释的原则，而是适用立法解释优于司法解释的原则。

（2）学理解释。学理解释，亦称"非正式解释"。是指由一般人，特别是法学工作者对刑法规范内容的理解和阐述，如有关法制宣传材料、教科书、学术专著、论文、案例分析、通过对刑法条文的注释对刑法的解释等。学理解释对司法机关没有法定的约束力。但是，这并不排除在这种解释与现行的法律和法定解释不相冲突的情况下，司法机关可以视这种解释为对法律的正确理解，并采用这种解释解决刑法规范的具体适用问题。

（二）刑法解释的方法分类

依照解释的方法不同，人们一般将刑法的解释分为文理解释、逻辑（论理）解释、历史（沿革）解释和目的论解释四类。一般来说，目的论的解释方法多为客观主义解释论常用的解释方法，前两种解释方法多为主观主义解释论所采用。逻辑解释中包含的具体解释方法很多，它们在不同的情况下既可能是客观主义的解释方法，也可能是主观主义的解释方法。

（1）文理解释。文理解释，亦称"字面解释""文法解释"，即根据法律条文的字义、词义和语法规则来阐明法律规范本义的刑法解释方法。这种刑法解释方法的特点，是将刑法规范的内容严格限制在刑法条文自然词义的范围内，既不扩大，也不缩小刑法条文字面含义所包含的内容。文理解释依赖的是法律赖以表达的语言的日常意义。由于语言的文义具有多重性，因而又需要在数个文义中根据立法精神加以选择。为了避免日常语言的歧义，创设了专业语言，即"法言法语"。

在采用文理解释来解释法律条文时，应注意以下几个问题。

第一，刑法规定的字面含义，一般应是刑法条文用语最普通的词义。除专门的法律用语和技术性用语外，刑法条文一般应按最普通、日常的含义解释，并将有关规定的上下文视为一个整体来理解法条中所用词汇、短语的意思。对于专门的法律用语或技术术语，则首先应根据其在其专门领域内的最常用的含义来理解。

第二，在刑法规定的词义文理均很清楚的情况下，只要适用该规定不会产生明显的违情悖理的结果，就没有必要再用其他的解释方法。

第三，在任何情况下都必须将刑法规范"可能的词义"视为刑法解释"最宽的界限"，用其他的法律解释方法时，一般来说也应受条文文理可能含义的限制。

第四，尽管文理解释是在成文法国家进行刑法解释的基本方法，但其毕竟只是人们理解探求刑法含义的一种方法。如果把在一般情况下正确的刑法条文的字面含义运用于具体案件时，得出的结论显失公平，明显违背社会公认的常识、常理、常情时（例如，对于伪造货币罪，《刑法》第170条规定，"伪造货币的，处3年以上10年以下有期徒刑，并处罚金"。在字面上对伪造货币罪的成立并没有规定数额要求，对只伪造了1分人民币的人是否也应判处3年以上有期徒刑），我们就得借助其他方法（如论理解释方法、目的论解释方法等）来对刑法条文的自然含义进行必要的扩张或限制，甚至超越。在得到社会认可的情况下，如果超越字面含义的限制，能得出更符合立法目的或更适应社会需要的结论，这不仅是英美法系的惯常性做法，就是在大陆法系国家也在不同程度上为司法实践所采用，得到刑法理论界的认可。

（2）沿革解释。"沿革解释"，亦称历史解释，是指"基于法成立的历史沿革，以阐明法真实的意义"。运用沿革解释来阐明刑法规范的含义，不仅要考虑先前的法律规定，同时也要考虑以前的惯例、解释、标准教科书等。在沿革解释中，法律制定过程中的各种预备性文件（如各种类型的法律草案以及对这些草案的说明等）有特别重要的作用。法律是一个发展的过程，为了正确领会刑法条文的含义，应根据刑法条文制定的历史背景和发展演变的情况来阐明条文含义。

（3）目的论解释。目的论解释，是指为达到法律规定的目的或实现法律规范所维护的价值，在解释法律时将法律规定中所用的词语扩大到日常含义以外的解释方法。

（4）论理解释。论理解释，亦称"逻辑解释"，是指在法律条文的自然含义不太清楚，或者仅根据刑法条文的字面含义可能得出违情悖理的结论情况下，运用形式逻辑中归纳、演绎、类推以及三段论的推论等形式，从刑法规范整体的内部结构以及某一具体规范与其他规范之间应有的逻辑联系等角度，探求刑法规定真实含义的刑法解释方法。这种解释方法的特点是，解释的结论不完全拘泥于刑法条文的自然含义。

论理解释可以从不同的角度进行分类，最常见的有以下几种。

①扩大解释，亦称扩张解释。以法律规定的目的或所维护的价值为依据，超越法条用语的日常含义或语法逻辑的限制来阐明法律规定的含义。例如，全国人大常委会 2002 年 4 月 28 日《关于〈中华人民共和国刑法〉第 384 条第 1 款的解释》中认为，"以个人名义将公款供其他单位使用的"以及"个人决定以单位名义将公款供其他单位使用，谋取个人利益的"，这两种实际上是以个人名义或个人决定"将公款供其他单位使用"的情况，也属于《刑法》第 384 条第 1 款规定的国家工作人员利用职务上的便利，挪用公款"归个人使用"的范围。这种解释方式，就是扩大解释的方法。

②缩小解释，亦称严格解释、限制解释，是指在如果按照法律条文所用词语的日常含义来理解刑法规范的含义，对刑法条文的适用会过于宽泛的情况下，对法律条文的适用范围所作的小于其字面含义的解释。例如，最高人民法院 2000 年 9 月 8 日在《关于审理伪造货币等案件具体应用法律若干问题的解释》中认为，伪造货币的总面额必须"在 2000 元以上"或者"币量在 200 张（枚）以上"的，才能依照《刑法》第 170 条的规定处罚。由于《刑法》第 170 条关

于处罚伪造货币行为的规定中本无数额的要求，这种解释就是缩小解释。

③当然解释，亦称"勿论解释"，是指对法律条文并未明确规定的情况，根据法律所用词语在逻辑上当然应有的含义来阐明法律规定的真实内容，或根据众所周知的道理来推论刑法规范也应适用于该法律没有明文规定的情况。例如，我国《刑法》第125条和第127条明文禁止的只是"非法制造、买卖、运输、邮寄、储存"或者"盗窃、抢夺枪支、弹药、爆炸物的"行为，但如果适用《刑法》第125条或第127条规定来处罚"非法制造、买卖、运输、邮寄、储存"或者"盗窃、抢夺"便携式导弹的行为，就是运用当然解释的例子。

④类推解释，是指根据类比原理将刑法适用于刑法条文没有明文规定，但与刑法条文规定的事实相类似的行为的情况。例如，最高人民法院、最高人民检察院曾在有关的司法解释中认为，"个体经营户的从业人员"也属于（旧刑法）第114条规定的"工厂、矿山、林场、建筑企业或者其他企业、事业单位的职工"，就有类推解释之嫌。我国刑法反对不利于被告人的类推解释。

⑤反对解释，是指根据适用刑法规范的正面结果来推论与其相应的反面结果也能成立的解释方法。例如，根据《刑法》第17条关于"已满14周岁不满16周岁的人"，只有"犯故意杀人、故意伤害致人重伤或者死亡、强奸、抢劫、贩卖毒品、放火、爆炸、投放危险物质罪的"，才"应当负刑事责任"的规定，可以推出未满14周岁的人对任何犯罪都不负刑事责任的结论；根据《刑法》第21条第3款"避免本人危险的规定，不适用于职务上、业务上负有特定责任的人"的规定，可以推出所有法律上没有承担特定义务的人"避免本人危险"的情况，都可以适用刑法有关紧急避险规定的结论等，都是属于反对解释的范例。注意反对解释不能随意运用，由于刑法分则中规定的犯罪与制裁的手段之间并不是一种非此即彼的关系，所以对刑法分则规定的罪刑关系不能适用反对解释。

⑥补正解释，是指根据法律其他条文的规定来补全某刑法规范应有内容的情况。例如，对故意杀人未遂的行为，就只有在用刑法总则有关犯罪未遂的规定来补正刑法分则中有关故意杀人罪的规定后，才可能加以正确地认定。

第二章 刑法的基本原则

原则是法的灵魂和精髓，体现了法律的文明和野蛮、进步和落后。刑法的基本原则关乎刑事立法和司法背后的政治、经济、社会生活的品质，它是刑法学原理的核心内容，也是刑法理论中的一个重大问题。简单地说，刑法的基本原则是立法者制定刑法和司法者适用刑法都必须始终严格遵守的全局性、根本性的准则。

第一节 刑法的基本原则概述

一、刑法的基本原则的概念

刑法的基本原则，是指贯穿于全部刑法规范，具有指导和制约全部刑事立法和刑事司法意义，体现我国刑事法治基本精神的准则。刑法的基本原则是对刑法的制定、补充、修改具有全局性、根本性意义的准则。刑法的基本原则必须贯穿全部刑法规范，对全部刑事立法和刑事司法具有指导和制约意义，能够体现刑事法制基本精神。

二、刑法的基本原则的内容

刑法的基本原则，反映在《刑法》第 3~5 条。《刑法》第 3 条规定的是罪刑法定原则，第 4 条规定的是刑法面前人人平等原则，第 5 条规定的是罪责刑相适应原则。需要注意的是，虽然不少刑法教科书中关于刑法基本原则的表述有五六个，但《刑法》明确规定的只有 3 个原则：罪刑法定原则、刑法面前人人平等原则和罪责刑相适应原则，而其他的诸如主客观相统一的原则、罪责自负原则以及惩罚与教育相结合等原则，都不是刑法明确规定的，它们属于理论意义上的基本原则。

第二节　罪刑法定原则

一、罪刑法定原则的含义和历史发展

我国《刑法》第 3 条规定："法律明文规定为犯罪行为的，依照法律定罪处刑；法律没有明文规定为犯罪行为的，不得定罪处刑。"罪刑法定原则的基本含义是"法无明文规定不为罪，法无明文规定不处罚"。这一原则是刑事古典学派倡导的结果，是法治原则在刑法中的直接体现，是法治社会刑法与专制社会刑法的根本分野。我国《刑法》第 3 条对罪刑法定原则作了规定，这是我国刑事立法的里程碑，标志着我国刑法走向公开化、明确化、规范化。

在中世纪没有罪刑法定原则的存在，当时刑法领域的情况是，神权政治，君主专制，罪刑擅断，司法专横，刑罚权的发动没有或缺乏客观的标准，人民的人身、财产的安全完全依赖于君主和司法官的任意，人权没有保障。

罪刑法定原则的最早渊源是英国 1215 年《自由大宪章》第 39 条的规定。资产阶级革命前夕，一些启蒙思想家对罪刑法定原则作了系统的阐述。如洛克、卢梭、孟德斯鸠、贝卡利亚等，特别是费尔巴哈明确地格言式地表述了罪刑法定原则，即"法无明文规定不为罪，法无明文规定不处罚"。经过启蒙思想家们的大声疾呼，罪刑法定原则逐渐深入人心。

1215 年的《自由大宪章》在英国一直具有法律效力。在 17 世纪的英国资产阶级革命时期，1628 年国会向国王提出并迫使国王接受的《权利请愿书》中规定："国王非依法律的判决，不得逮捕、审讯任何自由民，不得作出没收的判决。"该规定对罪刑法定原则作了基本完整的表述，之后在 1679 年的《人身保护法》和 1689 年的《权利法案》中正式确立了议会主权、依法治国、保障人权的原则，使前述规定有了更加坚实的基础。美国独立战争之前，启蒙思想家们的学说已经在美洲大陆广泛传播。美国独立后，罪刑法定原则被明确规定在美国宪法及其修正案中。法国资产阶级革命时期，1789 年通过的《人权宣言》对罪刑法定原则作了经典表述。该宣言第 5 条规定："法律仅有权禁止有害于社会的行为。凡未经法律禁止的行为即不得受到妨碍，而且任何人都不得被迫从事法律所未规定的行为。"第 8 条规定："法律只应规定确实需要和显然不可少的刑罚，而且除非根据在犯法前已经制定和公布的且系依法施行的法律以外，不得处罚任何人。"随着资产阶级革命在世界各国的胜利和《拿破仑刑法典》的巨大影响，罪刑法定原则也传播到世界各国。在现代世界各国，没有

规定罪刑法定原则的立法例屈指可数。

中国古代没有罪刑法定原则的存在。清末修律时，该原则被引进到中国。《钦定宪法大纲》和《大清新刑律草案》中均有规定。此后民国期间的几部刑法也都规定了该原则。我国台湾地区现行"刑法"、澳门特别行政区刑法也都对其作了规定。旧刑法中没有规定罪刑法定原则，《刑法》第3条对该原则做了明确规定。

罪刑法定作为刑法的一项基本原则已经有二百多年的历史了，至今已经成为不同社会制度的世界各国刑法中最普遍、最重要的一项基本原则。罪刑法定原则是法治主义在刑法中的直接体现，是法治社会刑法与专制社会刑法的根本分野所在。它表明刑法的机能不仅在于保护社会安宁，还要立足于保障人权；刑法不仅要面对罪犯以保护国家，也要面对国家保障犯罪人的合法权益。在我国刑法中，它是三项基本原则中最重要的一个。

二、罪刑法定原则的理论基础

关于罪刑法定原则的理论基础，历来认为是三权分立的思想和心理强制的学说。但现代多数学者认为，这两种理论只有沿革的意义。罪刑法定原则真正的理论基础，是民主主义和尊重人权的思想。

（一）三权分立原则

三权分立原则由孟德斯鸠提出。孟德斯鸠认为国家的立法、行政、司法三种权力应当由三个不同的机关行使。他的理由是："当立法权和行政权集中在同一个人或同一个机关之手，自由便不复存在了；因为人们将害怕这个国王或议会制定暴虐的法律，并暴虐地执行这些法律。""如果司法权不同立法权和行政权分立，自由也就不存在了。如果司法权同立法权合而为一，则将对公民的生命和自由行使专断的权力，因为法官就是立法者。如果司法权和行政权合而为一，法官将握有压迫者的力量。""如果同一个人或是由重要人物、贵族或是平民组成的同一个机关行使这三种权力，即制定法律、执行公共决议和裁判私人犯罪或讼争权，则一切就完了"。所以，国家应该从立法上规定犯罪与刑罚，排除法官的罪刑擅断，使司法官员仅仅只成为"法律的代言人"，使定罪量刑的裁判"只能是对法律条文的准确解释"。

根据三权分立理论，作为司法机关的法院只能遵守立法机关制定的成文法律的规定，只能作为"叙述法律之口"，法院和法官没有制定有关犯罪和刑罚的规范的权力；而对于立法机关，只有通过制定成文法律，才能对司法权进行制约，因此立法机关必须将犯罪与刑罚明确地规定出来，使其成为司法机关定罪量刑的依据；而如果法无明文规定，则不能由司法机关对该行为定罪量刑。可见，要处罚某种行为，必须要有已经颁布生效的明确而具体的法律规定犯罪与刑罚。据此，有学者认为三权分立理论为罪刑法定原则提供了政治制度方面的保证。

（二）心理强制学说

心理强制学说由费尔巴哈创立。费尔巴哈受康德哲学和边沁功利主义思想的影响，认为国家只靠道德教育不足以制止犯罪，因此必须建立以消除违法精神动向为目的的第二道防线，即求助于心理强制。如果使违法行为中蕴含着某种痛苦，已具有违法精神动向的人就不得不在进行违法行为可能给其带来的"苦"与"乐"之间进行细致的比较与权衡，使其避苦求乐。而给其产生这样的心理强制的方法，就是市民对痛苦与犯罪两者不可分割的确信，即使所有的人都相信一定的违法行为必将招致一定的刑罚制裁。法律明文规定各种犯罪应受的惩罚，使有犯罪意念的人面临着刑罚的威吓，因此刑法建立了一个"罪刑价目表"，使有违法精神动向的人不敢犯罪，从而达到对有犯罪意念的人的精神强制，有效地预防犯罪。

按照心理强制理论，刑罚法规是同有违法精神动向的人作斗争的武器，犯罪的实行意味着刑罚法规的失败，因此责任应从犯罪人那里转移到刑法制定者及其不完善的武器那里。所以，为了预防犯罪，就必须有系统地规定了犯罪与刑罚的刑法典；为了消除违法精神动向，就必须确立罪刑法定原则。

（三）尊重人权的思想

尊重人权的思想源于《自由大宪章》第39条的规定，后来又由启蒙思想家发扬光大。这种观点认为，在国家的政治生活中，应当以权利为本位而不能以权力为本位，一切国家活动都应当保障公民的权利而不是相反。在社会生活中，公民的权利可能受到来自两个方面的侵犯：一是犯罪行为对公民权利的侵犯；二是国家权力对公民权利的侵犯。如果任由国家无限制地行使刑罚权，将使公民权利时刻都处于国家权力的压迫之下。如果不对国家权力进行有效的限制，必然使国家刑罚权的行使以牺牲人权保障为代价。而限制国家刑罚权的方式，便是罪刑法定原则的确立。

三、罪刑法定原则的基本要求和派生原则

我国《刑法》第3条规定了罪刑法定原则，罪刑法定的经典表述是"法无明文规定不为罪，法无明文规定不处罚"，即要求罪和刑都必须是法律明确规定的，而不仅仅是看行为有什么样的社会危害后果以及社会危害后果是否严重。关键要看该种行为构成犯罪有无法律的明文规定，构成要件即是行为是否构成犯罪的法定标准。对某种危害社会的行为是否认定为犯罪行为以及是否给予刑罚处罚、给予什么样的刑罚处罚，必须以法律明文规定的为准则。被告人实施的违法或不道德行为给社会秩序造成的损害是否定罪处罚，必须以法律规定为准，如果违法行为未能及时反映在具体罪刑规范上来，是不能作为犯罪来处理的，这是罪刑法定最基本的要求，具体来说主要有 3 个方面。

（1）法定化。即犯罪和刑罚必须事先由法律作出明文规定，不允许法官自由擅断。

（2）明确化。即刑法文字清晰、意思明确，不得含糊其辞或模棱两可。

（3）实定化。即对于什么行为是犯罪和犯罪所产生的法律后果，都必须作出实体性的规定。

罪刑法定原则派生的相关原则或者说具体内容与要求体现在两方面：形式的侧面与实质的侧面。形式的侧面包括：①禁止类推解释；②排斥习惯法，实行成文法；③排斥绝对不定期刑，我国刑法实行的是相对确定法定刑主义；④禁止事后法，即禁止重法溯及既往，我国刑法在时间效力上实行的是从旧兼从轻原则。实质的侧面包括：①明确性原则，即要求罪刑规范必须清楚明确，使人确切了解犯罪行为与非犯罪行为的范围，排斥含混模糊的规范；②合理性原则，即禁止处罚不当罚的行为、禁止不均衡、残酷刑罚。形式的侧面体现形式法治的观点，旨在限制司法权，而实质的侧面是实质法治的表现，旨在限制立法权。

四、罪刑法定原则的发展演变

罪刑法定原则不是一成不变的，它会随着法治的发展、权利意识的不断增强、人们认识水平的提高而产生新的变化。伴随着司法机械主义向司法能动主义的发展，罪刑法定原则也经历了由绝对的罪刑法定原则向相对的罪刑法定原则修正的过程。

绝对的罪刑法定原则有以下几个特点：（1）绝对禁止类推和扩大解释，把刑法的明文规定作为定罪的唯一依据；（2）绝对禁止适用习惯法，把成文法作为唯一的依据；（3）绝对禁止刑法溯及既往，法律只对颁布后发生的行为有效，行为后颁布的新法律没有溯及既往的效力；（4）绝对禁止法外刑和不定期刑。由于绝对的罪刑法定原则束缚了法官的手脚，违背了司法活动的内在规律，因此已经为历史所淘汰。

相对的罪刑法定原则为法官的定罪量刑预留了足够的裁量余地，因而是具有生命力的，能够与司法活动共存。相对的罪刑法定原则要求：（1）在定罪基础上，允许有条件地适用类推和严格限制的扩大解释；以有利于被告为原则，不允许不利于被告的类推。（2）允许习惯法有条件地成为刑法的间接渊源；必须以确有必要或不得已为前提，只有当构成犯罪的要件确定后，必须借助习惯法说明时，习惯法才能作为对个案定性的依据。（3）允许采用从旧兼从轻原则；这是目前我国刑法规定的追诉原则。（4）允许采用相对确定的法定刑，我国刑法分则条文中的法定刑，绝大部分都是相对确定的法定刑。如某种犯罪，判处 3 ~ 7 年有期徒刑、5 ~ 10 年有期徒刑等，法律规定了最高刑和最低刑的量刑幅度，法官在幅度内自由裁量。

第三节　刑法面前人人平等原则

《刑法》第 4 条规定："对任何人犯罪，在适用法律上一律平等。不允许任何人有超越法律的特权。"这就是对刑法面前人人平等原则的规定。刑法面前人人平等原则，也称为平等适用刑法原则，其含义是：对任何人犯罪，不论行为人的家庭出身、社会地位、职业性质、财产状况、政治面貌、才能业绩如何，都应当追究刑事责任，一律平等地适用刑法，依法定罪、量刑和行刑，不允许任何人有超越法律的特权。

由于封建制度和农耕文化积淀出的浓厚的等级意识、身份意识和人情意识，刑事立法和司法中的不平等现象时有发生，主要表现为：第一，适用刑法因人而异，如官民处遇不同、中国人与外国人处遇不同、内地居民和港澳台人员在内地犯罪处遇不同。第二，适用刑法因时而异，典型的是"严打"这种运动式的带有浓厚色彩的司法方式，导致在适用刑法上的不平等，其所造成的社会不良影响比量刑不当本身要大很多。第三，适用刑法因程序而异，请示、协调等内部操作程序，使法定的刚性程序变成弹性，导致司法上的不平等、不公正。第四，适用刑法因司法主体的素质、意识而异，其原因除了封建等级制度遗留下来的特权思想、官本位思想外，还在于热衷于把法律和司法政治化、运动化和形式化，司法独立得不到保障，缺乏一套行之有效的民主监督机制。因此，应全面改革司法管理体制，确保司法机关独立行使司法权，建立起执法标准始终如一的体制，适用刑法必须全国统一、前后一致，绝不能因地区、时期而标准不统一，尤其是对财产、经济犯罪，不能因地域差别确定不同的起刑点而导致适用刑法的不平等。

对于刑法面前人人平等原则的理解，注意以下几个方面：第一，适用刑法面前人人平等原则是宪法中法律面前人人平等原则在刑法中的具体体现。第二，刑法面前人人平等原则是指适用刑法人人平等，是司法上的人人平等，并不包括立法上的人人平等。第三，刑法面前人人平等原则在刑事司法活动中具有全过程性，不仅体现在定罪、量刑上一律平等，而且在行刑上也一律平等。第四，刑法面前人人平等原则并不意味着必要的差别不存在（如刑罚个别化问题），问题在于导致差异的原因是否合理合法。

平等同自由一样是人类杰出的理想。平等实际上是希望自己能够像他人一样生活，这便是人们对平等的向往。但是，平等的理想首先是以抗议性的形式表现出来的，平等刺激着人们对于命运、特权和不公正的反抗，且人们对于平等的追求几乎没有终点。刑法面前的不平等主要表现为一方面的平等会在其他方面产生明显的不平等。如对两个罪行相当的人判处相同的罚金刑，由于两人经济状况不同，实际上承受的痛苦是不平等的。平等之所以成为人类的理想，还因为处于平等状态下的一切将处于有序的状态，平等是法律本身的内在要求。由于人们与生俱来的享有人权的能力是有差别的，教育程度、生存环境、民族习惯等因素所造成的不平等是实际存在的。作为刑法，它的目的是维护社会善良风俗和正常秩序，终极目标在于保障人权，使社会公众更加平等地享受自然财富和人文财富。因此，刑法中很多制度的原始出发点都是谋求刑法面前人人实质平等，以形式上的不平等来追求实质上的平等。如《刑法》第90条关于民族自治地方适用刑法时有变通规定，就体现了实质上的平等，主要是由于民族之间存在着历史遗留下来的不平等。同时，刑法面前人人平等，并不是平均主义，平等和平均是两个概念。平等并不意味着在各方面实行绝对均等的思想。法条上某些不平等往往表明了事实上的平等。例如，对未成年人减免刑事责任的规定，对于审判时怀孕的妇女不适用死刑的规定。所以，立法上所表现出的某些形式上的不平等，实际上是平等原则在更深层次上的体现。

第四节　罪责刑相适应原则

一、罪责刑相适应原则的概念和历史发展

罪责刑相适应原则又称罪刑相适应原则、罪责刑相当原则、罪刑均衡原则、罪责刑均衡原则，其含义是：犯罪的社会危害性程度的大小是决定刑罚轻重的主要依据，犯多大的罪，就判多重的刑。最经典的表述是：重罪重刑，轻罪轻刑，罪刑相称，罚当其罪。

罪责刑相适应原则，要求刑罚给予的处罚不仅要和犯罪行为的危害程度相适应，而且还要与行为人的刑事责任相适应，即结合行为人的主观恶性和人身

危险性的大小，把握罪行和罪犯各个方面的因素，确定刑事责任的程度，适用轻重相应的刑罚，所以最好的称谓还是罪责刑相适应。这也表明罪责刑相适应原则体现了或者说蕴含着主客观相统一的原则。法治的标志之一是司法统一，同样性质、类似情节的案件，不应因为地域、身份、经济、民族、信仰、社会地位等因素出现大的差别，而现实却有时与之相反。为此一些学者呼唤判例制度或判例法的建立，以便为法官和民众提供直观的、操作性更强的定罪量刑的标本，更好地实现罪责刑相适应的原则。

罪责刑相适应原则最早起源于原始社会的同态复仇，该习惯被奴隶社会早期习惯法、成文法认可，古代思想家对该原则进行了探讨。该原则成为刑法的基本原则，是资产阶级革命之后的事。启蒙思想家们猛烈抨击封建时代刑法的严酷性和不人道，革命胜利之后的刑法就体现了罪刑相适应原则的要求，如《人权宣言》第 8 条规定，"法律只应当制定严格的、明显的、必需的刑罚"，第 15 条规定，"刑罚应当和犯罪行为相适应，并有益于社会"。当今世界各国均认为罪责刑相适应原则是刑法的基本原则之一。

二、罪责刑相适应原则的理论基础

主要有两种学说，即报应主义和功利主义。这两种观点本来是互相矛盾的，但它们从各自的立场出发，分别得出了罪刑相适应原则的结论。而这两种观点的结合，就成为罪刑相适应原则的理论基础。

（一）报应主义

由康德、黑格尔等人提出，认为刑罚是对犯罪的一种回报，因此刑罚的质和量应完全以已经发生的犯罪行为为转移，即犯罪给社会造成的损害应成为刑罚的尺度。

报应主义是"向后看"的理论，认为刑罚的轻重应当以已经发生的犯罪行为为尺度。着重考虑已然之罪。

（二）功利主义

认为刑罚的目的不在于报应，而在于预防犯罪，而预防犯罪包括一般预防和个别预防。前者指通过刑罚的适用，使社会上的一般人不至于实施犯罪行为，后者指通过刑罚的使用，使已经实施了犯罪行为的人不再实施犯罪行为。刑罚应该达到足以有效地防止人们犯罪的目的。从个别预防的角度看，刑罚重在对行为人再犯可能性的遏制，因此刑罚的轻重应当和犯罪人的再犯可能性、人身危险性相当。无论是一般预防还是个别预防，都要求将刑罚控制在一定的"度"之内。

功利主义是"向前看"的理论，着重考虑未然之罪，认为刑罚的轻重应当和预防犯罪的需要相适应，应当和行为人的人身危险性相适应。

三、罪责刑相适应原则在我国刑法中的体现

我国《刑法》第 5 条明确规定了罪责刑相适应原则。

对罪责刑相适应原则的理解，主要对我国刑法中某些具体制度、具体规定的理解，明确为什么要这么规定，即体现了什么原则、原理。如我国刑法对犯罪中止、犯罪预备、犯罪未遂三种未完成形态规定了不同的处罚规则以及未成年人犯罪的从宽处罚原则、对累犯的从重处罚原则就体现了罪责刑相适应原则的要求。

例如，甲、乙两人同样都是持着直接故意杀人的心态，甲向被害人砍了一刀，将被害人砍倒在血泊中，再准备砍第二刀的时候被过路人奋力阻止，被害人虽然幸免于死，但已经造成重伤，那么甲显然是故意杀人罪（未遂）；而乙向被害人砍了一刀，将被害人砍倒在血泊中，再准备砍第二刀的时候，看到被害人苦苦哀求，心生怜悯而扔下凶器离去，但也造成被害人重伤，那么显然乙是故意杀人罪（中止）。甲、乙两人行为的性质都是一样的，即故意杀人罪，而且在客观上的损害后果都造成被害人的重伤，但对甲、乙二人的刑罚处罚不一样，因为甲的犯罪未完成是意志以外的原因造成的，是犯罪未遂。而乙的犯罪未完成是自己主动放弃的，是犯罪中止。二者的主观恶性和由此所体现出的人身危险性不同。而给予的刑罚处罚不仅要看犯罪行为客观上所造成的危害后果，而且还要看其主观恶性，人身危险性大小，即全面综合地判断刑事责任的大小。所以对于甲，根据《刑法》第 23 条的规定，可以比照既遂犯从轻或减轻处罚，而对于乙，根据《刑法》第 24 条的规定，应当减轻处罚。

第三章　刑法的适用范围

刑法的适用范围即刑法的效力范围，是指刑法在什么地方、对什么人以及在什么时间具有效力，包括刑法的空间效力和刑法的时间效力。

第一节　刑法的空间效力

一、刑法的空间效力的概念和一般原则

刑法的空间效力，是刑法对地域和对人的效力，就是要解决刑事管辖权问题，即在什么样的空间范围内有效，是以一定范围的地域为准则，还是以一定范围的公民为准则，还是以保护一定范围的利益为准则等，从而有了不同的标准。关于刑法的空间效力，有以下几种不同的处理原则。

（1）属地原则。如果以一定范围的地域为准则即只要在一国主权范围内，所有的犯罪行为都适用本国刑法，即为属地原则（属地管辖）。

（2）属人原则。如果只要是某个国家的公民，不论其行为在国内还是在国外都适用本国刑法，即为属人原则。

（3）保护原则。如果是以行为是否侵犯本国国家利益或者本国公民利益为准则，都适用本国刑法，则为保护管辖原则。

（4）世界原则（普遍管辖原则）。对国际条约、国际协定中规定的违反全人类共同利益的国际犯罪行为，不论行为人的国籍、行为所在地，任何缔约国、条约参与国都有权管辖，则为普遍管辖原则。

（5）折衷原则。以属地原则为基础，以其他原则为补充。即在本国领域内犯罪的，一律适用本国刑法；本国人或外国人在本国领域外犯罪的，有条件地适用本国刑法。

各国基本上都采用折衷原则。这是一个综合性的标准，即所有原则都有适用余地，但均没有绝对的效力，各有自己的适用范围。我国刑法也是如此，体

现为以属地原则为主导，同时兼采属人原则、保护原则以及普遍管辖原则。可以这么理解：如果是在国内犯罪，则适用属地管辖原则；如果是在国外犯罪，则应具体分析。先看行为人是否为中国公民，如果是中国公民则同样适用我国刑法，此为属人管辖原则，如果不是中国公民，而是外国人，则再看其是否侵害我们国家或公民的权益，如果回答是肯定的，则可以适用我国刑法，此为保护管辖原则；如果是否定的，则再看该外国人在境外实施的罪行是否为国际性的犯罪行为，如果回答是肯定的，就可以在我国所承担的国际条约义务的范围内行使管辖权，即普遍管辖原则（当然，前提是该犯罪分子在我国境内被发现或抓获）。

二、我国刑法的空间效力

（一）属地管辖原则

《刑法》第6条规定了属地管辖原则，即凡是在中华人民共和国领域内犯罪的，除法律另有规定的以外，都适用我国刑法。对属地管辖原则要掌握以下几点。

（1）此原则针对的对象是国内犯（无论国籍为何，只要是在我国领域内犯罪），其他原则都是针对国外犯罪的。在刑法的空间效力体系中，属地原则是处于基础性地位的，《刑法》第7~9条所规定的三个管辖原则是对其的补充与拓展。

（2）领域的含义包括领陆、领水、领陆和领水的底土以及领空。

我国的领土，即我国国境之内的所有区域。这是我国领域最主要的部分，又可分为领陆、领水和领空。领陆，是我国国境线以内的陆地及地下层，包括我国大陆及一切属于我国的岛屿。领水，即内水、领海及其领水的水床及底土，包括内河、内湖、内海以及同外国之间界水的一部分（通常以河流中心线为界，如果是可通航的河道，则以主航道中心线为界）。我国的领海宽度为12海里。领空，即我国领陆和领水的上部空间，但只及于高度在100~110公里的空气空间，不包括外层空间。实践中，人们通常将国家领土上空的范围分为空气空间和外层空间，空气空间受国家主权管辖，外层空间不受一国主权管辖。

根据国际条约和惯例，我国的船舶、飞机或者其他航空器以及我国的驻外使馆这两部分属于我国领土的延伸，适用我国刑法。按照国际惯例，在悬挂某国国旗的船舶或者航空器内，国旗国享有主权，所以一个国家的船舶和航空器通常被称作该国的"浮动领土"，而被纳入该国领域的范围。作为属地管辖原则的补充原则是旗国主义，即挂有本国国旗的船舶，无论其航行或停放在何处，对在船舶和航空器内的犯罪，都适用旗国的刑法。我国《刑法》第 6 条第 2 款规定："凡在中华人民共和国船舶或航空器内犯罪的，也适用本法。"这里的船舶和航空器没有性质和状态的限制，即只要属于我国的船舶和航空器，不管是军用的还是民用的，也不论航行还是停泊于公海、外国港口或机场，其内部都是我国领土。

同时注意，如果是在国际列车上犯罪，参照相关司法解释的规定，应当按照双边协议协商解决，没有协定的，由犯罪发生后该列车最初停靠的中国车站所在地或者目的地的铁路运输法院管辖。但有的学者认为在国际列车上发生的犯罪，其实可以简单地当汽车看待，如果汽车行驶在中国境内发生犯罪的，认为是在中国领域发生的犯罪；如果在俄罗斯境内的，就认为犯罪发生在俄罗斯领域。而对关于使领馆问题，要依据国际法的知识具体分析。

（3）刑法规定，行为和结果有一项发生在我国领域内，就应当适用我国刑法。属地原则的"地"，既包括行为地，也包括结果地，而且采取"择一主义"，即二者只要具备其一即可，且"行为地"不仅包括犯罪行为实行地，也包括犯罪行为预备地；共同犯罪（尤其是犯罪集团）部分行为人的犯罪行为在国内，对该共同犯罪都可适用我国刑法；在未遂犯的场合，行为地与行为人希望结果发生之地、可能发生结果之地，均为犯罪地。一人犯数罪时，只要有一罪的行为或结果发生在我国领域内，就属于在我国领域内犯罪，对所犯数罪均可适用我国刑法。

（4）"法律有特别规定的"主要包括以下几种情况。①享有外交特权和豁免权的外国人的刑事责任，通过外交途径解决。②民族自治地区不能全部适用《刑法》。一些民族自治地方应适用本地区制定的，经全国人大常委会批准实行的变通或补充规定。但这些变通、补充规定要报请全国人大常委会批准，并不能与刑法的基本原则相冲突。③按照"一国两制"的原则，我国刑法一般情况下不适用香港和澳门两个特别行政区，只有在全国人大常委会决定宣布战争状态或者因某种原因决定两个特别行政区进入紧急状态的情况下，才可能在两个行政区适用。④特别刑法或者附属刑法有特别规定的，适用这些特别规定。

（5）属地原则优先。当属地原则和属人原则、保护原则、普遍原则等发生冲突时，优先适用属地原则。

（6）外交特权和外交豁免权问题。属地原则的运用有一个具有实质性的例外，即对于享有外交特权和外交豁免权的外国人在我国领域内犯罪的，通过外交途径解决，而不适用我国刑法。享有外交特权和外交豁免权的人主要有：

①外国国家元首和政府高级官员；

②外交代表，外交职员，参加国际会议、执行特定外交任务或者参加典礼

活动的外国代表；

③与外交官员一起居住的外交官配偶及其未成年子女。

（7）关于使领馆问题。依据《维也纳外交关系公约》的规定，派遣国在其驻外使领馆之内享有一定的主权，各国驻外使领馆及其外交人员不受驻在国的司法管辖而受本国的司法管辖。因此，我国的驻外使领馆也应视为我国领域的一部分。

在中国领域内的外国使领馆内发生的犯罪，应当认为是在中国领域内发生的犯罪。例如，甲潜入美国驻华使馆内盗窃财物后逃出使领馆外面，被我国司法机关抓获，不言而喻应当依据属地原则确立刑法效力，由中国法院依据中国刑法审判。另外，假设在美国使馆内抓获甲，如果美国使馆方面主动交由我国司法机关处理，我国也依据属地原则确立对该案的管辖权。使馆馆舍和外交官员受国际法保护，在驻在国享有司法豁免权，这只是意味着：第一，未经使领馆首长的同意，我国司法当局不能进入该使领馆调查案件；第二，享有外交特权和豁免权的外交官员，享有司法豁免权。其实，这样的人无论是在使领馆内还是在使领馆外犯罪，均享有豁免权。但不能排除其他人在其内的犯罪是在中国领域的犯罪，也不排除我国依据属地原则对其他人在使领馆内犯罪确立管辖权。当然，美国使领馆可以根据美国法中的保护原则主张对案件的管辖权。这样就出现了两国对同一案件均有管辖权的情况，即管辖权冲突。

（二）属人管辖原则

《刑法》第7条规定了属人管辖原则，即中华人民共和国公民在中华人民共和国领域外犯本法规定之罪的，适用本法，但是按本法规定的最高刑为3年以下有期徒刑的，可以不予追究。

中华人民共和国国家工作人员和军人在中华人民共和国领域外犯本法规定之罪的，适用本法。

属人管辖原则的含义如下。

（1）中国人在中国国内犯罪的，当然使用我国刑法。这既是属地原则的要求，也是属人原则的要求。

（2）中国人在我国领域外犯罪的，是否适用我国刑法，分为两种情况。

①凡是中华人民共和国的军人和国家工作人员在国外犯罪的，一律适用我国刑法。

②其他人员在我国领域外犯罪的，适用我国刑法应具备的条件是：所犯之罪的法定最高刑在3年以上。

对我国公民适用属人管辖原则的前提是：我国公民在我国领域外的行为触

犯了我国刑法。如果其行为触犯了所在外国的刑法，但我国刑法不认为是犯罪，不能适用我国刑法。

同时，《刑法》第10条规定，凡在中华人民共和国领域外犯罪，依照本法应当负刑事责任的，虽然经过外国审判，仍然可以依照本法追究，但是在外国已经受过刑罚处罚的，可以免除或者减轻处罚。

（三）保护管辖原则

《刑法》第8条规定了保护管辖原则，即外国人在中华人民共和国领域外对中华人民共和国国家或者公民犯罪，而按本法规定的最低刑为3年以上有期徒刑的，可以适用本法，但是按照犯罪地的法律不受处罚的除外。

保护管辖原则从保护本国利益出发，凡侵害本国的国家或公民利益的犯罪，无论犯罪人是本国人还是外国人，也无论犯罪地是在本国领域内还是本国领域外，都适用本国刑法。这一原则要解决的是一国刑法对外国人在本国领域外犯罪的效力问题。缺点是外国人在本国侵犯外国人利益，本国人在国内侵犯外国人利益均无法管辖，易引起法律冲突。

外国人犯本法规定之罪的：

（1）外国人在我国领域内犯罪的适用我国刑法，这是属地原则的要求。

（2）外国人在我国领域外犯本法之罪的，《刑法》第8条规定了保护管辖原则，是针对外国人在国外犯罪的情形，其适用是有严格限制的，即应当同时遵循三个条件。

①侵犯的是我国国家或公民的利益；

②行为人的行为为重罪（法定最低刑是3年以上有期徒刑的）；

③依照犯罪地的法律也构成犯罪，即双方的法律都认定为犯罪。

注意：凡域外犯罪（不论国籍），虽经外国审判仍适用我国刑法（《刑法》第10条），但已经受罚的可以免除或者从轻处罚。这对上述属人管辖和保护管辖的理解很有现实意义，因为这两种原则适用的前提是行为人是在国外犯罪，行为地的司法机关完全有可能对其行为已经进行了司法审判甚至已经因此而执行了刑罚，此时行为人如回到我国，我国司法机关对该犯罪行为仍有追究、处罚的权力。这就要考虑原则性和灵活性相统一：原则性是不承认外国刑事判决的效力而我国仍有管辖权，灵活性是考虑其行为已经受到处罚可以减免处罚。可以说，我国对外国刑事判决采取的是基于强调国家主权原则基础上的消极承认主义。

（四）普遍管辖原则

《刑法》第9条规定了普遍管辖原则，其针对的对象是国际犯罪，如毒品罪、劫持民用航空器罪、酷刑（在我国又叫刑讯逼供）、恐怖主义犯罪如绑架外交官、战争罪（发动侵略或违反战争规则）、灭绝种族罪等。这些犯罪只有在前面三个管辖原则都不能适用的情形下才适用普遍管辖原则。对于国际犯罪应根据国际法知识来确认，解决的方式是或起诉或引渡。根据我国缔结或者参加的国际条约，在我国承担义务的范围内，对于条约所规定的犯罪，无论发生在什么地方、犯罪人是何国人、是否侵害了我国国家或公民的利益，我国司法机关都有权对其进行管辖。

实行普遍管辖的要点如下：（1）对象为国际犯罪，常见如海盗罪、毒品罪、劫持民用航空器罪、酷刑罪、恐怖主义、发动战争罪、灭绝种族罪等。（2）在中国领域发现这样的罪犯，应当立即予以逮捕，要么引渡给有关国家；要么自行起诉、审判。（3）适用普遍管辖原则，不需要依据属地、属人、保护原则。假如一个毒品犯罪分子进入我国，他既不是中国人，也没有在中国贩毒，也没有侵害中国的国家利益，那么根据传统的属地、属人、保护原则，我国对他没有管辖的根据，因为没有适用法律的依据。这时我们可以动用普遍管辖原则的条款，因为他是毒品犯罪，毒品犯罪属于国际犯罪，根据中国加入的有关禁毒的公约，对这样的犯罪一旦在我国领域内发现，我国应当将其立即予以逮捕，或引渡或起诉审判。

普遍管辖原则也称世界原则，是有关国际刑法中最实质性的条款。对国际犯罪分子而言，等于是在全世界给国际犯罪分子布下了天罗地网，使他们无处藏身。即使逃到天涯海角，各国都对他采取一致的对策：立即逮捕，或引渡或起诉。实际上就意味着国际社会通过签订国际条约，不让罪犯利用国家之间的矛盾和空隙逃避打击和惩罚。很多包含国际刑法内容的国际公约都是解决这个问题的。例如，一个行为被认定为抢劫还是被认为是具有海盗性质的抢劫，对该罪犯而言意味着什么呢？如果是普通抢劫，行为人可能跑到加拿大、泰国等地去躲避追究。我们要求对方引渡，对方可以不予理睬。但是，如果是公海上的抢劫，即海盗行为，各国对其应采取什么态度呢？这时就要遵照国际惯例，对行为人立即逮捕，或引渡或起诉。因此两者责任轻重是不一样的。

三、关于我国刑法的空间效力的两个问题

（一）我国刑法对空间效力的规定所体现的立法思想

（1）坚持国家主权原则；（2）维护国家利益原则。

（二）关于事实上的双重管辖问题

在跨国犯罪中，事实上存在着双重管辖甚至多重管辖的问题。

（1）属地管辖优先；（2）我国刑法的效力不受外国判决的限制。《刑法》第 10 条规定，凡在中国领域外犯罪，依照本法应当负刑事责任的，虽然经过外国审判，仍然可以依照本法追究，但是在外国已经受过刑罚处罚的，可以免除或者减轻处罚。这是在我国与他国之间刑法效力发生冲突（竞合）时解决问题的最后手段或保留手段。例如，中国人甲在日本杀害德国人，日本根据日本刑法中的属地原则对甲具有管辖权，中国根据中国刑法中的属人原则也具有管辖权，德国根据德国刑法中的保护原则也有管辖权，对同一案件形成多国法律都可适用、多国法院都有管辖权的局面。也就是所谓管辖权冲突或竞合现象。对此，各国可以采取刑事司法合作解决，如引渡、移交案件，不得已时，留待以后解决。由此可以推论：我国刑法的空间效力或法院的刑事管辖权不受外国刑事判决的约束；我国尚不承认外国刑事判决在中国具有"一事不再理"的效力。

第二节　刑法的时间效力

一、刑法的生效时间和失效时间

（一）刑法的生效时间

刑法的生效时间，是立法机关根据其重要性、普及性和紧迫性等条件确定的。从我国立法实践来看，确定生效时间基本上有两种情况：一是公布法律即同时生效。属于这种情况的，多为与某种犯罪斗争的需要，并且其行为的犯罪性质早已为多数人所了解。例如，我国 1951 年的《惩治反革命条例》，1990 年 12 月 18 日全国人大常委会通过的《关于禁毒的决定》，都是从公布之日起生效。二是公布法律后经过一段时间生效。属于这种情况的，往往是立法机关考虑给执法部门和人民群众有一个熟悉、掌握、准备的时间。例如，1979 年 7 月 1 日第五届全国人大二次会议通过的旧刑法，1979 年 7 月 6 日公布，1980 年 1 月 1 日生效；《关于惩治假冒注册商标犯罪的补充规定》，1993 年 3 月 22 日七届全国人大常委会三十次会议通过并公布，1993 年 7 月 1 日起施行；1997 年 3 月 14 日八届全国人大五次会议修订的《刑法》同日公布，1997 年 10 月 1 日施行。

（二）刑法的失效时间

刑法效力的终止时间，主要有两种情况，一是由立法机关明文宣布某项现行法规效力终止，可称为明示废止，从宣布之日起该法律不再适用。这种情况，有的是新法规公布的同时，新法规定某项旧法效力终止；有的是由相应的国家机关颁布专门的法令，宣布废除某项法规，其效力当然终止。二是某项法律实际上效力终止，可称默示终止。这种情况，有的是新的法规当然代替了同样内容的原有法规，则原有法规自然失去效力；有的是原有法规发挥作用的特殊条件已消失，原有法规已无法适用而失去效力。

二、刑法的溯及力问题

（一）概念

刑法溯及力问题是新的刑事法律生效后，对新的法律生效以前发生的未经审判或者判决未确定的行为是否适用的问题。这是个比较复杂的刑法及刑法理论问题。它涉及罪与非罪和判刑轻重问题，即旧的法律认为某种行为不是犯罪，而新法认为是犯罪，或者提高了法定刑，是否适用新的法律。在通常情况下，刑法不具有溯及既往的效力，即不能用事后的法律规范约束此规范前的行为，要求人们遵守没有实施的法律有悖于法治原则，也有失司法公平。但是刑法不溯及既往也不是绝对的，在特殊情况下，为了国家的安全、社会和人民的利益，也可以规定具有溯及既往效力的刑事法规，如1951年我国的《惩治反革命条例》就明确规定了具有溯及既往的效力。

在刑法的溯及力问题上，一共有四种可供选择的原则：

（1）从旧原则，对于该类行为一律适用旧法；

（2）从新原则，对于该类行为一律适用新的法律；

（3）从旧兼从轻原则，原则上适用旧法，但当适用新法对当事人有利时，则适用新法；

（4）从新兼从轻原则，原则上适用新法，但当适用旧法对当事人有利时，则适用旧法。

现代各国在该问题上都采用从旧兼从轻原则。

（二）从旧兼从轻原则的含义

一般情况下适用旧法，但当适用新法对被告人有利时，则适用新法。

所谓"处罚较轻"，是指法定刑较低。法定刑较低指法定最高刑较低；如果法定最高刑相同，则指法定最低刑较低；如果某种犯罪只有一个法定刑幅度，法定最高刑、法定最低刑指该幅度的最高刑、最低刑；如果有两个以上的法定刑幅度，法定最高刑、法定最低刑指对具体犯罪行为应当适用的法定刑幅度的最高刑、最低刑。

从本质上说，根据罪刑法定原则，定罪判刑应以行为时有法律的明文规定为限，行为人只能根据行为之际的有效法律预见其行为后果，对行为之后才实施的法律，原则上不能对该行为有效，但如果法律发生变更时，考虑到有利于被告人的原则，故产生刑法时间效力的"从旧兼从轻"规则，具体而言如下。

（1）要考虑的是适用旧法即行为时的法律规定。

（2）当新旧法规定不同时，适用新法的基本条件是其处刑较轻或不认为是犯罪，这表明"从旧兼从轻"规则实际上体现了"有利于被告人"的准则，所以，如果新旧两法对某行为的定性处罚不一致，就看何者对被告人有利。处刑轻重的比较应当以法定刑轻重为依据。

（3）刑法溯及力适用的对象只能是未决犯，即未决的案件，包括对一审裁判的上诉和抗诉案件。对于已决犯不适用（《刑法》第 12 条第 2 款的规定，包括再审案件）。

（4）如果犯罪行为由新法生效前持续到新法生效后，即呈现继续状态的，对于这类跨法犯，应适用新法。

（5）如果犯罪行为由新法生效前连续到新法生效后的，即呈现连续状态的（连续犯），对于这类跨法犯，新旧法都认为是犯罪的，适用新法。即使新法处罚较重，也要适用新法，但在量刑上可以酌定从轻处罚。如：行为人为牟利，在 1997 年 9 月 30 日以前有连续多次的贩卖毒品的犯罪行为，到新法生效以后他又实施多起贩卖毒品的犯罪，因为是连续到新法生效以后，所以适用新法。

根据上述刑法时间效力的基本特征，应该理解这样一个问题：从刑法适用的时间效力的角度来看，我国刑法中的罪刑法定主义是相对还是绝对的罪刑法定？回答应当是相对意义上的罪刑法定主义，因为绝对意义上的罪刑法定主义否定刑法溯及既往效力，而我国刑法是否具有溯及既往的效力呢？原则上没有，但当新法不认为是犯罪或者刑罚处罚较轻时，新法就具有溯及既往的效力。其实这个问题也是罪刑法定主义历史发展的一个否定之否定过程。

（三）刑法时间效力的适用

《刑法》第 12 条关于刑法时间效力的规定同样适用于刑法修正案、补充规定等单行刑法。但对于刑事司法解释原则上不适用该条规定的"从旧兼从轻"规则。最高人民法院、最高人民检察院联合作出的《关于适用刑事司法解释时间效力问题的规定》自 2001 年 12 月 17 日起施行，该规定对司法解释适用的时间效力作出了如下要求。

（1）司法解释是最高人民法院对审判工作中具体应用法律问题和最高人民检察院对检察工作中具体应用法律问题所作的具有法律效力的解释，自发布或者规定之日起施行，效力适用于法律的施行期间。

（2）对于司法解释实施前发生的行为，行为时没有相关司法解释，司法解释施行后尚未处理或者正在处理的案件，依照司法解释的规定办理。

（3）对于新的司法解释实施前发生的行为，行为时已有相关司法解释，依照行为时的司法解释办理，但适用新的司法解释对犯罪嫌疑人、被告人有利的，适用新的司法解释。

（4）对于在司法解释施行前已办结的案件，按照当时的法律和司法解释认定事实和适用法律没有错误的，不再变动。

可见，司法解释的时间效力原则上"追溯至"其所解释的具体法律所实施的期间。即使是对司法解释出台之前的行为，只要所解释的对象——具体法律规定或条文有法律效力，该司法解释也同样具有参照效力。但对该司法解释出台之前，行为当时已有相关司法解释的，此时对新旧司法解释的适用，可以参照"从旧兼从轻"原则。

第四章　犯罪概念、特征与分类

第一节　犯罪的定义

关于刑法上的犯罪的定义，人类历史上主要有三种不同的类型。

一、犯罪的形式定义

仅仅规定犯罪是违反刑法的行为，或者规定犯罪是违反刑法、应受刑罚制裁的行为。这种概念指出了犯罪的法律特征，即犯罪具有刑事违法性、应受刑罚处罚性，而没有规定行为为什么会在刑法中被规定为犯罪，没有揭示犯罪的实质内容，因此被称为犯罪的形式定义。大陆法系国家刑法一般均采用犯罪的形式定义。

二、犯罪的实质定义

指出犯罪是具有社会危害性的、对社会造成损害的行为。因为它揭示出了犯罪的实质内容，而没有说明犯罪是违反刑法的行为，没有说明犯罪的刑事违法性，因此被称为犯罪的实质定义。该定义规定在早期社会主义国家的刑法中。

三、犯罪的形式与实质相统一的犯罪定义

在这类定义中，一方面指出犯罪是具有社会危害性的行为，另一方面又规定犯罪是违反了刑法规定的、应当受到刑罚制裁的行为。前者是犯罪的实质特征，后者是犯罪的法律特征即形式特征，因此该概念被称为是犯罪的形式与实质相统一的概念。

我国旧刑法第 10 条、1997 年《刑法》第 13 条均采用了该概念。根据该概念，犯罪是具有社会危害性、刑事违法性和应受刑罚处罚性的行为。

第二节　犯罪的特征

一、犯罪的本质特征——社会危害性

从行为与社会的角度说明犯罪行为的特征。社会危害性是指犯罪人的犯罪行为给法律所保护的社会利益所造成或可能造成的危害。社会危害性具有如下特征。

（1）社会危害性是质和量的统一。社会危害性的质表现为犯罪对刑法所保护的社会关系的侵害，社会危害性的量即社会危害性的大小和程度。所以情节显著轻微、危害不大的行为，法律不认为是犯罪。如小偷小摸的行为、贪污少量公共财物的行为，都属于情节显著轻微，危害不大。

（2）社会危害性是主观和客观的统一，即犯罪行为的客观危害结果与主观恶性的统一。如一些纯属意外的、无法避免的伤害，不是犯罪。

（3）社会危害性是形式与内容的统一。社会危害性的内容即对社会关系的破坏，形式则是其表现方式多种多样。决定社会危害性大小的因素主要有：行为侵犯的客体（侵犯了什么样的社会关系，如杀人罪危害的是人的生命，伤害罪危害的是人的健康，前者比后者严重）、行为情节、方式、手段、后果、目的、数额、对象、结果、时间、地点、行为人的主观情况（如年龄、身份、认识能力等）。

（4）社会危害性是相对稳定性与变异性的统一。所谓相对稳定性，是指某些行为（如杀人、抢劫等传统犯罪）的社会危害性的有无及大小在一定的时间、地点、条件下相对稳定。所谓变异性，是指同一行为在不同的时间、地点、条件下，其社会危害性的有无及大小在发展变化，立法机关和司法机关应根据变化了的社会条件来评价行为的社会危害性，加上我国各地方发展不平衡，民族众多，各地的风俗习惯传统都不一样，所以同一行为在不同条件下所造成的社会危害性也会发生变化。

社会危害性具有以下意义。（1）是犯罪构成的基础。立法者只能将具有严重的社会危害性的行为规定为犯罪。（2）是决定行为是否属于正当行为的关键。（3）根据《刑法》第13条但书部分的规定区分罪与非罪。（4）量刑时根据社会危害性的大小确定对犯罪人的刑罚。

社会危害性是其本质属性，在犯罪的三个基本特征中，行为的社会危害性是具有决定意义的特征。因为社会危害性的有无和大小，是认定犯罪、区分罪与非罪的根本依据，决定着行为是否触犯刑法而具有刑事违法性，也决定着行为是否应当受到刑罚的处罚，所以社会危害性是刑事违法性和应受刑罚处罚性的前提和基础，有以下理由。

（1）只有社会危害性才能决定犯罪的性质，而应受刑罚惩罚性只不过是社会危害性这一犯罪本质在法律上的表现，是具有社会危害性的犯罪行为的必然归宿，就社会危害性和应受刑罚惩罚性两者关系而言，前者是第一性的，是起决定作用的；后者是第二性的，是被决定和派生出来的法律特征。只有通过揭示犯罪的社会危害性，才能科学地回答某一行为为什么应受刑罚惩罚。

（2）从立法上来说，立法机关首先考虑的是社会危害性，在此基础上才考虑是否应受刑罚惩罚的问题，以决定是否把某种行为规定为犯罪。如果行为不具有社会危害性或者其社会危害性未达到一定程度，就不存在应受刑罚惩罚的问题。

（3）从司法上看，司法人员在认定犯罪时，主要依据行为的社会危害性。在行为不具有社会危害性时，根本不构成犯罪，因而也不存在应受刑罚惩罚的问题。在行为具有社会危害性的情况下，还要观察其行为危害性是否达到犯罪程度。只有危害性达到犯罪程度，才发生应受刑罚惩罚的问题。

因此，无论是从犯罪的性质来看，还是在立法或者司法上，主要考虑的是行为的社会危害性，而应受刑罚惩罚性虽然在司法和立法上也具有一定的意义，是犯罪的独立特征，但它毕竟是社会危害性所带来的法律后果，如果将后者作为本质特征，否定社会危害性在犯罪概念中的决定意义，不仅违背犯罪的一般原理，而且不合立法和司法的实际情况。

当然，我们还应看到，社会危害性在立法上虽然具有决定性意义，但它是立法上的犯罪概念，在司法上只具有补充和参考作用，在司法实践中不能仅凭社会危害性判断某一行为是否构成犯罪。

二、犯罪的法律特征——刑事违法性

刑事违法性也称犯罪的禁止性，是指行为的社会危害性超出了一般程度，已触犯了刑法。也就是说，犯罪行为不是一般意义上的违法行为，而是违反刑法的行为。

该特征从行为与刑法规范的角度说明犯罪的特征。刑事违法性是定罪的准绳，必须依刑法定罪量刑，有社会危害性而没有刑事违法性的行为不能定罪。在日常生活中，刑事违法性是人们行为的戒律标准，它告诉人民什么行为是触犯刑律的犯罪行为。

社会危害性是刑事违法性的前提，刑事违法性是社会危害性在刑法上的表现。

三、犯罪的法律后果——应受刑罚处罚性

该特征从行为与国家的反应方式的角度说明犯罪的特征。应受刑罚处罚性，指犯罪行为应当承担刑事责任，受到刑罚制裁。

从立法角度看，即使刑法明文禁止某种行为，但只要刑法没有对其规定刑罚后果，该行为就不是犯罪。例如，刑法分则条文仅对聚众犯罪的首要分子规定了刑罚后果，没有对其他参加者规定刑罚后果时，表明其他参加者的行为不成立犯罪；又如《关于禁毒的决定》规定"禁止吸食、注射毒品"，但它并没有对吸食、注射毒品的行为规定刑罚后果，故吸食、注射毒品的行为不是犯罪。

应当注意区分不应受处罚和不需受处罚。前者是行为根本不构成犯罪，所以就不存在受处罚的问题；后者是行为已经构成了犯罪，本应受处罚，但考虑到具体情况，比如情节轻微，有自首、立功表现等，从而免于刑事处罚。免于刑事处罚说明行为还是构成犯罪的，只是不处罚而已，这和无罪不应受处罚有根本区别。

上述三个特征既相互联系，又互相区别，形成一个整体，共同揭示犯罪的本质。社会危害性是犯罪的基本特征，但如果没有后两个特征，就无法将犯罪和一般违法行为区别开来；刑事违法性是犯罪的法律特征，是社会危害性的法律表现，又是应受刑罚性的前提之一，没有它，社会危害性就无法得到一致的把握，承担刑罚也就没有了法律根据；应受刑罚性是行为的法律后果，是前两个特征的必然结论，也是前两个特征的最终目的。

四、我国刑法关于犯罪的规定

我国《刑法》第 13 条规定，一切危害国家主权、领土完整和安全，分裂国家、颠覆人民民主专政的政权和推翻社会主义制度，破坏社会秩序和经济秩序，侵犯国有财产或者劳动群众集体所有的财产，侵犯公民私人所有的财产，侵犯公民的人身权利、民主权利和其他权利，以及其他危害社会的行为，依照法律应当受刑罚处罚的，都是犯罪，但是情节显著轻微危害不大的，不认为是犯罪。

其中，"但书"规定："但是情节显著轻微危害不大的，不认为是犯罪。"这是我国刑法中犯罪的数量因素。"但书"表明，一个行为只有严重侵犯了刑法所保护的社会关系，才可能构成犯罪。这意味着我国刑法上的犯罪有一个"量"的概念，即确定犯罪不仅要定性、还要定量。例如，高年级的中学生强拿硬要低年级学生少量财物，虽然在形式上讲也符合抢劫罪的法律标准，但如果偶尔为之，也不宜追究刑事责任，理由就是"情节显著轻微、危害不大"。又如，已满 14 周岁不满 16 周岁的少男与幼女偶尔发生性关系，情节显著轻微

的，不认为构成强奸罪。但如果情节严重，还是应当以强奸罪定罪处罚。

我国的基本刑事政策是宽严相济，注重扩大教育面、缩小惩罚面，所以对轻微的危害行为不以犯罪论处。认识这一点，有利于从本质上把握犯罪行为与一般违法行为的区别。

"但书"的含义如下。

（1）"但书"是指在刑法条款当中，如有用"但是"连接用来表示转折含义的，从"但是"开始的这段文字，学理上称为"但书"。

（2）我国刑法条文中"但书"表示的具体意思：①是前段的补充，如第13条，"但是情节显著轻微危害不大的，不认为是犯罪"；②是前段的例外，如第246条规定"侮辱罪、诽谤罪"告诉才处理，又但书指出"严重危害社会秩序和国家利益的除外"；③是前段的限制，如第20条第2款关于正当防卫的规定，"正当防卫明显超过必要限度造成重大损害的，应当负刑事责任，但是应当减轻或者免除处罚"。

五、犯罪与刑法、证据法、程序法的关系

犯罪不仅是一个刑法问题，也是证据法和程序法的问题，不仅是一个事实问题，而且也是一个法律问题。

（1）只有法律规定的才是犯罪，法律没有规定的就不是犯罪。

如果没有法律规定，其行为的社会危害性再大，根据罪刑法定原则也不是犯罪。

（2）只有证据证明的才是犯罪，没有证据证明的就不是犯罪，在某种情况下，某一犯罪即使内心确信是某人实施的，但只要没有确实充分的证据予以证明，就不能认定是犯罪。

（3）只有经过法庭审判确认的才是犯罪，没有经过法庭审判确认的就不是犯罪。

第三节　犯罪分类

一、自然犯和法定犯

（一）概念

自然犯又称刑事犯，是指违反公共善良风俗和人类社会伦理道德的传统型

犯罪，由刑法典和单行刑法所规定的传统性犯罪，如：故意杀人、抢劫、强奸、放火。

法定犯又称行政犯，是违反伦理道德的现代型犯罪。主要是违反行政法规中的禁止性规范，并由行政法规中的刑事罚则（附属刑法）所规定的犯罪，如职务犯罪、经济犯罪等。

（二）区别

（1）判断依据不同。前者按伦理道德，后者按行政法规定，前者如杀人罪，后者如内幕交易罪。

（2）法律依据不完全相同。前者依据刑法典，后者要参照有关行政法规。

（3）社会危害性不尽相同。尤其对整个社会秩序的破坏，自然犯要比法定犯严重。如盗窃罪与内幕交易罪，国际上对暴力犯罪与智能型犯罪的处罚也不尽相同。

（4）犯罪的稳定性不同。自然犯较法定犯，稳定性更强。

二、身份犯与非身份犯

这是以分则对具体犯罪主体是否有特殊要求为标准区分的。

（一）概念

身份犯是指犯罪主体必须具备某种特殊身份才能构成的犯罪，如贪污罪、玩忽职守罪、受贿罪、滥用职权罪。

非身份犯是指刑法对其犯罪主体条件未作特别限定的犯罪，如故意伤害罪，盗窃罪，抢劫罪。

（二）意义

依法认定行为人是否具备某些特殊身份，是认定其是否构成某种犯罪的关键。

三、行为犯与结果犯

这一分类涉及犯罪既遂状态的认定以及犯罪构成要件的确定。

行为犯是指仅以侵害行为之实施为构成要件或以侵害行为实施完毕为构成既遂条件的犯罪。如煽动分裂国家罪。

以行为为标准来判断即指成立犯罪不要求发生某种特定的危害结果的犯罪为行为犯，结果犯之外的都是行为犯。结果犯是指以侵害行为产生相应的法定结果为犯罪构成要件的犯罪或者是指以侵害结果的出现而成立犯罪既遂形态的犯罪，如盗窃罪、交通肇事罪。目前关于结果犯的概念有两种，一种认为以法定的危害结果的发生作为犯罪既遂或者未遂的标准，另一种认为结果犯是以法定的危害结果的发生为犯罪成立要件的犯罪。对于抢劫罪而言，如果以不同的观点来判断，则其结论则完全不同。采用前者，则其是结果犯，以后者来判断，则不是结果犯。

四、实害犯与危险犯

按照犯罪构成中是否出现危害后果来分类。

实害犯是指以出现法定的危害结果为构成要件的犯罪，多为过失犯罪，如过失损毁交通工具罪。

危险犯是指刑法明文规定的以实施危害行为并出现某种法定危险状态为构成要件的犯罪。危险犯的构成具有两个特点：一是有法律的明文规定；二是特定危险状态是否出现，应当由法官根据案件当时的具体情况作出判断。危险状态也是一种危险结果，但犯罪结果只能是实害结果，不能包含危险结果。故有学者建议设立过失危险犯。

第五章　犯罪构成

第一节　犯罪构成概述

一、犯罪构成的概念和特征

犯罪构成是我国刑法所规定的，决定某一行为的社会危害性及其程度并为该行为构成犯罪所必须具备的一系列主客观要件的总和。

犯罪构成具有如下特征。

（1）犯罪构成是一系列要件的总和。

（2）能够成为犯罪构成要件的是对行为的社会危害性及其程度具有决定意义，并为该行为构成犯罪所必须具备的那些事实特征。

（3）犯罪构成的各个要件是由我国刑法所具体规定的，这是罪刑法定原则的要求。

二、犯罪构成和犯罪概念的关系

犯罪构成和犯罪概念既有联系又有区别。（1）犯罪概念说明犯罪是什么，犯罪构成则是在此基础上进一步说明犯罪是如何构成的，成立犯罪应该具备什么样的条件。（2）犯罪概念是犯罪的总标准，犯罪构成是成立犯罪的具体标准。（3）犯罪概念将犯罪作为一个整体，从宏观上揭示一切犯罪的共同特征、基本特征，犯罪构成则深入犯罪内部，从微观上分析各个犯罪的内部结构、成立条件。

三、犯罪构成的分类

（一）以犯罪构成的形态为标准，可分为基本的犯罪构成和修正的犯罪构成

基本的犯罪构成指刑法分则就某一犯罪的基本形态所规定的犯罪构成，一般是既遂的、单个人实施的犯罪，由刑法分则加以规定。修正的犯罪构成是指

以基本的犯罪构成为前提，适应行为的发展变化阶段或共同犯罪的形式而分别加以变更、修改的犯罪构成，规定在刑法总则中。包括故意犯罪的犯罪形态和共同犯罪形态两类。

（二）以法律条文对犯罪构成的表述情况为标准，可分为叙述的犯罪构成和空白的犯罪构成

叙述的犯罪构成是指刑法条文对犯罪构成的要件予以详细或简单叙述的犯罪构成。

（三）以犯罪构成内部结构状况为标准，可分为简单的犯罪构成、选择的犯罪构成和重叠的犯罪构成

简单的犯罪构成是指刑法分则条文规定的犯罪构成诸要件都是单一的，不存在复合或选择情况的犯罪构成。

选择的犯罪构成是指刑法分则规定的犯罪构成诸要件并非均属单一，而是存在着可供选择的情况，这样的犯罪构成称为选择的犯罪构成或择一的犯罪构成。包括以行为、方法、犯罪对象、危害结果、犯罪主体、犯罪目的、犯罪地点作为选择要件等情形。

重叠的犯罪构成是指犯罪构成中的一些要件既非单一，也非选择，而是必须同时具备的情形。包括侵犯了复杂客体的犯罪、包含着两种以上客观行为的犯罪和具有两个以上的罪过的犯罪三种情况。

我国犯罪构成采四要件理论，即犯罪构成包含犯罪客体、犯罪客观方面、犯罪主体、犯罪主观方面四部分。我国刑法学界关于犯罪构成要件的排列顺序主要有以下几种观点。第一种观点是通说的观点，即认为应按犯罪客体、客观方面、主体、主观方面的顺序排列。主张者认为，犯罪构成要件的排列不只是一个形式与逻辑顺序的问题，而是一个关系到人权保障、刑法学研究方向与犯罪构成理论深化的问题，传统的排列顺序具有妥当性。其理由如下：一是坚持从客观到主观这一认定犯罪的顺序是保障公民权利免受侵害的要求。因为"客观"是指人的活动及结果，"主观"指人的主观心理；前者容易认定，后者不易认定；没有前者就不应认定后者，这样可以杜绝"先抓人，后找事实"的做法。二是客体、客观要件、主体、主观要件的传统顺序是按照司法机关认定犯罪的顺序、途径排列的，即首先是合法权益受到侵犯，其次查是什么行为侵犯了合法权益、造成了何种具体结果，再次查什么人实施了行为，最后查行为人在什么心理支配下实施了行为。

第二种观点是将犯罪构成要件按犯罪主体、主观方面、客观方面、客体的顺序排列。因为实际犯罪发生的逻辑顺序是：符合犯罪主体要件的人，在其犯

罪心理态度的支配下，实施一定的犯罪行为，危害一定的客体即某种社会关系。在这四个要件中，犯罪主体排在首位，因为犯罪是人的一种行为，离开了人就谈不上犯罪行为，也谈不上行为所侵犯的客体，更谈不上人的主观罪过。因此，主体是其他要件的逻辑前提。在具备了犯罪主体要件以后，还必须具备犯罪主观方面是犯罪主体的一定罪过内容。犯罪行为是犯罪主体的罪过心理的外化，因而在犯罪主观方面之后是犯罪客观方面。犯罪行为必然侵犯一定的客体，因而犯罪客体是犯罪构成的最后一个要件。

第三种观点按犯罪主体、犯罪客体、主观方面、客观方面顺序排列。主要理由是：犯罪主体和客体是构成犯罪过程这个动态系统的两级，缺少其中任何一级都不可能构成犯罪的系统结构，不可能产生犯罪活动及其社会危害性。实际上，任何犯罪都是犯罪主体的一种侵害性的对象性活动，而犯罪活动作为连接犯罪主体与客体的中介，它是一个既包括犯罪行为又包括犯罪的思想意识的统一体。在犯罪构成的最高层次中，犯罪主体是最具有主动性和能动性的要素，它是整个犯罪活动过程的发动者，犯罪过程自始至终都打着犯罪主体的烙印，都是主体的人身危险性的表现和实现。与犯罪主体相对立的另一极是犯罪客体，犯罪客体作为犯罪活动所指向的客观事物，并不是完全消极、被动的要素，也作用或反作用于主体。主体和客体的相互联系相互作用，是通过连接它们的中介即犯罪活动的主观方面和客观方面的相互联系相互作用完成的。

第二节　犯罪客体

一、犯罪客体的概念和特征

客体，从最广泛的意义上说，是指相对于主体，被主体作用的对象。在不同的学科或研究领域中，客体的概念具有不同的含义，例如，在哲学中，客体是指与主体相对立的客观世界，是主体认识和活动的对象。在民法中，客体是指民事法律关系中权利和义务所共同指向的对象。在刑事侦查中有时也讲客体，如相对于痕迹的造型主体的造型客体。刑法中研究客体问题，首先是为了解决犯罪侵害了什么这一问题，因此，客体在刑法学中必然具有自身独特的意义。

一般认为，任何一种犯罪，不论其表现形式如何，都要侵害一定的客体。如果某种行为没有或者不可能侵害任何客体，就不能构成犯罪。

犯罪构成中必须包含犯罪客体的内容，是我国刑法学界多数赞同的意见。

但是应当如何表述这一内容，有以下几种主张。

（1）犯罪客体应当"解释为犯罪对象"，即是指"犯罪行为所具体作用的人和物"。

（2）犯罪客体是指一种社会利益。把犯罪客体表述为社会利益即国家和人民的利益。

我们认为，具体犯罪侵害的虽然是具体的人和物，危害的虽然的确是国家和人民的利益，然而，从根本上说，它侵害的还是统治阶级所赖以生存的社会关系。

正是这种社会关系的破坏，使犯罪具有应当用刑法规定的刑罚加以制止的社会危害性。因此，犯罪客体是指我国刑法所保护的而为犯罪行为所侵害的社会关系。根据这一概念，我国刑法理论中的犯罪客体包括以下内容。

第一，犯罪客体是指社会关系。所谓社会关系，是指人们在共同生产和生活中所形成的人与人之间的相互关系。我国是人民民主专政的社会主义国家，因此，我国刑法保护的社会关系具有鲜明的社会主义性质。我国刑法的根本任务，就是运用刑罚这个武器，同一切危害国家安全和刑事犯罪行为作斗争，来保护社会主义的社会关系。

第二，犯罪客体是我国刑法所保护的社会关系。社会关系是多方面的，它可能表现为物质性的，如公私财产的所有权；也可能表现为非物质性的，如公民的人格或名誉。虽然政治、经济、思想、道德、文化等方面都有人与人之间的关系，但是我国的社会关系并不是都由刑法来保护和调整的。我国的其他法律部门，如民法、经济法、婚姻法、行政法等，也都是以各自的方式保护和调整一定的社会关系。另外，还有一些社会关系，如友谊关系、师生关系、干群关系、长幼关系等，是由道德规范或者纪律规范来调整的。不是刑法保护的社会关系，就不能成为犯罪客体。

我国刑法保护的社会关系，只能是我国社会主义社会赖以存在、顺利发展的那些关系，是用其他法律手段无法妥善保护和调整的那些关系。这些关系在我国《刑法》第2条和第13条以及刑法分则中，有着明确的规定。实践证明，这些社会关系代表了我国最大多数人民的最大利益，因此必须用刑法来加以保护。

第三，犯罪客体是犯罪行为所侵害的社会关系。我国刑法所保护的社会关系，不论是物质关系还是思想关系，就其内容来说，都是客观存在的具体的关系。

这些社会关系本身不能叫作犯罪客体，只有当它受到犯罪的侵害时，才能成为犯罪客体。例如，公民对自己的合法财产拥有所有权，这种所有权关系在受到犯罪侵害以前就是客观存在的。这时候，我们不能说公民对自己合法财产的所有权是一种犯罪客体。但是，当公民的财产被其他人盗窃、骗取或者毁坏时，这个所有权就受到侵害了，公民对自己的财产的所有权关系就成为犯罪的客体。所以，犯罪客体总是同犯罪的其他要件紧密联系着的，在客观上表现为直接受危害行为的侵害，在主观上表现为犯罪人罪过的重要内容。没有犯罪的其他要件就谈不上什么犯罪客体，而只有其他要件没有犯罪客体当然也不能构成犯罪。

犯罪客体是构成犯罪的必备要件，因此，在司法实践中准确地把握犯罪客体的性质，就具有至关重要的意义。我国刑法在一些法律条文中直接对犯罪客体作了明确规定。例如，《刑法》第 420 条规定了军人违反职责罪的客体是国家的军事利益；《刑法》第 251 条明确指出，非法剥夺宗教信仰自由罪和侵犯少数民族风俗习惯罪侵犯的客体是宗教信仰自由和少数民族的风俗习惯。然而，我国刑法在多数条文中，采取其他一些方式来表示犯罪客体，主要有以下几种。

（1）有的条文通过一定的物质表现来指明犯罪客体。例如，《刑法》第 170 条伪造货币罪，通过货币这一物质表现，说明了该罪的客体是国家货币管理制度。

（2）有些条文通过指出被侵犯的社会关系的主体来表明犯罪客体。例如，《刑法》第 236 条强奸罪的规定，通过指出被侵害的对象是妇女，说明该罪的客体是妇女的性的不可侵犯的权利。

（3）有些条文通过指明对调整一定社会关系的法律规范的违反来说明犯罪客体。例如，《刑法》第 128 条规定，违反枪支管理法规，非法持有、私藏枪支、弹药的，构成非法持有、私藏枪支、弹药罪。枪支管理法规并不是犯罪客体，它所调整的国家对枪支、弹药的正常管理，才是该罪的犯罪客体。

（4）有些条文通过对某种危害行为的描述来表明犯罪客体。例如，《刑法》第 359 条规定的引诱、容留、介绍他人卖淫罪，通过对引诱、容留、介绍卖淫这几种行为的描述，来表示该罪的客体是社会管理秩序中的社会风尚。

从上述所见，在刑法分则没有明确规定犯罪客体的条文中，并不是没有犯罪客体，只要我们认真分析各种犯罪的社会政治内容和法律特征，就能对犯罪客体作出准确的理解。

研究犯罪客体，对于理解和掌握刑法有着重要的意义。犯罪客体揭示了犯罪所侵害的社会关系的具体性质与种类，是决定犯罪的社会危害性的首要因素。没有犯罪客体就没有犯罪，犯罪客体的社会政治意义越大，犯罪的社会危害性也就越大。因此，犯罪客体对于帮助我们认识与犯罪作斗争的意义，帮助我们确定犯罪的性质，分清各种犯罪的界限，衡量各种犯罪的社会危害性程度，从而做到正确的定罪量刑，都是十分重要的。

二、犯罪客体的种类

为了深入分析和理解犯罪客体的作用和意义，根据犯罪所侵害的社会关系范围的不同，可以将犯罪客体分为一般客体、同类客体和直接客体。

（1）一般客体，亦称共同客体。这是指一切犯罪所共同侵害的客体。在我国，犯罪的一般客体，就是刑法所保护的作为整体的社会主义社会关系。每一种具体的犯罪所侵犯的具体社会关系的内容虽然有不同，但是，从整体上说，它们都是对我国的社会主义社会关系造成了危害。犯罪的一般客体揭示了一切犯罪的共同本质，说明了犯罪的社会危害性的社会政治属性以及我国刑法同犯罪斗争的必要性。

（2）同类客体，亦称分类客体。这是指某一类犯罪所共同侵犯的客体，也就是刑法所保护的社会关系的某一部分或者某一方面。同类客体说明了某一类犯罪所侵犯的社会关系的某种共同特点。例如，危害国家安全罪侵害的各种社会关系都具有危害国家安全的共同特点，渎职罪侵害的各种社会关系都具有危害国家机关正常管理活动的共同特点，等等。具有共同特点的这些社会关系，就是这一类犯罪所侵害的同类客体。

研究犯罪同类客体有两个重要意义：第一，犯罪同类客体原理是建立我国刑法分则体系的重要理论根据。我国刑法分则就是根据犯罪侵犯的同类客体，将犯罪归纳为 10 类，从而形成了完整的刑法分则的科学体系。第二，犯罪同类客体原理能够帮助司法工作人员，把各式各样的犯罪行为，从性质上和社会危害程度上互相区分开来，从而有助于正确地定罪和适用刑罚。

（3）直接客体。这是指某一具体犯罪直接侵害的客体，也就是指刑法所保护的社会关系的具体部分。实际案件中的犯罪都是具体的，一个犯罪行为不可能使社会关系的各个方面都受到侵害，而只能侵害某一具体的社会关系。这种具体犯罪侵害了什么具体的社会关系，就是由犯罪直接客体所揭示的。例如，伪造公文罪的直接客体是国家机关的正常活动，故意杀人罪的直接客体是人的生命权利，盗窃罪的直接客体是公私财产所有权，等等。犯罪的直接客体往往能够直接地揭示出犯罪的性质和特征，为区分相似犯罪提供准确的界限标准。例如，欺骗这种方法是许多种犯罪都能使用的。《刑法》第 266 条的诈骗罪，第 279 条的招摇撞骗罪，第 372 条的冒充军人招摇撞骗罪，就是因为它们各自侵犯的直接客体不同，而规定在不同的章节和条款之中。诈骗罪侵犯的直接客体是公私财产所有权，属于侵犯财产罪；招摇撞骗罪与冒充军人招摇撞骗罪虽然使用的都是招摇撞骗的手段，但是，招摇撞骗罪冒充的是国家工作人员和人民警察，侵犯的直接客体是国家机关的威信及其正常管理活动，冒充军人招摇撞骗罪侵犯的主要是国家的军事利益，因此，这两种罪属于不同的刑法条款。不了解直接客体，就不能划清各罪之间的界限，就不可能正确地定罪量刑。在一些特殊的情况下，犯罪的直接客体与同类客体具有极其相似的性质，如盗窃罪、诈骗罪、抢夺罪等，其直接客体和同类客体都是公私财物所有权。在这些犯罪中掌握了同类客体以后，认定直接客体就比较容易了。

犯罪现象是十分复杂的。一个犯罪所能够直接侵犯的具体社会关系，也呈现出十分复杂的情况。为了深入研究我国刑法对犯罪的规定，准确认定犯罪，我们根据犯罪所直接侵犯的具体社会关系的个数，可以把犯罪客体分为简单客体和复杂客体。

简单客体，又称单一客体，是指一种犯罪直接侵犯的客体中只包括了一种具体的社会关系。例如，故意伤害罪，直接侵犯的是他人的身体健康权利；非法狩猎罪，直接侵犯的是国家的野生动物资源管理制度。

复杂客体，是指一种犯罪直接侵犯的客体包括了两种以上的具体社会关系。例如，抢劫罪，不仅直接侵犯公私财产所有权，也直接侵犯他人的人身权利。又如，刑讯逼供罪，不仅侵犯了公民的人身权利，而且危害了司法机关的正常活动。

在复杂客体中，立法机关会根据国家的具体国情，将被侵害的各种社会关系分为主要客体与次要客体，然后根据主要客体的性质进行分类，将该种犯罪列入有关的章节中。例如，我国刑法将抢劫罪列入侵犯财产罪中，而不是列入侵犯公民人身权利、民主权利罪之中；把刑讯逼供罪列入侵犯公民人身权利罪之中，而不是列入渎职罪之中。

研究犯罪的简单客体和复杂客体，认识犯罪客体的多样性与复杂性，对于我们理解刑法对各种犯罪的具体规定，分析研究直接客体，以便更准确地确定犯罪的性质，分清此罪与彼罪，都有重要意义。

三、犯罪客体与犯罪对象

犯罪客体是我国刑法所保护的，而为犯罪行为所侵害的社会关系。犯罪对象是危害社会行为所直接作用的物或者人。其中物是具体社会关系的物质表现；人是社会关系的主体。犯罪客体与犯罪对象是两个既有联系又有区别的概念。

犯罪客体与犯罪对象的联系主要表现在两个方面。

第一，犯罪对象是社会关系存在的前提和条件，是犯罪客体的物质载体或者主体承担者。例如，盗窃犯窃得他人的手机。这部手机作为一种物由他人手中转移到盗窃犯手中，说明了这部手机体现的社会关系——他人的财产所有权，受到了侵害。

第二，犯罪对象在不同的场合会表现为不同的犯罪客体。例如，邮电通信用的铜质电话线，当存放在仓库里时，体现的是国有财产所有权；当架设在电线杆上被使用时，体现的是公共安全。不同的犯罪对象在一定的场合也可能表现为相同的犯罪客体。例如，仓库里的各种物品，不管是电线还是钢轨，各种各样的物品在这时体现的都是国家的财产所有权。

犯罪客体与犯罪对象的区别主要有以下几点。

第一，犯罪客体是任何犯罪构成的必要要件，能够决定犯罪的性质，而犯罪对象则不一定具有这种法律属性。例如，偷越国（边）境罪，脱逃罪，违反国境卫生检疫规定罪等，就很难说有什么犯罪对象了。

第二，任何犯罪都要使一定的犯罪客体受到侵害，而犯罪对象则不一定受到损害。例如，盗窃犯窃得某个个体户的一辆摩托车，他一定侵害了这辆摩托车所体现的公民对自己合法财产的所有权这一犯罪客体，但是，摩托车本身不一定会受到损害，破案以后，赃物可以完璧归赵。又如，罪犯在举刀砍杀群众时，被民警及时制服，群众虽然毫发无损，但他的生命权利由于受到严重威胁，这一客体也受到了侵害。

第三，犯罪对象不是犯罪分类的基础和标准，而犯罪客体才是犯罪分类的基础和标准。

第四，犯罪对象是比较容易认识的，是感性认识的范畴，而犯罪客体是抽象的，是理性认识的结果。

实践证明，正确认识犯罪对象和犯罪客体的联系与区别，有助于我们分清各种犯罪对象中体现的犯罪客体的性质，这对于我们防止将犯罪对象误认为犯罪客体，混淆各种犯罪的区别，都有重要意义。

第三节　犯罪的客观方面

一、犯罪的客观方面的概念和特征

犯罪的客观方面，是指刑法所规定的、说明行为对刑法所保护的社会关系的侵犯性，而为行为成立犯罪所必须具备的客观事实特征。包括危害行为，危害结果，犯罪的时间、地点、方法等。

犯罪的客观方面有以下特征。

第一，犯罪客观方面是犯罪构成客观要件的重要组成部分，同犯罪客体有直接关系，说明什么样的行为在何种特定的客观条件下，怎样威胁或损害某种客体，以及产生了什么样的危害结果，即说明犯罪客体是如何受到侵犯的。

第二，犯罪客观方面是犯罪的主观方面的客观外在表现，同犯罪的主观方面有密切的联系，是主观见之于客观的事实情况。

第三，犯罪客观方面在犯罪构成四个方面的要件中居于关键地位，是行为人承担刑事责任的客观基础。

二、危害行为

（一）危害行为的概念和特征

危害行为，指行为人在其意识和意志的支配下实施的具有社会危害性与刑事违法性的身体的动静，其特征有三个方面。

（1）危害行为是表现于外部的行为人的身体的动静，这是危害行为的客观外在特征，称为"体素"。

（2）行为人的身体的动静是由行为人的心理态度支配的。这是危害行为的主观内在特征，称为"心素"。

（3）由行为人的心理态度支配的身体的动静，必须对社会具有危害性。这是危害行为的法律特征，称为"介素"。单纯的思想不能影响社会关系的性质并对其造成损害或者威胁，只有思想外化为行为，才具有社会危害性。

上述三个特征是每一个危害行为所必须具备的，缺一不可。

基于上述特征，下列行为不是危害行为。

（1）缺乏意识和意志因素（主观内在特征）的行为：①身体的条件反射行为；②睡梦中的言谈举止；③不满 14 周岁或 16 周岁的未成年人的行为；④精神病人实施的有害于社会的行为；⑤意外事件中的行为，由于不能抗拒、不能预见的原因引起的；⑥身体受到暴力强制时的行为。

（2）不具有社会危害性的行为，因缺乏危害行为的"介素"，当然不是危害行为。包括：①合法行为；②正当行为。

（二）危害行为的表现形式：作为和不作为

作为与不作为是危害行为的两种基本形式。作为就是积极的举动，体现于外的积极行为，如开枪杀人、举刀砍人、盗窃等，这些都是典型的积极的作为方式；不作为就是表面上看是静止不动的，但正由于其静止状态，造成了危害结果，根据法律以及有关规定，应该对结果负刑事责任，这就是不作为的犯罪行为。

在作为与不作为这两种方式中，作为即违反禁止性规范，是"不应为而为"，而不作为是违反命令性规范，是"应为而不为"。作为是最常见的行为方式，而不作为相对较少。一般情况下行为人相对静止的、没有实施具体行动，不存在构成犯罪问题。不作为方式只有在具备一定的条件下才能构成犯罪。

1. 作为

作为犯罪，是指犯罪人通过身体的外部动作积极实施刑法所禁止的危害行为而构成的犯罪。行为人以积极的身体活动所实施刑法禁止实施的危害行为，是危害行为的一种基本方式。即"不应为而为"。因此，作为犯罪具有以下特征。

(1) 作为犯罪的有形性。作为犯罪，在客观上必然通过一定的身体外部动作表现出来，因而具有有形性。作为犯罪可以通过各种方式实施，但无论表现为何种方式，都离不开犯罪人的一定的身体动作，这种身体动作对外界发生影响，并且产生一定的危害结果。根据作为犯罪的有形性这一特点，我们认为思想不能构成犯罪。而言论（包括言语与文字）与思想已经有所区别，言论当然包含一定的思想，但言论本身已经不仅仅是思想，它是思想的物质载体，已经有了一定的客观存在形式。因此，言论作为表达思想、表明主观意图的外在活动方式之一，可以说是一种行为，会产生某种危害结果。例如，教唆是一种能够引起他人犯意的行为，这种行为表现为劝说、请求、挑拨、刺激、利诱、怂恿、嘱托、胁迫、诱骗、授意等方法，这些方法都离不开一定的言论；教唆可以用口头言词表达，也可用书面文字表达，还可以用打手势、使眼神等人体动作表达。由于教唆已经超出了思想的范畴，已经与他人发生了一定的社会关系，并且侵害了刑法所保护的客体，因而属于犯罪行为。当然言论与暴力性的身体动作在程度上毕竟还是有所区别的，而言论又往往与思想表达有关，一个民主国家，言论自由应该是基本的公民权利。因此，言论构成犯罪应该是有严格限制的。在我国刑法中，也只是把那些具有相当程度社会危害的言论规定为某些犯罪的实行行为或实行行为中的一部分，如侮辱罪、诽谤罪、诬告陷害罪等的实行行为就是或者可以是以特定言论形式构成的，而抢劫罪、强奸罪、敲诈勒索罪等的实行行为中的手段行为也可以是威胁性的言论。至于传授犯罪方法罪，更是典型的以言论方式构成的犯罪。刑法总则规定的犯罪预备行为、教唆行为和帮助行为，也可以由言论构成。当然，我们惩罚的并不是言论本身，而是犯罪人利用言论所进行的犯罪行为。总之，作为犯罪的首要特征是有形性，离开有形性，就没有作为犯罪。

(2) 作为犯罪的违法性。作为犯罪的违法性，主要表现为对法律的禁止性规范的违反。所谓禁止性规范，是义务性规范的一种，其内容是要求人们承担不作出一定行为的义务。其行为模式是禁止人们这样行为的模式，其法律后果是否定式的。例如，药品管理法中关于禁止生产、销售劣药、假药的规定，刑法中关于禁止打砸抢、禁止非法拘禁他人等规定，婚姻法中关于父母子女间不得相互遗弃或虐待的规定，以及它们相应的法律后果，均属禁止性规范。因此，作为犯罪是"不应为而为"，它是以积极的行为违反法律规范。应当指出，作为犯罪的这种违法性，与构成作为犯罪必须符合刑法分则对某一具体犯罪的构成要件的规定并不是矛盾的。作为犯罪的违法性，主要表现在对禁止性规范的违反上，因而其犯罪构成的行为也是以禁止的内容为主要内容的，例如，禁止杀人，违反这一禁令杀人，因而杀人就是该罪的行为。根据这一理论，作为犯罪的行为具有法定性，是以法律规定为特征的。因此对于作为犯罪的具体认定，不能脱离法律的规定。在这个意义上，人的身体动作只有经过法律的规范评价才能上升为一定的作为犯罪。因此，应当把一般的身体动作与刑法意义上的作为加以区别。一个作为也往往包括几个动作：如举起手枪，对准目标，手握枪机，扳动枪机，等等。刑法的行为所包含的远不是个别的"动作"或"环节"，而是这些环节的有机结合，如射击、窃取、收买等。

（3）作为犯罪的形式。作为犯罪的形式，是指行为人实施作为犯罪的表现方式。作为犯罪虽然表现为一系列的身体动作，但由于人是一种具有理智的高级动物，因而行为人在实施作为犯罪的时候，并不限于利用本人的身体以实现一定的犯罪意图。而且还利用各种犯罪工具及其手段，将本人的犯意付诸实施。正如我国学者指出，不能把作为等同于亲手实施的行为，作为除了包括犯罪人本人亲手实施的积极活动外，还应该包括犯罪人借助自然力（如风势、水势）、借助动物（如狗、蛇等）、借助不具备犯罪主体条件的他人（如儿童、精神病人）或借助他人的过失行为来实施犯罪行为，这些情况仍应视为利用者本人实施了作为的犯罪行为。因此，对于作为犯罪的形式的分析，有利于我们认识作为犯罪的复杂性，从而科学地掌握作为犯罪的本质。

①利用自身动作实施作为犯罪。一个人的身体动作是受大脑的高级神经支配的，因而是人的意识与意志的外在表现。人的四肢五官能够形成各种各样的身体动作，这些身体动作是人的活动的最基本的组成部分，是人的存在方式之一。人的身体动作既可以用于实施对社会有利的行为，同样，也可以用于实施对社会有害，包括犯罪的行为。因此，利用自身动作实施的作为犯罪，是最为常见的作为犯罪的形式。例如，采用拳打脚踢的方法伤害他人，就是典型的利用自身动作实施的作为犯罪。除四肢移动以外，五官也可以用于作为犯罪。例如口出秽言侮辱他人，眼神示意教唆他人等，同样是自身动作实施的作为犯罪。

②利用机械力实施作为犯罪。人的自身力量是有限的，因此，利用自身动

作实施的作为犯罪只能是小规模的。有时，为了造成更大的危害结果，靠自身动作难以实现，因而必须借助于一定的机械力。机械，是人的手足的延伸，赋予了人更大的实践活动能力，增加了人的能动性。但机械力可以造福人类，同样可以危害人类。当机械力被犯罪分子用于犯罪的时候，就会产生危害社会的后果。机械力是通过一定的工具表现出来的，因此，利用机械力实施作为犯罪，总是以一定的工具为中介的。犯罪人借助于工具的某种属性，作用于一定的客体，从而消除特定客体的存在或者改变特定客体的功能，就会给社会造成危害。例如，借助炸药的爆炸力，杀伤人畜，毁坏公私财物，危害公共安全；或者利用枪支杀人；等等。在这些情况下，犯罪人本身虽然没有接触被害人，但由于一定的机械力是在犯罪人的意志支配下作用于被害人的，因而应当归罪于犯罪人。当然，在利用机械力实施作为犯罪的情况下，犯罪人还是必须要有一定的身体动作，这些身体动作主要表现在对机械力的操纵上。具体地说，表现在对一定的犯罪工具的使用上。例如，用枪杀人，必须要有端枪扣动扳机这样一些身体动作，否则，枪不会自动射击将人打死。如果没有一定的身体动作，纯粹地利用机械力实施犯罪，那么，在一定条件下可以构成不作为犯罪。例如，扳道工故意不履行扳道义务，导致两列火车相撞，造成重大人员伤亡与物质损害。犯罪人也是利用机械力实施犯罪，但扳道工没有任何身体动作，而只是消极地不履行扳道义务，因而只能构成不作为犯罪。由此可见，有一定的身体动作是作为犯罪的基本要求，在利用机械力的情况下也是如此。

③利用自然力实施作为犯罪。自然力与机械力在性质上是相同的，只不过前者出于天然，后者来自人工。自然力包括雷电、风暴、洪水等，这些自然力既可以利用来为人类服务，也可能对人类造成危害。有些犯罪分子故意利用这种自然力，来达到危害社会的目的。例如，决水冲毁家舍农田，危害公共安全等。利用自然力实施的作为犯罪，也必须要有利用行为。这种利用行为往往是通过一定的身体动作表现出来的，例如，决水，必须要有挖毁堤坝的行动。如果根本没有这些身体动作，而是有义务阻止自然力的破坏作用，应当履行而不履行这种义务，以至于由于自然力的破坏而造成一定危害结果的，就是不作为犯罪，而不是作为犯罪。

④利用动物实施作为犯罪。动物不通人性，因而凡是动物造成损害的，除非动物主人管理不严而负有责任，否则不产生人的责任问题。但如果是犯罪人故意地唆使动物去伤害他人或者损害他人利益，犯罪人就是利用动物实施作为犯罪。

⑤利用他人实施作为犯罪。利用他人实施作为犯罪，刑法理论中叫作间接实行犯，也称间接正犯。间接实行犯，由于它是利用他人实施犯罪，在表面上

与共同犯罪中的教唆犯与帮助犯极为相似，但它又不是共犯，因而一般被认为是单独正犯的一种形态，以区别于直接实行犯，放在共同犯罪中加以研究。但间接实行犯主要还是一个行为的问题，随着刑法的评价态度从自然主义的考察向规范主义的考察发展，近来在大陆法系刑法理论中，间接实行犯不被放在共犯论里面，而是作为构成要件行为的解释问题在构成要件该当性中加以论述。

间接实行犯把一定的人作为中介实施其犯罪行为，其所利用的中介由于具有某些情节而不负刑事责任或不发生共同犯罪关系，间接实行犯对于其所通过中介实施的犯罪行为完全承担刑事责任。这种实施犯罪行为的间接性和承担刑事责任的直接性的统一，就是间接实行犯。在刑法理论上，一般认为间接实行犯具有以下几种形式。

一是利用不满 14 周岁的人作为工具实施作为犯罪。例如，我国《刑法》第 29 条第 1 款规定："教唆他人犯罪的，应当按照他在共同犯罪中所起的作用处罚。"这里所谓他人，按照一般理解，是指达到刑事责任年龄的人。我国《刑法》第 17 条第 1 款规定："已满 16 周岁的人犯罪，应当负刑事责任。"第 2 款规定："已满 14 周岁不满 16 周岁的人，犯故意杀人、故意伤害致人重伤或者死亡、强奸、抢劫、贩卖毒品、放火、爆炸、投放危险物质罪的，应当负刑事责任。"因此，利用不满 14 周岁的人为工具实施任何犯罪行为，利用者都以间接实行犯论处。利用已满 14 周岁不满 16 周岁的人为工具实施除刑法所规定的以上 8 种犯罪以外的犯罪行为，教唆犯以间接实行犯论处。

二是利用精神病人作为工具实施作为犯罪。我国《刑法》第 18 条第 1 款规定："精神病人在不能辨认或不能控制自己行为的时候造成危害结果，经法定程序鉴定确认的，不负刑事责任。"精神病人的大脑由于受到各种致病因素的影响，机能活动发生紊乱，导致精神活动发生不同程度的变异，造成精神病人的意识和行为的异常，并极易受暗示的影响。犯罪分子往往利用精神病人的这种病态，教唆其实施一定的危害行为。在这种情况下，精神病人只不过是犯罪工具而已。精神病人由于没有刑事责任能力，法律规定其不负刑事责任。所以，利用没有刑事责任能力的精神病人实施犯罪行为，应以间接实行犯论处。我国《刑法》第 18 条第 2 款规定："间歇性的精神病人在精神正常的时候犯罪，应当负刑事责任。"所以，如果是利用间歇性精神病人为工具实施犯罪的，还必须查明其实施犯罪行为时是在精神正常期间还是在发病期间。只有在间歇性精神病人处于丧失刑事责任能力的发病期间，教唆其实施危害行为的，才构成间接实行犯。否则，教唆犯和精神正常的间歇性精神病人构成共同犯罪。

三是利用他人的不可抗力和意外事件实施作为犯罪。我国《刑法》第 16 条规定："行为人在客观上虽然造成了损害结果，但是不是由于故意或者过失，而是由于不能抗拒或者不能预见的原因所引起的，不是犯罪。"这就是刑法理论上所说的不可抗力和意外事件。所谓利用他人的不可抗力和意外事件实施作为犯罪，就是指被利用的人的行为在客观上是危害社会的行为，但他在实施这一行为时主观上没有罪过，属于不可抗力或者意外事件。对于利用者来讲，构成间接实行犯，应对他人的不可抗力或者意外事件所造成的损害结果承担刑事责任。例如，医生甲对病人乙有仇，一天在注射液内投入致命毒药，让护士丙为乙注射，结果乙被害死亡。在本案中，护士丙的行为虽然在客观上造成了乙的死亡，但丙对于死亡的原因是不能预见的，相当于英美法系刑法理论中的无罪之代理人。因此，乙的死亡对丙来说是意外事件。甲对于乙的死亡主观上具有杀人的故意，客观上虽然没有直接的杀人行为，但利用他人的不可抗力或者意外事件实施杀人行为，属于间接实行犯。

四是利用他人的合法行为实施作为犯罪。这里所谓合法行为，是指正当防卫、紧急避险等排除社会危害性的行为。这些行为根据我国刑法的规定不负刑事责任，是合法行为。如果利用他人的正当防卫实施犯罪，防卫人不负刑事责任，利用者则构成间接实行犯。例如，甲对乙有仇，想置乙于死地，但又不想亲自下手，遂设一计，对乙谎称丙曾经在背后诽谤乙。乙听后勃然大怒，对丙进行不法侵害。但丙身强力壮，又曾从甲处得知乙将来寻衅，早已有所防备。因此，丙对乙实行正当防卫，致乙死亡。丙的行为没有超过正当防卫的必要限度，依法不负刑事责任，而甲则应对乙的死亡承担间接实行犯的刑事责任。

五是利用他人的过失行为实施作为犯罪。我国刑法中的共同犯罪是二人以上共同故意犯罪。共同故意是共同犯罪的质的规定性之一，没有共同故意也就谈不上共同犯罪。因此，我国《刑法》第25条第2款规定："二人以上共同过失犯罪，不以共同犯罪论处；应当负刑事责任的，按照他们所犯的罪分别处罚。"那么，一人故意和一人过失的犯罪如何处罚？对此，我国刑法没有明文规定。根据我国刑法理论，二人不构成共同犯罪，应该分别处罚。因此，如果一人利用他人的过失行为犯罪，利用者应对犯罪行为承担故意犯罪的刑事责任，属于间接实行犯，被利用者对该犯罪行为承担过失犯罪的刑事责任。例如，甲对乙有仇，意图枪杀乙。一天，丙向甲借枪，甲把装有子弹的枪借给丙，骗其枪中没有子弹，可以吓乙一跳。丙信以为真，朝乙开枪，乙中弹身亡。在本案中，甲主观上具有杀人的故意，客观上虽然没有直接实施杀人行为，但他是利用丙的过失行为杀人，因此构成间接实行犯，丙则主观上具有疏忽大意的过失，客观上实施了杀人行为，其行为单独构成过失致人死亡罪。

2. 不作为

（1）不作为的概念。不作为是危害行为的一种基本形式，指刑法要求行为人必须履行某种特定积极行为的义务，行为人能够履行而没有履行该义务的行为。即"应为而不为"。

（2）不作为的特征。①从主体看，行为人负有实施特定积极行为的法律义务。②从行为状态看，不作为是一种消极的身体活动。③从性质上看，不作为是刑法意义上的不作为。

（3）不作为的性质。①不作为与作为一样是危害行为的表现形式，其中以动的方式实施的危害行为是作为，以静的方式实施的危害行为是不作为。②不作为以能够履行义务而不履行的方式侵害了国家法律所规定的权利义务关系。③不作为在刑法上具有主客观的统一性。

（4）不作为犯罪和构成不作为犯罪的条件。①行为人负有积极实施某种行为的义务。②行为人具有履行该积极义务的能力。③行为人没有履行该积极义务、没有实施某种积极的行为，从而导致某种危害结果的发生，即不作为与某种危害结果之间存在着刑法意义上的因果关系。

（5）不作为中的特定义务及义务来源。①特定义务。指在一定的社会关系内，基于一定的事实与条件产生的要求行为人为一定积极行为的具体法律义务。②义务来源。A. 来源于法律上的明确规定，即行为人所违反的义务是法律所明确规定的。B. 职务上、业务上所要求的义务。C. 先行行为引起的义务，指由于行为人先前实施的某一行为，使刑法所保护的法律利益处于危险状态，行为人此时就负有救护法益、防止危险发生的义务，如将无自救能力的儿童带到危险地带等。这三种义务可以成为不作为的义务来源，在理论界和实践中不存在异议。

不作为必须以行为人负有特定义务为前提，之所以要求行为人对其相对身体的消极静止、"无为"的状态负刑事责任，问题的关键就在于行为人此时负有积极实施特定行为的义务，其"应当为而不为"，即其违反了"作为义务"。根据我国刑法学基本理论，不作为犯罪的作为义务来源主要有以下几个方面。

A. 法律明文规定的积极作为义务。当事人有履行生效的法院裁判的义务。如果当事人有能力履行而不履行生效的判决、裁定，就构成拒不执行判决、裁定罪。拒绝执行，即相对于生效的判决、裁定而言没有履行，相对静止，是不作为，但他此前必须有履行判决、裁定的积极义务，这是法律、法规所要求的，这是作为义务的第一个来源。典型的不作为犯罪有常见的遗弃罪，拒不执行判决、裁定罪，战时遗弃伤病军人罪等。

B. 业务上和职务上所要求的积极作为义务。如值班的医生、执勤的消防队员等。该积极作为是职务上、职责上的要求，是工作、岗位性质所决定的。普通的公民可以逃命、逃生，而消防员逃跑是不行的，他必须积极地救火，这是职责要求。

C. 法律行为引起的积极作为义务。法律行为如合同行为，引起了一个积极作为的义务，行为人有义务积极履行。

D. 先行行为引起的积极作为义务。先行行为导致刑法保护的某种权益处于危险状态，行为人负有采取有效措施排除危险或防止结果发生的特定义务。即先行行为导致了他人的权益处于某种危险状态，行为人就负有防止、排除和避免危险发生的积极义务。如果不排除、不避免、没有防止危险结果的出现，那么就应该负刑事责任。至于先行行为引起的危险状态既可能是出于故意也可能是出于过失。如甲不慎将未熄灭的烟头扔在仓库里，其明知如果不采取积极措施就有火灾发生的危险，但其突然想起今天仓库值班的是与其早有积怨的仓库保管员乙，于是想陷害乙，一走了之，结果导致火灾的发生。由于甲先前的过失行为导致火灾危险的发生，其就具有防止危害结果发生的积极义务，而其有能力履行而不履行，对此结果其应承担放火罪而非失火罪的刑事责任。

（6）不作为犯罪之"作为义务"判断应注意的问题。不作为犯罪的"作为义务"特征及其来源说明，仅仅是道义的义务不能作为不作为犯罪的义务来源，比如：被告人黄某，男，43岁，渔民。1999年11月27日，黄某在长江上捕鱼，突然一条用于摆渡的小船因载人过多而倾翻，小船上的人员尽数落水。由于落水的人员当中有一部分不会游泳，故其生命处于极度危险状态。这时参与抢救的人们纷纷要求黄某驾船参加抢救行动，黄却笃信封建迷信，认为参加抢救落水的人会给自己带来灾难，因而坚决拒绝参加抢救行动，也不许其他人使用他的船去救人。由于抢救工具不够，最终有4人因抢救不及时而溺水身亡。事后应群众强烈要求，检察机关以不作为犯罪对黄某提起公诉，要求人民法院予以严惩。问黄某是否构成犯罪？本案中，黄某见死不救确实应遭受谴责，但对于此次事故多人翻船落水而生命处于极度危险状态，该危险状态的出现同黄某的行为没有任何关系，黄某对此危险状态并无积极防止的法定义务，也不存在积极抢救的职业或业务要求。所以人民法院应判决黄某无罪。

另外，上述"作为义务"来源之一"先行行为"是否包括犯罪行为在内？即行为人的犯罪行为导致某种合法权益处于危险状态，行为人对该危险状态没有采取积极有效地防止措施而导致危害结果发生，此时行为人对该危害结果的不作为应否单独构成犯罪？对此根据我国刑法分则具体规定可以分为两种情形处理。

①在刑法就某种犯罪行为规定了结果加重犯或者因发生严重结果而成立重罪时，由于可以将该加重的危害结果评价在相应的结果加重犯或者另一重罪中，先前的犯罪行为并不导致行为人具有防止严重结果发生的义务。一个常见而典

型的例子是交通肇事后逃逸致人死亡的情形：行为人严重违章导致重大交通事故（已经构成了交通肇事罪），为逃避法律责任，置生命处于高度危险状态的被害人于现场而不顾，慌忙逃逸，结果导致被害人因得不到及时救助而死亡。此时，行为人主观上已经明知被害人死亡的可能性，在能积极抢救的情况下而逃逸，应否在交通肇事罪之外再成立一个故意杀人罪？应当是否定的，因为《刑法》第 133 条已经规定，交通肇事后，"因逃逸而致人死亡的，处 7 年以上有期徒刑"。故此时应作为交通肇事罪的结果加重犯处理即可。再如行为人非法拘禁他人，并对他人使用暴力，导致发生伤残或死亡危险的情况下，行为人不予救助，造成被害人死亡，根据《刑法》第 238 条第 3 款的规定，应定为故意伤害罪或故意杀人罪这一重罪即可。

②在刑法没有就某种犯罪行为规定为结果加重犯，也没有规定发生严重结果而成立重罪的情况下，如果先前的犯罪行为导致另一合法权益处于危险状态，则应认为该犯罪行为导致行为人具有阻止该危险状态、防止危害结果发生的义务。例如，行为人非法采伐珍贵树木，树木倒下时砸着他人头部，行为人明知其不被立即救助就会导致该被害人死亡的结果，但其并未救助而是迅速逃离现场，结果被害人死亡。行为人先前的盗伐行为构成《刑法》第 344 条的非法采伐珍贵树木罪，但非法采伐珍贵树木罪并不存在结果加重犯形态，即造成死亡的行为以及死亡结果不能评价在非法采伐珍贵树木罪的构成要件中。在这种情况下，应当将非法采伐珍贵树木的犯罪行为，视为导致行为人负有积极抢救义务的先行行为，从而构成不作为的故意杀人罪，并同非法采伐珍贵树木罪并罚。

（7）不作为分类。纯正不作为犯与不纯正不作为犯，或称真正不作为犯和不真正不作为犯。①纯正不作为犯（或称真正不作为犯），行为人的行为构成法律专门规定的（实行行为本身）不作为犯，属于纯正的不作为犯。法律专门规定的不作为的犯罪，如《刑法》第 261 条遗弃罪；第 313 条拒不执行判决裁定罪；第 376 条战时拒绝、逃避征召、军事训练罪，战时拒绝、逃避服役罪；第 380 条战时拒绝、故意延误军事订货罪；第 381 条战时拒绝军事征用罪；第 404 条徇私舞弊不征、少征税款罪；第 429 条拒不救援友邻部队罪；第 440 条遗弃武器装备罪；第 441 条遗失武器装备罪、第 444 条遗弃伤病军人罪；第 445 条战时拒不救治伤病军人罪；其他渎职性犯罪如私放罪犯、玩忽职守；等等。因为法律规定的这些犯罪行为本身就是不作为行为，行为人当然也只能采取不作为行为而构成上述罪。在这种场合，行为人以不作为行为构成了一个法律上专门规定的不作为行为的犯罪，叫作纯正不作为犯。例如，甲在医院生下一女婴，见有残疾，就偷偷离开医院、将女婴扔下不管了。甲不履行对女婴抚养义务的行为，构成了刑法上专门规定的不作为犯罪（遗弃罪），属于纯正的不作为犯。②不纯正不作为犯。因不作为而构成不属于法律专门规定的不作为犯罪的，是不纯正不作为犯。例如，甲将朋友 3 岁儿童乙拐带回家收养，在回家途中，将该儿童遗弃在荒树林中，径自离去，3 天后，该儿童冻饿致死。法院认定甲构成故意杀人罪。甲因将所带儿童遗弃不管的不作为行为构成了不属于刑法专门规定的不作为犯罪故意杀人罪，因为故意杀人罪通常是作为才能构成的，属于不纯正的不作为犯。就构成故意杀人罪而言，甲对儿童弃置不管的行为相对于积极的杀害行为，是一种不作为的杀人行为。

三、危害结果

（一）危害结果的概念

关于刑法中的危害结果，刑法理论上存在着不一致的论述。我们认为，考察刑法中的危害结果，应该以我国刑法的规定和有关刑法原理为基础，以司法实践的需要为导向。

首先，根据我国刑法的规定和有关刑法原理，刑法意义上的危害结果可以有广义与狭义之分，甚至有广义、中义与狭义之分。

广义的危害结果，是指由于行为人的危害行为所引起的一切对社会的损害事实，即不仅包括物质性的、可以测量到的危害后果，还包括非物质性的、无形的不可测量的危害后果，既包括损害结果，也包括危险结果，既包括直接结果，也包括间接结果等。在这种意义上的"危害结果"，可以说是所有犯罪构成都必须具备的。

中义的危害结果，是指危害行为给刑法所保护的社会关系所造成的具体损害事实，表现为具体的直接的现实的损害。

狭义的危害结果，又称构成要件结果，是由犯罪的实行行为造成的、根据刑法分则的规定对于成立犯罪或者犯罪既遂具有决定意义的危害结果，它只存在于过失犯、间接故意犯罪和结果犯的既遂犯中，其特征如下：（1）对成立犯罪或犯罪既遂具有决定意义；（2）是由构成要件行为即实行行为直接引起的；（3）是由刑法分则条文明确规定的。

我国大多数学者以及司法实践中常常将中义和狭义结合在一起使用"危害结果"，即认为危害结果是犯罪行为对直接客体所造成的现实损害。在这个意义上，结合罪过基本内容以及故意犯罪停止形态的基本知识，危害结果对犯罪行为及刑事责任的作用可以这样概括：（1）对于所有过失犯罪、间接故意犯罪而言，危害结果决定犯罪成立与否，此时的危害结果属于此类犯罪构成的必要要素；（2）对于直接故意犯罪中的结果犯而言，法定的危害结果决定犯罪既遂与否，如直接故意杀人罪中只有出现人的死亡，才属于本罪既遂，如果杀人行为导致他人伤害的，虽然仍构成故意杀人罪，但属于未遂或者中止等形态；（3）对于直接故意犯罪中的危险犯、行为犯、举动犯而言，危害结果并不影响犯罪成立或犯罪既遂与否，但影响到量刑的轻重。正是从这个意义上，我们说危害结果并非是所有犯罪构成的必备要素，只是某些犯罪构成要件客观方面的必备要素。因此，研究刑法上的危害结果，首先要把作为犯罪构成要件的狭义的危害结果同广义的危害结果区别开来。

其次，从司法实践中定罪的实际需要出发，在狭义的危害结果中，应当进一步把有形的、可以具体测量确定的危害结果，同无形的、不能具体测量确定的危害结果加以区别。我国刑法上的任何犯罪行为，都能够给一定的直接客体造成某种损害。从这个意义上说，危害结果与犯罪客体密不可分。通过这种结果，可以从客观方面反映犯罪行为与犯罪客体的联系，并且揭示不同犯罪行为所侵害的合法权益的特定性。但是，由犯罪客体的性质所决定，上述危害结果又可以分为有形的、可以具体测量确定的结果，以及无形的、不能具体测量确定的结果两类。后一类危害结果一般是非物质性的，往往是犯罪行为一经实施，这种危害结果就同时发生了（只是人们往往不能凭直观感知它）。因此，对这种犯罪案件，一般只要查明被告人已经实施了行为，就可以认定为犯罪既遂，而不存在未遂问题，也无须去查明行为与结果间的因果关系，刑法理论上称为"举动犯"的煽动分裂国家罪、传授犯罪方法罪等就是这样。但是，给直接客体造成的有形的、可以具体测量确定的危害结果，则在具体案件中可能发生，也可能由于某种原因而没有发生，而且往往并非行为一着手实施就立即发生。对这种犯罪来说，要认定是犯罪既遂还是未遂，就要在查明被告人实施了刑法分则规定的某种危害行为的同时，再查明是否发生了作为构成要件的危害结果。没有产生这种结果的，一般应以未遂论处。这类有形的、可以具体测量确定的危害结果，是所有过失犯罪的客观方面必备的要件，是区分过失犯罪与非犯罪的客观标志。

（二）危害结果的种类

由于危害结果具有多样性的特征，在深入理解危害结果的内涵和意义时，就有必要研究危害结果的种类，从不同角度对其分类把握。一般来说以下三种对危害结果的分类较有意义。

1. 构成结果与非构成结果

这是以危害结果是否是犯罪构成要件为标准而作的分类。构成结果，又叫构成要件结果，是狭义的危害结果，是指属于犯罪构成要件的危害结果。因其对于定罪具有决定意义，又称为定罪结果。根据我国刑法总则第15条以及分则的有关规定，过失犯罪均以发生特定的危害结果为构成要件。根据间接故意的基本特征，间接故意犯罪的成立也要求发生特定的危害结果。因此，就过失犯罪和间接故意犯罪而言，如果构成结果没有发生，该犯罪便不能成立。与过失犯罪和间接故意犯罪不同的是，许多直接故意犯罪虽以某种特定的危害结果为要件，但这种构成结果的有无，并不是区分犯罪成立与否的标准，而只是区分犯罪完成形态与未完成形态的标准。

非构成结果，又叫非构成要件结果，是指一切危害行为引起的、构成要件结果以外的、对于该种犯罪的社会危害性程度及其刑事责任的大小具有一定评价意义的一切损害结果。简单说就是指不属于构成要件的危害结果。在广义的危害结果中，除了构成要件结果之外的一切结果都是非构成要件结果。这种危害结果发生与否以及轻重如何，并不影响犯罪的成立，而只是在行为构成犯罪的基础上影响到行为的社会危害性程度，进而影响到量刑轻重，因此又称为量刑结果。

非构成结果主要表现为以下几种情况。（1）存在于未遂犯或中止犯的中间结果。如故意杀人未遂，致被害人重伤，在此致人死亡这一构成结果未发生，重伤结果为非构成结果。（2）存在于某些结果加重犯中的、超出基本构成的构成结果之外的加重结果。（3）可以存在于任何性质、任何形态中的随意结果。这是指危害行为侵害犯罪客体以外的其他社会关系而形成的不属于前两种结果的非构成结果。例如，行为人实施非法搜查行为，导致他人财物破损的结果。

将危害结果划分为构成结果与非构成结果，有利于正确认识危害结果在不同犯罪构成中的地位和作用，从而有利于正确地定罪量刑。

2. 物质性结果与非物质性结果

这是依据危害结果的现象形态作的划分。物质性结果，是指现象形态表现为物质性变化的危害结果。又称有形的危害结果，具有具体、可见、可以计量的特点，它的发生有一个过程，如人的死亡、伤害结果的发生、财产的损害等。非物质性结果，是指现象形态表现为非物质性变化的危害结果，又称无形的危害结果，抽象、无形、不可见，不能具体测量。对个人来说，主要是危害行为对个人的心理造成影响，留下痕迹，如名誉权受到损害、人格被侮辱；对社会组织来说，则是使其正常的状态、名誉、信用受到影响，如国家机关的威信遭受损害等，它们也是客观存在的。

物质性结果与非物质性结果都可能属于构成结果，也可能属于非构成结果。这种划分有助于全面认识危害结果，也有助于对非物质性结果作深入研究。

3. 直接结果与间接结果

这是依据危害结果距离危害行为的远近或危害结果与危害行为的联系形式而对危害结果进行的划分。直接结果，是指由危害行为直接造成的侵害事实，它与危害行为之间不存在独立的另一现象作为中介。间接结果，是指危害行为间接造成的侵害，它与危害行为之间存在着独立的另一现象作为联系的中介。

直接结果与间接结果都可能是构成结果，也可能是非构成结果。

（三）危害结果对定罪与量刑的影响

危害结果对定罪与量刑的影响，实际上主要指的就是危害结果在犯罪构成中的地位。如果危害结果是一切犯罪构成客观方面的必备要件，那么它就对一切行为是否构成犯罪都有着不可或缺的影响；如果危害结果不是一切犯罪构成客观方面的必备要件，那么它就只是在某些情况下对定罪产生不可缺少的影响。因此，首先必须解决危害结果在犯罪构成客观要件中是共同要件还是非共同要件的问题。

危害结果是否为一切犯罪构成客观要件，即是否为犯罪客观要件中的共同要件，这一问题争论的症结在于从何种意义上去把握危害结果的含义。也就是说，对危害结果含义理解的角度不同，在上述问题上也就会有不同的结论。主张危害结果乃是一切犯罪客观要件的观点，显然是站在将危害结果理解为危害行为对直接客体造成的损害事实这一角度得出的结论。我们认为，对于危害结果是犯罪客观要件中的共同要件还是非共同要件的问题，应当立足于危害结果对于犯罪构成是否具有独立的存在意义并且必不可少的角度去理解。如果单纯从危害行为对直接客体造成的损害事实的角度去理解危害结果，认为危害结果是一切犯罪构成要件，那么，危害结果作为犯罪构成客观要件在认定犯罪，界定罪与非罪、犯罪完成形态与未完成形态方面时还有什么存在的必要和实际意义呢？因此，作为犯罪构成客观要件的危害结果，应只是刑法明确规定的某些特定犯罪（结果犯）之完成形态才存在的危害结果，以及过失犯罪及间接故意犯罪中的危害结果。这种危害结果对认定过失行为及间接故意行为的罪与非罪，以及认定结果犯是既遂或未遂或中止起着决定性作用，并且相对独立于危害行为之外，并非行为一经实施，结果便已存在。

四、刑法中的因果关系

（一）刑法中的因果关系的概念与特征

刑法中的因果关系是指危害行为与危害结果之间引起与被引起的联系。刑法上的因果关系即危害行为与危害结果之间的因果联系，这种因果关系是在危害结果发生时要求行为人负刑事责任的必要条件。

主要表现出以下特征。

（1）客观性。所谓客观性是指刑法中因果关系是危害行为与危害结果之间的一种客观的联系。既然是一种客观的联系，意味着不受行为人主观上能否预见因素的影响。也就是说判断因果关系的有无，与行为人主观能否预见无关。不管人的主观认识如何，因果关系都是客观存在的。这种客观存在的因果关系人们可以认识，但却不能改变。

（2）相对性。因果关系在实践中并不是简单的一对一的关系，而是表现为因果链条。所以认定因果关系时应当采用简化和孤立的方法，对某一现象从因果链条中抽象出来进行确定、研究。

（3）顺序性。原因必定在前，结果必定在后。

（4）复杂性。因果关系实际上表现为因果的网络，一因一果只是少数，多数是一因多果、多因一果、多因多果。

（5）条件性。因果关系只有在一定条件下才能发生，危害行为是在一定的时间、地点、条件下发生的，结果是否发生、程度如何，也取决于一定的时间、地点和条件。应当区分原因与条件，原因是决定性因素，条件对结果的发生虽然也起到一定作用，但只是通过原因对结果的产生起促进作用或延缓作用，不起决定作用。

（6）内容的法定性。①范围是由刑法划定的，原因只能是刑法上规定的危害行为，结果只能是刑法上规定的危害结果。②内容是由刑法所规定的。刑法上的因果关系或者和哲学上的因果关系一致，或者将哲学上很强的原因予以弱化，不将其规定为哲学上的原因，或者将哲学上很弱的原因予以强化，将其作为刑法上的原因。

（二）刑法中的因果关系的性质

犯罪实行行为在一定的具体条件下合乎规律地引起危害结果的发生。

作为原因的实行行为，必须具有引起危害结果发生的实在可能性。即因果之间存在着相同的质，具有质的同一性。也就是说，作为原因的实行行为，一定包含着引起危害结果发生的根据和内容，否则，该结果就不会是由该行为引起的。作为原因的实行行为，必须合乎规律地引起危害结果的发生。只有当这种实在可能性合乎规律地引起了该结果的发生，才能认定因果关系。某种行为虽然具有引起危害结果发生的实在可能性，但如果在因果关系发展的进程中介入了其他危害行为或因素，还可能加速或延缓因果关系的发展进程，甚至改变因果关系发展的方向和趋势，以致切断原来的因果进程，由中途介入的行为或因素合乎规律地引起了危害结果的发生。

（三）刑法中的因果关系的形式

1. 简单的因果关系

一个危害行为直接而合乎规律地引起一个或几个危害结果的发生。

2. 复杂的因果关系

两个或两个以上的危害行为共同作用或先后衔接，产生了一个或几个危害结果。包括先后连接的因果关系和共同作用的因果关系。

3. 中断的因果关系

某种行为引起或正在引起某种危害结果，在因果关系发展过程中，介入了另一原因，从而切断了原来的因果关系，行为人只对另一原因介入前的现实情况负责，介入后的行为引起了最后的结果，与前行为没有因果关系。

（四）刑法中的因果关系的地位

刑法中的因果关系，是让行为人因其行为而对该结果负刑事责任的客观基础。这就意味着对结果是否应当负刑事责任，除了考虑因果关系因素外，还要考虑主观要件（有无故意、过失）以及主体资格（责任年龄、责任能力）等问题。例如，甲深夜开车回家，在自家的院子内倒车入库时，压死了一个睡在院内一堆塑料薄膜下面的流浪汉。从客观上讲，该流浪汉死亡结果与甲的行为有因果关系。只要有这种客观的联系就成立因果关系，至于甲是否能够预见到塑料薄膜下有人睡觉，不影响因果关系的认定。但是，如果追究甲的刑事责任，仅有因果关系是不够的，这仅是负刑事责任的客观前提，还必须查明甲在主观上是否存在故意或者过失。本案中，甲在主观上显然既没有故意也没有过失，不构成犯罪。不构成犯罪的原因，不是没有因果关系，而是因为缺乏罪过。

（五）因果关系的焦点和特殊形式

在通常情况下，因果关系不过是一个简单的事实问题。也就是说，查明了事实，其因果关系就不言自明。比如，甲开枪击中乙的头部导致乙死亡，无论谁看见了都会毫不犹豫地认为甲的枪击行为与乙的死亡结果之间有因果关系。那么，人们为什么还要对这个问题纠缠不休呢？显而易见因果关系焦点主要是一些特殊情况：（1）行为在特定条件下导致结果发生，如殴打行为与被害人患有疾病等特异体质的情况（如脾肿大、心脏病、高血压、白血病、血小板缺少症）相遇，发生死亡结果；（2）行为与被害人行为相遇导致结果发生，如私设电网遇到被害人钻电网触电身亡；（3）两行为相接导致结果，如甲强令工人乙违章作业造成事故，甲强令司机乙违章驾驶发生交通事故，甲教唆乙杀人致人死亡等；（4）数行为共同作用导致危害结果，如甲投放未达致死量的毒药，乙也投放一份未达致死量的毒药，甲乙投放的毒药总量共同作用下导致死亡结果。又如数人共同殴打一人致死。甲乙丙三个人共同殴打丁，即使分不清哪一拳是致命的，也不妨碍认为三人的行为与丁的死亡结果都有因果关系。因为采取因果关系客观说、只承认具有追究刑事责任客观基础的地位，相应扩大了认定因果关系的范围，所以，上述情况虽然有些奇怪，通常也认为有因果关系。

（六）刑法中因果关系判断的三个层次

刑法中的因果关系问题十分复杂，我们可以从以下三个方面或者三个层次进行掌握。

1. 必然因果关系和偶然因果关系

一般而言，刑法上的因果关系主要是指必然的因果关系，偶然因果关系常常仅对量刑具有一定意义，这也是我国刑法学通说的观点。必然因果关系是指行为与结果之间有着内在的、必然的、合乎规律的引起与被引起的联系；偶然因果关系则是指某种行为本身并不包含产生某种危害结果的必然性，但是在其发展过程中，偶然又有其他原因（条件）加入其中，即偶然地同另一原因的出现相交叉，由后来介入的这一原因合乎规律地引起这种危害结果。

2. "条件说"

在某种意义上，偶然因果关系就相当于因果关系中的"条件说"（"没有前者就没有后者"的关系），如果以此为判断方法，那么就可以使得行为与后果之间是否存在刑法上的因果关系的问题大大简化，只不过必须明确一点，那就是仅仅存在这种因果关系并不一定就必然存在刑事责任，此种因果关系仅仅是承担刑事责任的客观基础（条件），承担刑事责任还要求行为人对行为后果主观上存在罪过（故意或者过失）。也就是说，因果关系是承担刑事责任的必要条件而非充分条件。这就要求我们从主观和客观两个方面入手判断刑事责任即犯罪构成问题，两方面缺一不可，否则要么是客观归罪，要么是主观归罪。

采取客观基础与主观罪过两方面来判断刑事责任的思路，有助于简化我们对刑法上因果关系的把握。

3. "介入因素"

采取上述条件说来判断因果关系，在复杂问题简单化的同时，也不可避免地提出因果关系中断论，以防止因果关系认定的扩大化。因果关系中断的原因在于某先行行为（条件）在发生作用的过程中，因其他因素的介入，打破了预定的因果链。于是，在一个危害行为的发展过程中又介入其他因素而导致发生某种结果的场合，如何确定先前的危害行为和最后的危害结果之间的因果关系就是一个比较复杂的问题。总体而言，介入因素包括三类情形：自然事件、他人行为以及被害人自身行为。如甲以杀人故意向丙的水杯中投放了足以致死的毒药，但在丙喝下含有毒药的水而该毒药尚未起作用时，丙的仇人乙开枪杀死了丙，则在甲的投毒行为在向导致丙死亡的发展过程中，乙开枪的行为就是介入因素。这里介入因素就是他人的行为。

一般而言，在介入因素的情况下，先前行为与危害结果之间的因果关系是否被中断或切断而导致不存在刑法意义上的因果关系，主要考虑介入因素的性质以及同先行行为之间的关系，即介入因素本身的出现是异常还是正常的、介入因素是独立的还是从属于先行行为？如果介入因素的出现是异常的、介入因素本身独立于先行行为，则先前行为与危害结果之间的因果关系被切断而导致不存在刑法意义上的因果关系，反之，则先行行为同危害结果的因果联系并未切断而仍存在刑法意义上的因果关系。

五、犯罪的时间与地点

（一）犯罪时间

1. 犯罪时间的概念

犯罪时间指行为人开始准备实施犯罪到犯罪达到既遂状态所持续的时间。

任何犯罪都是在一定的时空中发生的，不能离开特定的时间和地点。但在一般情况下，法律对犯罪的时间和地点未作任何规定，因为在通常情况下犯罪的时间与地点只具有犯罪学的意义，而对于定罪量刑的意义则可以忽略不计。但在某些情况下，犯罪的时间和地点作为犯罪的本体因素，对于刑法的适用具有重要意义。犯罪时间在刑法中具有以下三个方面的意义：（1）当刑法分则有明文规定时，犯罪时间成为犯罪构成的要件；（2）犯罪时间对于量刑有意义，是量刑的酌定情节；（3）对于刑法的时间效力、时效的起算具有重要意义。

2. 即成犯与犯罪时间

在刑法理论上，即成犯是指犯罪行为实施完毕以后，犯罪即告结束的犯罪，既不存在犯罪行为的继续，也不存在不法状态的继续。例如，杀人罪，行为人把人杀死以后，犯罪即告结束，就是即成犯的适例。在即成犯的情况下，犯罪时间是特定的，一般情况下，对于构成犯罪没有影响。但是，在法律明文规定把一定时间作为构成某种犯罪要件的时候，时间对于该行为是否构成犯罪，就具有决定的作用。例如，《刑法》第340条和第341条把"禁渔期"和"禁猎期"规定为犯罪构成的必要要件。只有在这个禁期内进行捕捞和狩猎，情节严重的，才构成犯罪。所以，在这种情况下，犯罪时间对于定罪具有重要意义。犯罪时间不仅对于定罪有重要的意义，在某些情况下，对于量刑也有一定意义。

例如，某些军人违反职责罪战时与平时都可以构成，但战时处罚严于平时。因此同一犯罪，战时所犯与平时所犯处罚上有严与宽的区别。这就是犯罪时间对于量刑的意义。

3. 隔时犯与犯罪时间

在刑法理论上，犯罪的实行与作为犯罪构成要件的结果发生在不同时间的犯罪称为隔时犯。例如，甲在某天导致乙重伤，乙在经过数月治疗后死亡。这就是隔时犯的适例。由于隔时犯是指犯罪的实行行为与犯罪结果发生在不同时间，只有在以犯罪结果作为犯罪构成必要要件的结果犯中才能存在，而不以犯罪结果作为犯罪构成必要要件的行为犯，不可能成为隔时犯。因为在行为犯的情况下，只要身体动作一经实施，即使没有发生一定的物质性的犯罪结果，也可以构成犯罪。此外，在犯罪的预备、中止与未遂中也不存在隔时犯，因为犯罪预备没有着手实行犯罪，当然谈不上犯罪结果。而犯罪中止是自动中止犯罪或者有效地防止犯罪结果的发生，也不可能存在犯罪结果。至于犯罪未遂，虽然已经着手实行犯罪，但由于犯罪分子意志以外的原因而使得犯罪结果未能如期发生，也不存在犯罪结果。因此，在上述三种情况下都不发生隔时犯的问题。

刑法理论之所以研究隔时犯，就是要正确地认定隔时犯的犯罪时间，以便为确定与追究隔时犯的刑事责任提供根据。关于如何确定隔时犯的犯罪时间，在刑法理论上存在着争议，主要有以下几种观点。一是行为主义，认为在犯罪行为与犯罪结果发生在不同时间的情况下，应以犯罪行为发生的时间作为犯罪时间。二是结果主义，认为不能以犯罪行为发生的时间，而应以犯罪结果发生的时间作为犯罪时间。三是行为结果主义，又称折中主义，即认为行为时间与结果的发生时间都是犯罪时间。我国刑法对隔时犯的犯罪时间没有明文规定，但我国刑法理论对隔时犯的时间主张行为主义。我国刑法虽然对隔时犯的犯罪时间没有明文规定，但《刑法》第89条第1款对连续犯与继续犯的追诉期限规定从犯罪行为终了之日起计算，这可以作为确定隔时犯的犯罪时间的参考。我国刑法之所以对连续犯与继续犯的追诉期限作专门规定，主要是因为这些犯罪行为有一个持续过程。对于这种行为有一个持续过程的犯罪，刑法规定从犯罪行为终了之日起计算其追诉时效，也就是说，以行为终了作为其犯罪时间。那么，对于行为没有持续过程的，当然也就以行为之实施作为其犯罪时间。

（二）犯罪地点

1. 犯罪地点的概念

犯罪地点指犯罪发生的位置和场所。犯罪地点在刑法中也具有三方面的意义。（1）在刑法分则有明文规定时成为犯罪构成的要件。（2）犯罪地点是量刑的酌定情节，对于量刑有一定影响。（3）犯罪地点对于确定刑法的空间效力和刑事诉讼管辖有决定意义。

2. 即成犯与犯罪地点

在即成犯的情况下，由于犯罪即时完成，所以，不仅犯罪的时间是特定的，而且犯罪的地点也具有特定性。在一般情况下，犯罪地点对于构成犯罪没有影响。但在法律明文规定把一定地点作为构成某种犯罪要件的时候，地点对于该行为是否构成犯罪，就具有决定的作用。例如，《刑法》第 340 条和第 341 条规定的"禁渔区"和"禁猎区"就属于这种情况。

3. 隔地犯与犯罪地点

犯罪的实行与作为犯罪构成要件的结果发生在不同场所的犯罪，称为隔地犯。例如，在甲地投寄炸弹，在乙地发生爆炸。这就是隔地犯的适例。和隔时犯一样，隔地犯也只存在于结果犯中，而在不以犯罪结果作为犯罪构成要件的犯罪，例如，行为犯、犯罪预备、中止与未遂等犯罪中，都不存在隔地犯的问题。

刑法理论上之所以研究隔地犯，就是要正确地认定隔地犯的犯罪地点。如何确定隔地犯的犯罪地点，刑法理论上存在以下几种观点。一是行为主义，认为在犯罪行为与犯罪结果发生在不同地点的情况下，应以犯罪行为发生的地点作为犯罪地点。二是结果主义，认为应以犯罪结果发生的地点作为犯罪地点。三是行为结果主义，又称折中主义，认为行为地与结果发生地都是犯罪地点。根据我国刑法的规定和刑法理论，我国刑法对隔地犯实行行为结果主义，即无论是行为地还是结果发生地，都应视为犯罪地。

4. 隔地犯的意义

确定隔地犯的犯罪地点，对于正确适用刑法与刑事诉讼法具有重要意义。

首先，隔地犯对于适用刑法具有意义。我国《刑法》第 6 条第 3 款规定："犯罪的行为或者结果有一项发生在中华人民共和国领域内的，就认为是在中华人民共和国领域内犯罪。"这就是我国刑法对跨国性的隔地犯实行行为结果主义的规定。所谓跨国性的隔地犯，是指行为与结果分别发生在两个以上国家的犯罪。例如，在甲国投掷炸弹，通过国境在乙国爆炸，这就是跨国性的隔地犯。根据我国刑法对跨国性的隔地犯规定的行为结果主义，以下几种情况都应适用我国法律：一是犯罪行为发生在我国，而犯罪结果发生在外国；二是犯罪结果发生在我国，而犯罪行为发生在外国；三是在航行或飞行中的中华人民共和国船舶或航空器内实施犯罪行为，在船舶靠岸或航空器着陆处的外国港口或机场发生犯罪结果。上述对跨国性的隔地犯的行为结果主义，充分体现了我国刑法在这个问题上坚持的国家主权原则。

其次，隔地犯对于适用刑事诉讼法的意义。《中华人民共和国刑事诉讼法》（以下简称《刑事诉讼法》）第 25 条规定："刑事案件由犯罪地的人民法院管辖。"一般认为，这里所说的犯罪地应该理解为既包括行为地，又包括结果发生地。因此，对国内的隔地犯也应实行行为结果主义。由于我国刑事诉讼法对国内的隔地犯实行行为结果主义，所以有时会发生几个法院对一个案件都有管辖权的管辖竞合情况。为了解决管辖问题，我国《刑事诉讼法》第 26 条规定："几个同级人民法院都有权管辖的案件，由最初受理的人民法院审判。在必要的时候，可以移送主要犯罪地的人民法院审判。"

第四节　犯罪主体

一、犯罪主体的概念及特征

犯罪主体是指实施了危害社会的行为、依照刑事法律的规定应当负刑事责任的自然人及单位。

犯罪主体也就是要说明什么样的社会主体实施了触犯刑法的行为而应当负刑事责任。在我国刑法中，犯罪主体有两类：一是自然人主体即公民；二是法律上拟制的人即单位。其中，自然人犯罪是基础、是原则，单位犯罪则是例外，只有刑法明确规定的少数罪名才可以既由自然人作为犯罪主体，也可以由单位作为其犯罪主体。关于自然人犯罪主体，要求是达到刑事责任年龄、具备刑事责任能力的人，故主要涉及两个问题或者是自然人犯罪主体的一般要件：刑事责任年龄问题和刑事责任能力问题。另外注意一下自然人犯罪主体的特殊要件——特定犯罪构成还需要主体具备特殊身份，即关于身份犯问题。

犯罪主体主要有以下特征。

（1）犯罪主体是自然人和单位。自然人犯罪是指具有刑事责任能力的人进行的犯罪行为。我国旧刑法中没有单位犯罪，《刑法》在总则中首次规定了单位犯罪。

（2）犯罪主体是实施了危害社会行为的自然人和单位。

（3）犯罪主体是依照刑事法律的规定应当负刑事责任的自然人或者单位。这是罪刑法定原则的要求。

二、自然人犯罪主体

（一）刑事责任能力

1. 刑事责任能力的概念

责任能力，是指辨认和控制自己行为的能力。刑事责任能力，指行为人认识自己行为的性质、意义、作用和后果，并能自觉地控制自己的行为并对自己的行为承担刑事责任的能力。包括认识能力和控制能力两方面的内容。责任能力是行为人承担刑事责任的前提。在刑法中，责任能力的判断与年龄和精神疾病这两个因素有关。

刑事责任能力一般分为完全刑事责任能力、限制刑事责任能力和无刑事责任能力。完全刑事责任能力人承担完全的刑事责任；无刑事责任能力人实施的侵害行为不构成犯罪，也不承担刑事责任；限制刑事责任能力人可以成为犯罪主体，但因其认识能力和控制能力有所减弱，所以承担刑事责任时应从宽处罚。

2. 年龄与刑事责任能力

年龄大小与刑事责任能力的大小成正比。刑事责任年龄即刑法规定的行为人应对自己实施的危害行为负刑事责任所必须达到的年龄。刑事责任年龄是刑事责任能力的下位概念。

我国刑法关于刑事责任年龄的规定大体分为三类：（1）完全不负刑事责任年龄阶段；（2）相对负刑事责任年龄阶段；（3）完全负刑事责任年龄阶段。

法学界对此有三分法和四分法之争。四分法将其分为：（1）绝对无刑事责任年龄（14周岁以下）；（2）相对有刑事责任年龄（14～16周岁）；（3）完全刑事责任年龄（16周岁以上）；（4）从宽刑事责任能力（14～18周岁）。

三分法中，有人用14周岁和16周岁这两个年龄点将刑事责任年龄分为三个阶段，认为14周岁以下为"完全不负刑事责任年龄阶段"，14～16周岁为"相对负刑事责任年龄阶段"，16周岁以上为"完全负刑事责任年龄阶段"。

对刑事责任年龄应做如下划分。

（1）无刑事责任年龄。16周岁以下，但特定的8种犯罪的年龄点为14周岁。14～16周岁的人承担刑事责任的8种犯罪是：故意杀人，故意伤害致人重伤、死亡，强奸，抢劫，贩卖毒品，放火，爆炸，投毒。因不满16周岁（或14周岁）而不处罚的，应当责令家长或者监护人予以管教，必要时也可以由政府收容教养。

（2）限制刑事责任年龄。16～18周岁，但8种特殊犯罪是14～18周岁。该阶段的行为人犯罪的，应当从轻或者减轻处罚（第17条第3款），并且不得判处死刑（第 49 条）。

（3）完全刑事责任年龄。18 周岁以上。此时年龄不再成为刑法加减的理由，行为人承担正常的刑事责任。

有几个问题需要注意：（1）所有年龄一律以公历计算；（2）刑法上规定的是周岁而不是虚岁；（3）法定的刑事责任年龄不容突破。

3. 刑事责任年龄制度的具体运用

（1）周岁的计算原则，应当以实足年龄为准，自过生日的第二天起才为已满 14 周岁或 16 周岁，即生日的当天不计算在内，如 14 周岁生日当天仍属于不满 14 周岁的完全无刑事责任时期。同时，要明确刑事责任年龄计算的基准是以行为时还是以结果时为准。如在隔时犯的情形下，犯罪行为的实施与犯罪结果的出现可能不在同一天，此时，刑事责任年龄的计算应当以行为时为基准。

（2）已满 14 周岁不满 16 周岁的人，应当负刑事责任的范围是十分明确的——8 种严重故意犯罪，这几种犯罪的确定既考虑犯罪的严重性也考虑了犯罪的常发性。对该特定的几种罪行必须逐一分析。其中故意伤害罪包含了两种情况：即故意伤害致人重伤与故意伤害致人死亡，而轻伤不包括在内。第 17 条第 2 款的"故意杀人"与"故意伤害致人重伤或者死亡"，包括刑法分则所规定的以故意杀人罪、故意伤害罪（达到重伤程度）论处的情形，如已满 14 周岁不满 16 周岁的人非法拘禁他人的并不构成犯罪，但若在非法拘禁过程中，使用暴力致被害人重伤或死亡的，根据《刑法》第 238 条第 3 款的规定，就应以故意杀人罪、故意伤害罪追究其刑事责任。

（3）第 17 条第 2 款的强奸罪也包括两种情形，即强奸妇女与奸淫幼女两种情形。但要注意的是已满 14 周岁不满 16 周岁的男少年，同不满 14 周岁的幼女交往密切，双方自愿发生性关系，未造成严重后果，情节轻微的，不认为是犯罪。

（4）注意这里的"抢劫罪"不仅包括《刑法》第 263 条所规定的典型的抢劫罪，还包括其他类型的"准抢劫罪"，如《刑法》第 269 条、第 267 条第 2 款等规定的抢劫罪；同理，结合最高人民检察院 2002 年 8 月 9 日《关于已满 14 周岁不满 16 周岁的人承担刑事责任范围问题的复函》（高检发研字〔2002〕17 号），明确指出："刑法第 17 条第 2 款规定的八种犯罪，是指具体犯罪行为而不是具体罪名。对于刑法第 17 条中规定的'犯故意杀人、故意伤害致人重伤或者死亡'，是指只要故意实施了杀人、伤害行为并且造成了致人重伤、死亡后果的，都应负刑事责任，而不是指只有犯故意杀人罪、故意伤害罪的才负刑事责任；绑架犯罪的，不负刑事责任。对司法实践中出现的已满 14 周岁不满 16 周岁的人绑架人质后杀害被绑架人，拐卖妇女、儿童而故意造成被拐卖妇女、儿童重伤或死亡的行为，依据刑法是应当追究其刑事责任的。"基于同样的道理，已满 14 周岁不满 16 周岁的人，故意决水，故意破坏交通工具、交通设施等，造成他人死亡，如果明知自己的决水、破坏行为会发生他人死亡的结果，并希望或者放任这种结果发生的，应认定为故意杀人罪而负刑事责任。

（5）在毒品犯罪中，已满 14 周岁不满 16 周岁的人仅对贩卖毒品的行为负刑事责任，对基本性质相同、危害程度相当的走私、制造、运输毒品的行为（《刑法》第 347 条）则不负刑事责任。与这一特征极为类似的还有《刑法》第 114 条所规定的几种以危险方法危害公共安全的犯罪行为中，仅规定对放火、爆炸、投放危险物质这三种常见的、多发的犯罪行为负刑事责任。这里的"投放危险物质"包括投放毒害性、放射性物质，传染病病原体等危险物质，而且已满 14 周岁不满 16 周岁的人故意实施放火、爆炸、投放危险物质的行为，符合《刑法》第 114 条的构成要件，即使尚未致使他人重伤、死亡或者公私财产遭受重大损失的，也应当负刑事责任。

（6）已满 14 周岁不满 16 周岁的人仅对法定的几种故意犯罪负刑事责任，而对任何过失犯罪无论危害后果如何都不负刑事责任。

（7）对于已满 14 周岁不满 18 周岁的人犯罪，适用刑罚时应当遵循两个原则：一是应当从轻或减轻处罚；二是不能适用死刑（包括死缓）。

（8）注意跨法定年龄阶段的犯罪问题。主要问题体现在以下两个方面。

①行为人已满 16 周岁后实施了某种犯罪，并在 16 周岁生日之前也实施过相同的行为，是否一并追究刑事责任？对此应具体分析，如果已满 14 周岁不满 16 周岁期间所实施的是上述几种特定犯罪的，应一并追究刑事责任；否则，就只能追究已满 16 周岁以后所犯之罪的刑事责任，其先前的行为只能作为酌定的量刑情节考虑。

②行为人在已满 14 周岁不满 16 周岁期间，实施了上述几种特定行为，并在未满 14 周岁时也实施过相同行为，对此不能一并追究刑事责任，而只能追究已满 14 周岁后实施的特定犯罪的刑事责任。

（9）最后，注意这里存在一个保安措施问题，即对因不满 16 周岁不予刑事处罚的，首先考虑责令其家长或者监护人严加管教；其次在必要的时候也可以由政府收容教育。

4. 精神状态与刑事责任能力

根据我国刑法关于精神病的规定，刑事责任能力会因患精神疾病而丧失或者减轻。这里的精神病，是指由于精神障碍而导致的精神异常状态。我国刑法对精神病人的责任能力采用三分法，即分为以下三种情形：一是完全不负刑事责任的精神病人，由《刑法》第 18 条第 1 款规定；二是限制刑事责任的精神病人，由《刑法》第 18 条第 3 款规定；三是完全负刑事责任的精神病人，由《刑法》第 18 条第 2 款规定。

此外，刑法还规定，醉酒的人犯罪，应当负刑事责任；又聋又哑的人或者盲人犯罪，可以从轻、减轻或者免除处罚。

（1）无刑事责任能力的精神病人。确认无刑事责任能力的精神病人的标准：一是医学标准，即行为人是基于精神病理的作用而实施特定危害社会行为的精神病人。要求行为时处于精神病的发病期，而不是缓解期或间歇期。行为人的精神病理与特定危害社会行为的实施有直接的因果关系。二是法学标准，即精神病人的行为不但是由精神病理直接支配的，而且由于精神病理的作用，行为人在实施行为时丧失了认识能力和控制能力。精神病人犯罪的动机不明显，侵害的目标随机，认识上存在阻碍，往往见凶器就拿、见人就打，作案手段残忍，危害后果严重。精神病人的精神状况不一定完全错乱，他可以在某些方面是正常的。因此要判断行为是否起因于精神病。

精神病人只有经过法定的鉴定程序进行鉴定，认定其是否具备了医学标准和法学标准，才能适用《刑法》第 18 条第 1 款的规定。不经过鉴定，不能将其认定为无刑事责任能力的精神病人。

无刑事责任能力精神病人实施了危害社会行为的，不负刑事责任，但是应当责令其家属或者监护人严加看管和治疗；在必要的时候，由政府强制治疗。

（2）限制刑事责任能力的精神病人。限制刑事责任能力的精神病人也必须具备医学标准和法学标准，即精神病人在其精神病理的支配下实施了危害社会行为，但行为时其认识能力和控制能力只是有所减弱，而没有完全丧失。

是否属于限制刑事责任能力的精神病人，也必须经过法定的鉴定程序的鉴定。

限制刑事责任能力的精神病人应当负刑事责任，但是可以从轻或者减轻处罚。决定从宽处罚的量刑幅度时，应以疾病对行为人认识能力和控制能力的影响程度为依据。

（3）完全刑事责任能力的精神病人。有一些人虽然患有精神病并实施了危害社会行为，但其行为并非在其精神病理的支配之下实施，或者并未因其患有精神病而使其认识能力或控制能力丧失或减弱，这种人仍然应当承担全部刑事责任，他们属于完全刑事责任能力的精神病人。主要包括：精神正常时期的间歇型精神病人和非精神病性精神障碍人。

5. 健康与刑事责任能力——聋哑人、盲人

生理缺陷患者也有可能属于限制刑事责任能力的人。又聋又哑的人或者盲人犯罪的，可以从轻、减轻或者免除处罚。

6. 醉酒与刑事责任能力

《刑法》第18条第4款规定，醉酒的人犯罪，应当负刑事责任。

人通过饮酒而摄入一定量的酒精，就可能出现醉酒，即酒精中毒精神障碍的状态，从而影响人的辨认能力与控制能力。在精神医学和司法精神病学中，醉酒通常分为生理性醉酒和病理性醉酒。生理性醉酒即普通醉酒，是指酒精中毒引起的非病理性精神障碍的情况，通常表现为三种情形：（1）自制能力有所下降，爱与人争论，情绪不稳定而易于激动（轻度）；（2）口齿不清、步态不稳，辨认能力降低，控制能力明显减弱，出现酩酊状态（中度）；（3）丧失知觉或出现昏迷、酣睡状态，甚至造成呼吸中枢受损害而死亡（重度）。病理性醉酒是指因酒精中毒引起病理性精神障碍的情况。病理性醉酒通常表现为严重的意识障碍和病态表现，如出现错觉、幻觉和妄想，产生恐惧或暴怒性激情发作，从而导致盲目的冲动或攻击性暴力行为，以至完全丧失辨认和控制自己行为的能力。

我国现行《刑法》第18条第4款规定的"醉酒的人"，从我国立法原意和司法实践来看当指生理性醉酒的人。我国刑法这一规定意味着，生理性醉酒人对其实施刑法所禁止的危害社会行为构成犯罪的应当负刑事责任。

病理性醉酒是一种很少见的急性酒精中毒，是在少量饮酒后因身体异常反应而急性发作的一种酒精中毒状态。病理性醉酒完全不同于生理性醉酒，它只会发生在极少数人身上，在饮用对一般人来说根本不会引起醉酒的少量酒类饮料后，立刻出现非常严重的醉酒状态。通常情况下，病理性醉酒无复发倾向，醉酒者一般在一次病理性醉酒后便拒绝再饮，因而这种人一生中只出现一次病理性醉酒。在病理性醉酒状态下的人容易发生盲目的冲动性或攻击性暴力行为，导致犯罪的发生。现代医学和司法精神病学认为，病理性醉酒属于精神病范畴，病理性醉酒人在醉酒即发病时无辨认和控制自己行为的能力。因此，病理性醉酒属于精神病，而不属于我国《刑法》第18条第4款规定的"醉酒"范畴。

（二）自然人犯罪的特殊主体

1. 特殊主体概述

刑法中大多数犯罪的犯罪主体只要求行为人具有刑事责任能力即可，但也有一部分犯罪要求犯罪主体除了具备刑事责任能力外，还必须具备特定身份才能构成，这样的犯罪主体就是特殊主体。

一般意义上的身份指人的出身、地位和资格，犯罪主体的特殊身份指刑法所规定的影响刑事责任的大小和有无的行为人人身方面特定的资格、地位或状态。以犯罪主体是否要求具备特定的身份为标准，可以把犯罪主体分为一般主体和特殊主体。一般主体指只要具有刑事责任能力即可构成的犯罪主体，这种犯罪主体不要求具备特定身份。而所谓特殊主体，就是除了具备刑事责任能力外还必须具备特定身份才能构成的犯罪主体。刑法理论中通常把以特殊身份作为主体构成条件或刑罚加减根据的犯罪称为身份犯。

2. 我国刑法中的特殊主体

（1）具有特定职务的人——国家工作人员、军人。国家工作人员是贪污、受贿、挪用公款等犯罪的主体，包括四种人员。①在国家机关依法从事公务的人员。国家机关包括国家立法机关、行政机关、司法机关和军事机关。②在国有公司、企业、事业单位、人民团体中从事公务的人员。③国家机关、国有公司、企业、事业单位、人民团体委派到非国有公司、企业、事业单位、社会团体从事公务的人员。④其他依法从事公务的人员。一般认为包括人大代表、陪审员、国家机关的实习学生、合同警察、接受国家机关委托行使行政处罚权的事业单位的工作人员等。

2000 年 4 月 29 日立法解释规定村民委员会的工作人员在协助人民政府从事下列 7 种行政管理工作时，也是国家工作人员：救灾、抢险、防汛、优抚、移民、救济款物的管理；社会捐助公益事业款物的管理；国有土地的经营和管理；土地征用补偿费的管理；代征、代缴税款；有关计划生育、户籍、征兵工作；协助基层政府从事的其他行政管理工作。

渎职罪的犯罪主体必须是国家机关工作人员。2002 年 12 月 28 日的立法解释规定，"在照照法律、法规规定行使国家行政管理职权的组织中从事公务的人员，或者在受国家机关委托代表国家机关行使职权的组织中从事公务的人员，或者虽未列入国家机关人员编制但在国家机关中从事公务的人员，在代表国家机关行使职权时，有渎职行为，构成犯罪的，依照刑法关于渎职罪的规定追究刑事责任"。所以，这些人员也属于国家机关工作人员。

司法工作人员是指有侦查、检察、审判、监管职责的工作人员（《刑法》第 94 条）。

军人是指中国人民解放军的现役军官、文职干部、士兵、有军籍的学员；武警部队的现役军官、文职干部、士兵、有军籍的学员；执行军事任务的预备役人员和其他人员（《刑法》第 450 条）。国家军事机关的工作人员和各级军官同时也是国家机关工作人员。

（2）从事特定职业的人员包括从事合法职业的人员和从事非法职业的人员两类。

（3）具有特定法律地位的人员，如证人、鉴定人、记录人，辩护人、诉讼代理人，依法被关押的罪犯、犯罪嫌疑人、被告人，纳税人、扣缴义务人等。

（4）具有某些自然身份的人员。包括两种：男子为强奸罪、奸淫幼女罪的犯罪主体；家庭成员为虐待罪、遗弃罪等的犯罪主体。

三、单位犯罪主体

（一）单位犯罪的概念与特征

单位犯罪是指公司、企业、事业单位、机关、团体为单位谋取非法利益或者以单位名义，经单位集体研究决定或者由负责人员决定，故意或者过失实施的犯罪。

公司、企业、事业单位、机关、团体实施的依法应当承担刑事责任的危害社会的行为。以前理论界称为"法人犯罪"，法人犯罪的范围较窄。单位除了法人外，还包括合伙、外国公司的分支机构、公司的筹备组织、公司的清算组织等在内，但它们都不是法人。

我国旧刑法没有关于单位犯罪的规定，1987 年《中华人民共和国海关法》（以下简称《海关法》）首次将单位规定为走私犯罪的主体。1987 年《海关法》第 47 条第 4 款规定："企业、事业单位、国家机关、社会团体犯走私罪的，由司法机关对其主管人员和直接责任人员依法追究刑事责任，对该单位判处罚金等，判处没收走私货物、物品、走私运输工具和违法所得。"此后，有关单行刑法规定了大量单位犯罪，到 1997 年刑法修订之前，单位犯罪的罪名已达 49个之多，几乎占到全部罪名的 1/5。《刑法》第 30 条正式确认了单位犯罪，"公司、企业、事业单位、机关、团体实施的危害社会的行为，法律规定为单位犯罪的，应当负刑事责任"。

单位犯罪主要有以下特征。

1. 主体特征

单位犯罪的主体是单位，这里的单位包括公司、企业、事业单位、机关、团体。（1）这些单位必须是依法成立的合法单位。（2）必须是独立的单位，而不能是单位的内部机构。单位本身的特征就是要求单位本身具有合格性和广泛性。所谓合格性，即看这个单位本身的资格，是不是一个合法的、合格的单位。根据相关司法解释，如果是为了实施违法犯罪而设立一个公司、企业，然后以这个公司、企业的招牌为幌子实施违法犯罪的，则不以单位犯罪论处，而直接以个人犯罪处理。所谓广泛性，言外之意就是这里的"单位"，不论是法人还是非法人，不管是国有性质还是非国有性质，甚至是国家机关、人民团体等社会组织，依法都有可能成为单位犯罪的主体。单位犯罪不同于法人犯罪，法人仅仅是"单位"的一部分，我国《刑法》第 30 条的规定并没有限制单位必须具有法人资格。根据最高人民法院《关于审理单位犯罪案件具体应用法律有关问题的解释》之规定，除了独资、私营企业外，即使不具有法人资格的，只要是一个合格的单位，就可以作为单位犯罪的主体而存在。

2. 行为特征

一是行为必须经过单位决策程序的批准。二是必须实施了犯罪行为，该种行为符合《刑法》第 13 条规定的犯罪的特征。三是必须有处罚单位犯罪的明确的分则性规定。刑法分则规定为单位犯罪的，其行为就属于单位犯罪。刑法分则关于单位犯罪的规定，存在两种情形：（1）只能由单位构成的犯罪行为，自然人不可能单独构成该罪。例如，《刑法》第 327 条规定："违反文物保护法规，国有博物馆、图书馆等单位将国家保护的文物藏品出售或者私自送给非国有单位或者个人的，对单位判处罚金，并对其直接负责的主管人员和其他直接责任人员，处 3 年以下有期徒刑或者拘役。"这一非法出售、私赠文物藏品的犯罪行为只能由单位实施，不能由个人实施。（2）既可以由单位构成也可以由个人构成的犯罪行为，例如，《刑法》第 191 条第 1 款是关于自然人犯洗钱罪的处罚规定，第 2 款是对单位犯洗钱罪的规定。由此可见，洗钱犯罪行为既可由个人实施，也可由单位实施。

作为单位犯罪的行为与其经营管理活动具有相关性，并常常以单位的名义实施。具体而言，单位犯罪实施的行为和单位的经营范围、业务活动有一定的关联性，并以单位的名义实施（但不绝对），具体实施人既可以是单位的负责人，也可以是单位的职工，甚至可以聘请单位以外的其他人来代理。

单位犯罪的上述行为特征决定了单位犯罪刑事责任具有双重性特点，即对单位犯罪，原则上不仅要追究单位本身的刑事责任，还要追究单位直接负责的主管人员和其他直接责任人员的刑事责任。

3. 主观特征

单位犯罪，既可以由故意构成，又可以由过失构成。

（1）故意的单位犯罪，大部分单位犯罪为故意犯罪。

（2）过失的单位犯罪，个别单位犯罪为过失犯罪，例如，《刑法》第 229 条规定的出具证明文件重大失实罪是过失犯罪。《刑法》第 231 条规定，中介组织也构成本罪，这就是过失的单位犯罪。

主观上体现了单位的意志和单位的整体利益，常常是为了单位的利益、由单位决策机构集体决定。如果单从外表上看好像是以单位的名义并且又是经过单位的决策，但目的不是谋取单位利益，而是谋取个人的私利，那么此种情况不能作为单位犯罪处理。典型的情况如某单位的几个领导以单位的名义给予国家工作人员以财物，最终得到的某些不正当利益被个人私分了，这种情况一般作为

（个人）行贿罪处理而不是作为单位行贿罪处理。《刑法》第 393 条对此也有相应的规定，该条在规定单位行贿罪的同时又在后半段专门规定："因行贿取得的违法所得归个人所有的，依照本法第 389 条、第 390 条的规定定罪处罚。"

单位犯罪的上述主观特征决定了单位犯罪刑事责任具有整体性特点，即单位的刑事责任是单位整体的刑事责任，而非单位内部全体成员的刑事责任。

4. 法定性

单位犯罪行为具有法定性。单位的某种行为是否要作为单位犯罪处理，除了前面几个特征之外，还要看是不是刑法明确规定的。因为并不是所有的犯罪行为单位都可以作为主体，在犯罪主体中，自然人主体是基础、是原则，而单位主体是一种例外。一般而言，如果将所有犯罪分为自然犯和法定犯的话，作为单位构成犯罪主体的只是法定犯。刑法分则一共 10 章，其中第五章侵犯财产罪、第九章渎职罪、第十章军人违反职责罪，在这 3 章中没有单位犯罪。第一章危害国家安全犯罪和第四章侵犯人身权利、民主权利犯罪，每章只有一个单位犯罪：第一章是第 107 条资助危害国家安全犯罪活动罪、第四章是第 244 条强迫职工劳动罪、非法雇用童工罪。法定性这一特征的重要程度就在于某些行为从表面上看完全符合单位犯罪的一般特征，但刑事立法并没有规定这个行为单位也可以构成犯罪的，就不能作为单位犯罪处理。

单位犯罪的上述法定性特征决定了单位犯罪刑事责任具有局限性特点，即单位不可能成为一切犯罪的主体，因而不可能对一切犯罪承担刑事责任。

（二）单位犯罪的认定

（1）单位犯罪主体是否区分所有制性质？1999 年 6 月 25 日最高人民法院公布的《关于审理单位犯罪案件具体应用法律有关问题的解释》（以下简称《单位犯罪解释》）规定："刑法第 30 条规定的公司、企业、事业单位，既包括国家、集体所有的公司、企业、事业单位，也包括依法设立的合资经营、合作经营企业和具有法人资格的独资、私营等公司、企业、事业单位。"

（2）不以单位犯罪论处的情形有哪些？根据单位犯罪的特征以及《单位犯罪解释》的规定，下列几种情形不作为单位犯罪论处而直接作为个人犯罪论处。

①为了进行违法犯罪活动而设立公司、企业、事业单位的。这种情况下如果设立公司、企业是为了实施违法犯罪的目的，则按照个人犯罪而不是以单位犯罪处理。

②公司、企业、事业单位设立后，主要进行违法犯罪活动的，也规定按照个人犯罪处理。虽然这个公司、企业成立表面上是合法的，但它成立之后，

主要进行违法犯罪活动，那么这种情况也按照个人犯罪处理，不按照单位犯罪论。

③盗用单位的名义，违法所得归个人所有或者个人私分的，也按照个人犯罪处理。

④无法人资格的独资、私营企业犯罪。

（3）单位的附属机构能否成为单位犯罪的主体？2001年1月21日《全国法院审理金融犯罪案件工作座谈会纪要》规定："以单位的分支机构或者内设机构、部门的名义实施犯罪，违法所得亦归分支机构或者内设机构、部门所有的，应认定为单位犯罪。"

（4）犯罪单位发生变更的情况下如何追究刑事责任？单位发生变更有两种情况。①单位撤销、注销、吊销营业执照或者宣告破产。对此，2002年7月9日最高人民检察院的司法解释规定，在上述情况下，对实施犯罪行为的该单位直接负责的主管人员和其他直接责任人员追究刑事责任，对该单位不再追诉。②单位发生分立、合并或者资产重组，在这种情况下仍应追究单位的刑事责任。

（三）单位犯罪的刑事责任

《刑法》第31条规定："单位犯罪的，对单位判处罚金，并对其直接负责的主管人员和其他直接责任人员判处刑罚。本法分则和其他法律另有规定的，依照规定。"由此可见，我国刑法对单位犯罪实行以双罚制为主、以单罚制为辅的处罚原则。

1. 单位犯罪刑事责任的基本原理

公司、企业等单位作为一个拟制的人，其刑事责任的承担同自然人犯罪有所不同。《刑法》第31条规定，在一般的情况下，首先对单位本身判处罚金，同时，对直接责任者即直接负责的主管人员和其他直接责任人员，按照正常的情况追究其刑事责任。但法律另有规定的除外。实际上对单位犯罪的处罚，原则上是按照双罚制，既处罚单位本身，又处罚其直接责任者，这里的直接责任者包括两类人：一类是直接负责的主管人员，比如说主管厂长、副厂长等；另一类是其他直接责任者，比如具体承办人员等。即以双罚制为基础、为一般原则，而以单罚制为例外、为补充。单罚制就是单处单位本身或者单处其直接责任者，但在我国的刑法中，单罚制都是无一例外地体现为仅仅处罚直接责任者，而不处罚单位本身，有的学者也称其为代罚制、转嫁制。

2. 单位犯罪刑事责任的具体适用

单位犯罪的行为主体是单位，但其刑事责任的承担方式多种多样，就是在双罚制的情况之下，既处罚单位本身又处罚直接责任者，那么他们是不是共犯关系？或者问在这种情况下该单位和其直接责任者是不是都是犯罪主体？不是，其行为的犯罪主体就是单位本身，而其直接责任者，是该单位犯罪行为的刑事责任的具体承担者，因为单位犯罪的刑事责任承担方式不同于个人犯罪。另外要注意一个很简单的问题，对于犯罪的单位适用刑罚时，只能适用一个刑罚种类——罚金。

与双罚制问题相对应的就是单罚制。单罚制既然是法律的特殊规定，就要注意在刑法里，单罚制相对双罚制是比较少的，最典型的情况如《刑法》第137 条的工程重大安全事故罪，该犯罪的主体是指工程的设计单位、建筑单位、施工单位和工程监理单位，但是最终处罚的仅仅是单位的直接责任人员，而没有处罚单位本身。另外比较典型的单罚制还有《刑法》第 244 条强迫职工劳动罪、雇用童工从事危重劳动罪，《刑法》第 396 条私分国有资产罪、私分罚没财物罪、妨害清算罪等。

第五节　犯罪的主观方面

刑法规定的犯罪行为，不仅客观上有危害社会的行为，这种行为还应该是基于一定的罪过心理产生的。这种罪过心理是主观方面的主要内容。缺乏犯罪的主观方面，犯罪便不能成立，主观方面的内容不同，所构成的犯罪也不同。所以，犯罪主观方面是犯罪构成的基本要件之一。

一、犯罪的主观方面概述

（一）犯罪的主观方面的概念

犯罪人实施犯罪行为时，对其行为所引起的危害社会的结果所持有的心理态度——故意、过失（合称罪过），以及动机和目的。其中罪过是必要要件，目的是选择要件，动机不是犯罪构成的要件，但能够反映行为人主观恶性的大小。

（二）犯罪的主观方面的特征

（1）犯罪的主观方面是犯罪人的心理状态。（2）是支配行为人实施犯罪行为的主观心理状态。（3）是行为人对其行为所引起的危害社会的结果所持有的心理态度，而不是对行为本身所持有的心理态度。（4）主观方面通过故意或者过失表现出来。（5）犯罪的主观方面是我国刑法中犯罪构成的必备要件。

二、犯罪故意

(一) 犯罪故意的概念

根据《刑法》第 14 条第 1 款，犯罪故意是指明知自己的行为会发生危害社会的结果，并且希望或者放任这种结果发生的主观心理状态。

其中，明知属于认识因素，希望或放任是意志因素。

1. 犯罪故意的认识因素

认识因素是成立犯罪故意的前提条件，人的任何行为都是基于对客观事实的认识，进一步通过意志，确定行为的方向，选择行为的方式和进程，最终达到行为结果。如果对有关事实缺乏认识，便不可能是犯罪故意。

(1) 认识的程度。包括认识到自己的行为必然发生危害社会的结果和认识到自己的行为可能发生危害社会的结果。

(2) 认识的内容。一是要认识到危害行为及其性质、内容、作用。二是认识到危害结果。如果行为不可能造成损害，就不是犯罪。要确定故意犯罪，就必须查明行为人故意犯哪种罪、对哪种结果有认识。三是认识到犯罪构成的其他客观要件，即法律所规定的其他选择的客观要件，如对犯罪对象、犯罪时间、犯罪地点、犯罪方法的认识等。四是认识因素中不包括对行为的违法性的认识。但在特殊情况下可能有例外，这主要是指，某种行为过去一直不是犯罪而是合法行为，但随着形势的变化，新的法律将其规定为犯罪。这时由于人们不懂法就很难了解其行为的社会危害性，在这种特殊情况下就要求行为人明知其行为的违法性才能追究其刑事责任。

2. 犯罪故意的意志因素——希望、放任

希望，是指对危害结果的发生，有目的地、积极地追求的意志状态，结果的发生是行为人努力希望达到的目的。"希望"即"追求"。

放任，是指行为人对结果的发生听之任之，不加控制和阻止的状态，危害结果的发生是他的意料之中的事。"放任"即"同意"。

(二) 犯罪故意的类型

根据意志因素的不同，将犯罪故意分为直接故意和间接故意。

(1) 直接故意。行为人明知自己的行为必然或者可能发生危害社会的结果，并且希望或者放任危害结果发生的心理态度。又可分为两种情况，即明知可能和明知必然。

(2) 间接故意。行为人明知自己的行为可能发生危害社会的结果，并且放任这种结果发生的心理态度。所谓放任，是指行为人对于危害结果的发生，虽然没有希望、积极地追求，但也没有阻止、反对，而是放任自流，听之任之，任凭、同意它的发生。

间接故意包括三种情况：①为了追求一个合法的目的而放任一个危害社会结果的发生；②为了追求一个非法的目的而放任另一个危害社会结果的发生；③在突发性案件中不计后果，动辄捅刀子的情形。

（三）间接故意的存在情形

1. 第一种情形

为了追求一个犯罪目的，而放任另外一个危害结果的出现。即为了实现某一特定的犯罪意图，而放任另外一个与其相伴随的结果的出现。例如：丈夫离婚不成，遂起杀妻之意。一天，丈夫买了一包老鼠药，临吃饭时，悄悄放在妻子的碗里面。在此之前，丈夫意识到妻子吃饭时还有可能喂小孩，那么此时小孩可能被毒死。但行为人为了达到杀害妻子的目的，而放任孩子也被毒死的结果。结果母子俩都被毒死。在这个案例中，行为人对妻子的死亡显然是直接故意，但对于小孩的死亡，是间接故意，就是为了追求一个犯罪目的而放任另外一个危害结果的出现。

2. 第二种情形

为了实现某种非犯罪意图，而放任另外一个危害结果的出现。例如：甲、乙两人射击比赛，靶子就在 50 米开外，但靶子旁边有几个小孩捉迷藏，跑来跑去的。在比赛过程中，乙枪法不准，没击中目标而击中正好在旁边跑来跑去的一个小孩。在这个案例中，行为人乙对该小孩的死亡主观心态就是间接故意，是为了追求一个非犯罪目的（击中比赛目标），而放任了另一个危害结果的出现。对该小孩的死亡，他已经认识到可能会发生，但采取了放任的态度。

3. 第三种情形

激情犯罪，即在突发性暴力事件中，行为人并没有明确的犯罪目标和具体的犯罪目的而是一时冲动、不计后果、放任严重结果的发生。例如：一个二十来岁的小青年，酒后因为在大街上被他人撞了一下，话不投机，争吵几句，他一气之下，拔出刀子向对方连刺两刀，致对方倒在血泊之中，对方因失血过多而死亡。在这个案例中，行为人与受害人实际上没有什么恩怨，行为之前甚至行为之际并没有什么直接的致人伤亡目的，而是激情所至，不管三七二十一而捅刀子，符合放任的心态，出现此种情况一般都是作为间接故意来处理的。

（四）直接故意与间接故意的区别

直接故意与间接故意都属于犯罪故意，在认识因素与意志因素方面均有一定的相似之处。对二者的准确区别，有助于行为人刑事责任的正确适用甚至行为的准确定性。

1. 直接故意与间接故意的区别

直接故意和间接故意都是犯罪的故意形态，二者的区别体现在以下几个方面。

（1）在认识因素方面有所不同。直接故意既可能是认识到结果可能会发生，也可能是认识到结果必然会发生；而间接故意只能是认识到结果有可能发生。

（2）在意志因素方面不同，即对危害结果发生的态度不同。直接故意对结果出现是积极追求的、希望的，而间接故意是放任的、漠不关心的。

2. 直接故意与间接故意区别的后果

直接故意和间接故意区别的后果，就是特定的危害结果发生与否对行为的定性处理是不同的。这一点需要结合犯罪未完成形态理论来理解。例如，在直接故意杀人的目的支配之下，甲向被害人砍了一刀，但砍中的是非要害部位，后来经过其他人的抢救，避免了死亡，但已经造成重伤害。那么此时甲的行为已经构成故意杀人罪，只不过属于未遂而已。如果甲向被害人砍了一刀，被害人躲避了，再砍第二刀的时候，及时被过路人发现并阻止，此时被害人毫发无损，对甲仍然定故意杀人罪（未遂）。因为在直接故意杀人的情况下，人的死亡这一法定结果出现与否是判断既遂与否的标志，但不论该结果是否出现，都成立故意杀人罪，只不过是犯罪未遂、既遂、中止、预备的问题。

如果行为人是在间接故意的罪过之下实施该杀人行为，即在突发性事件中（非正当防卫和紧急避险的情况下），向被害人捅了两刀，结果被害人当场倒地身亡，那么，这种情况显然属于（间接）故意杀人罪。如果向被害人捅了两刀，最后被害人经抢救，虽然造成重伤但尚未死亡，这种情况下如何定性呢？特定的危害结果出现与否对间接故意定性不一样，一个原则就是出现什么结果就以该结果定罪处罚。如在间接故意杀人的情况下，出现人的死亡就定故意杀人罪，而像刚才所讲的出现人的重伤但尚未死亡，就直接以故意伤害罪论处。因为间接故意是不存在犯罪未遂、预备等未完成形态的。在这种情况下，被害人是死亡还是重伤，犯罪分子都是可以接受的，即出现什么结果就需要行为人负什么样的刑事责任。如果没有出现危害结果，就不定罪处罚，不构成犯罪。如在间接故意的心态支配下，向被害人捅刀子，结果被害人眼疾手快躲避了一下，没有造成什么后果，这个情况就不以犯罪论处。但在直接故意的心态支配下，向被害人捅刀子的行为，即使没有造成危害结果，仍然以故意杀人罪未完成形态论处。

三、犯罪过失

（一）过失犯罪概述

过失犯罪，指在过失心理支配之下实施的、根据刑法的规定已经构成犯罪的行为。犯罪过失，是指行为人应当预见自己的行为可能发生危害社会的结果，因为疏忽大意而没有预见，或者已经预见但轻信能够避免的心理态度。犯罪过失包括疏忽大意的过失和过于自信的过失两种类型。

（二）过失犯罪的特征

（1）实际认识和认识能力相分离；（2）应为行为和实际所为不一致；（3）主观愿望与客观效果相矛盾。

（三）过失犯罪的构成要件

（1）行为人主观上必须有过失心理。（2）行为必须发生了危害社会的结果，从刑法分则的规定看，这些结果一般都是较为严重的结果。（3）必须有处罚该类过失犯罪的明确分则性规定。

（四）过失犯罪的性质

（1）过失犯罪行为本身蕴涵着发生危害社会的结果的可能性，它是可能危害社会的行为；（2）过失犯罪行为本身是错误行为，即属于不适当的、应当受到谴责的行为；（3）一般情况下，过失犯罪只有在造成了严重危害社会的结果时刑法才将其规定为犯罪，行为人才承担刑事责任，所以行为的社会危害性不是表现在主观意志上，而是体现在客观效果上。

（五）过失犯罪负刑事责任的根据

行为人本来应该也能够正确地认识一定的行为与危害社会的结果之间的联系，进而正确选择自己的行为，避免危害社会的结果的发生，但他却在自己自由意志的支配下，对国家、社会和人民的利益采取了极不负责的态度，从而以自己的行为造成了危害社会的结果，因此，国家就有充分的理由要求过失犯罪的行为人对自己严重不负责任的态度支配之下的行为承担刑事责任。

（六）疏忽大意的过失

行为人应当预见自己的行为可能发生危害社会的结果，因为疏忽大意而没有预见，以致发生了这种危害结果的心理态度。又称无认识过失，即"不意误犯谓之失"。

疏忽大意的过失有以下特征。

（1）行为人没有预见危害结果的发生。即行为人实施行为时没有遇见到自己的行为可能发生危害社会的结果。行为人在主观上不希望、不放任结果的发生，但仍然实施了可能导致危害结果发生的行为，根本原因就在于行为人没有预见到自己的行为可能发生危害社会的结果，否则他就不可能实施其行为或者采取必要的措施防止危害结果的发生。

（2）行为人应当预见危害结果的发生。应当预见指行为人在行为时有责任预见并且有能力预见。如果根本不应当预见，主观上就没有罪过，也就没有刑事责任。应当预见包括预见义务和预见能力两方面内容。①预见义务。行为人对于结果的发生有预见责任。②预见能力。即行为人应当预见，如果不能预见，也不负刑事责任。判断一个人是否有预见能力，主要有主观说、客观说、折中说三种主张。事实上，对于业务过失应采用客观说。对于一般过失，则应当根据实际情况，以行为人本人的预见能力为准。

（3）应当预见而没有预见的原因是行为人的疏忽大意。如果不是由于疏忽大意，而是由于年幼无知、精神病等原因，则不具有罪过。

（七）过于自信的过失

过于自信的过失，是指行为人虽然已经预见到自己的行为可能发生危害社会的结果，但轻信可以避免，以致发生了这种结果的心理态度。

过于自信的过失有以下特征。

（1）轻信可以避免，即行为人轻信能够避免自己的行为可能发生的危害结果。行为人自恃具有防止结果发生的有利条件，他在主观上对危害结果的发生既不希望也不放任，而是持否定态度的，他自信这种结果不会发生，但是他过高地估计了避免危害结果发生的有利因素，过低地估计了自己的错误行为可能导致危害结果发生的程度。这就是"轻信"。

（2）已经预见。行为人已经预见到自己的行为可能发生危害社会的结果——认识因素。这是成立过于自信的过失的前提，是其区别于疏忽大意的过失的明显标志。

（八）过于自信的过失与间接故意的区别

两者有以下相同点：都预见到危害结果发生的可能性；都不希望危害结果的发生。

两者有以下不同点。

（1）认识因素。间接故意是明知自己的行为导致危害结果发生的现实可能性，即明知这样确实可能发生危害结果，但他没有想到用什么办法来避免这种可能性变成现实性。过于自信的过失则是预见到行为发生危害结果的假定可能性。行为人过高估计了有利因素，过低估计了不利因素的作用，行为人对于可能性是否会转化为现实性的客观事实发生了错误认识，行为人主观和客观不一致。

（2）意志因素。间接故意是放任危害结果的发生。过于自信的过失中行为人反对、排斥危害结果的发生。

首先，间接故意和过于自信的过失这两种罪过形式在认识因素上虽然很相似但也有所不同。一般而言，间接故意认识的程度高一些，认识到这个结果发生的可能性更大，即很有可能发生；而过于自信的过失认识的程度低一些，认识到该行为引起的结果有可能发生。

其次，二者的关键区别在于意志因素不同，就是说在间接故意的情况之下，对这个后果的发生是放任的，持无所谓的态度，是不反对的、容忍的；而过于自信的过失对结果的发生是反对的，但由于过于自信，没有想到真的会发生。可见，对行为所导致的结果有无否定、反对的态度并凭借了一定的避免条件和措施是二者区别的关键所在。行为人过于自信是在认识到行为及其结果发生具有一定的可能性，但同时确实凭借了一定的主客观条件而认为当时不会发生——从而作出这个错误的判断。如果没有任何的外界条件，那么也不能认定为过于自信的过失，可能是间接故意。

四、犯意转化与另起犯意

犯罪故意具体内容的确定，是认定犯罪行为性质及其具体罪名的必要前提。在犯罪故意的认定中，常常会遇到犯意内容的确定问题，主要涉及犯意转化与另起犯意这两个可能影响行为性质的犯意认定问题。

所谓犯意转化，是指行为人在犯罪的过程中，因改变犯罪故意而导致此罪与彼罪的转化。犯意转化主要有两种情形。

（1）第一种情形是，预备阶段的此犯意转化为实行阶段的彼犯意，即行为人以此犯意实施犯罪的预备行为，却以彼犯意实施犯罪的实行行为，如预备阶段是抢劫的故意，并为此准备了相应的工具。但进入现场后，发现财物所有人不在现场，于是实施了盗窃行为，或者说情形相反，本意盗窃，但进入现场后，被财物所有人发现，而转化为使用暴力劫取财物。在这种情形，原则上采用实行行为吸收预备行为的方式处理，如上述的前一种情况，就应以盗窃罪论处，后一种情况则应以抢劫罪论处。

（2）第二种情形是，在实行犯罪过程中犯意转变，如甲在故意伤害乙的过程中，改变犯意，意图致乙死亡而直接杀死被害人，或者相反，甲本意欲致乙死亡，在杀害过程中，由于改变犯意，认为致其伤害即可，而没有致人死亡。对于这种情形，原则上遵循这样的处理思路：犯意升高者，从新犯意（以变更后的犯意为准）；犯意降低者，从旧犯意（变更前的犯意）。如上述的前一种情况，甲在实行犯罪过程由伤害故意转化为杀人故意，属于"犯意升高者"，从新犯意——即应以故意杀人罪论处；后一种情况下，甲在实行犯罪过程由杀人故意转化为伤害故意，属于"犯意降低者"，从旧犯意——即应以故意杀人罪（中止）论处。

所谓另起犯意，是指在实施犯罪行为过程中，因某种原因出现，停止原犯罪行为而另起其他犯罪故意，实施另外一个犯罪行为。对于另起犯意者，原则上应实行数罪并罚。例如，某甲深夜埋伏路边意欲强奸路过的妇女，待妇女乙骑车路过时，甲以强奸的故意使用暴力制服乙，结果发现乙长得面目丑陋，甲失望之际另起犯意便对乙实施抢劫行为。对此，由于甲的抢劫故意与抢劫行为是在强奸行为中止之后产生的，故对甲应以强奸罪（中止）与抢劫罪并罚。

另起犯意与犯意转化有着十分类似之处，但本质不同，最终处理方式也不同，应注意辨析与区别。犯意转化本质是此罪转化为彼罪，因而仍为一罪；而另起犯意是在前一犯罪行为停止后（前一犯罪行为既遂，或中止，或未遂），行为人又另起犯意实施其他犯罪行为，故实为数罪。犯意转化与另起犯意的主要区别在于以下几方面。

（1）前一犯罪行为是否已经停止下来。犯意转化是前一犯罪行为正在进行过程中的犯意变更；而另起犯意是前一行为由于某种原因已经停止后的临时起意。（2）犯罪对象是否为同一对象。犯意转化是针对同一被害对象而存在的；而另起犯意既可以针对同一犯罪对象，也可以针对另一不同对象（更多地体现为不同对象）。如甲以伤害故意举刀砍某乙，适逢其仇人某丙出现在现场，甲转而将某丙杀死。因甲的行为针对不同的犯罪对象，应成立故意伤害罪与故意杀人罪两罪。（3）犯罪客体即所侵害的法益是否为同一或同类法益。犯意转化的情形下，前后犯意所侵害的法益是同一或者是同类的，而另起犯意的情形下，前后犯意所侵害的法益多数情况下是不相同的。如行为人入室盗窃后，又突生破坏作案现场、毁灭罪证之念，于是又实施了放火行为。行为人前后犯意所针对的犯罪对象、所侵害的法益均不相同，应当以盗窃罪与放火罪（若放火行为并未危及公共安全，则可以考虑故意毁坏财物罪）并罚。

五、意外事件和不可抗力

（一）意外事件

意外事件是指行为在客观上造成了损害，但是行为人在主观上既没有故意也没有过失，而是由于不能预见的原因造成的，这种情况是意外事件。在意外事件的情况下，行为人不构成犯罪。

意外事件的构成条件为：（1）行为在客观上造成了损害结果；（2）行为人对于自己行为所造成的损害结果在主观上既无故意、也无过失；（3）损害结果的发生是由于不能预见的原因引起的。

意外事件与疏忽大意的过失的相同之处是都发生了损害结果，都没有预见。不同之处在于，在疏忽大意的过失中，行为人应当预见也能够预见，但没有预见；在意外事件中，根据行为人的自身状况和当时的环境、条件，不可能预见。因此，是否应当预见、是否能够预见，是区分二者的关键。

（二）不可抗力

不可抗力是指行为在客观上造成了损害，但是行为人在主观上既没有故意也没有过失，而是由于不能抗拒的原因造成的，这种情况是不可抗力。在不可抗力的情况下，行为人不构成犯罪。

不可抗力的构成条件有：（1）客观上造成了损害结果；（2）主观上没有罪过；（3）损害结果的发生是由于不能抗拒的原因所引起的。行为人遇见了自身所不能控制和排除的外来力量，即使他要避免危险结果的发生，由于个人能力和客观条件的限制，仍然无法避免。

六、刑法上的认识错误

（一）认识错误的概念

错误指人们主观对客观现实的错误反映与认识，即主观和客观不一致。刑法上的认识错误，又称为刑法上的错误，指行为人在实施危害行为时，他的主观认识同行为的事实情况或刑法上对该行为的评价不相符合。

刑法上的认识错误一般分为两类，即对法律的认识错误和对事实的认识错误。

（二）法律认识错误

行为人实施行为时，主观认识与刑法规范对该行为的评价不一致。这种错误是由于行为人不懂法造成的，主要有三种情况。

（1）行为人将无罪误认为有罪。对行为假想犯罪，理论上称为"幻觉犯"，对此应按照刑法的规定处理，而不能以行为人的错误认识将其按犯罪对待。如行为人以为与现役军人配偶通奸是犯罪，在实施通奸行为后，适逢公安机关"严打"，行为人为了得到从宽处理而投案自首。显然，该行为不能认定为犯罪，这个错误认识不影响法律对他的评价，应以法律为准绳。

（2）行为人将有罪误认为无罪。此时行为人对行为性质的认识错误不影响犯罪故意的成立，不能以其不懂法而将其宣告无罪。将有罪行为误认为无罪行为即所谓的假想不犯罪问题。比如在某偏僻落后的村庄，某老农甲有一个无恶不作的儿子，该子为乡邻的公害，人人敢怒不敢言，甲决意除掉这个逆子。有一天，甲趁其子不备用棍棒将其打死，并且奔走相告，说是为乡邻除害。甲以为自己的行为是为民除害，是有利于社会稳定的行为，而实际上是犯罪行为，不影响故意杀人罪的成立。

（3）行为人对于其应成立的罪名或应处以的刑罚的轻重有错误认识，即将此罪当成彼罪、将重罪当成轻罪或将轻罪当成重罪等。此时仍然应该按照法律的规定定罪量刑，不能因行为人的认识错误而使定罪量刑有所改变。

（三）事实认识错误

所谓事实认识错误，即行为人所认识、所意欲的事实与实际情况、客观事实不一致。具体包括这样几种情形：一是因果关系的认识错误；二是客体的认识错误；三是对象的认识错误；四是打击错误（或行为偏差）；五是手段、工具的认识错误。

1. 对行为的认识错误

（1）对行为性质的认识错误。行为人对于自己行为实际性质发生了错误认识，常见的是把事实上对社会有危害的行为当作有利于社会的行为而加以实施，如假想防卫、假想避险等。在这种情况下，行为人对行为的客观危害性没有认识，不成立故意，如果行为人有过失，成立过失犯罪，无过失的，属于意外事件。

（2）对行为手段的认识错误。行为人对自己所使用的犯罪方法或作案工具产生了错误认识，从而使犯罪结果不能发生，主要有以下两种情况。

①行为人所采用的手段具有危害社会的可能性，但由于其认识错误，使用了不能导致危害结果发生的手段，如把白糖当成毒药杀人、把假枪当真枪杀人等。行为人的错误不影响故意的成立，客观上因为其意志以外的原因使犯罪不可能得逞，因此属于犯罪未遂。

②行为人采用的手段足以造成危害后果，行为人误以为不能造成危害结果，如把有毒的食物当成无毒的食物给他人食用，行为人主观上不可能有故意，可能属于过失犯罪或意外事件。

2. 对行为对象的认识错误

（1）对不属于犯罪构成要件的对象的认识错误，即对目的物的认识错误。如将甲当成乙杀死、将外汇当成人民币偷走等。这种目的物的认识错误对定罪不产生影响，量刑时根据实际发生的损害量刑。

（2）对属于构成要件的对象的认识错误，如本想偷钱却偷到枪，本想猎杀大熊猫却杀死了人等。因为这些对象体现了不同的社会关系，行为人的同一行为触犯了两个罪名，即盗窃罪的未遂和过失盗窃枪支罪，非法捕杀珍稀、濒危野生动物罪和过失致人死亡罪。对于前者，因刑法没有设立过失盗窃枪支罪，因此应按照盗窃未遂论处；对于后者，应从一重处罚。这种情况实际上是想象竞合犯。

（3）误把犯罪对象当作非犯罪对象加以侵害，如误把人当成野兽杀死。根据当时的情况，如果行为人应当预见而没有预见，属于过失犯罪；如果不可能预见，则属于意外事件。

（4）误把非犯罪对象当成犯罪对象加以侵害，本想杀人却杀死了动物（非保护动物）、本想杀死人却对着尸体开枪射击、误把男人当成女人强奸、误把妻子当成其他妇女强奸等。这种情况是因为犯罪分子意志以外的原因使犯罪未得逞，因此属于犯罪未遂，即对象不能犯未遂。

3. 对因果关系的认识错误

行为人对自己的行为与危害结果之间的因果关系有错误的认识，包括以下几种情况。

（1）行为人出于犯罪的故意，实施了犯罪行为，但是行为人预计的结果没有发生，行为人却误以为发生了，或者这种结果是由于其他原因造成的，行为人误以为是自己的行为造成的。因缺乏客观的因果关系无法让行为人对他认为已经产生的结果负责。

（2）行为在客观上造成了危害结果，但行为人误以为结果不是由自己的行为造成的。应以故意犯罪的既遂处理。

（3）对因果关系的过程有误解，具体又包括三种情况。

一是行为人根据其意图实现的结果实施了行为，虽然实现了预期的结果，但结果发生的进程与行为人设想的情况不同。

二是行为人为实现某种犯罪结果而实施了最初的犯罪行为，但并未达到犯罪目的，行为人误以为已经达到目的，进而又实施了其他行为，后实施的行为使行为人最初意图实现的目的得以实现，导致了行为人所追求的结果的发生。

三是行为人为实现某种犯罪结果而实施了最初的行为已经导致了危害结果的发生，行为人误以为未发生犯罪结果，又实施了其他行为后才认为产生了当初希望实现的结果。

四是行为人预期实现的结果与实际发生的结果不一致。如果预期的结果与实际结果在性质上一样而具体内容不一样，属于对象错误；如果预期结果与实际结果在性质上也不一致，应按想象竞合犯的原则处理。

总之，因果关系的认识错误是指行为人对其行为与危害后果之间的因果关系有不符合实际情况的错误认识。一般说来，犯罪故意的成立并不要求行为人对因果关系发展的具体样态有明确认识，只要求其认识到自己实施的行为会发生危害社会的结果就够了，因此，因果关系的错误认识原则上不影响行为人的刑事责任，不影响定罪量刑问题。例如，甲以杀人的故意用匕首刺杀乙，使乙受伤，但乙为血友病患者，因流血过多而死亡；再如，甲以杀人故意向乙开枪射击，乙为了避让而后退，结果坠入悬崖而死亡。这两种情形下，甲对乙的死亡均承担既遂的刑事责任。

第六节　犯罪构成"三阶层"理论

长期以来，犯罪构成的"四要件"理论在我国刑事法学教学和司法实践中占统治地位。近年来，"三阶层"学说在我国刑法学界日渐活跃并开始占据主导地位。

一、犯罪构成"三阶层"理论概说

大陆法系的犯罪构成体系是三阶层递进式，由构成要件该当性、违法性和有责性组成。一个行为要构成犯罪，除了行为符合构成要件并属于违法之外，行为人亦必须负有责任。

（一）该当性构成要件

该当性也称构成要件符合性，是指构成犯罪的要件要与法定条文规定的犯罪要件对应相当，即所发生的事实与刑法条文所规定的构成要件（罪状）相一致。该当性中包括"主体"即实施犯罪的行为主体，包括自然人和单位；"行为"，即危害行为，行为人在人的意识支配下实施的侵犯法益的具体活动；"行为对象"即犯罪对象、行为客体；"危害结果"和"因果关系"。该当性考察的是客观层面的犯罪，即先看是否有危害人、危害行为、危害后果。

（二）违法性构成要件

违法性是指犯罪行为不仅是符合构成要件的行为，而且实质上是法律所不允许的行为，即必须是违法的行为。如果客观上不存在违法性，即使责任重大，也不成立犯罪。违法性判断要看是否有违法性阻却事由。违法性阻却事由，是排除符合构成要件的行为的违法性事由。违法性阻却事由包括正当防卫、紧急避险、法令行为、正当业务行为、被害人承诺（在我国应不包含伤害身体及结束生命之内容）、自救行为。

（三）有责性构成要件

有责性是指能够就符合构成要件的违法行为对行为人进行非难、谴责。即评估判断追究刑事责任的合理性。"没有责任就没有刑罚"，只有当行为人存在主观的责任时，其行为才成立犯罪。所谓主观责任，是指行为人具有责任能力、存在故意或过失、违法性意识以及期待可能性，才能对行为人自己实施的个人行为非难谴责。有责性中包括对刑事责任能力、刑事责任年龄的判断，故意责任、过失责任。有责性的阻却事由，包括违法性认识错误和缺乏期待可能性。期待可能性，是指根据具体情况，有可能期待行为人不实施违法行为而实施其他合法行为。如果不能期待行为人实施其他合法行为，就不能对其进行法的非难，因而不存在刑法上的有责性。

二、犯罪构成三阶层理论与四要件理论的比较

（一）认定犯罪要素的一致性

四要件犯罪构成理论和大陆法系的三阶层犯罪构成理论的本质是一样的。在我国，行为要构成犯罪，要求行为符合犯罪的主客观要件的要求，即行为违反刑事法律而且行为人具有主观责任。无论是三阶层学说还是我国的四要件学说，本质都是一样的，都认为：行为人客观上违反了刑法的规定，实施了违法行为，不一定要被定罪，只有行为人应该承担责任时该行为才是犯罪。两者的一致性在于既存在着法益侵害也存在着过错责任。

四要件犯罪构成包含了大陆法系的全部三个要素。四要件理论中，只有齐备全部构成要件的行为才是犯罪。而三阶层学说中，犯罪的构成要件，仅仅是构成犯罪的一个条件，是作为犯罪类型的该罪客观方面和主观方面条件要求（这里的主观方面，是指故意还是过失，是犯罪类型，与是否承担责任无关）。因此，不满 14 周岁的少年故意杀人的，同样符合故意杀人罪的构成要件，能够满足"构成要件该当性"这个要件。三阶层学说将排除违法性的行为包含在理论体系内，在第二步中对违法性进行判断。四要件理论则将排除犯罪的行为放在理论体系外，单独命名为"排除犯罪的行为"。这使得三阶层学说从体系上看起来更圆满。

（二）区别

首先，对犯罪构成的含义不同。四要件说只有齐备全部构成要件的才是犯罪；三阶层递进式学说所讲的构成要件，只是构成犯罪的一个条件，是构成一罪的客观要件和主观方面的要件。如上所述，未满 14 周岁者杀人，不是四要件

讲的故意杀人罪的构成要件，而在三阶层说中，就符合故意杀人罪的构成要件（客观要件：一个人，剥夺他人的生命。主观方面：故意），但这与他是否承担刑事责任无关。是否承担刑事责任是放在第二阶层及第三阶层去判断的。

其次，三阶层学说将排除违法性的行为放在理论体系内，在第二层即"违法性"中分析，通过对行为违法性的排除法来鉴别行为是否违法，有效地防止定罪逻辑思维上的"先入为主"；四要件理论则把排除犯罪的行为放在四要件体系外，在"排除犯罪的行为"中分析，即先从四要件上分析是否构成犯罪，然后再决定是否依据刑法的特别规定不作犯罪处理。

最后，三阶层比四要件层次更清晰，第一步分析是否符合一罪的构成要件，第二步分析是否具有违法性，即是否存在正当防卫、紧急避险、执行职务的行为、被害人承诺及自救等排除违法性行为，第三步分析有责性，即年龄，精神状态等。

（三）评价

我国传统的四要件犯罪构成理论体系，由犯罪客体、犯罪客观方面、犯罪主体、犯罪主观方面构成。这种一元的犯罪论体系在直观上并不反映认识犯罪的逻辑过程，具有静态的特征。其缺陷在于：（1）它难以包容一些合法的抗辩事由问题，如正当防卫、紧急避险、胁迫等。在我国传统的刑法理论中，违法性不是作为犯罪构成要件，而是作为犯罪的特征而确立的，至于违法性阻却事由，也不是放在犯罪构成的范围内，而是作为排除社会危害性行为加以确立。如果一个行为人出于正当防卫的目的而造成正在进行行凶的不法侵害人死亡，根据刑法规定他的行为不构成犯罪。我们依据传统的犯罪构成理论来分析，在犯罪客体上，行为人侵犯了为刑法所保护的人身权利；在犯罪客观方面，具有杀人致死的行为；在犯罪主体上，行为人达到刑事责任年龄，具有刑事责任能力；在犯罪主观方面，行为人的杀人行为出于故意或者过失，行为人的行为充足了犯罪构成四要件，因而我们可以得出其行为成立故意杀人罪或过失致人死亡罪的结论。这就会出现"虽然构成犯罪但系正当防卫、紧急避险……"等逻辑矛盾，这导致犯罪构成理论不能充分发挥其服务于人类认识犯罪、作出定罪判断工具的作用。（2）不利于发挥刑法的人权保障功能。由于四要件理论具有耦合式的逻辑结构，在应用该理论分析某一具体犯罪时，往往通过对四要件的逐一遴选之后，就可以在认识阶段上一次性地得出罪与非罪、此罪与彼罪的结论，而没有进一步的违法性、有责性的排除分析，失去在定罪过程中应有的谨慎，未免有扩大定罪范围之嫌，不利于限制司法权，保障被告人的权利。

三阶层之递进式犯罪理论体系，由构成要件该当性、违法性和有责性构成。

其三元的犯罪论体系虽然较我国现行的四要件犯罪构成理论体系显得烦琐，但它直接反映了判断犯罪成立与否的动态认识过程。根据这种递进式结构，在将某一行为认定为犯罪时，须进行三次评价，构成要件该当性是事实评价，为判断是否存在犯罪提供行为事实的基础；违法性是法律评价，排除正当防卫等违法性阻却事由；有责性是主观评价，为追究刑事责任提供主观根据。以上三个层次的条件，形成一种过滤机制，各构成要件之间具有递进关系，形成独特的定罪模式。构成要件该当性、违法性、有责性三者之间的关系是：构成要件该当性具有推定功能，只要行为符合构成要件，原则上可推定构成犯罪（客观层面）；存在违法性，原则上可推定行为人有责任。构成要件该当性、违法性考虑一般情况，其评价标准对所有人平等适用，违法阻却、责任是考虑特殊、例外情况，当存在例外情况时，递进式推理即中断。以递进式犯罪构成体系为框架的犯罪理论体系能够在一定程度上克服我国现行犯罪构成理论的缺陷，最大限度地保护无罪的人不受追诉，亦让有罪的人难逃法网。

我们认为，不能说四要件学说没有积极作用，只是说三阶层学说比之更为深入浅出。因此引入大陆法系递进式的犯罪构成体系，对于我国刑法理论的发展具有积极意义。在犯罪的认定上必须采用排除法，构成要件的该当性、违法性和有责性之间，应环环相扣、层层递进，各条件之间的逻辑关系必须明确。诚然，引入大陆法系递进式犯罪构成体系并非简单地照搬与机械地套用，还应根据我国刑法规定与司法实践加以融合。

第六章　正当行为

第一节　正当行为概述

一、正当行为的概念

正当行为，理论界又称为排除社会危害性的行为、排除犯罪性行为等。正，指行为的性质；当，指行为的程度，是质和量的统一。正当行为亦即排除犯罪性的行为、阻却犯罪成立的行为，指形式上符合犯罪构成而实际上不具有犯罪的社会危害性的行为。这些行为从表面上看对某些权益甚至是合法权益造成了损害，但其依法属于不具有社会危害性的行为，甚至是有利于社会的行为。

二、正当行为的种类

我国刑法中规定的正当行为只有正当防卫和紧急避险。其他正当行为的范围，包括：（1）依照法令的行为，又包括依照法律的行为，职务行为，执行命令的行为；（2）业务正当行为，如医疗行为、竞技行为、律师行为等；（3）自助行为；（4）自损行为；（5）被害人同意的行为，包括事前同意的行为，推定承诺的行为，以及事后的同意或宽恕行为；（6）安乐死；（7）其他正当行为，如正当冒险行为、义务冲突行为、警察圈套等。

（一）自救行为的一般条件

随着社会发展，犯罪率升高的比例远远大于司法机关力量增加的比例，所以在很多情况下，寻求公力救济并不是一种方便快捷的途径，特别是在伤害程度不十分严重、社会危害性程度偏轻的情况下，寻求公力救济并不一定能保护被害人的权益，被害人又有自我保护权益的能力和机会的情况下，往往会采取自救的方式。但毕竟自救行为是一种私力救济，很可能会超出受侵害人本身所受伤害的程度和范围，容易造成其他新的权益侵害，所以应当严格规定自救行为的适用范围。

（1）针对的是已经对法益造成了侵害的行为，不论该侵害是刚刚结束，还是已经过了一段时间。

（2）通过法律程序、依靠国家机关的力量不可能或者明显难以恢复权利。

（3）主观上需要有自救的意思表示。司法实践中很难衡量，只能考虑案件的具体情节。

（4）从程度上看自救行为应具有相当性。使用的方法在社会一般观念上是相当的，所造成的损害程度也是相当的。

（二）体育竞技行为的一般条件

（1）必须是正规的竞技比赛活动，即有关体育机构或组织正式组织的比赛。在非正式比赛中造成损害结果的，不能认定是正当行为。例如，班内同学周末踢球，一名同学为铲球将另一名同学的腿铲断，则不属于正当行为。

（2）竞技行为必须适当，对抗性比赛项目中必须遵守比赛规则。

（3）必须是出于比赛的目的。

（三）职务行为的一般条件

（1）行为正当，职务行为的作出应依照现行有效的法律实施；实施职务行为的人必须依法取得相应资格；内容合法。

（2）目的正当，必须是出于依法行使职权的目的，不是非法目的。

（3）手段正当，即主体必须采取适当的手段和方法实现其职务。

（4）行为不得超过必要限度。

（四）被害人承诺的一般条件

（1）承诺主体的合格性。承诺主体必须具有承诺能力，即作出承诺的人必须具有认识其承诺的性质、作用、范围及后果的理解能力。不能正确理解承诺的内容和意义的人作出的承诺无效。

（2）所承诺的法益具有个人性。承诺的对象是承诺人有权处分的权利。对于关系到国家、社会等公共利益的行为，个人无权处分。就个人法益而言，生命权不可以承诺，身体健康权可以有限承诺。"有限"一般指所承诺的伤害不得违背善良风俗并且不得造成严重伤害（如永久残疾）。

（3）承诺的真实性。承诺必须是被害人自由的、真实的意思表示。在被强制、被欺骗、被胁迫的情况下作出的承诺无效。

（4）承诺必须通过某种方式明确表示出来。

（5）承诺必须在行为实施之前即存在或行为实施当时作出。

（6）承诺所实施的行为不得超出承诺的范围。

第二节　正当防卫

一、正当防卫的概念和意义

正当防卫是指为了使国家、公共利益、本人或者他人的人身、财产和其他权利免受正在进行的不法侵害，而以给不法侵害人造成损害的方式制止不法侵害，尚未明显超过必要限度造成重大损害的行为。

正当防卫是最重要的一种正当行为，对于其性质，理论上应明确正当防卫属于法律赋予公民的一项重要权利，是鼓励公民与违法犯罪行为作斗争的一种积极手段，在某些情况下也是公民的一种义务，该制度的知识体系如表1所示。

二、正当防卫的条件

正当防卫属于公民的一项合法权利，但并不意味着公民可以任意实施防卫行为，任何权利的形式都有一定的条件和界限，正当防卫也不例外，只有符合法定条件的防卫行为，才属于正当行为而不负刑事责任。《刑法》第20条对正当防卫的条件规定得比较明确、具体，包括防卫起因、防卫时间、防卫意图、防卫对象和防卫限度等五个方面，只有同时符合这五个方面的条件，才能成立正当防卫。对这些条件的掌握，要从正反两方面入手，即不仅明确各项条件的具体内涵，还要明确不符合某项条件的防卫行为如何处理。

（一）正当防卫的前提条件——必须有不法侵害的发生

正当防卫的目的是使国家、社会或个人的权益免受不法侵害，倘若没有不法侵害的发生，公民就不必也不能行使正当防卫权。有不法侵害的发生，是正当防卫行为得以实施的前提。

1. 不法侵害的概念

在现代汉语里，"侵"指侵袭，"害"指损害，所谓侵害，即是指对某种权益的侵袭和损害。而不法侵害，则是指对某种权益作出违反法律规定的侵袭与损害。

（1）不法侵害是否包括一般的行政违法行为、民事违法行为在内，刑法理论中有两种不同的观点，肯定说是正确的。

（2）不法侵害中的"不法"系指主观的不法还是客观的不法？通说认为，正当防卫所面临的不法侵害仅指客观上对社会造成危害的行为，而不问行为人的责任能力和责任意识。

（3）不法侵害是仅指以积极的作为方式实施的行为，还是包括以消极的不作为方式实施的行为在内？我们认为，对不作为方式的不法侵害当然也可以实行正当防卫，而不应将不法侵害仅限于作为的方式。

2. 对合法行为不能实行正当防卫

不法侵害具有社会危害性，因此，对不具有社会危害性的合法行为就不能实施正当防卫，如依照法令的行为、行使权利的行为、执行合法命令的行为等。下列情况值得注意。

（1）对职务违法行为能否实施正当防卫？职务违法行为与职务行为有严格的区别，职务违法行为都是不法行为，行为人应承担相应的法律责任，国家在必要时还应当对职务违法行为的受害人承担国家赔偿责任。因此，职务违法行为在性质上属于不法侵害，对其可以实施正当防卫。

（2）对紧急避险行为能否实施正当防卫？因避险行为受到损害的人没有义务忍受避险行为给自己造成的损害，他有权对避险行为予以抵抗。但这种抵抗行为所针对的并不是不法侵害行为，而是法律明文规定的紧急避险这种排除社会危害性的正当行为。刑法对紧急避险的规定中并未将危险限定于非法行为所造成的危害，因紧急避险所造成的损害自然也包括在这种危险之中。因避险行为受到损害的人对避险人予以抵抗的，实际上是在不得已的情况下实施的另一个紧急避险行为。

对避险过当行为能否实施正当防卫，也是一个值得研究的问题。在这种情况下，行为人所实施的抵抗行为与其说是对避险过当这种不法侵害所实施的，毋宁说是针对避险行为这种具有正当性的行为所实施的。因此，将针对避险过当而实施的抵抗行为仍然认定为紧急避险，更加妥当。

（3）对防卫过当行为能否实施正当防卫？回答是否定的。

3. 假想防卫

本来不存在正当防卫的前提条件，行为人误以为存在着该条件，进而实施了所谓的防卫行为，这种情况是假想防卫。假想防卫包括三种情形。

（1）不存在任何侵害，行为人误以为存在不法侵害，实施了所谓的防卫行为。

（2）存在着侵害，但该侵害不是不法侵害，或者虽然是不法侵害但却不能对其进行正当防卫，行为人误以为存在进行正当防卫的前提条件，实施了所谓的防卫行为。

（3）存在不法侵害，也可以实行正当防卫，但行为人防卫时搞错了对象，将无辜的第三者当成了不法侵害人，实施了所谓的防卫行为。

假想防卫排除故意的成立。根据行为人是否应当认识到并不存在正当防卫的前提条件，分别认定为过失或意外事件。

（二）正当防卫的时间条件——不法侵害必须正在进行

根据我国刑法的规定，只有针对正在进行的不法侵害才能实施正当防卫。不法侵害正在进行，是指不法侵害已经开始尚未结束的持续状态。

1. 不法侵害的开始

（1）故意不法侵害的开始。故意不法侵害的预备行为是不法侵害不可分割的组成部分，预备行为的实施已经使合法权益受到威胁。因此，从理论上讲，不法侵害人开始实施预备行为即为不法侵害的开始。但是，绝大多数预备行为还不能充分地表现不法侵害人的侵害意图，此时如果允许实施防卫行为，往往会导致防卫权的滥用。因此，只有在预备行为能明显地反映出不法侵害的意图，行为人实施不法侵害的心理可以从这一行为得到确证，该预备行为除表明不法侵害外不能作出其他合理解释时，才能认为不法侵害已经开始。例如，为了杀人而侵入他人住宅的，在不法侵害人开始侵害他人住宅时，就可以针对已经开始的不法侵入住宅的行为进行正当防卫。

（2）过失不法侵害的开始。过失行为的实施并不是过失不法侵害的开始，只有在过失行为即将给合法权益造成损害时，才能认为不法侵害已经开始。

（3）客观不法侵害的开始。对无责任能力者、无责任意思者实施的不法侵害，可以实施防卫行为。这种不法侵害开始的时间与过失不法侵害开始的时间相同，即行为已经实施且即将给合法权益造成损害。

2. 不法侵害的结束

不法侵害结束的时刻也就是再也不能实施防卫行为的时刻。通说认为，不法侵害的结束是指这样一个时刻，在这个时刻，不法侵害已经停止或不法侵害造成的结果已经出现，即使实施防卫行为，也不能阻止危害结果的发生或即时即地挽回损失；即使不实行正当防卫，也不会发生危害结果或危害结果不致进一步扩大。这一时刻即为不法侵害结束的时刻。它包括：侵害行为已经完成；危害结果已经发生；不法侵害归于失败；不法侵害者已被制服等情形。

3. 不适时防卫

不适时防卫是指防卫行为发生在不法侵害开始之前，或者发生在不法侵害已经结束之后的情况。不适时防卫不是防卫行为，更不是正当防卫。它包括事前防卫和事后防卫。

（1）事前防卫。指在不法侵害开始之前即对侵害人采取反击行为，损害其合法权益的情况。事前防卫不是防卫行为，而是一种"先下手为强"的故意犯罪。

（2）事后防卫。指不法侵害确实已经结束之后，行为人对不法侵害者所实施的打击行为。事后防卫也不是防卫行为。不法侵害已经结束，行为人也认识到不法侵害已经结束，但仍然对不法侵害人予以打击的，不法侵害确实已经结束，行为人误以为不法侵害仍在进行之中，进而对不法侵害人予以打击并造成其损害的，应按假想防卫的原则处理。

（三）正当防卫的对象条件——防卫行为必须针对不法侵害者本人

防卫行为只能针对不法侵害者本人才能实施，而不能针对其他的第三人。不法侵害人始终是防卫行为指向的目标。

1. 不法侵害人的概念

不法侵害人指实施某种客观上违反法律规定、危害社会的不法侵害行为的行为人。

2. 与不法侵害人有关的几个问题

（1）对共同不法侵害人的防卫。不法侵害由二人以上实施时，应具体问题具体分析。对教唆者不能实施防卫行为。对不在现场的帮助犯也不能实行防卫行为。但如果帮助者在不法侵害的现场并正在帮助实施不法侵害行为，则可以对其实施正当防卫。

（2）防卫第三者的处理。在实践中，对未实施不法侵害的第三人实施防卫行为或防卫行为造成无辜第三人损害的情况时有发生。对此应具体问题具体分析。

3. 对物防卫

所谓对物防卫，是指对来自物，特别是来自动物的侵害实施的防卫行为。我国刑法理论认为，对物防卫是否成立正当防卫，应具体问题具体分析。

（1）来自无主动物的自发侵害纯粹是一种自然现象，不属于不法侵害。人们将毒蛇打死、将饿狼击毙的行为不具有刑法学上的意义，不是正当防卫。

（2）对于国家保护的珍贵、濒危野生动物的侵害或有主动物的自发损害，人们可以对其进行抵抗、反击。这种行为属于避险行为，如果符合紧急避险的条件，成立紧急避险，否则行为人则要承担相应的法律责任。

（3）对于动物被人唆使或由于主人的过失而侵害他人的，对动物的反击实际上是对不法侵害行为的防卫，应该认定为防卫行为。

（四）正当防卫的主观条件——必须有防卫意图的存在

1. 防卫意图的内容

防卫意图指防卫人在实施防卫行为时对其防卫行为以及行为的结果所具有

的心理态度。防卫意图包括防卫认识与防卫目的两方面内容。防卫认识指防卫人面临正在进行的不法侵害时，对不法侵害及防卫行为各方面因素的认识。防卫认识是防卫意图的前提和基础。防卫目的指防卫人在防卫认识的基础上，进而决定实施防卫行为，并希望通过防卫行为达到某种结果的心理愿望。防卫目的包括以下两个层次。第一个层次的目的是给不法侵害人造成损害。防卫人在实施防卫行为时，认识到不法侵害的诸要素和防卫行为的诸要素，希望通过防卫行为给不法侵害人造成某种损害，如剥夺其生命、损害其健康、毁损其财产等。该目的只是防卫人的一个手段性目的。防卫目的第二个层次的内容是制止不法侵害，保护国家、公共利益、本人或者他人的人身、财产和其他权利。这是防卫行为最根本的目的，是防卫目的的核心。

防卫认识和防卫目的共同构成了防卫意图的全部内容。防卫认识是防卫目的的前提和基础，如果行为人没有形成防卫认识，防卫目的也就不可能产生，他所实施的行为也就不是防卫行为。防卫目的虽然基于防卫认识而产生，却是防卫意图的核心内容，它是决定正当防卫的合法性的关键因素。

2. 不具有防卫意图的行为

有的行为表面上虽然符合正当防卫的要件，与正当防卫也有共同之处，但却不具有正当防卫的主观要件——防卫意图，因而不是防卫行为，更不是正当防卫。这样的行为主要有以下几种。

（1）防卫挑拨。故意挑逗、刺激他人向自己发出进攻，然后借口正当防卫加害对方的，因其目的不正当，所以不能成立正当防卫，而是故意的违法犯罪行为。

（2）相互斗殴。关于互相斗殴是否可以成立正当防卫的问题。因双方都有加害对方的意图，目的均不正当，这种相互侵害的行为都不能成立正当防卫。但是一方已经退让，已经停止斗殴，甚至一方求饶或逃跑的，而另一方不依不饶、紧追不舍，继续实施侵害的，则前者即避让一方此时就可以对后者的不法侵害进行正当防卫。

（3）偶合防卫。又叫偶然防卫，因为行为人并无防卫的意图，应当按照一般的犯罪行为处理。例如，某甲与某乙素有仇隙，一日晚间某甲窜到某乙院外，某甲见一人背影确认是某乙，于是举枪射击，而恰逢某乙刚好劫持了一名过路的女青年，正要对其实施强奸。结果某甲将某乙打死，同时也阻止了其正在实施的强奸犯罪行为。这种情况是否属于正当防卫呢？答案为否。理由是：某甲纯粹是出于杀人的意图实施该"防卫行为"，并无防卫意图，其杀人行为只不过是偶然地、恰巧地符合防卫行为的表面特征而已。

（五）正当防卫的限度条件——防卫行为不能明显超过必要限度造成重大损害

根据《刑法》第20条第2款的规定，正当防卫的限度条件是正当防卫不能"明显超过必要限度造成重大损害"。

1. 正当防卫的限度

在认定防卫行为是否符合正当防卫的限度条件，成立正当防卫，即防卫行为是否"明显超过必要限度造成重大损害"时，应注意以下几点。

（1）认定正当防卫的限度条件时，应以正当防卫的必要限度为基础，只有了解了必要限度的含义，才能准确地把握防卫行为是否"明显超过必要限度"。对"必要限度"含义的理解，《刑法》颁布之前刑法理论中的"适当说"是科学的，即"必要限度的确定，应当以防卫行为是否能制止住正在进行的不法侵害为标准，同时考虑所防卫的利益的性质和可能遭受损害的程度，同不法侵害人造成损害的性质、程度大体相适应"。

（2）超过"必要限度"的防卫行为并不必然地违反正当防卫的限度条件，只有"明显超过"必要限度的防卫行为才能以防卫过当论处。"明显超过必要限度"包括以下情形：①防卫行为所保护的利益明显小于防卫行为给不法侵害人造成的损害；②不法侵害行为明显不具有紧迫性，防卫人却采取了急迫的防卫手段；③根据当时的客观环境，防卫人明显不必要采取给不法侵害人造成重大损害的防卫手段即可制止不法侵害，但防卫人却采取了这样的防卫手段。

（3）"明显超过必要限度"与"造成重大损害"是并列的，只有两者同时具备，才能认定为超过了正当防卫的限度条件。

2. 防卫过当的性质

防卫过当具有两个特征。（1）防卫过当和正当防卫一样具有行为的防卫性，具有有益于社会的一面。（2）防卫过当具有客观的危害性和主观的罪过性，它不符合正当防卫的限度条件，客观上具有危害社会的特征，主观方面也存在着罪过，因而才构成了犯罪。这一特征是防卫过当区别于正当防卫的关键。

3. 防卫过当的主观罪过形式

防卫过当的罪过形式不可能是直接故意，而可能是间接故意和过失。其中大多数情况下是疏忽大意的过失，极个别情况下是过于自信的过失。

《刑法》第20条第2款规定，正当防卫明显超过必要限度造成重大损害的，是防卫过当，应当负刑事责任，但应当减轻或者免除处罚。

防卫过当行为也属于防卫行为，只是不符合第五个条件即限度条件，而完全符合正当防卫的前四个条件。刑法理论上一般认为，防卫行为的必要限度，应同时从两个方面把握：一方面要看防卫行为是否为制止不法侵害所必需，另一方面要看防卫行为与不法侵害行为是否基本相适应。至于造成的"重大损害"是指过当行为造成的不法侵害人的重伤、死亡或者财产的重大损失。行为人对过当行为造成的重大损害一般是过失的，但也不排除间接故意的心态。防卫过当应当负刑事责任，对其定罪应根据防卫人主观上的罪过形式及客观上造成的具体危害后果来确定罪名，注意防卫过当本身不是罪名。对防卫过当的行为，依法应当减轻或免除处罚。

司法实践中对于防卫限度的确认还应注意以下几方面。（1）侵害能力和防卫能力的对比。正当防卫首先是体力的较量，前者具有优势，后者无法抗衡，只能借助工具，受过专门训练的人能有意识地选择攻击部位，把握打击力量，控制自己的防卫强度。普通人就做不到。（2）防卫环境。（3）不法侵害的突发性。如果是突发的，防卫人反应就激烈。

三、无限防卫权

《刑法》第 20 条第 3 款规定："对正在进行行凶、杀人、抢劫、强奸、绑架以及其他严重危及人身安全的暴力犯罪，采取防卫行为，造成不法侵害人伤亡的，不属于防卫过当，不负刑事责任。"理论界一般将该规定称为"无限防卫权"。

（一）无限防卫权的构成要件

（1）防卫人所面临的不法侵害必须是严重危及人身安全的暴力犯罪行为。

①这种不法侵害必须是犯罪行为。这种侵害行为不仅在客观上会造成危害社会的结果，而且侵害人必须具有刑事责任能力，主观上必须出于故意。

②这种犯罪行为必须严重侵犯了公民的人身安全。人身安全包括生命权和健康权。

③这种严重侵犯人身安全的犯罪行为必须以暴力实施。对于以非暴力手段实施的严重侵犯公民人身安全的犯罪行为，防卫时如果造成犯罪分子伤亡的，不能适用该款规定。

（2）防卫人必须出于保护人身安全的目的。

（二）适用无限防卫权之规定应注意的问题

（1）适用无限防卫权之规定时仍应考察其行为是否符合防卫行为的其他条件。

（2）并不是只有在行使无限防卫权时造成伤亡才不负刑事责任。在对《刑法》第 20 条第 3 款规定的暴力犯罪以外的犯罪行为或其他不法侵害行为实施防卫时，也可能造成犯罪分子或不法侵害人伤害或死亡的结果，特别是容易出现伤害结果。在这种情况下，只要其防卫行为没有明显超过必要限度造成重大损害，应该按《刑法》第20条第2款的规定认定为正当防卫。

（3）严重危及人身安全的不法侵害是否构成犯罪，不属于防卫认识的内容。

（三）是否只要实施上述五种行为，就可以实施特殊防卫

（1）一般认为，严重危及人身安全的暴力犯罪约束着前面五种犯罪。

（2）何为"行凶"？行凶非严格意义的法律术语，百姓日常使用"行凶"含义极广，既包括使用致命暴力打杀他人，也包括一般殴打。但作为法律概念应有其较为固定的内涵。我们认为，行凶至少应当符合下列条件。

①是对他人施以致命或严重危及他人生命、健康权益的暴力。

A. 它既无显而易见的杀人行为，也未明确宣布其共有杀害他人的确定犯意。

B. 行凶者具有或杀死或致命伤害他人的不确定故意。此处行凶不是仅指伤人，还包括杀人的不确定故意，正因如此立法上没有直接规定重伤害列举在绑架等之后。

②不法侵害行为是否构成刑法意义上的行凶，应结合不法侵害他人的行为的施暴强度、器具、部位、环境及施暴者个人人格等因素综合考虑。即主要从以下方面考察：强度是猛烈还是一般的拍打、抽打；施暴部位致命还是非致命的；施暴器具、手段可能是致命还是不能致命的；施暴者的个人人格、文化、思想品德等；施暴环境，即其发生现场对施暴人有利还是对防卫人有利。

（3）对"严重危及人身安全的暴力犯罪"的理解。

①对"危及"的理解。是指不法侵害很可能损及防卫人的人身安全而非已经损及。危及是或然概念，损及是已然概念。即前者是指发生损害的可能性，后者是发生损害的现实性。两者的联系在于行凶的不法侵害正在进行。

②对"人身安全"的理解，应与其并列行为，即本条所言之"杀人、抢劫、强奸、绑架"行为一致，故本条严重危及人身安全，是指对生命安全和健康安全的重度侵犯。

③标准是以防卫人所处形势判断，防卫人正遭受着致命伤害或生命安全的紧急威胁。

④对"暴力犯罪"的理解。本条暴力犯罪的形态，都处在未遂状态。这里的暴力是指严重危及他人生命、健康权益的行为，是有可能导致他人死伤的暴力犯罪。暴力行为主要强调犯罪手段，而非罪名，如"杀人是暴力犯罪"这一论断未必正确，如慢性投毒的杀人方式就不属于暴力犯罪。

(四) 正当防卫的其他问题

1. 关于防卫装置

主要看该防卫装置是否危及公共安全,如果危及公共安全,则可触犯危害公共安全的犯罪;如果没有,则再具体分析是否超过防卫限度。例如,某甲为了防止有人到自家瓜园偷瓜,便在瓜园四周拉上电网,并挂公告牌曰"小心有电"。一日晚,某孩童欲入园玩耍,结果被电死。某甲拉电网行为是否为正当防卫?答案是否定的。一方面瓜园所在地属于公共地带,防卫并非针对特定的不法侵害人;另一方面夜间公告牌无法看清,况且还有人如文盲等根本就不认识字,所以不符合正当防卫的条件。再如,某甲在自家住宅内安装防卫装置,以防被盗。安装后自己用手试验,有明显触电感觉。一日,盗贼某乙撬门侵入,不幸被电击成轻伤。问,某甲是否为正当防卫?对此可以视为正当防卫。理由在于:一方面无过限防卫意图,因为他事先自己试过电击程度;另一方面私人住宅并非公共场所,法律禁止擅自侵入私人住宅,适当设置防范,并无不妥。

2. 关于防卫对象的特殊问题

对没有达到刑事责任年龄或者不具有刑事责任能力者(如精神障碍者)的不法侵害可否实施防卫行为?刑法理论上一般认为,为了对合法权益的保护,对防卫行为的起因——不法侵害,原则上应采取客观主义倾向,即不法侵害者的行为不以有责为必要,也就是说没有达到刑事责任年龄者或精神病人也可以成为正当防卫的对象。但如果明知侵害人没有达到刑事责任年龄或精神病人,要尽量采取其他方法避免损害,只有在不得已的情况下,才可以对其实施防卫打击,以制止其侵害,保护合法权益。如某甲指使精神病人伤害某乙,某乙对精神病人实施的人身侵害可否防卫?如果明知其是精神病人,首先要尽量回避,回避不能时也可适度防卫;不明知的,可正常实行防卫。

3. 关于"黑吃黑"之间是否属于正当防卫问题

所谓"黑吃黑",即为保护非法利益而对他人的不法侵害进行还击的情况,如赌徒对抢劫赌场赌资的行为进行还击,造成抢劫者伤害的;盗窃犯为了护住非法赃物而对劫赃者进行打击等。在这类情况下,一般认为,因行为人主观上不具有正当的防卫意图,即不是为了保护合法权益,因而不能认定为正当防卫行为,对此类案件中的侵害人和反击者分别追究法律责任,构成犯罪的,分别按照各自构成的犯罪处罚。

表 1　正当防卫制度知识体系表

条件	不符合该条件的行为性质	处理	说明
（1）起因条件：现实的不法侵害	假想防卫	有过失且刑法有规定的，为过失犯罪；没有过失的是意外事件	不法侵害常常是犯罪行为，但也不排除违法行为
（2）时间条件：不法侵害正在进行	防卫不适时（包括事前防卫或事后防卫）	符合具体犯罪构成的，按犯罪处理	不法侵害结束的时间：被制服、丧失侵害能力、自动中止、逃离现场
（3）主观条件：具有防卫意图	保护非法利益、防卫挑拨、相互斗殴、偶然防卫等不具有防卫意识	因不具有正当的防卫意图，以具体的故意犯罪处理	保护的合法权益既可以是自己的也可以是他人的
（4）对象条件：针对不法侵害者本人	假想防卫或者紧急避险，也可能是故意犯罪	有过失的为过失犯罪，没有过失的属于意外事件，也有可能是故意犯罪	对不法侵害者防卫打击常常是针对其人身权的，但也不排除对财产权（如动物）的打击
（5）限度条件：没有明显超过必要限度造成重大损害	防卫过当	正当防卫明显超过必要限度造成重大损害的，应当负刑事责任，但是应当减轻或者免除处罚	防卫过当造成的重大损害，一般为过失，成立具体的过失犯罪，但也不排除间接故意下成立的故意犯罪

第三节　紧急避险

一、紧急避险的概念

　　紧急避险，是指为了使国家、公共利益、本人或者他人的人身、财产和其他权利免受正在发生的危险，不得已采取的紧急避险行为。或者说：在不得已的情况下损害另一法益以保护较大法益免受正在发生的危险，尚未超过必要限度造成不应有损害的行为。紧急避险是法定的正当行为之一，该制度的知识体系如表 2 所示。

二、紧急避险的条件

（一）紧急避险的前提条件——必须有现实危险的存在

1. 危险的概念

危险指国家、公共利益、个人的人身、财产或其他权利面临某种威胁，即将给合法权利造成损害的事实状态。紧急避险所面对的正是这种事实状态。危险的范围包括：（1）来自大自然自发力量的危险；（2）来自动物的袭击；（3）人的生理、病理原因所引起的危险；（4）人的不法侵害所引起的危险等。

对于自招危险能否进行紧急避险？有学者认为，在一般情况下实施紧急避险，是以存在现实的急迫的危险为前提，至于导致危险发生的原因，则不是成立紧急避险的条件。另有学者认为，在自招危险的场合，如果行为人是出于某种非法目的，故意实施某种行为而引起危险发生，并以此为借口实行"避险"行为以实现其非法目的的，不能算作紧急避险；如果行为人处于无意的行为或过失行为导致，则可以。如：因自己失火，引起火灾，破门逃入邻家，不成立非法侵入住宅罪，不能认定他引燃了火就该原地不动被烧死。

2. 假想避险

本来不存在危险，行为人误以为存在危险，实施了所谓的避险行为，这种情况是假想避险。在假想避险的情况下，行为人不能成立故意犯罪，根据行为人是否应当认为到危险并不存在，分别认定为过失或意外事件。

（二）紧急避险的时间条件——危险必须是正在发生的

所谓危险正在发生，是指从危险出现一直到危险结束之间的持续状态。

危险的出现，是指危险已经发生，这种危险已经对合法权益造成现实的威胁，此时如果不实行紧急避险，对合法权益的损害就不可避免。

危险的结束，是指危险对合法权益的威胁已经过去，损害已经造成且不会造成进一步损害，或者危险已经消失，不会再对合法权益造成损害的情形。在这种情形下，无论是否实施紧急避险，对于保护合法权益都已经毫无意义。即使实施了避险行为，也无助于保护合法权益免受危险的侵害或进一步侵害，即使不实行紧急避险，也不会使合法权益受到损害或受到更大损害。在危险已经结束后，不得再实行避险行为。

并非在危险正在发生时实施的"避险行为"是避险不适时，包括提前避险、拖后避险和延迟避险三种情况。

（三）紧急避险的对象条件——避险行为所造成的损害是对第三者造成的损害

紧急避险是通过对另一权益的损害来避免危险的，所以，紧急避险所造成的损害是对第三者利益的损害。

（四）紧急避险的方法条件——避险行为必须在不得已的情况下实施

在紧急避险的情况下，避险人所保护的合法权益固然有其正当性，但被避险行为损害的第三者权益也有其正当性，法律仍然应该对其予以保护。只是当合法权益面临危险时，这两个正当的权益势难两全，法律在迫不得已的情况下才允许避险人损害第三者的利益。因此，紧急避险必须在不得已的情况下实施。

（五）紧急避险的主体条件——职务上、业务上负有特定责任的人不能为了避免本人危险而实行紧急避险

《刑法》第21条第3款规定，"第一款中关于避免本人危险的规定，不适用于职务上、业务上负有特定责任的人"。这就是紧急避险的主体条件。

（六）紧急避险的主观条件——必须要有避险意图

避险意图，指避险人在实施避险行为时对其避险行为以及行为的结果所持有的心理态度。避险意图包括避险认识和避险目的两方面的内容。

（1）避险认识。避险认识指避险人面临正在发生的现实危险时，对危险及避险行为各方面因素的认识。避险认识是避险意图的前提和基础。

（2）避险目的。避险目的指避险人在避险认识的基础上，进而决定实施避险行为，并希望通过避险行为达到免受危险损害的心理愿望。避险目的包括以下两个层次：第一个层次的目的是避险人的一个手段性目的，而避险意图根本目的的存在决定了避险人不具有犯罪人所具备的主观恶性。第二个层次的目的是避免危险的威胁，保护国家、公共利益、本人或者他人的人身、财产和其他权利。这是避险意图的核心内容，是避险行为的根本目的。

避险认识与避险目的是避险意图中必不可少的两方面内容。避险认识是避险意图的前提和基础，没有产生避险认识，避险目的就不可能随之产生。避险目的是避险意图的核心内容，紧急避险就是行为人在避险目的的指导下实施的避免危险、保护合法权益的行为，避险目的是决定紧急避险合法性的关键因素。

（七）紧急避险的限度条件

紧急避险的限度条件指避险行为不能超过必要限度造成不应有的损害。

1. 紧急避险的限度

我国刑法理论中，对于如何确定紧急避险的限度条件，有两种基本的观点。

（1）法益比较说。这种观点认为，我国法律设立紧急避险制度的目的，在于牺牲局部的、较小的利益以保护整体的、较大的利益，使国家、公共利益、本人或者他人的合法权益免受损害或减少损害，因此，确定紧急避险的限度时应以所保护的法益与所损害的法益的大小比较作为判断标准。

（2）必要损害说。这种观点认为，由于紧急避险是两种合法权益间的冲突，因此应当用尽可能小的损害去保全较大的合法权益，即必须从客观实际出发，既保全较大的合法权益，又把对另一权益的损害控制在最小限度内。紧急避险引起的损害大于或等于所避免的损害的，一定是超过了必要限度，但紧急避险行为所引起的损害小于所避免的损害的，不一定都属于必要限度之内。也就是说，即使紧急避险所造成的损害小于所避免的损害，但如果所引起的损害中有一部分不是排除危险所必需的，则仍然是超过了必要限度。所以，紧急避险的必要限度是指在所引起的损害小于所避免的损害的前提下，足以排除危险所必需的限度。

2. 避险过当及其性质

避险过当是指当国家、公共利益、本人或者他人的合法权利面临正在发生的危险的威胁时，为保护合法权益而不得已地实施了避险行为，损害了他人的合法权益，但其避险行为超过必要限度造成了不应有损害的行为。

避险过当既有其有益于社会的一面，又有其危害社会的一面。（1）避险过当与紧急避险同属避险行为的一种，是在紧急情况下为保护合法权益实施的，客观上也达到了保护合法权益的效果。（2）避险过当有客观的危害性和主观的罪过性，具有危害社会的一面，这是它与紧急避险的根本区别，也是避险过当应当负刑事责任的原因。从客观方面看，避险过当超过了必要限度，给第三者的权益造成了不应有的损害；从主观方面看，行为人虽然出于避险意图而实施了避险行为，但他对避险过当的过当后果仍具有罪过。

3. 避险过当的罪过形式

避险过当同防卫过当的特征以及处理原则相似。避险过当的本质也是一种避险行为，只不过是超过必要限度并造成不应有的损害的避险行为，其也符合紧急避险的前五个条件，但其避险行为所导致的合法权益的损害大于或者等于所避免的损害，行为人主观上对该过当的损害有罪过，一般为过失，但也不排除间接故意的可能。刑法学界一般认为，避险过当的罪过形式包括间接故意、过于自信的过失和疏忽大意的过失，而不能是直接故意，也不能是意外事件。

4. 避险过当的定罪量刑

避险过当有危害社会的一面，应该承担刑事责任，但是，避险过当并不是一个独立的罪名，对其定罪时仍应根据刑法分则中的有关规定确定其罪名。大致说来，避险过当可能触犯的罪名有故意杀人罪、过失致人死亡罪、故意伤害罪、过失重伤罪、故意毁坏财物罪、玩忽职守罪等。

避险过当虽然应当负刑事责任，但避险过当毕竟有其有益于社会的一面，因此《刑法》第 21 条第 2 款规定，对避险过当行为，"应当减轻或者免除处罚"。例如，甲、乙所乘坐的轮船在海中遇难，甲、乙二人一同游向一块木板。甲抓住木板后，发现只能承重一人，于是在乙伸手拉木板时将乙推开，致其死亡。以牺牲他人生命的方法保全自己生命的行为能否成立紧急避险？本案涉及的实际上正是这个问题。关于紧急避险的合理性根据，我国刑法理论一般认为，紧急避险原则要求在不得已的情况下，法律允许为了保全较大的利益而牺牲较小的利益。虽然造成了较小的利益的损害，但从整体上说，它是有益于社会传统秩序的行为，因此不仅不应承担刑事责任，而且应当受到鼓励和支持。西方国家刑法理论关于紧急避险的正当化根据主要有以下几种观点：一种观点认为紧急避险行为完全具备构成要件符合性、违法性与有责性，但刑法考虑到人情的弱点，不处罚这种行为，因此，紧急避险行为只不过是一种处罚阻却事由；另一种观点认为从侵害了法益这一点来看，紧急避险行为是违法行为，但是在这种情况下，由于没有其他方法可以避免危险，即不能期待行为人采取其他方法避免危险，因而排除了行为人的责任；还有一种观点认为，在两种法益发生冲突，没有其他方法可以避免的情况下，通过权衡法益而损害较小法益，这就阻却了实质的违法性。中外刑法理论之所以对紧急避险的合理性根据作出不同的解释，在于我国刑法学犯罪论体系是一种实质的犯罪论体系，而德、日等国刑法理论之犯罪论体系是形式的犯罪论体系。因此，我国刑法理论对紧急避险是从其本质入手进行解释的，而德、日刑法学则是通过解释紧急避险在认定犯罪的程序中的不同功用从形式上加以解释，或者把其作为违法性阻却事由，或者将其作为责任阻却事由，或者认为两种性质兼而有之。

我们认为生命具有至高无上的价值，任何人的生命都不能作为牺牲的对象，因此对此不能成立紧急避险。甲的行为显然也属于不得已而为之，但为保全自己的生命而牺牲他人的生命，其行为存在过当问题，应以故意杀人罪论处，依法减轻或者免除处罚。

三、正当防卫与紧急避险的区别问题

正当防卫的实质是"正当对不正当的反击"，而紧急避险的实质是"两害相权取其轻"。

根据我国刑法规定，正当防卫是指为了使国家、公共利益、本人或者他人的人身、财产和其他权利免受正在进行的不法侵害，而采取的制止不法侵害的行为。紧急避险是指为了使国家、公共利益、本人或者他人的人身、财产和其他权利免受正在发生的危险，不得已采取的避免危险的行为。从法律规定可以看出，就保护的对象而言，正当防卫与紧急避险所要保护的对象之范围是相同的；利益主体包括国家、集体，他人、本人；利益范围包括国家利益、集体利益、人身权利、财产权利和其他权利。除此而外，正当防卫与紧急避险的区别是相当明显的。

首先，就行为的实质而言，正当防卫是一种"正对不正"的关系；而紧急避险则是一种"正对正"的关系。正当防卫行为人所侵害的对象是正在实施不法侵害的违法者的人身、财产或其他利益。正当防卫的合理性根据在于公民有权利、也有义务与违法犯罪行为作斗争，国家鼓励公民为维护国家、集体或他人的合法权益而"见义勇为"的行为。即使为了自己的合法权益免受正在进行的不法侵害而实施的反击行为，也是一种正义的行为，受到法律的保护与鼓励。与之相反，紧急避险行为保护的利益固然是合法权益，但为了保护合法权益不得已而侵犯的利益也是合法权益，紧急避险的合理性根据在于人的社会性，一般认为在社会共同体中生活的人类在利益发生冲突无法两全时，牺牲较小的利益以保全较大的利益是合乎社会共同利益、合乎理性的。此时尽管对利益被损害者而言，其合法权益受到了侵害，有不公平之处，但就社会整体而言，一个更大的利益得到了保全，总体上利大于弊。当然，对于权益受损的利益主体，我国民法规定由受益人、引起危险发生的人等公平承担补偿、赔偿责任，以尽可能平衡被侵害人的利益损失。对于实施紧急避险行为的行为人而言，由于其行为总的来看有利于社会，所以不应以刑罚加诸其身。

其次，就行为的起因条件而言，正当防卫的起因是合法权益受到了正在进行的不法侵害，从侵害的来源看，是人的不法侵害行为。紧急避险的起因是正在发生的危险，这种危险一般而言与被避险人没有关系。作为防卫对象的不法侵害可能是犯罪行为，也可以是违法行为，防卫行为就是针对实施不法侵害行为的不法侵害人实施的。紧急避险中的危险可能来源于自然力，如地震、洪灾等，也可能来源于动物侵害，还可能来源于人的行为。应当注意的是，针对人的不法行为造成的危险而实施的避险行为，其避险对象不是不法行为人本人而是其他人，否则成立正当防卫而非紧急避险。

最后，从限度条件来看，正当防卫与紧急避险有着明显区别。正当防卫针对的是不法侵害人，因此只要防卫行为没有明显超过必要限度造成重大损害，均属于正当防卫，不负刑事责任。《刑法》第 20 条第 3 款还特别规定，对正在进行行凶、杀人、抢劫、强奸、绑架以及其他严重危及人身安全的暴力犯罪，采取防卫行为，造成不法侵害人伤亡的，不属于防卫过当，不负刑事责任。紧急避险由于针对的是合法权益人，存在一个利益权衡与取舍的问题，因此其限度较低且更为复杂。一般来说，保护的利益只有大于被损害的利益，避险行为才具有实益，因此紧急避险行为的限度要依被保护的利益与被损害的利益的对比关系而定。

具体说，紧急避险与正当防卫的区别如下。

（1）危害的来源不同。正当防卫所面临的是"正在进行的不法侵害"。紧急避险所面临的是"正在发生的危险"，危害的来源除了人的不法行为外，还包括大自然自发力量带来的危险、动物的侵害、人的生理、疾病等原因带来的危险等。

（2）行为的表现方式不同。正当防卫行为是与不法侵害人进行对抗，对其予以反击、抵抗的行为，是积极的；紧急避险则是对危险的消极躲避，尽管避险行为相对于受损害的第三人而言具有积极性。避险行为具有两面性。

（3）损害的对象不同。正当防卫所损害的对象只能是不法侵害者本人，避急避险所损害的则往往是第三者的权益。

（4）行为实施的条件不同。在面临不法侵害时，公民即使有其他方法保护合法权益免受损害，也可以实施正当防卫，而公民面临正在发生的危险时，只有在别无他法可以避免危险的不得已情况下才能实行紧急避险。

（5）主体范围不同。法律对正当防卫的主体没有作任何限制，但紧急避险制度却不适用于职务上、业务上负有特定责任的人避免本人危险的情况。

（6）限度条件不同。正当防卫的限度条件为"不能明显超过必要限度造成重大损害"，紧急避险的限度条件是"不能超过必要限度造成不应有的损害"。

四、紧急避险中合法利益大小之衡量标准与顺序问题

由于紧急避险是一种"正对正"的关系，因此对被保护的利益与被损害的利益进行恰当的衡量与比较就关系到避险是否过当的判断。虽然说在被保护利益应该大于被损害之利益这一点上人们认识是一致的，但具体进行利益衡量并非一件易事。关于利益衡量的标准，目前比较一致的认识有以下几条：一是人身权利大于财产权利；二是人身权利中生命权为最高权利；三是财产权利的大小可以用财产的价值大小衡量。上述原则为实践中进行法益衡量提供了一个基本的标准，但在具体操作时还有许多问题需要研究。

首先，就财产权益而言，何为财产的价值？能不能仅以其价格作为标准？比如说一条价格为数万元的狗与价格相当的公共报刊亭、电话亭或者文物哪个价值更大？我们认为价格不等于价值，不能简单地以价格的高低作为价值判断的唯一标准。司法实践中在衡量价值大小时要综合考虑财产权益的价格、功用等。由于价值观的不同，价格相当的财物，人们对之价值判断的高低会有很大不同。一般来说应以社会一般观念，作为价值评判的出发点，在功用、社会关切程度等无明显差别的情况下，应以价格作为判断标准；但在存在社会偏好或者替代可能性等较复杂的差异的情况下，则要注意按社会一般观念来加以综合评判。比如一条狗的价值在一个酷爱动物的社会，显然要高于把狗作为一种食物的社会；同等价格的批量生产的工业品的价值要低于文物。司法实践操作上的困难源于社会生活的复杂性，对此只能具体案情具体分析。

其次，就财产权益与人身权益而言，一般来说后者高于前者，这是现代社会人的价值至高无上的基本理论的体现。我们认为，人身权益也有价值大小之分，生命健康权至高无上，但对于生命健康权之外的其他人身权，在特殊情况下为了极重大的财产利益而加以轻微的限制也未必一概不可。

最后，就人身权本身而言，生命权最高，健康权、人身自由权等次之。一般而言，为了保全他人或者本人的生命权实施紧急避险行为而侵害第三人的健康权、人身自由权的，应当认为成立紧急避险。为了保全本人、他人的生命权而侵害他人生命权或者为了保全本人、他人的健康权而侵害他人的健康权的，应当属于避险过当。比较困难的是为了保全较多人的生命权而侵害个别人的生命权的行为是否属于避险过当。对此问题，有人认为生命权与其他权利一样，牺牲个别人的生命能够挽救多数人的生命的情况下，从总体结果上来衡量是有利于社会的。有人分析认为，持集体主义观念者，人们倾向于认可这种牺牲少数挽救多数的行为；持个人主义观念者则认为人的生命权不可以相互比较，因此不认可这种行为。这种分析具有一定道理，我们认为认可牺牲少数人生命权换取多数人生命权的观点，看似从集体主义出发，实则是一种似是而非的谬论，但是我们并非从个人主义出发。人的生命是至高无上的，对于一个公正、平等的社会而言，人人生而平等是最基本的价值观，个人的生命是等价的。作为一个集体的社会是由个人组成的，社会共同体没有理由抛弃任何一个成员。每一个社会成员都应受到社会共同体的同等尊重与保护，没有哪一个社会成员应当被作为换取其他成员生命的代价，这是保证人的自由、尊严的最基本的条件，认为多数人的生命大于少数人的生命的观念缺乏根据。

表 2　紧急避险制度知识体系表

条件	不符合该条件的行为性质	不符合该条件的处理	备注说明
（1）起因条件：合法权益面临现实危险	假想避险	同假想防卫的处理类似（属于事实认识错误）	关于避免本人危险的规定，不适用于职务上、业务上负有特定责任的人。如警察、消防员的公务行为
（2）时间条件：危险正在发生	避险不适时	同防卫不适时的处理方式类似	同正当防卫时间条件相同
（3）对象条件：无辜第三者的权益	如果是针对不法侵害者，则为防卫行为	防卫行为	对来自人的危害行为之外危险的直接抗制，不具有法律评价的意义
（4）主观条件：具有避险意识	故意引起危险后避险的属于故意犯罪	故意犯罪行为	既可以是为保全本人的合法权益，也可以是为保全他人、社会及国家的权益
（5）限制条件：不得已而为之，别无他法	在可以采取其他合法方法避险时，如果行为人采取避险行为的，则应当承担刑事责任	应视行为人的主观心理状况和客观损害分别认定为故意犯罪、过失犯罪或意外事件	没有其他合法方法或者其他方法造成的损害更重时，才允许。损害的是第三人的合法权益
（6）限度条件：没有超过必要限度	避险过当	紧急避险超过必要限度造成不应有的损害的，应当负刑事责任，但是应当减轻或者免除处罚	生命权要大于健康权、健康权要大于财产权、财产权之间可以进行价值比较

第七章　故意犯罪过程中的犯罪形态

第一节　故意犯罪的停止形态

一、故意犯罪停止形态的概念

故意犯罪的停止形态是指故意犯罪在其发生、发展和完成的过程中的各个阶段，因主客观原因而停止下来的各种犯罪形态。本章是犯罪构成理论的补充，也可以说是修正的犯罪构成。尽管犯罪的未完成形态表面上不符合犯罪的基本构成要件，但因其行为本质上具有社会危害性，与此相反，排除犯罪性的行为表面上符合犯罪构成，但因其本质上不具有社会危害性，故不认为是犯罪。

故意犯罪的停止形态按照其停止下来时是否已经完成犯罪为标准，可分为犯罪的完成形态和犯罪的未完成形态。

（一）对停止形态中"形态"的理解

（1）形态是一个点，而不是一段时间。

（2）这个点与停顿紧密相连，有停顿才有点，有停顿才有形态。一个行为只有一个点，一个行为只有一个形态，不能把主体的完整行为人为地分割。

（3）形态是故意犯罪过程中不再发展而固定下来的相对静止的不同结局。它们是一种彼此独立存在的关系，不可能相互转化。犯罪预备不可能转为犯罪未遂状态，未完成形态不可能转化为完成形态。

（二）犯罪形态与故意犯罪过程、阶段的区别

（1）故意犯罪的过程是对犯罪在时间、空间上的发展持续所作的描述。是指故意犯罪在其发生、发展和完成的程序、阶段的总和与整体。它是故意犯罪运动、发展、变化的连续性在时间和空间上的表现。

（2）故意犯罪的阶段也称为故意犯罪的发展阶段，是指故意犯罪发展过程中因主客观具体内容的不同而人为划分的段落。可分为犯意形成阶段、预备阶段、实行阶段和行为后阶段等。

（3）故意犯罪过程作为一个整体的概念，包含若干具体的故意犯罪阶段，

这些具有不同特征的阶段处在故意犯罪发展的总过程中，呈现出相互衔接、此起彼伏的递进和发展变化关系。运动、变化和发展是故意犯罪过程和阶段的属性与特征。

（4）犯罪形态是故意犯罪已经停止下来的各种不同的结局和状态，属于相对静止的概念和范畴；犯罪过程是故意犯罪发生、发展和完成的进程与进程中划分的段落，属于相继运动发展的概念。任何一个犯罪行为只能构成一种犯罪形态，而同一个犯罪完全可能同时具备两个犯罪阶段以及完整的犯罪过程。

二、故意犯罪停止形态的构成

（一）已完成犯罪的构成——犯罪既遂

犯罪既遂是犯罪的完成形态，是指行为人所实施的行为已经具备了某一种犯罪的全部构成要件，通常认为刑法分则是以一人犯一个既遂犯罪为标本的。从犯罪过程中的犯罪形态来看，刑法分则规定的是既遂形态的犯罪。

（二）未完成犯罪的构成

未完成形态包括犯罪的预备、未遂和中止。它们是犯罪的特殊形态，即不具备刑法分则规定的某种犯罪的全部基本要件，但其仍然具备犯罪构成，也正因如此，才为其承担刑事责任提供了基础，只不过它是一种不同于犯罪既遂形态的特殊形态的犯罪构成。其特殊性体现在：它以刑法分则规定的犯罪构成为基础，同时，由刑法总则的有关的条文为补充，犯罪的既遂是犯罪构成的一般形态，未完成的犯罪构成是犯罪构成的特殊形态，是修正的犯罪构成。

三、故意犯罪停止形态的存在范围

（一）不能存在于过失犯罪中

（1）过失犯罪的构成必须具备发生危害结果和刑法分则的明文规定，而犯罪的停止形态当然不具备法定的危害结果，过失犯罪无犯罪未完成形态的存在，也就无犯罪完成形态即犯罪既遂形态存在的意义。未完成形态是相对于完成形态而言的，对于过失犯罪而言，只存在犯罪是否成立的问题，不存在犯罪既遂或未遂的问题。

（2）从主观上来看，过失犯罪的罪过是疏忽大意的或者过于自信而导致危害结果的发生，其行为人意志因素上不希望危害结果的发生，故也无所谓犯罪停止形态中"为了犯罪创造条件，制造工具"以及"自动放弃犯罪或者自动有效地防止犯罪结果的发生"或者"犯罪由于意志以外的原因未能得逞的"的故意内容，否则就是故意犯罪。

（二）间接故意不存在犯罪的停止形态

（1）从主观方面来看，间接故意犯罪行为没有确定的犯罪意图，与犯罪预备、未遂和中止的主观特征不符，"放任"心理谈不上对完成特定犯罪的追求，更谈不上其追求是否实现，而犯罪未完成形态存在着犯罪意志和心理追求。

（2）从客观方面来说，行为人所预见的危害结果发生与否都符合其放任心理，根据主客观相统一原则，只有发生了实际的危害结果才予以定罪，否则谈不上定罪，当然不存在犯罪的预备、未遂和中止，故对其来说，也只是成立犯罪与否的问题。

（三）并非所有的直接故意犯罪都存在着犯罪的停止形态

（1）犯罪的停止形态分为完成形态和未完成形态，故意犯罪在其发生、发展和完成的过程中，往往经历一个预备犯罪、实行犯罪和完成犯罪的阶段。如果在这一过程中，由于某种主客观原因停止下来而不再发展，就形成了犯罪的预备、未遂和中止形态。

（2）直接故意犯罪并非都存在犯罪的所有停止形态。因为有些犯罪一经着手实行即告完成，还有些犯罪只存在犯罪成立与否的问题，不存在犯罪未遂形态。主要有以下情形。

①举动犯。举动犯是指一经着手实行即告完成的犯罪。例如，传授犯罪方法罪、煽动分裂国家罪以及煽动颠覆国家政权罪，都不存在犯罪的未遂。

②刑法以"情节严重""情节恶劣"规定为构成要件的犯罪。

这些犯罪除了要具备主体、客体和客观方面的要件以外，还要有客观方面的实行行为和特定情节两要件。不具备这些情节即不构成犯罪，在实行行为基础上又具备"情节"，不但标志着构成犯罪，而且也符合发展的全部构成要件，达到了法定的犯罪完成形态。故不存在犯罪的既遂与未遂之分。例如，关于虐待罪，刑法规定，情节恶劣的，处2年以下有期徒刑、拘役或者管制，致使被害人重伤或者死亡的，处以2年以上7年以下有期徒刑。

③结果加重犯和情节加重犯。这两种加重犯也不存在犯罪的未完成形态。如：抢劫致人重伤或者死亡的情形。这类加重构成犯的构成特征，是在具备了基本的犯罪构成的基础上，又出现了基本构成条款所不能包括而为加重刑罚条款所特别规定的严重结果或者严重情节，加重结果或者情节的有无决定了加重构成是否成立，故对其来说，不存在犯罪的未完成形态，也即其只有犯罪是否构成之分，而无犯罪的完成与未完成形态之别。例如，破坏交通工具罪造成严重后果的情形。

第二节　犯罪既遂

一、犯罪既遂的概念和特征

关于犯罪既遂的概念，刑法学界有三种不同的观点。（1）目的达到说，认为犯罪既遂是指行为人实施的犯罪行为达到了预期的目的。（2）结果发生说。（3）构成要件齐备说。认为犯罪既遂是指行为人所实施的犯罪行为具备了刑法分则规定的该种犯罪构成的全部要件，划分犯罪既遂与犯罪未遂，应当以行为人的行为是否具备犯罪的全部构成要件。该观点是刑法学界的通说。

有关结果说和目的说的观点遭到批驳，其理由如下。

（1）有些犯罪行为人实施犯罪后虽然未达到犯罪目的，但在法律上已经具备了全部客观要件，如诬告陷害罪、破坏交通工具罪等。

（2）虽有不少犯罪以法律规定的犯罪结果的发生作为既遂未遂标准（如故意杀人罪），但它不是一切犯罪既遂或者未遂的区分标准（如脱逃罪并没有特定的物质性有形结果发生），结果说同样不适用于危险犯的既遂、未遂划分。

（3）刑法规定犯罪既遂的具体标准各不相同，有的以结果发生与否为标准，有的以犯罪行为着手为标志，有的以犯罪行为实施到一定程度为标准，有的以法律规定的危险状态的产生为区分标准，但它们都有一个统一的标准即犯罪构成要件是否全部具备为标准，而其他标准都不全面和准确。构成要件说不仅有明确统一的法律规定，可供司法实践遵循贯彻，而且适用于所有的划分场合。

二、犯罪既遂形态的类型

以刑法分则为依据，以下都是作为犯罪既遂的标准来讲的。

（一）结果犯

是指不仅要实施具体犯罪构成要件的行为，而且必须发生法定的犯罪结果才构成犯罪既遂的犯罪。

（1）此处的结果是有形的，可测量的物质性损害结果。

（2）我国刑法规定的这类犯罪很多，如故意杀人罪、故意伤害罪以及诈骗罪等。

（3）此处的"结果犯"与作为犯罪分类的"结果犯与行为犯"中的"结

果犯"不同。

（二）行为犯

是指法定的犯罪行为实施到一定的程度作为犯罪既遂标准的犯罪。

（1）只要法定的犯罪行为实施到一定程度，无论结果是否出现都构成犯罪既遂。如：强奸罪，即包括实行一段时间和行为实施完毕。

（2）这类犯罪大都造成非物质性无形的损害结果，如诬告陷害罪。

（3）这类犯罪在我国刑法中有一定数量。这类犯罪不要求一定的结果发生：一是由于不存在一定的犯罪对象，如脱逃罪；二是有些行为本身的性质较为严重，无须结果的发生就构成犯罪既遂。如投敌叛变罪以及偷越国境罪等。

（三）危险犯

是指以行为人实施的危害行为造成法律规定的发生某种危害结果的危险状态作为犯罪既遂的标准。

（1）这类犯罪不是造成物质性的有形损害结果，而是以法定的客观危险状态作为既遂标准。

（2）这类犯罪多集中在公共安全犯罪中，如放火罪、决水罪、破坏交通工具罪以及破坏交通设施罪等。

（3）如果其行为造成了实际的损害结果，则作为法定加重处罚情节。

（4）这里的"危险犯"与犯罪分类中的危险犯含义基本相同。因为过失犯罪不存在危险犯，间接故意有时可以成立危险犯，如放火罪。

（四）举动犯

亦称即时犯，是指按照法律的规定，行为人一经着手犯罪实行行为即告犯罪完成和完全符合构成要件，从而构成既遂的犯罪，主要包括以下两种情况。

（1）原来为预备性质的犯罪构成。如参加黑社会性质组织罪、参加恐怖组织罪等。这些行为本是为实行犯罪创造便利条件的预备行为，但由于这些预备性质的行为所涉及的犯罪性质严重，故法律把这些预备行为提升为实行行为，并且规定了这些犯罪为举动犯，一旦参加、着手即构成犯罪既遂。

（2）教唆、煽动性质的犯罪构成。如传授犯罪方法罪，煽动民族仇恨、民族歧视罪等。这些犯罪针对多人实施，旨在激起多人产生和实行犯罪意图，危害性较大，危害范围较广，考虑到这些行为的严重危害性及犯罪行为的特殊性质，法律将其规定为举动犯，故其不存在犯罪未遂问题。但是举动犯存在犯罪预备形态和预备阶段的中止形态以及犯罪既遂。

三、处罚

符合基本的犯罪构成，故各国刑法未专门规定既遂犯罪的特殊处罚原则，而是按照刑法总则的一般量刑原则和分则对各种具体犯罪的法定刑对其适用。

第三节　犯罪预备

一、犯罪预备的概念和特征

犯罪预备是指行为人为了犯罪而进行了准备工具、创造条件的行为，由于行为人意志以外的原因未及着手实行犯罪的未完成形态。

犯罪预备的特征主要有以下几点。

（1）行为人已经进行了准备工具、制造条件的预备行为。准备工具，即制造、收集可供犯罪利用的各种物品，制造条件，如查看犯罪现场、选择犯罪时机等。该特征区分了预备犯和犯意表示。

（2）预备行为是在着手之前进行的，并且在着手实行犯罪之前已经终止。着手指行为人开始实施刑法分则规定的特定犯罪的构成要件行为，它是实行行为的开始。该特征区分预备犯和未遂犯。

（3）预备行为在着手实行犯罪之前已经停止，是由于行为人意志以外的原因，并非出于行为人的本来意志。意志以外的原因如因作案条件不成熟而未继续着手实行犯罪，由于被害人闻讯逃避、不在现场或防范措施严密而难以着手实行犯罪，由于司法机关及时行动或被群众抓获而未能着手实行犯罪等。该特征区分预备犯和预备阶段的中止犯。

二、犯罪预备与犯意表示的区别

犯罪预备和犯意表示均是犯罪未能着手实行，两者的区别在于有无犯罪的准备活动。如果是单纯的犯罪思想流露属于犯意表示，不属于犯罪行为。例如，在日记中骂人，日常的不服气、泄愤等。但是，如果通过言行进行犯罪预备或者实行，就超出了犯意流露的范围。如勾结共犯，打听情况，具有预备的性质；或者威胁他人，索取钱财。

三、预备行为与实行行为的区别

预备行为和实行行为的区别，在于行为人是否实施了分则条文规定的犯罪行为。例如，杀人的实行行为是剥夺生命，而为了杀人的准备活动，如买刀、磨刀，寻找毒药，跟踪守候等，就是预备行为。实质的区别在于：能否直接侵害法益。例如，买刀、磨刀，寻找毒药等行为本身，不可能致人死亡。相对于故意杀人罪而言，这仅仅是预备行为。再如，盗窃罪的实行行为是秘密窃取，而此前"踩点"、练习扒窃技能、准备工具，属于预备行为。抢劫的实行行为是暴力、胁迫取财，在此前的蹲点守候、尾随、接近被害人等行为，属于预备行为。

但是，如果行为人实行了某一分则条文规定的犯罪行为，即使是为实行另一犯罪做准备的，也是实行行为。例如，为杀人而制造枪支或者偷窃枪弹的，其行为本身属于非法制造枪支罪或者盗窃枪支罪的实行行为。如果行为人盗枪之后又使用该枪支杀人的，有两个实行行为（盗窃枪支和故意杀人），构成盗窃枪支罪和故意杀人罪两个罪名（处罚根据刑法总则关于"数罪并罚"的相关规定）。相反，如果行为人买刀然后又使用该刀杀人的，只认为是一个实行行为，构成一罪。因为刑法中没有规定"买刀罪"，"买刀"不是实行行为而是预备行为。

四、犯罪预备的刑事责任

《刑法》第 22 条第 2 款规定："对于预备犯，可以比照既遂犯从轻、减轻处罚或者免除处罚。"

第四节　犯罪未遂

一、犯罪未遂的概念和特征

犯罪未遂指犯罪分子已经着手实行犯罪，由于其意志以外的原因而未能达到既遂状态的未完成形态。

犯罪未遂的特征有以下几点。

（1）犯罪分子已经着手实行犯罪。所谓"着手"，是动手、开始做某事的意思，即犯罪分子开始实施刑法分则条文规定的具体犯罪的实行行为。它是实行行为的起点，是区分预备行为与实行行为的显著标志。

"着手"从主观上看，行为人实行犯罪的意志已经通过着手行为而充分表现出来，不同于以前预备实行犯罪的意志。从客观上看，行为人已经开始实施犯罪的构成要件行为即实行行为，它使刑法所保护的社会关系面临实际的威胁，在实行行为中包含着导致危害结果发生的实际可能性，如果不遇意外，该危害结果将合乎规律地发生。犯罪预备与犯罪未遂都是意志以外的原因所导致的犯罪未能得逞，二者区别的关键点在于是否已经"着手实行犯罪"。

所谓已经着手实行犯罪，是指行为人已经开始实施刑法分则具体犯罪构成要件中的客观方面的具体行为，如《刑法》第236条强奸罪的着手实行行为就是对被害妇女实施暴力、威胁等手段，以达到强行奸淫的目的。可以这样认为，犯罪预备行为是为分则具体犯罪构成行为的实行和犯罪的完成创造便利条件，为其实现创造可能性，而犯罪实行行为则是要直接完成犯罪，变预备阶段实行和完成犯罪的现实可能性为直接的现实性。常见的犯罪预备行为包括为犯罪实行而进行准备工具和创造条件的行为，如练习犯罪手段、犯罪前调查、排除障碍、勾引共犯等。

（2）犯罪行为未能达到既遂状态，即刑法中所说的"犯罪未得逞"，犯罪行为未达到犯罪构成的全部要件。如果行为已经具备犯罪构成的全部要件，则不能再成立犯罪未遂。

（3）犯罪未得逞是由于犯罪分子意志以外的原因，这是区别未遂犯与中止犯的标志。未遂犯在面对外在的阻力的情况下无可奈何地、不得不停止犯罪，是企图实施而不能实施。

意志以外的原因，指违背犯罪人的犯罪意志，并足以阻止犯罪行为达到既遂状态的各种主客观因素，这些因素与犯罪人的主观愿望相违背，与犯罪行为的发展进程相冲突。包括以下情况：①犯罪人意志以外的客观原因。如被害人强有力的反抗，第三者的制止或者司法机关的拘捕，被害人有效的逃避，自然力的破坏，时间、地点使犯罪难以继续进行，遇到难以克服的物质障碍等。②犯罪人自身的客观原因。如犯罪人智能低下，技术拙劣，致使其未能完成犯罪，犯罪时突遇病变，体力不支，致使犯罪活动无法继续进行，犯罪人的生理缺陷使犯罪无法继续进行等。③犯罪人主观上的认识错误。即对客观外界事物的不正确认识使其行为未能达到既遂状态。包括对犯罪对象的认识错误，对犯罪工具的认识错误，对犯罪因果关系的认识错误，对犯罪时周围客观环境的认识错误等。

二、犯罪未遂的种类

犯罪未遂根据不同的分类标准，可以划分为不同的类型。类型不同，其所反映的社会危害性也不同。

（1）以实行行为是否实行终了为标准，分为实行终了的未遂和未实行终了的未遂。实行终了的未遂指犯罪分子将犯罪构成的实行行为已经实行完毕，但由于其意志以外的原因而使犯罪未得逞。未实行终了的未遂指犯罪分子未将构成要件行为实施完毕，即由于其意志以外的原因而使犯罪出现未遂状态。这种分类只存在于结果犯中。

（2）以犯罪行为是否能够达到既遂状态为标准，分为能犯未遂和不能犯未遂。能犯未遂指行为人已经着手实行犯罪，并且该实行行为实际上有可能达到既遂状态，由于行为人意志以外的原因而使犯罪未得逞。不能犯未遂指行为人已经着手实行犯罪，但由于其行为的性质，致使其行为不可能达到既遂状态而出现的未遂犯。又分为手段不能犯未遂和对象不能犯未遂。不能犯未遂处罚时可以比能犯未遂更轻。

①能犯未遂。所谓能犯未遂是指犯罪实际有可能达到既遂，但由于行为人意志以外的原因未能达到既遂而停止下来的情况，如犯罪分子用刀杀人且已将被害人砍伤，后当场被人夺下凶器并将其制服，即属于故意杀人罪未遂。如果没有被他人当场制止，当时完全有可能将被害人杀死。

②不能犯未遂。所谓不能犯未遂是指行为人对有关犯罪事实的认识错误，而使该犯罪行为在当时不可能达到既遂的情况，具体包括对象不能犯与工具不能犯。A. 对象不能犯未遂。即指由于行为人的错误认识，使得其犯罪行为所指向的犯罪对象在行为当时不在犯罪行为的有效作用范围内，如误认尸体为活人而开枪射击、误将男性当作女性而实施强奸行为、误认为被害人在卧室而隔窗开枪射击等，在行为当时不可能达到既遂，应作为未遂。B. 工具不能犯未遂（或手段不能犯未遂）。是指由于行为人认识错误，而使用了按其客观性质不能实现行为人犯罪意图、不能实现既遂的犯罪工具或手段，以致犯罪未遂，如将白糖等无毒物当作砒霜等有毒物去毒人，误用空枪、坏枪去射杀人，等等。

这里需要附带说明的是，不能将手段不能犯同迷信犯混淆。所谓迷信犯，是指由于行为人极其愚昧无知，因而采用在任何情况下都不可能造成实际损害结果的迷信方法来意图实现自己所追求的某种危害结果的行为。如行为人意欲某甲死亡，通过烧香念咒的方法，企图将某甲咒死；或者以为盐水可以致人死亡，便将盐水给某甲喝。虽然，从主观上看，迷信犯与手段不能犯都具有犯罪的意图，并且已将犯意表露于外部，但二者的认识内容是截然不同的：迷信犯对自己行为的性质与作用的认识是违反常识、超乎自然的，但对自己的实际行为也就是其所意欲实施的行为，这一方面是不存在错误认识的；而手段不能犯的行为人对自己行为的性质与作用的认识符合人类社会的常识、符合规律的，但自己的实际行为并非其所意欲实施的行为，正是这一方面的认识错误，导致其犯罪行为不能得逞。从客观上看，虽然二者所实施的行为都不能完成犯罪，但迷信犯的客观行为在任何情况下都不可能对外界造成危害结果，是不具有

"社会危害性"的，因而不属于刑法意义上的危害行为。例如，甲用白砂糖杀害身体健康的乙，如果甲误以为该白砂糖为砒霜，则属于手段不能犯的未遂；如果甲明知该白色物质就是白砂糖，但却认为白砂糖同茶水搅拌后喝下去可以致人死亡，则此时属于迷信犯。因此，手段不能犯作为犯罪未遂的一种类型，应当成立犯罪并负刑事责任，而迷信犯则不存在成立犯罪的问题。

此外，如果以实行行为是否实行终了为标准，犯罪未遂可以分为实行终了的未遂和未实行终了的未遂。实行终了的未遂之社会危害性大于未实行终了的未遂，这种分类有利于贯彻罪责刑相适应原则。

三、未遂犯的刑事责任

《刑法》第 23 条第 2 款规定："对于未遂犯，可以比照既遂犯从轻或者减轻处罚。"适用该规定时，要考虑以下因素：（1）属于何种类型的未遂犯；（2）距离犯罪既遂的远近；（3）未遂犯本身所造成结果的轻重。

第五节　犯罪中止

一、犯罪中止的概念和特征

犯罪中止指在犯罪过程中，行为人自动中止犯罪或者自动有效地防止犯罪结果发生的犯罪未完成形态。

中止犯的条件（特征）主要有以下几方面。

（一）时间性条件

在犯罪预备阶段、犯罪实行阶段及犯罪实行后阶段均可以成立中止犯。

犯罪中止发生在犯罪过程中。所谓犯罪过程，就是从犯罪开始到犯罪既遂以前的全过程。这是犯罪中止的时间性条件。如果犯罪已经既遂，则不存在犯罪中止问题。

犯罪人在犯罪既遂后返还原物、赔偿损失的，不能成立犯罪中止。例如，甲盗窃他人钱财后，感到悔罪，又将被盗钱财、物品寄回给事主的，属于犯罪既遂后的悔罪表现，不成立中止。

犯罪明显告一段落归于未遂后，有抢救被害人的表现或者放弃新一轮加害行为的，不是中止。例如，甲正在用菜刀砍杀妻子乙时，被邻居阻止，并夺下刀子。事后，在邻居的批评、指责下，随同邻居一起将乙送往医院抢救，乙最终没有死亡。因为甲故意杀人罪已经未遂，所以事后的参与抢救行为不认为是中止。再如甲下毒要害死其妻，但其妻吃了毒药后，没有死亡，其罪行也没有暴露，这时行为人决定不再继续害死其妻。这种情况还是构成未遂，因为犯罪已告一段落，已经结束，我们要追究的是他原来的加害行为。另外还有一个例子：犯罪人经过精心策划，把其女友带到一个悬崖边，要求与其女友重新和好，若女友不同意与其和好，就把她推下悬崖，到悬崖后，女友不同意，他就把女友推下了悬崖。女友跌下悬崖后并未摔死，犯罪人在路过悬崖时发现其女友没死，坐在那里哭，犯罪人也就没有采取进一步的加害行为。这种情况还是构成未遂，因为犯罪人预想的加害过程已经结束。

在犯罪过程中，自动放弃可重复加害的行为可以成立中止。这一概念与上述问题有些相似，但有本质的区别：一是犯罪的自然过程，尤其是犯罪人预想的犯罪过程并没有结束；二是没有遇到意志以外的原因；三是放弃的是可重复加害的行为。如一个人把被害人骗进山洞，准备用石头把他砸死，砸了一石头后，被害人哀求，犯罪人就没有继续扔石头，在这种情况下，犯罪过程并未明显地告一段落，放弃发生在犯罪过程中，应认为是犯罪中止。再比如一个黑社会老大要杀被害人，在打了两枪后，有其他人求情，他就没打第三枪，这种情况也应认定为中止。

中止时间性条件的掌握有一个疑难问题，即危险犯已既遂但行为人自动放弃犯罪，是否还有成立中止的机会？例如，妇女甲在工地做饭，听说二组人骂其夫，她就把毒药放进饭里，送到二组工地。但在二组人吃之前，她因为害怕又把饭给倒了。作为危险犯其行为已构成既遂，她是否构成中止？作为危险犯，虽然危险已经发生，但她自动有效地防止了犯罪结果的发生，还是可以构成中止的。因为中止的犯罪过程中指的是犯罪自然过程，既遂是一个法律过程，在本案，危险犯的法律过程已经结束，但其自然过程还没有结束，所以还可以构成中止。危险犯犯罪过程的结束是不自然的，虽然有分歧，但通说认为危险犯既遂后还是可以构成中止。

（二）自动性条件

行为人在确信能够将犯罪进行到底的情况下，基于本人的自由意志而决定放弃犯罪行为，或者主动有效地防止犯罪结果发生。该条件是成立犯罪中止的实质性条件。对此应从两个方面考察。

（1）行为人自认为能够完成犯罪，是认定自动性条件的基本前提。只要行为人自信能够将犯罪进行到底，不管客观上是否可以完成，均可以成立中止犯。相反，如果客观上行为可以进行到底，但行为人主观上却认为不能完成犯罪的，不成立中止犯。

（2）行为人出于本人的意愿而停止犯罪，是自动性条件的实质内容。在犯罪行为发生的过程中，总是存在各种对犯罪的发展不利的因素。所谓自动停止犯罪，指犯罪分子在自认为能够完成犯罪的情况下，由本人自主地决定停止犯罪。所谓自动防止犯罪结果的发生，指在犯罪行为实行终了、犯罪结果尚未发生的特定场合，行为人自动采取积极行动阻止犯罪结果的发生。例如，张三投毒杀害其妻，其妻服毒后痛苦万状，张三心生怜悯之情，速将其妻送医院救治，其妻未死。张三的中止行为具有自动性。

自动性是犯罪中止的本质特征，也是它与犯罪预备、犯罪未遂区别的标志。自动中止犯罪的原因有：①出于真诚的悔悟；②对被害人的怜悯；③受到别人的规劝；④害怕受到刑罚的惩罚；等等。但是，不管出于何种原因，只要是犯罪分子认为自己能够把犯罪进行到底而自动停止犯罪行为，或者自动有效地防止犯罪结果发生，都可以成立犯罪中止。

（三）有效性条件

犯罪人彻底抛弃了犯罪意图，放弃实施犯罪行为，或者有效地防止了犯罪结果的发生。有效性条件在不同阶段的要求不一样，分两种情况。

（1）在预备阶段和实行阶段，行为人放弃了犯罪意图，消极地停止实施犯罪行为，即可构成有效性条件。

（2）在实行后阶段，行为人主观上必须放弃了犯罪意图，并且积极地采取措施，最终有效地防止了危害结果的发生，避免了危害结果的出现。

犯罪中止的有效性，指在犯罪行为实行终了、犯罪结果尚未发生、行为人仅仅消极地放弃犯罪不足以防止结果发生的场合，行为人自动采取积极行动实际有效地阻止了犯罪结果的发生。例如，张三投毒杀害其妻，其妻服毒后痛苦万状，张三心生怜悯之情，速将其妻送医院救治，其妻未死。张三的中止行为具有有效性，因此成立犯罪中止。如果行为人虽有意停止犯罪并采取了防止犯罪结果发生的措施，但未能有效阻止犯罪结果发生的，缺乏有效性，不成立犯罪中止。假设张三虽将其妻送医院救治，但抢救无效死亡，因张三的行为未能阻止危害结果的发生，即缺乏中止的有效性，不能成立犯罪中止。

有效性应注意把握五个标准：①看行为人主观上是否放弃了犯罪意图；②看行为人客观上是否采取了积极措施；③看事实上是否发生了危害结果；④看危害结果没有发生与犯罪行为人所采取的防止措施之间是否存在因果关系。⑤危害结果的发生是否有其他介入因素。

（四）有放弃犯罪的客观表现

犯罪中止不单是一种良好的愿望，而且具有一定的放弃犯罪或防止犯罪结果发生的行为。如果犯罪中仅有后悔之意，并无放弃犯罪或阻止危害结果发生的行为，不是犯罪中止。例如，甲毒杀女友乙，见乙中毒后痛苦挣扎心生悔意而离去，结果因为毒药分量不够乙没有死亡。甲知道后也暗自庆幸。甲缺乏中止行动不成立犯罪中止。放弃犯罪的表现往往能证明行为人具有放弃犯罪的主观愿望。行为人放弃正在准备或者实行的那个犯罪，就足以认定具有放弃犯罪的表现。犯罪人将来是否又萌生其他的犯罪意图或实施其他犯罪，不影响此次犯罪成立中止。

二、中止犯的种类

犯罪中止根据不同的分类标准，可以划分为不同的类型。类型不同，其所反映的社会危害性也不同。

（1）根据中止发生的阶段，分实行阶段的中止和预备阶段的中止。预备过程中的中止，是进行了犯罪预备，在着手实行以前自动放弃犯罪的。实行过程中的中止，是着手实行犯罪以后，自动放弃犯罪的。

（2）根据对中止犯中止行为的要求，分消极中止和积极中止。消极中止，在未实行终了情况下，自动停止继续犯罪，即能有效成立中止。积极中止，在实行终了情况下，积极有效防止结果发生，即能成立中止。

三、中止犯与预备犯、犯罪未遂的区别

中止的自动性是犯罪中止的本质特征，也是它与预备犯、犯罪未遂区别的标志。预备犯、未遂犯也属于犯罪的未完成形态，但是它们是由于意志以外的缘由而未得逞的。即不是出于犯罪分子本人意愿，而是由难以克服的外部障碍造成的。所以，犯罪未遂也可称为障碍的未遂。犯罪分子意志以外的原因主要有：（1）被害人的反抗；（2）第三者的阻止；（3）自然力的阻碍；（4）物质的阻碍；（5）犯罪人能力不足；（6）认识发生错误；等等。例如，张三意图强奸而使用暴力将被害妇女按倒，未能性交即被赶来的警察抓获，就属于因第三者的阻止而犯罪（强奸）未得逞；又如，李四进入银行却打不开保险柜以致一无所获，就属于物质障碍及自身能力不足的原因而未得逞。需要特别注意以下情况。

（1）在进行了犯罪准备，而后放弃了着手实行的，应当认定为中止犯。例如，甲准备了毒药杀害其夫，因为害怕而没有敢下毒，后来放弃杀人念头，把毒药扔掉。因为尚未着手就自动放弃犯罪，属于在预备过程的中止。

（2）犯罪撤退不是犯罪中止。在进行了犯罪准备，没有着手实行的情况下，因为情况有变，主动撤退，但未放弃犯罪意图的，不是中止。例如，甲乙二人预谋盗窃某银行，在白天"踩点"之后，晚上前来行动。发现银行有很多

人在加班，不便下手，便撤走打算改日再来行窃。这属于犯罪撤退，不是犯罪中止。因为犯罪人遭遇到意志以外的原因，并未放弃犯罪意图，应当认定为犯罪预备。又如，甲携匕首去杀人的途中，因肚子疼痛难忍而回家，是预备犯。另外行为人仅仅是考虑犯罪的时机、条件不成熟而暂时停止犯罪，待时机、条件成熟后再实施，是犯罪撤退。因为犯罪人继续犯罪的危险性依然存在，不能成立犯罪中止。

（3）即使客观上不能完成犯罪，但自认为能够完成犯罪的情况下，自动停止的，也是自动中止。例如，甲使用过期失效的农药（本人不知过期失效）投放到乙杯中，意图杀乙。后改主意，在乙喝水之前将杯中水倒掉。虽然因为农药已经失效，客观上不可能完成犯罪（杀害乙），但甲并不知道，在自认为能完成犯罪的情况下放弃犯罪的，可成立犯罪中止。

（4）着手实行犯罪以后在客观上能够完成犯罪，但行为人自认为出现意志以外的原因，不能够完成犯罪的情况下，而撤离的，属于"犯罪撤退"，不成立犯罪中止。

四、中止犯的刑事责任

《刑法》第 24 条第 2 款规定："对于中止犯，没有造成损害的，应当免除处罚；造成损害的，应当减轻处罚。"

五、三种未完成形态之间的相互辨析

关于犯罪预备、犯罪未遂和犯罪中止三种未完成形态的区别，首先从时空阶段看犯罪行为停止在何种阶段，其次再看该行为停止下来的原因为何。

（一）从时空阶段上看

犯罪预备只存在于预备阶段，犯罪未遂只存在于实行阶段。预备阶段与实行阶段的临界点是"实行着手"，而犯罪中止则既可以存在于预备阶段，也可以存在于实行阶段，还可以存在于实行完毕，既遂之前阶段。

（二）从停止的原因来看

犯罪中止的一个最基本特征就是"自动性"，即行为人出于自己的意志而放弃自认为当时本可以继续实施和完成的犯罪，这是犯罪中止与犯罪预备、犯罪未遂相区别的关键所在。犯罪预备、犯罪未遂是由于"客观障碍"即指违背行为人主观愿望和意图、足以阻止其继续实施和完成其犯罪行为的各种因素，即所谓的意志以外的原因而被迫停止下来。犯罪中止的本质可谓"能达目的而不欲"，而犯罪未遂及犯罪预备可谓"欲达目的而不能"。这里的"能"与

"不能"原则上应以行为人的主观判断与自我认识为标准，即使客观上行为人能够顺利地完成犯罪行为，但其自以为不可能完成而放弃，仍属"欲达目的而不能"；相反，即使客观上行为人的行为已经不可能完成犯罪，但其自以为能够完成而出于自己内心的考虑放弃自认为可以完成的犯罪，仍属于"能达目的而不欲"。

犯罪预备和犯罪未遂中犯罪分子"意志以外的原因"，是指违背犯罪分子意志，客观上使犯罪不可能继续进行或达到既遂，或者使犯罪人（误）认为犯罪不可能继续进行或达到既遂因而被迫停止犯罪的原因。也就是说，"意志以外的原因"的认定应同时从质和量两方面入手。

首先，从性质上看，犯罪分子"意志以外的原因"是阻碍其继续进行和完成犯罪的意志与活动的因素。司法实践中，这种阻碍因素大致可分为三类。一是外界原因，包括被害人、第三者、自然力、物质障碍、环境时机等方面对犯罪具有不利影响的因素。二是行为人自身方面对犯罪具有不利影响的因素，包括其能力、力量、身体状况、常识技巧等的缺乏或欠佳。三是行为人主观上对外界因素、自身情况、犯罪对象情况、犯罪工具性能以及犯罪结果是否已发生或必然发生等因素的错误认识，误认为存在使犯罪不可能继续进行或达到既遂的因素。例如，行为人犯罪时听到路过的警车的警笛就误以为是来抓他的，或者犯罪时碰翻花瓶、脸盆便误以为被人发觉，因而停止犯罪的。

其次，从量上看，犯罪分子"意志以外的原因"在程度上还应该是足以达到阻止其犯罪意志的，如果行为人明知自己遇到的是显然不足以阻止其犯罪继续进行和完成的不利因素，在此情况下放弃犯罪的，就不宜将这种因素认定为犯罪分子"意志以外的原因"，即仅仅有客观障碍并非都要作为犯罪预备、犯罪未遂。

第八章　共同犯罪

第一节　共同犯罪概述

一、共同犯罪的概念

《刑法》第 25 条规定，共同犯罪是指路二人以上共同故意犯罪。这就是共同犯罪的概念。相对于单个人犯罪，共同犯罪是一种在主体数量上特殊的犯罪形态。

共同犯罪被认为是一种比单个人犯罪更危险、更严重的犯罪形式。因为在客观上，犯罪人数量的增加，使犯罪能量更大，能够实施某单个人不可能实施的犯罪，特别是一些危害国家安全的犯罪，也能够在犯罪中造成更大的危害。在主观上，共同犯罪人之间存在相互激励、坚定犯罪意志的作用，往往能够使犯罪意志薄弱的人坚定犯意，甚至使共同犯罪人犯下单个人不敢犯的罪恶。共同犯罪的责任更加复杂，在单个人犯罪的场合，"一人做事一人当"，责任简单明了。在共同犯罪的场合，涉及各共同犯罪人责任大小的区分与区别对待的问题，处理起来比单个人犯罪复杂。

二、共同犯罪的本质

共同实行犯，按照我国学说一般称为"简单共同犯罪"，按照德日学说称"共同正犯"。数人共同实行犯罪在哪一点上共同才能成其为共同实行犯？主要有三种学说。

（1）犯罪性质共同说，主张在犯罪性质上完全相同才能成为共犯，不同就不能成为共犯。例如，甲怀有杀人故意、乙怀有伤害故意共同加害丙，甲的行为具有杀人性质；乙的行为具有故意伤害性质。这种情况下，二人不成立共犯。因为二人犯罪性质不同。若甲和乙共同盗窃，在盗窃过程中，甲单独实施暴力转化为抢劫，那么甲乙二人也不能成立共犯，同样是因为二人犯罪性质不同。

（2）犯罪行为共同说，即二人以上共同作案，就是共犯。至于各人犯什么性质的罪，在犯罪性质上是否完全一致并不重要。因为这种学说重视犯罪的主观方面，认为犯罪是个人的事，是个人人格、主观恶性的表现，难以通过客观犯罪性质寻求共同点。按行为共同说，显而易见认定共犯范围要宽泛些。按照这种观点，上例中甲乙尽管犯罪性质不同仍可构成共同犯罪。

（3）部分共同犯罪说，主张二人以上共同犯罪，在犯罪性质不共同部分不能成立共犯，但是在犯罪性质共同的部分能成立共犯。例如，甲想伤害丙，然后跟乙说一起打断丙的腿，这是共同伤害的意思。然后两人共同加害丙。但是在二人加害丙过程中，比如说乙未注意到甲萌生杀意，并将丙杀害。其结论是：①甲的行为具有杀人性质，乙的行为只有伤害性质，二人在故意杀人罪上不成立共犯。②甲乙二人在故意伤害罪上有共同的部分，因此二人在故意伤害罪范围内成立共犯，也就是在甲乙二人犯罪性质重合的限度内成立（故意伤害罪）共犯。

我国学说通常以主观上有无"共同犯罪故意"作为认定共犯标准。即各共同犯罪人对共同犯罪持犯罪性质相同的故意心态，如果缺乏"性质相同的犯罪故意"，即使共同作案也不成立共犯。

第二节　共同犯罪的成立条件

一、共同犯罪的一般要件

（一）二人以上

未达到刑事责任年龄或者没有刑事责任能力的人，不能成为单独犯罪的主体，同样也不能成为共同犯罪的主体。因此，（1）具备主体资格的人与一个未达到刑事责任年龄、不具备主体资格的人"共同作案"的，不认为是共同犯罪，其刑事责任由具备主体资格的人承担。（2）一个具备主体资格的人唆使一个未达到刑事责任年龄的人犯罪的，也不认为是共同犯罪，其刑事责任由具备主体资格的人承担。对这种情况，认为教唆者是在把他人当工具使用，属于间接实行犯。（3）单位犯罪，虽然可能有很多单位成员参与，但是此时是作为一个法律（人格）主体出现的，不认为是共同犯罪。因此，对于一个单位犯罪主体有数个责任人承担单位犯罪刑事责任的，只需要根据个人的罪责承担刑事责任。

单位犯罪属于共同犯罪的可能有以下情形：（1）两个以上的单位共同犯

罪。（2）一个单位和（另一单位的）一个自然人共同犯罪。

（二）有共同犯罪的故意

共同犯罪的故意包含两层意思。

（1）需要具有同一性质（或同种罪）犯罪的故意。所谓同一性质的犯罪故意，是指同种罪的故意。如共同的盗窃故意、抢劫故意。比如，数人同租一船走私，有的走私毒品，有的走私香烟，各自有其犯罪意图和利益，不认为是共同犯罪。其原因是：任何人只对本人有犯罪故意的危害行为承担故意罪责（主客观相统一）。

（2）共同犯罪的故意必须是相互沟通的（意思联络）。即各共同犯罪人都认识到与他人合作实施某一犯罪。缺乏犯意联络的，不成立共犯。如果2人以上在同时同地加害同一对象（同时犯），但无共同犯罪意思联络的，不认为是共犯。但是，通常这只针对共同实行犯即共同正犯而言。对于帮助犯而言，片面的共犯是可以成立的。

例如，甲知道乙要谋杀丙，同时自己也嫉恨丙，希望能借乙之手杀死丙。因此主动提出把自己的猎枪借给乙打猎。乙使用甲的猎枪将丙杀死。乙不知甲借枪的真实意图，就乙而言，不存在与甲构成共犯的问题，但是，甲有意帮助乙杀人，可以构成乙的共犯（帮助犯），对甲可以按故意杀人罪的帮助犯定罪处罚。此外，根据相关司法解释，交通肇事后，车主、乘客、单位的主管人员指使肇事司机逃逸致被害人死亡的，以交通肇事罪的共犯论处。这里承认"过失犯罪共犯"的存在，只能作为特例掌握。

共同犯罪故意形成的时间，可以是在事先，即预谋（事先通谋）的共同犯罪，也可以在事中即在犯罪过程中，这被称为无预谋（事先无通谋）的共同犯罪。但是，如果是在犯罪既遂以后才知道犯罪人的犯罪事实，表示赞同的，不认为是共犯。

共同犯罪故意形成的方式没有特别的限制，可以是明示的，也可以是暗示的；可以通过语言、文字表达，也可以通过身体姿势、面部表情、眼神等表达。双方心领神会心照不宣，也认为有意思联络。

（三）有共同犯罪行为

这里所称的共同犯罪行为是广义的，既包括实行行为，也包括组织、指挥、策划、教唆、帮助行为。在共同犯罪中承担实行行为的人，叫作实行犯；没有亲自实行犯罪而仅承担帮助行为的人叫作帮助犯；仅有教唆行为的人，叫作教唆犯。因此，教唆犯、帮助犯通常是对实行犯的实行行为进行教唆、帮助。

二、共同犯罪的认定

我国学说多依据是否具有共同故意来把握共犯的认定。在实施危害行为时，行为人仅对有故意的危害事实承担故意罪责。在共同实施危害社会的行为时，仅对本人具有故意的危害事实承担故意罪责，对其他人超出故意范围的危害事实不负故意罪责。因此认定共犯及其罪责，重点是把握有无共同犯罪的故意。

下列情况不构成共同犯罪。

（1）过失共同造成同一损害结果的，不构成共犯。我国刑法强调共同犯罪必须是共同故意犯罪。但是，在前述交通肇事逃逸致人死亡的场合例外。

（2）间接正犯不成立共犯。间接正犯又称为间接实行犯。所谓间接正犯，是指把他人的行为当作工具利用的情况。当行为人利用这种形似犯罪主体的人去直接实行犯罪时，被利用的人是"直接实行者"（构成要件行为是由被利用人实行），利用者是间接实行犯。间接实行犯主要有两种情况。

①利用无责任能力人（包括未达到刑事责任年龄人）的行为。例如，利用不满 16 周岁的人去盗窃。刑法规定盗窃罪要求已满 16 周岁的人才负刑事责任；一个人利用两个或者唆使两个不满 16 周岁的人去犯罪，他们之间不能形成共犯关系。因为一方主体不适格，所有的刑事责任都由利用人来承担。利用者本人虽然没有直接实行犯罪，但是实际上，他本身也是实行犯罪，他把别人当工具利用了，只不过他是间接实行。间接正犯因为利用者与被利用者之间缺乏共同犯罪的故意，或者一方缺乏成立共同犯罪的主体要件，不成立共犯，只能按单独犯罪处理。

②利用无辜者、不知情者的行为。比如医生要杀害一个病人，让护士把毒针给病人打下去。护士不知情，把毒药给打了。医生和护士不构成共犯。表面上护士是直接实行（杀人）犯，但她对情况不了解，没有犯罪的故意，属于被人利用的无辜者。真正杀人的是医生，医生借他人之手杀人。换言之，利用者是实行犯，其实行的特点是"间接的"。当然，利用不知情人的行为，被利用人可能是无辜的，也可能不是无辜的。

（3）事先无通谋的窝藏、包庇行为，对窝赃、销赃的人不以共犯论处。如何判断事先与事后，一般看犯罪是否既遂。如果还未达到既遂，则构成共犯；如果已经既遂，则不构成共犯。

例如，甲从本厂的车间里盗出十几个机器零件，藏在工厂的院墙里面的墙根下。然后找到乙，让乙帮忙一同把藏在墙根下的零件偷出到院墙外面，埋在一棵大树下。然后又找到开车的丙，由丙开着汽车一起把埋藏在树下的零件运走。本案中，甲构成盗窃罪无疑，乙和丙构成何罪就需要研究盗窃行为何时既遂。既遂以前加入的，是盗窃罪的共犯；既遂以后加入的，不是共犯，是转移赃物罪。一般认为盗窃厂矿企业的大宗物品出了厂门或者院墙为既遂。那么本案既遂的时间应当是将零件转移到院墙之外。甲把零件藏在院墙内的墙根下，犯罪没有既遂。乙此时加入，属于事先加入，构成盗窃罪共犯。当甲、乙把零件盗出院墙，藏在树根下时，盗窃既遂。丙此时参与运送赃物，属于事后的转移赃物罪。不过要注意，这只是在事先没有通谋、临时邀约的情况。假如甲在盗窃既遂以前，就与乙、丙商定，由他们分别承担偷出墙外、运送销赃的分工，那么，无论乙、丙何时加入，都是盗窃共犯。

（4）"过限"行为不认为是共犯。这里的"过限"行为是指在共同犯罪的过程中，部分共同犯罪人实施了超出共同犯罪故意范围的犯罪行为。这种超出共同犯罪故意范围的行为就叫作共犯的过限行为。对于共犯中发生的过限行为，由实施者单独承担责任，其他共同犯罪人不承担责任。

关于过限问题有几点需特别值得注意。

①在共同实施伤害罪的过程中发生过限的杀人行为。

例如，几个人正在自家门口聊天，一看和自己有过节的人过来了。有人就说："哥们，他送上门来了，收拾他一顿。""收拾他一顿"充其量就是一个伤害的故意。这五六个人就上去追打被害人，在追打被害人的过程中，突然有一人拔出刀朝被害人要害部位猛扎几刀，致被害人当场死亡。行为人使用致命的工具，打击致命的部位，不计后果，如果发生了死亡结果的，通常认为是间接故意杀人。但是其他共同犯罪人实施的是伤害行为，因为伤害和杀人有密切的联系，所以这个时候犯罪人该怎么承担罪责不容易认定。这是共同犯伤害罪中出现杀人过限行为的情况。对此，一般按共犯过限对待，所有共同犯罪人在伤害的限度内成立共犯；实施杀人行为者单独承担杀人的罪责，其他犯罪人不承担杀人的罪责。

此外还有在寻衅滋事过程中致人死亡的，实施故意伤害致死行为的人构成故意伤害罪，其他不知情者只构成寻衅滋事罪；在聚众斗殴中有人致人重伤、死亡，该行为人单独承担伤害杀人责任。

②在盗窃、抢夺犯罪过程中，当场使用暴力转化为抢劫罪的。

例如，张三、李四在共同盗窃过程中，遭到事主的抓捕。张三、李四分头逃跑。事主在追击张三的过程中，张三使用暴力反抗，致事主死亡，转化为抢劫罪。如果两人事先没有通谋，应该认为张三单独承担抢劫罪责，李四只对盗窃罪承担罪责，不随张三转化为抢劫罪。

③在有教唆、帮助者的场合，存在实行过限问题。

例如，甲教唆乙去抢夺，乙却实施了抢劫，这种情况乙应构成抢劫罪，而甲的行为则构成抢夺罪的教唆犯。同样的情况也发生在帮助场合，如甲事先承诺在乙"弄到"车后帮其销售，结果乙杀了司机并抢了一辆出租车交由甲销售。甲只在帮助盗窃限度内承担责任，对抢劫杀人不负责任，即不与乙构成抢劫共犯。

当然，如果实行行为没有超出原先教唆、帮助内容的，不存在过限问题。

④对其他共犯人单独实施的不知情的加重情节，通常也不承担责任。

例如，甲乙共同拐卖妇女丙，甲背着乙将丙强奸，乙对该强奸行为不承担加重责任。

（5）同时犯不是共犯。所谓同时犯，是指两人以上同时同地加害同一对象的情况。

例如，客车出现交通事故，旅客死的死伤的伤，财物散落一地。路过的人就去拿旅客的财物。根据司法解释，在交通肇事现场没有勘验之前，拿取财物的以盗窃罪论处。抢夺或者抢劫的，分别以抢夺罪、抢劫罪论处。过路人擅自拿取财物，具有盗窃的性质。这些拿去旅客财物的人是否构成共犯呢？如果没有通谋、没有协同关系，仅仅是偶然碰到一起，各自拿取财物的，属于同时犯，不构成共犯。

（6）片面共犯不是共同犯罪。所谓片面共犯，是指对他人犯罪行为暗中进行帮助的行为。暗中相助人与被帮助人是否构成共犯？在暗中相助的情况下，因为暗中帮助只有单向的意思，没有来自被帮助人的双向意思联络，所以是单向的共犯。

（7）故意犯罪行为与过失犯罪行为不成立共犯。

例如，监管人员甲某失职，罪犯乙某乘机脱逃，不成立共犯。甲某可以构成失职致使在押人员脱逃罪；乙某构成脱逃罪。

（8）先后实施的相关故意犯罪行为，彼此没有主观联系的，不成立共犯。

三、共犯与同案犯

共同犯罪人都是同案犯，但是，同案犯不一定都是共同犯罪人。例如，贩卖毒品的上家和下家不是共犯，但属于同案犯。同理，出售假币者和购买假币者是同案犯但未必是共同犯罪。同案犯被认定为共同犯罪，就应当按照共同犯罪的责任原则承担责任；没有被认定为共同犯罪的，则各自对自己的罪行承担刑事责任。

第三节　共同犯罪的形式

理论上关于共同犯罪的形式有以下几种划分。

一、必要的共犯和任意的共犯

这是根据犯罪主体是否必须由两人以上构成而作的分类。

（一）必要的共犯

所谓必要的共犯，是指法律规定其犯罪主体必须是二人以上的犯罪。聚众性犯罪是常见的必要的共犯，如聚众哄抢罪，聚众持械劫狱罪，聚众扰乱社会秩序罪，武装暴乱、叛乱罪。还有一些集团性质的犯罪属于必要的共犯，如组织、领导、参加恐怖组织罪，组织、领导、参加黑社会性质组织罪。其特点就是犯罪主体必须是二人以上，这是由法律规定的。换言之，法律规定以采取数人共同犯罪为必要形式的犯罪，是必要共犯。而这种规定只有在分则才会有，所以必要的共犯主要是分则的问题，也就是分则条文对犯罪主体数量有特别要求的情况。或者说，以犯罪主体为"复数"，作为构成要件的情况。

（二）任意的共犯

所谓任意共犯，是指数人（二人以上）构成了法律规定其主体为一人或者是多人都可以（在主体数量上是任意的）的犯罪。从刑法来看，大部分的犯罪在主体数量上都没有限制，所以通常发生共同犯罪的都是任意的共犯，如抢劫、强奸、杀人、放火、投放危险物质、绑架、诈骗、盗窃、抢夺等罪的共同犯罪均属于任意的共犯。所谓"任意"，是指法律对犯罪主体的数量没有特别限制。也就是说从法律规定来看，实行这样的犯罪，其犯罪主体是单个人还是两人以上，没有特别的限制，是随便的或任意的。

刑法中只对很少一部分犯罪的主体数量有特别的限制，对其他大多数犯罪主体的数量没有限制，所以任意的共犯较为常见。此外，必要的共犯，因为以数人（二人以上）为构成犯罪的必要条件，如聚众性犯罪中的聚众哄抢罪，聚众持械劫狱罪，武装叛乱、暴乱罪，组织性犯罪中的组织、领导、参加恐怖组织罪，组织、领导、参加黑社会性质组织罪等，所以，属于分则特别规定的共犯形式，属于分则问题，而任意的共犯才是总则问题。一般而言，单人犯罪是法律设定犯罪主体数量的标准情况或默认状况，相对于这种标准情况而言，数人共犯属于犯罪主体方面的特殊形态。刑法总则关于共同犯罪的规定，主要是解决任意共犯问题。在必要共犯场合，如果分则条文对各共犯人的处罚已有特别规定，通常排斥总则共犯规定的适用。

二、事先有通谋的共同犯罪和事先无通谋的共同犯罪

这是根据通谋的时间，即共同犯罪故意形成的时间作的划分。这里的"事先"是指着手实行犯罪之前。在着手实行之前就预谋共同犯罪或形成共犯故意的，属于事先通谋；在着手实行犯罪之后才形成共犯故意的，是事先无通谋的共犯。

三、一般共同犯罪和特殊共同犯罪

这是根据有无组织形式所作的划分。一般的共同犯罪没有固定的组织形式，特殊的共同犯罪即犯罪集团是有组织形式的。

犯罪集团又分为两类，一种是特殊的犯罪集团，法律把组织、领导、参加这种犯罪集团的行为本身规定为一种犯罪，如组织、领导、参加恐怖组织，组织、领导、参加黑社会性质组织等。另一种是普通犯罪集团，即其他以犯罪为目的，而组织起来的相对稳定的犯罪组织。常见的如抢劫集团、贩卖毒品集团、走私集团、盗窃集团。此外，实践中还有"犯罪团伙"或者"团伙犯罪"的概念。从法律上讲，它还是属于一般共同犯罪的范围，不属于犯罪集团的范围。团伙犯罪的成员比一般的共同犯罪成员相对要固定一些，但尚未形成集团犯罪那样的组织形式。

普通犯罪集团是有组织犯罪的初级形态；黑社会性质组织是有组织犯罪的高级形态；黑社会组织，是有组织犯罪的超级形态。在我国，明显的、典型的黑社会组织犯罪还没有出现，但带有黑社会性质组织的犯罪已不鲜见。

四、简单共犯和复杂共犯

这是根据共同犯罪人之间有无特定的分工所作的分类。简单共犯，是指所有的共同犯罪人都是实行犯的共同犯罪，这又被称为共同正犯或者共同实行犯。复杂共犯，则是指共同犯罪人中除实行犯外还有教唆或者帮助分工的共同犯罪。例如，甲、乙、丙、丁4人共同盗窃，如果甲、乙、丙、丁4人都到犯罪现场作案，窃取财物，因为4人均是盗窃罪的实行犯，就是简单共犯。所谓"简单"，就是只有实行犯，没有教唆犯或者帮助犯，类似于德日刑法中的共同正犯。(1)如果甲教唆乙、丙、丁去盗窃，由乙、丙、丁去实行盗窃。(2)或者甲给乙、丙、丁提供犯罪工具（帮助），由乙、丙、丁去实行盗窃。(3)或者甲教唆乙、丙、丁盗窃，乙提供盗窃情报，由丙、丁到现场实施盗窃作案。这

三种情形均属于复杂的共犯。因为在共犯人之间存在着实行与教唆、帮助的分工。所谓"复杂"，就是共犯中除实行犯，还有非实行犯。

第四节　共同犯罪人的种类

世界各国刑法对共同犯罪人的分类标准有两种，一种是以分工为标准，将共同犯罪人分为实行犯、教唆犯、帮助犯，有的再加上组织犯，这是大多数国家的做法；另一种以作用为标准，将共同犯罪人分为主犯和从犯。

我国刑法对共同犯罪人的分类采取的是"以作用分类法为主，以分工分类法为补充"的标准。将共同犯罪人分为主犯、从犯、胁从犯和教唆犯。

一、主犯

（一）主犯的概念及种类

《刑法》第 26 条第 1 款规定，组织、领导犯罪集团进行犯罪活动的或者在共同犯罪中起主要作用的，是主犯。根据该规定，主犯包括以下几类人员。

（1）组织犯，即组织、领导犯罪集团的首要分子或者在犯罪集团中起策划、指挥作用的犯罪分子。组织犯特征如下：①客观上实施了组织行为，即组织、领导、策划、指挥的行为；②主观上有组织犯罪的故意，即明知自己的行为是组织、领导犯罪集团或者在其中策划、指挥犯罪活动的行为，并且希望犯罪集团成立，希望犯罪集团进行的犯罪活动所造成的危害结果的发生。

（2）犯罪集团中的骨干分子，他们虽然不是组织犯，但在组织犯的领导下，特别卖力地实施犯罪行为，是组织犯的得力助手，具体的犯罪活动往往是他们的指挥下进行的。

（3）一般共同犯罪中主要的实行犯，其行为对危害结果的发生起到了关键作用。实行犯，是指在共同犯罪中，自己直接实施犯罪的实行行为，或者利用他人做工具实施犯罪的实行行为的共同犯罪人。实行犯有以下特征：①必须自己实施犯罪的实行行为；②必须有实施实行行为的故意。

在简单的共同犯罪中，其行为对于结果的发生起了主要作用的实行犯是主犯。在复杂的共同犯罪中，如果只有一个实行犯，该实行犯必然是主犯；如果有几个实行犯，其行为对结果发生起主要作用的是主犯。

主犯与首要分子不尽一致。《刑法》第 97 条规定："本法所称首要分子，是指在犯罪集团或者聚众犯罪中起组织、策划、指挥作用的犯罪分子。"可见首要分子包括两种人：一是犯罪集团的首要分子，二是聚众犯罪的首要分子。犯罪集团的首要分子都是主犯，但是聚众犯罪的首要分子未必都是主犯。

（二）主犯的刑事责任

《刑法》第 26 条第 3 款、第 4 款规定，"对组织、领导犯罪集团的首要分子，按照集团所犯的全部罪行处罚"。对于其他主犯，"应当按照其所参与的或者组织、指挥的全部犯罪处罚"。对于集团犯罪的首要分子，应当按照集团所犯的全部罪行处罚；其他主犯，也应当对其所组织、指挥、参与的全部罪行承担刑事责任。刑法的这一规定体现出共犯的整体责任。

可见，对于共同犯罪中的主犯，刑法的规定采取的是整体责任的原则。所谓整体责任原则，就是"一部行为，全部责任"，也就是说，作为主犯，他的行为虽然只是共同犯罪的一部分，但是承担的责任却是全部的。

例如，在盗窃行为中，如果共同盗窃的金额是 10 万元，主犯也可能只分得了 4000 元，但是对于主犯适用刑罚的时候，要按照 10 万元处罚，也就是要按数额巨大处罚。另外，在故意杀人场合，比如，两个人杀一个人，虽然是一个人把被害人杀死了，另一个也承担既遂的责任。

在共同犯罪中，有时可能有几个主犯，此时对不同的主犯仍应区别对待。

二、从犯

（一）从犯的概念及种类

《刑法》第 27 条第 1 款规定："在共同犯罪中起次要或者辅助作用的，是从犯。"因此，从犯包括两类人员。

（1）在共同犯罪中起次要作用的犯罪分子，即次要的实行犯。他们实施的行为虽然是犯罪的实行行为，但行为对结果的发生所起的原因力作用较小，不是结果发生的主要原因。

（2）在共同犯罪中起辅助作用的犯罪分子，即帮助犯。帮助犯是指本人不直接实施犯罪行为，而是在他人产生犯意后为他人实施犯罪创造便利条件，帮助他人实施犯罪行为的共同犯罪人。帮助犯的特征如下：第一，客观上实施了犯罪的帮助行为，即在他人犯罪之前或者犯罪的过程中给予帮助，使其易于实施犯罪或易于完成犯罪的行为；第二，主观上有帮助他人进行犯罪的故意。在我国刑法中，所有的帮助犯都是从犯。

（二）从犯的刑事责任

我国刑法规定，对于从犯，应当从轻、减轻或者免除处罚。

例如，假设甲、乙、丙三人共同盗窃价值 8 万元现金，其中甲分得 7 万元，乙、丙各得 5000 元。假设乙、丙起作用较小，都是从犯，甲是主犯。甲应当按共同犯罪总额 8 万元处罚，这是没有疑问的，那么乙、丙两人应当按多少犯罪金额处罚呢？实际上乙、丙犯罪金额也是按 8 万元算。

那么，这样主犯和从犯责任不是没有区别了吗？有的。对于主犯，承担整体责任，是直接按整体责任适用刑罚来处罚，如对甲直接按犯罪金额 8 万元来处罚；但是对于从犯，要根据共同犯罪的整个结果，依法律规定从轻、减轻或者免除处罚，如乙、丙也是按照犯罪金额 8 万元确定法定刑的幅度，即按数额巨大适用 3 年以上 10 年以下的法定刑幅度，但是依法应当从轻、减轻或者免除处罚。由此可见，就共同犯罪人对共同犯罪后果承担的责任而言，主犯、从犯大体上是相同的。具体说，主犯、从犯的犯罪金额计算方法是相同的，都适用共同犯罪的总金额。但是在处罚原则上，从犯应当从轻、减轻或者免除处罚，在这里，主犯、从犯的责任就有区别了。换言之，主犯承担的是整体责任或者全部责任，而从犯承担的是以整体罪行为基础的从轻、减轻、免除处罚的责任。

在集团犯罪的场合，首要分子与其他主犯或者从犯的犯罪数额计算方法略有不同。对首要分子，按照集团所犯全部罪行处罚；对其他主犯，按照其所组织、指挥、参与的罪行处罚；对从犯，按照其所参与的罪行从轻、减轻或者免除处罚。这里要注意，鉴于犯罪集团成员较多，从犯往往只能参与其中的部分罪行，因此只对其参与的罪行处罚，不按集团全部罪行处罚。同样道理，有的主犯也未必参与集团的所有犯罪活动，所以也仅对其本人组织、指挥、参与的罪行处罚，不能按集团全部罪行处罚。只有对集团犯罪的首要分子按照集团全部罪行处罚。因此，从犯实质是一个法定从宽的情节。

三、胁从犯

《刑法》第 28 条规定："对于被胁迫参加犯罪的，应当按照他的犯罪情节减轻处罚或者免除处罚。"修订前的刑法规定，胁从犯有两种：一是被诱骗参加犯罪的人；二是被胁迫参加犯罪的人。修订后的《刑法》取消了被诱骗的情形。

根据《刑法》的规定，对于胁从犯，应当按照他的犯罪情节减轻或者免除处罚。这里的"犯罪情节"包括被胁迫的程度和参加犯罪后所起作用的大小。

四、教唆犯

（一）教唆犯的概念

《刑法》第 29 条第 1 款规定，"教唆他人犯罪的"，是教唆犯。所以，教唆犯指利用授意、怂恿、劝说、利诱等方式故意唆使他人犯罪的人。

（二）教唆犯的成立条件

成立教唆犯应具备以下条件。

（1）客观上实施了教唆行为，或者其教唆行为引起被教唆人实施所教唆的犯罪。

教唆的方式包括建议、劝说、请求、利诱、鼓动、威胁、怂恿、命令、挑拨、激将、收买、雇佣等。

教唆的对象必须是本来没有犯罪意图的特定的人，必须是有责任能力人，必须是特定的人。

教唆的内容必须是教唆他人犯罪，通常要求教唆犯罪的内容是比较具体的，特别是侵害对象比较明确。必须教唆他人犯故意犯罪——包括教唆他人实施犯罪的实行行为、组织行为、教唆行为和帮助行为。

（2）主观上必须有教唆他人犯罪的故意。教唆犯故意的内容包括：①认识到他人没有犯罪故意，或者犯罪故意不坚定。被教唆人本来已经有犯罪故意而教唆人不知道，误以为对方没有犯罪故意而加以教唆的，仍然成立教唆犯（认识错误）；②认识到被教唆人是具有刑事责任能力的人，明知对方没有刑事责任能力而教唆的，是间接正犯；③预见到自己的教唆行为将引起被教唆人产生特定的犯罪意图并实施所教唆之罪；④希望或者放任被教唆人去实施自己所教唆的犯罪；⑤希望或者放任被教唆人实施的行为引起危害社会的结果。

（三）教唆犯的刑事责任

（1）教唆他人犯罪的，应按其在共同犯罪中的作用处罚。如果教唆犯的作用比实行犯的作用大或相当于实行犯，应当按照主犯的处罚原则处罚教唆犯；如果教唆犯的作用小于实行犯，则以从犯的处罚原则处罚教唆犯。但是，不再把教唆犯认定为主犯或从犯。

（2）教唆不满18周岁的人犯罪的，对教唆犯从重处罚。包括：①教唆已满16周岁不满18周岁的人犯任何罪的；②教唆已满14周岁不满16周岁的人犯特定的8种犯罪的；③教唆已满14周岁不满16周岁的人犯8种特定犯罪以外的其他犯罪的；④教唆不满14周岁的人实施任何严重危害社会的行为的。后两种情况是间接正犯，对教唆人仍然应当从重处罚。

（3）被教唆人没有犯被教唆之罪的，对教唆犯可以从轻或者减轻处罚。这是教唆未遂。包括：①拒绝教唆；②当时接受了教唆，但事后又打消了犯罪意图，没有进行任何犯罪活动；③接受了教唆，但事后实施了其他犯罪行为，没有实施所教唆之罪；④对方已经有犯罪意图，误以为其没有犯罪意图而对其进行教唆（对象不能犯）等。

（四）教唆犯的罪名

对于教唆犯应当根据教唆的内容定罪。如教唆他人盗窃的为盗窃罪，教唆他人故意杀人的为故意杀人罪。例如，某甲花重金雇佣某乙绑架人质，遭到某乙的拒绝并予以告发。某甲即使本人没有亲自去实行绑架行为，也构成绑架罪。要注意，教唆犯虽然有独立的犯罪性，但是它不是一个法定罪名。因此对于教唆犯只能根据教唆的内容定罪。

（五）教唆与共谋区别的要点

（1）在教唆的场合，被教唆人通常原本没有犯罪的意图，其犯罪的意图是由教唆者引起的；而在共谋的场合，共谋人通常原本都有犯罪的意图，或者在相互影响之下、经过商量之下共同形成犯罪的意图，不存在谁教唆谁的问题。

（2）在成立教唆犯的场合，教唆者本人不参与犯罪的实行。在共谋的场合，共谋者可能打算或者实际参与犯罪的实行。

（3）对教唆犯、共谋者均按其在共同犯罪中的地位和作用处罚。对教唆犯，一般按主犯处罚；对于共谋者，一般根据其在犯罪中的作用处罚，不一定按主犯处理。同时，对教唆犯适用法律关于教唆犯的规定，对共谋者，则只适用共犯的一般规定追究刑事责任。

（六）教唆犯与帮助犯的区别要点

两者区别要点在于他人是否具有犯罪的意图。使原本没有犯罪意图的人产生犯罪意图，是教唆犯。而帮助犯一般是以物质帮助的方式给实行犯提供援助。对于精神鼓励，即对于原本有犯罪意图的人通过精神鼓励进一步坚定、加强其犯罪决心的，是认定为教唆犯还是帮助犯？对此仍存在分歧。我国的司法实践一般把这种情况认定为教唆犯。目前还是尊重司法实践的做法。而在国外的理论中，认为帮助行为包括物质帮助与精神帮助，对这种情形认为是精神帮助，成立帮助犯而不是教唆犯。教唆犯只能是使本无犯意的人产生犯意。对于原本就有犯意的人，不存在教唆的问题。国外的这种理论是很有道理的，因此，将来遇到这种观点也不要感到奇怪。认定为教唆犯还是帮助犯，其责任是大不一样的。教唆犯一般为主犯，而帮助犯一般为从犯，甚至可以说共同犯罪中的帮助犯只能认为是从犯。

五、主犯和从犯的区别

在处理共犯案件时，区分主犯、从犯往往是必要的工作，因为这涉及共犯的责任问题。而共犯的复杂性也就是在于共犯人如何分担责任。

（1）主犯、从犯的区别主要取决于"作用"的大小。如何判断作用的大小，主要考虑以下几点。

①从起因上看，谁是犯意的引起者。②从犯罪的实行过程看，谁是犯罪的主导、支配者。③从后果看，谁是后果的主要造成者。④从利益看，谁是犯罪的最大受益者。

判断主犯、从犯大体上从上述 4 个方面考虑。作用较大的是主犯，作用较小的是从犯。

（2）对于主犯、从犯、胁从犯，实践中也有一些简明的判断方法。①教唆犯一般是主犯。②集团犯罪的首要分子（集团犯罪的组织、指挥、策划者）是主犯。③聚众犯罪的首要分子一般是主犯。但注意，未必都是主犯。④实行犯较多认定为主犯，尤其是犯罪后果的主要造成者一般是主犯，但是作用明显较小的实行犯可以是从犯。⑤没有实际参与犯罪实行，只提供帮助的帮助犯一般是从犯。⑥在共同犯罪中起的作用较小并且被胁迫参加犯罪的是胁从犯。

如果共同犯罪人的作用不相上下，难以判断作用大小的，可以都看作主犯，但是不可以都当从犯处罚。应当注意主犯、从犯的区别是相对的。所谓"相对的"，是指在同一案件中的共同犯罪人相比较而言，不要脱离具体的案件，把两个案件的主、从犯进行比较。

六、共犯中犯罪停止形态的认定

共犯与犯罪形态的关系，其中一部分比较简单，就是根据整体责任的原则认定。

（一）在简单共犯（共同实行犯罪）的场合

（1）按照"一部行为，全部责任"的原理，一人犯罪既遂的，共犯整体既遂。也就是说如果共同犯罪中其中一人犯罪既遂了，全体共犯人承担既遂的罪责。"一部行为，全部责任"的最基本点是共犯人对共犯的结果负共同责任，其中包括对法益侵害结果负共同责任，而既遂的实质就是对法益造成侵害，所以共同责任首先就是对既遂的共同责任。例如，甲、乙追杀丙，甲一刀刺中致丙死亡，乙刺空。该杀人罪既遂，对其他共犯人不需要考虑未完成犯罪的问题，只是考虑作用大小区分主犯、从犯的问题。

（2）如果整个共同犯罪归于未遂的，全体共同犯罪人都成立犯罪未遂。例如：甲乙丙共同追杀丁，丁逃逸。甲乙丙的共同犯罪未遂。

（3）如果全体共犯人一致中止犯罪的，所有共同犯罪人都成立犯罪中止。

（二）在复杂共同犯罪的场合

除实行犯以外，还存在着教唆犯或者帮助犯，通常整个共同犯罪的进程从属于实行犯的进程。

（1）如果实行犯实行既遂的，教唆犯或者帮助犯也就按既遂犯处理。

（2）如果实行犯实行未遂的，教唆犯或者帮助犯也是未遂犯，适用《刑法》关于未遂犯的规定处罚。

（3）在犯罪预备的场合，因为还没有人着手实行犯罪，实行犯实际上还没有出现。如果打算实行犯罪的人因为意志以外的原因没有着手的，属于预备犯，其帮助犯也属于预备犯。其教唆犯是否属于预备犯有两种观点：①教唆犯从属于被教唆人，既然被教唆人成立预备犯，教唆犯也成立预备犯，按照《刑法》第22条预备犯的规定承担罪责，可以比照既遂犯从轻、减轻或者免除处罚；②应当按照教唆本身未遂的情况，即《刑法》第29条规定的被教唆的人没有犯被教唆的罪的，对于教唆犯，可以从轻或者减轻处罚。这主要取决于对《刑法》第29条第2款"被教唆的人没有犯被教唆的罪"的理解。如果把该条第2款的"被教唆的人没有犯被教唆的罪"理解为没有着手实行犯罪，那么②的观点合理一些。如果从罪责均衡角度考虑，②的观点也较为可取。

七、部分共犯人的中途退出和加入

（一）部分共犯人的"中途退出"

（1）在共同犯罪中部分共同犯罪人中途退出犯罪的，并不当然成立犯罪中止。这里的中途退出是指在共同犯罪过程中退出，实施犯罪以后既遂之前退出。

例如，甲乙二人议论到丙，越说越气愤，遂将丙绑到乙的住处共同殴打丙约1小时。后来甲说我走了，离开了乙的住处。乙接着又对丙殴打，几小时后丙死在乙住处。甲不成立犯罪中止，甲对伤害丙致死也应负责。同理，假如甲乙二人为了杀害丙而绑架丙到乙住处，甲殴打丙一顿出气后离开，乙在甲走后将丙杀死的，甲不成立犯罪中止，而应承担故意杀人既遂罪责。

（2）部分共犯人的"中途退出"不具备犯罪中止条件、不成立犯罪中止的，如何处理？

我们认为这种情形的"中途退出"仍不能脱离共同犯罪，这意味着，仍需对脱离后其他共犯人的行为负责，与其他共犯人的形态一致。假如其他犯罪人犯罪既遂，退出者也属于既遂。

日本学说细分两种情况：①消极退出的，仍需对其他共犯人随后发生的行为负责；②脱离共犯关系的，脱离者对其他共犯人随后发生的行为不负责。脱离共犯关系的条件是：向其他共犯人明确表示退出共同犯罪，从主观上消除本人对其他共犯人犯意的支持；撤回自己行为对共同犯罪的一切帮助，从客观上消除自己对共同犯罪的作用。

（3）部分共犯人中止。部分共犯人"中途退出"且自动有效地防止犯罪结果发生的，可以单独成立犯罪中止。

在共犯与犯罪形态问题上，部分共犯人中止，部分不愿或者没有中止的情况比较复杂。例如，甲、乙、丙共同盗窃，作案时甲感到害怕提出不干了，乙、丙不同意，执意要继续犯罪。或者，如甲、乙共谋盗窃，甲借来一辆手推车交给乙，约好晚上去盗窃。回家后甲后悔了，到约定的时间甲没有去参与盗窃，乙单独实施了盗窃。对于这类共同犯罪中出现部分停止犯罪，部分不停止犯罪的情况，认定时注意把握两点。

①必须具有有效性。缺乏有效性不能单独成立中止。这个有效性包括有效地阻止犯罪结果发生，或者有效地消除自己的先前行为对犯罪所起的作用。这是部分共犯人成立犯罪中止需要具备的一个条件。共同实行犯之一若单独成立中止，必须有效阻止犯罪结果发生；帮助犯想单独成立中止，必须有效撤回自己的帮助；在教唆他人犯罪的场合，教唆犯要想独自成立犯罪中止，必须有效消除被教唆人的犯罪故意。

②部分共犯人中止行为的效力，只及于中止者本人，不及于其他的共同犯罪人。

（二）部分共同犯罪人"中途加入"

在他人已经着手实行犯罪的过程中、事先没有预谋的情况下，行为人加入他人犯罪的，属于中途加入他人犯罪。这种情形构成共犯的，被称为"承继的共犯"。

构成承继的共犯必须具备下列条件。

（1）事先没有预谋，如果事先预谋中途参与实行犯罪，属于事先通谋的共犯，不是承继的共犯。

（2）中途加入，即在他人已经着手实行犯罪以后既遂以前加入。如果在他人犯罪既遂以后参与犯罪的，属于事后帮助行为，按照有关犯罪处理。如甲盗窃既遂后搬运赃物的过程中与乙偶然相遇，乙帮甲搬运赃物的，是转移赃物罪。再如甲在乙杀死丙后，帮助掩埋尸体，属于帮助毁灭证据行为。对于某些继续犯而言，犯罪既遂后犯罪行为实施终了前加入的，可构成承继的共犯。如甲绑架丙后（绑架既遂），找来乙帮助看管，乙可构成甲绑架罪共犯。

中途加入若构成共犯，通常只对其加入后的共同犯罪结果负刑事责任。对其加入前的其他人已经造成的犯罪结果，不负刑事责任。

（三）共同犯罪中部分共犯人"减量"的问题

在共同犯罪中，有人可能因为实施了超出共同犯罪故意的行为，其他共犯人对此"过限"或"过剩"行为不负刑事责任。这是所谓共同犯罪"过限"问题。与此相对，在共同犯罪中有共同犯罪人可能实施了低于或小于共同故意的犯罪行为，那么对其他共同犯罪人会发生何种影响？这就是所谓共犯的"减量"问题。部分共同犯罪人减量有两种可能。

（1）因为中止而减量，根据共同犯罪中部分共同犯罪人中止的原理，其中止效力不及于其他共同犯罪人。因为部分人中止而致使犯罪没有既遂或没有着手的，这一效果及于其他共同犯罪人，其他共同犯罪人成立未遂或预备犯。

（2）因为中止以外的原因而减量的，其效果一般应及于其他共同犯罪人。如甲乙共谋到丙家抢劫，甲入户、乙在外放哨。甲入户后发现丙家无人，顺利窃取财物。甲构成盗窃罪，乙似乎也只能以盗窃罪论处。其道理大概是：作为帮助犯遇到实行犯减量，通常从属于实行犯，但实行犯中止的场合除外，因为其中止的效力不及于其他人。

需要注意的是，在共谋犯罪但故意内容不确定情况下通常以实际发生的情形定罪处罚。在附条件的情况下，通常也以实际发生的情况论。

八、共犯与认识错误

对于共犯中的认识错误问题，原则上也适用关于单独犯认识错误理论来解决，即根据法定符合说解决。例如，甲乙丙共谋杀害张三，在实行犯罪时，甲误把李四认作张三而杀害，乙丙均成立故意杀人罪的共犯，承担故意杀人既遂罪责。

在共同犯罪中还会发生共犯人之间相互发生的一些认识错误，具有一定的特殊性，通常根据主客观相统一原理加以认定。如在共同作案时，各犯罪参与人故意性质（或内容）不一致的，各人也仅在具有故意的范围内承担刑事责任。对于其他犯罪人实施的超出本人故意范围的行为不负（共犯的）刑事责任。

在教唆他人犯罪的场合，被教唆人实施的行为与教唆人表达的内容不一致时，发生教唆犯的错误。对于教唆错误，同样采取"法定符合说"，主要有以下四种。

（1）如果在构成要件的范围内一致，则不影响教唆成立。例如，甲教唆乙入户盗窃丙，乙实行时误入丙的邻居丁家窃取了财物，不影响甲成立盗窃罪的教唆犯。如果在构成要件范围内完全不同时，则教唆人属于"教唆未遂"（被教唆人没有犯被教唆的罪）。

（2）如果被教唆人所犯的罪与教唆的罪部分一致部分不一致时，在重合限度内可成立共同犯罪。例如，甲教唆乙盗窃丙，而乙对丙实际进行了抢劫，则甲乙二人在盗窃限度内成立共犯，甲成立盗窃罪的教唆犯且属于被教唆人

（乙）犯了被教唆的罪，乙成立抢劫罪。对此，按照"教唆实行过限"的处理原则解决也可得出相同结论。

（3）如果甲教唆乙盗窃丙，乙对丙盗窃未遂时，则该共同犯罪未遂，甲也仅承担"犯罪未遂"的罪责。

（4）被教唆人犯罪时造成加重结果的，如抢劫致人重伤、死亡的，其教唆犯一般应共同承担责任。

对于帮助犯的错误，一般可参照上述教唆犯错误的解决办法。

第九章 罪数与数罪

第一节 罪数

一、罪数的标准

为区分单复数罪，首先应当明确区分一罪与数罪的标准。关于罪数的标准，刑法理论上存在各种学说，主要有以下三种。第一，犯意说。此说认为，犯罪的发生是基于犯罪人的主观恶性，只有这种恶性才是犯罪的本质。犯罪的行为和结果都不过是这种主观恶性的外部表现，因此，区分一罪与数罪应以犯罪人的犯意的个数为标准：行为基于一个犯意就是一罪，基于数个犯意就是数罪。第二，行为说。此说认为，犯罪都是一种行为，因此，区分一罪与数罪应以行为的个数为标准：行为人实施一个行为就是一罪，实施数个行为就是数罪。第三，结果说。此说认为，法律之所以要处罚犯罪分子，就因为犯罪分子侵害了一定的法益，发生了一定的犯罪结果。因此，区分一罪与数罪，应以结果的个数为标准：造成一个犯罪结果是一罪，造成数个犯罪结果是数罪。以上关于区分一罪与数罪标准的三种学说中，犯意说是主观说，而行为说和结果说是客观说。由于区分一罪与数罪的标准不同，因此结论也就完全不同。例如，一个人在同一时间同一地点用刀连续砍死了 3 人。按照犯意说，这是基于一个杀人故意，实施了三个杀人行为，应视为一个故意杀人罪。按照行为说，具有三个杀人行为，构成三个故意杀人罪。按照结果说，一条人命就是一个结果，那么杀死三人就具有三个结果，应构成三个故意杀人罪。在此，主观说和客观说的结论显然不同。在客观说中，行为说和结果说对一罪与数罪的理解也不总是一致的。例如，一个人以枪击的办法，一梭子弹打出去，同时打死三个人。按照行为说，这是一个故意杀人行为，因此尽管 3 人死亡仍是一罪。按照结果说，这是 3 条人命，因此尽管只有一个故意杀人行为还是构成三个故意杀人罪。我们认为，区分一罪与数罪的标准的上述主观说和客观说都存在一定的缺陷，孤立地、片面地强调了某一点而不及其余。例如，犯意说强调主观上的犯罪故意，而忽视客观上的犯罪行为和结果。行为说强调客观上的犯罪行为而忽视主观上的犯意和客观上的犯罪结果。结果说强调客观上的犯罪结果，而忽视主观上的犯意和客观上的犯罪行为。因此，这些学说是以割裂主观和客观为特征的，不可能科学地解决区分一罪与数罪的标准问题。由此可见，无论是犯意还是行为和结果，都不能孤立地作为我们区分一罪和数罪的标准。

按照我国刑法学界通说，区分一罪与数罪，应以犯罪构成作为标准。因此，我们主张在区分一罪与数罪的标准问题上，坚持犯罪构成说。根据犯罪构成理论，任何犯罪的成立，都必须是主观要件和客观要件的统一。因此，确定一罪与数罪，不能孤立强调主观和客观的某一个方面，而应把主观要件和客观要件结合起来考虑。因此，凡是具有充分满足一次构成要件的事实就是一罪，有充分满足两次构成要件的事实即为二罪，以此类推。

二、罪数的判断

（一）罪数要素的判断

罪数要素，又称罪数判断要素，是指犯罪构成的要素。犯罪构成是一个整体，在区分一罪与数罪的时候，应当将犯罪构成作为有机整体加以考虑，而不能像行为说、结果说或者犯意说那样，只考虑一个要素而不考虑其他要素。在这个意义上说，确定罪数是一种整体性判断。但犯罪构成是由主观与客观各个方面要件组合而成的，因此在以犯罪构成为标准区分一罪与数罪的时候，又不能脱离具体的犯罪构成要件。其中，行为个数的判断，即一行为还是数行为，对于确定罪数具有重要意义。因此，罪数要素的判断应以行为个数为中心展开。

在一般情况下，行为的个数往往决定犯罪的个数。因为一个行为，主观上也只能具有某一个行为的罪过。而数个行为，主观上也往往具有数个罪过。但在许多复杂的情况下，问题并非如此简单，首先需要界定什么是一个行为。这里所说的一个行为是指符合法律规定的构成要件的行为，因而与自然的或者社会意义上的行为是有所区别的。为此，应当明确以下两个问题。（1）将行为与动作加以区分。由于我们所说的行为是指符合法律规定的构成要件的行为，因而是一种构成要件的行为。这样，它与那些不具有构成要件意义的动作是有区别的。应该说，一定的行为往往通过一定的身体动作表现出来，但绝不能把这种身体动作当作刑法意义上的行为。（2）行为的认定必须以法律规定为标准。刑法对各种犯罪的规定是十分复杂的，在大多数情况下，将一个行为规定为一罪，这就是单行为犯。但在某些情况下，刑法往往将两个行为规定为一罪，这就是复行为犯。如抢劫罪就是如此。对于抢劫罪来说，一方面要有抢夺行为，另一方面还要有暴力、胁迫等方法行为。在这种情况下，虽然从一般意义上说，具有两个行为，但由于刑法将这两个行为规定为一罪，因此，从构成要件的意义上说，仍然是一个行为，只不过是一种复合行为而已。

通过对行为个数的判断，正确地区分一行为与数行为，可以将典型的一罪与数罪加以区分。这里典型的一罪，一般是指一行为造成一个结果，符合一个犯罪构成要件的犯罪。这种犯罪是标准的犯罪，其罪数问题一般不难区分。当然，在某些情况下，一行为由于具有时间上的持续性、接续性或者徐缓性，从罪数要素上判断，仍为一罪，是单纯的一罪。

（二）法律规定的判断

作为区分一罪与数罪标准的犯罪构成，是由法律加以规定的，而这种法律规定是各种各样的，除简单的犯罪构成以外，还有一些复杂的犯罪构成，这种复杂的犯罪构成不是一般地通过罪数要素判断就可以确定其罪数形态的。在这种情况下，从法律规定上判断仍为一罪。因此，是法定的一罪。从法律规定上分析，法定的一罪又有以下三种情形。（1）犯罪的转化形态，即行为人实施了两个行为，这两个行为之间存在递进关系，立法者规定在高度行为出现的情况以高度行为定罪，对低度行为予以吸收。（2）犯罪的集合形态，即行为人数次反复实施同一行为，立法者将这些反复实施的行为予以整体评价。（3）犯罪的竞合形态，即一行为符合数法条之规定，数法条规定之间存在逻辑上的从属或者交叉关系。这种情形，在刑法理论上称为法条竞合。

第二节　一罪

一、单纯的一罪

（一）继续犯

1. 继续犯的概念

继续犯，又称持续犯，是指犯罪行为在一定时间内处于继续状态的情形。例如，我国《刑法》第238条规定的非法拘禁罪，从非法地把他人拘禁起来的时候开始，一直到恢复他人的人身自由的时候为止，这一非法拘禁的行为处于持续不断的状态。

2. 继续犯的构成

（1）继续犯是一行为。一行为是继续犯成立的前提，否则不可能构成继续犯。

（2）继续犯的一行为具有持续性。这里的持续性，是指着手实行犯罪以后，其犯罪行为处于长时间的延续状态。

（3）继续犯是犯罪行为的持续，而不仅仅是不法状态的持续。在某些情况下，犯罪行为结束以后，犯罪行为造成的不法状态会在相当长的一段时间内存续，甚至永远存续。例如，盗窃，在盗窃行为结束以后，对他人财物的不法占有状态，直至赃物起获以前，一直都在存续之中。至于杀人，人死不能复生。因此，杀人行为结束以后，非法剥夺他人生命的状态永远存续。上述情形，在刑法理论上称为状态犯。显然，继续犯与状态犯是有所不同的。在继续犯的情况下，不仅仅是不法状态持续，更重要的是犯罪行为处于持续之中。

3. 继续犯的处理

在继续犯的情况下，尽管行为具有持续性，但并不能改变一行为的事实。换言之，行为的持续并不能增加行为的个数。因此，从构成要件要素上判断，继续犯应为一罪。当然，认定某一犯罪是否继续犯，对于计算追诉时效具有重要意义。

（二）接续犯

1. 接续犯的概念

接续犯是指行为人在一定条件下，以性质相同的数个举动连续地完成一个犯罪的情形。例如，某甲入室盗窃，在甲房间窃得一台彩电，又在乙房间窃得一台电脑，还在丙房间窃得一台冰箱。在此，虽然有数个盗窃举动，但只构成一个盗窃罪。

2. 接续犯的构成

（1）接续犯具有一行为。一行为是接续犯成立的前提，否则不可能构成接续犯。

（2）接续犯的一行为由性质相同的数举动构成。如果是性质不同的数举动构成的一行为，则只是典型的一行为。例如，持枪杀人，须有装子弹，举枪瞄准和扣动扳机等数个举动才能构成，由于这些举动性质不同，只是一行为的各个组成部分，因此并非接续犯。

（3）接续犯的数个性质相同的举动具有接续性。这里的接续性，是指数个举动具有密接性。这种密接性表现为：在时间上先后继起，在空间上密不可分，因而可以将数个具有密接性的举动视为一个犯罪行为。

3. 接续犯的处理

接续犯虽然存在时间与空间上具有密接性的数个举动，但这些举动只构成一行为。因此，从构成要件要素上判断，接续犯应为一罪。

（三）徐行犯

1. 徐行犯的概念

徐行犯是指本来可以即时达到预期目的的犯罪，行为人有意采取徐缓方式陆续完成的情形。例如，某甲为毁坏某乙的房屋，今天掀其一片瓦，明天拆其一块砖。天长日久，日积月累，使某乙的房屋倒塌，从而达到毁坏他人房屋的目的。

2. 徐行犯的构成

（1）徐行犯具有一行为。一行为是徐行犯成立的前提，否则不可能构成徐行犯。

（2）徐行犯的一行为由数个性质相同的举动组合而成。就此而言，徐行犯与接续犯具有一定的相似性。

（3）徐行犯的数个性质相同的举动具有徐行性。这是徐行犯与接续犯的根本区别。这里的徐行性，是指行为人把本来可以一举完成的行为有意地分成数次完成。

3. 徐行犯的处理

徐行犯虽然存在着数个举动，但这数个举动徐缓地构成一行为。因此，从构成要件上判断，徐行犯应为一罪。

二、法定的一罪

（一）转化犯

1. 转化犯的概念

转化犯是指实施一个较轻之罪，由于连带的行为又触犯了另一较重之罪，法律规定以较重之罪论处的情形。例如，我国《刑法》第 292 条第 2 款规定，聚众斗殴，致人重伤、死亡的，依照故意伤害罪、故意杀人罪定罪处罚，就是转化犯的适例。

2. 转化犯的构成

（1）转化犯是在实施一个较轻之罪的过程中连带地触犯了另一较重之罪。因此，在转化犯的情况下，具有两个行为。例如，《刑法》第 238 条第 3 款规定了非法拘禁罪转化为故意伤害罪、故意杀人罪的情形，就是在犯非法拘禁罪的过程中，使用暴力致人伤残、死亡，因而其行为又触犯了故意伤害罪、故意杀人罪。

（2）转化犯是由较轻之罪向较重之罪转化，因而具有转化性。在转化犯的情况下，存在着时间上具有先后衔接关系的两个犯罪：本罪与他罪。本罪是指转化以前的犯罪，他罪是指转化以后的犯罪。在转化的本罪与他罪之间具有一种递进性关系。

（3）转化犯之转化的根据是法律的明文规定，这是转化犯的法律特征，也是转化犯之所以为法定的一罪的原因之所在。刑法之所以设立转化犯，是因为所转化的他罪已经超越本罪的罪质，因而按照他罪处理更为妥当。

3. 转化犯的处理

转化犯是从本罪向他罪转化，尽管涉及本罪与他罪这两个犯罪，但由于刑法已经规定以他罪论处，因而不实行数罪并罚。从法律规定判断，转化犯应视为一罪。

（二）惯犯

1. 惯犯是指以犯罪为常业，或以犯罪所得为主要生活来源或者挥霍来源，在较长时间内反复多次实施某种犯罪的情形。

2. 惯犯的构成

（1）惯犯主观上具有犯罪的习癖性。这里的习癖性是指犯罪成为习癖，因而具有某种犯罪人格，表明犯罪人的人身危险性较大。

（2）惯犯客观上具有犯罪的惯常性。这里的惯常性是指在相当长的时间内反复犯同一之罪。

（3）惯犯具有法定性，是由刑法明文规定的。在惯犯的情况下，实际上是多次犯有同种之罪，由于这些犯罪之间具有内在同一性，立法上将其规定为一罪，予以整体性评价。一般来说，只有在同种数罪实行并罚的情况下，作为法定的一罪，惯犯才纳入罪数形态的研究范畴。我国刑法对同种数罪并不实行并罚，惯犯也不会在区分罪数上发生困难，因而刑法中对于惯犯未作规定。当然，惯犯作为一种犯罪形态，在量刑时具有一定意义。

3. 惯犯的处理

惯犯虽有数个同种之罪，在立法有明文规定的情况下，以法定的一罪处理。

（三）结果加重犯

1. 结果加重犯的概念

结果加重犯，又称为加重结果犯，是指法律上规定的一个犯罪行为，由于发生了严重结果而加重其法定刑的情形。例如，我国《刑法》第260条第1款规定的是虐待罪的基本犯，根据刑法规定，处2年以下有期徒刑、拘役或者管制。第2款规定，犯前款罪，致使被害人重伤、死亡的，处2年以上7年以下有期徒刑，这就是结果加重犯。在这种情况下，因为在犯虐待罪的过程中，发生了致使被害人重伤、死亡的情形，因而加重其刑。

2. 结果加重犯的构成

（1）结果加重犯具有一个基本犯罪行为，这是成立结果加重犯的前提条件。至于这一基本犯罪行为的主观罪过形式，应以刑法规定为准，在一般情况下，基本犯罪行为的主观罪过是故意，即为故意犯的结果加重犯。例如，我国《刑法》第234条第2款规定的故意伤害（致人死亡）罪。在个别情况下，基本犯罪行为的主观罪过也可能是过失，即为过失犯的结果加重犯。例如，我国《刑法》第131条规定的重大飞行事故罪，基本犯主观上是过失，处3年以下有期徒刑或者拘役；造成飞机坠毁或者人员死亡的，处3年以上7年以下有期徒刑。造成飞机坠毁或者人员死亡的，就是重大飞行事故罪的结果加重犯。

（2）结果加重犯是在基本犯罪行为的基础上造成了加重结果。结果加重犯的加重结果具有以下三个特征。①加重结果是超出基本犯罪的罪质范围的他罪结果，而不是基本犯罪结果的程度增加。例如，致人死亡，对于故意伤害罪来说就是加重结果。而故意重伤则是本罪结果而非他罪结果。②加重结果具有特定性，是一种特定的犯罪结果，在我国刑法中大多为重伤、死亡等。③加重结果是刑法规定的另外一种犯罪，因而结果加重犯涉及罪数问题。

（3）结果加重犯在基本犯罪与加重结果之间存在因果关系。如果没有这种因果关系，即使发生了某种加重结果，行为人对此也不承担刑事责任。

（4）结果加重犯对加重结果主观上存在过失。至于对加重结果的主观罪过形式是否包括故意，我国刑法学界存在两种不同的观点：第一种观点认为，对于加重结果只能是过失而不包括故意；第二种观点认为，对于加重结果既包括过失也包括故意。笔者赞同上述第一种观点，结果加重犯对于加重结果的主观罪过形式只限于过失。因为结果加重犯是一行为在造成一个本罪结果的同时又过失地造成一个他罪的加重结果，因而刑法才将其规定为一罪。如果除基本犯罪以外，一个行为又故意地造成了一个他罪的加重结果，那就不可能是结果加重犯。

3. 结果加重犯的处理

结果加重犯，虽然由于危害结果发生了变化而使法定刑升格，但犯罪行为并没有增加。所以结果加重犯是一罪而不是数罪，应当按照法律对结果加重犯的规定处罚。

（四）结合犯

1. 结合犯的概念

结合犯是指原为刑法上两个独立的犯罪，依照刑法的规定，结合成为第三罪的情形。例如，日本刑法分别规定了故意杀人罪和强奸罪，然后又规定了强奸杀人罪，这就是典型的结合犯。

2. 结合犯的构成

（1）结合犯的两个犯罪行为原为刑法上数个独立的犯罪。也就是说，结合犯中的两个行为是充足犯罪构成要件的行为，因而构成独立的犯罪。

（2）结合犯是将两个独立的犯罪结合成为第三罪。如果用公式表示，就是甲罪＋乙罪＝甲乙罪。我国刑法中，一个犯罪中包括另外一个犯罪的情形客观存在。例如，《刑法》第 239 条规定的绑架罪中包含故意杀人罪，但是按照刑法规定此种情形仍定绑架罪，而没有结合成为第三罪。就此而言，我国刑法中不存在结合犯的适例。

（3）结合犯之将两个独立的犯罪结合成为第三罪，是依照刑法的明文规定，这是结合犯的法律特征。

3. 结合犯的处理

结合犯由于刑法明文规定将两个独立的犯罪结合成为第三罪，因此是法定的一罪，应按照一罪处理。

（五）集合犯

1. 集合犯的概念

集合犯，指行为人以实施不定次数的同种犯罪为目的，虽然实施了数个同种犯罪行为，刑法规定不作为数罪而是作为一罪处理的犯罪形态。集合犯包括常业犯和营业犯。

2. 集合犯的构成要件

（1）集合犯的行为人以实施不定次数的同种犯罪为目的。

（2）集合犯通常实施了数个同种的犯罪行为，如多次非法行医等。

（3）集合犯是刑法将可能实施的数个同种犯罪行为规定为一罪，如非法行医罪。

3. 集合犯的种类

日本刑法理论界对于集合犯有两种分类方法，一种是将其分为常习犯和营业犯两种，一是将其分为常习犯、营业犯和职业犯三种。我国刑法理论界有人将其分为常业犯和营业犯。

（1）常业犯。以一定行为为常业的犯罪，即行为人意图实施多次同种犯罪行为，法律规定以反复多次实施同种犯罪行为为构成要件的犯罪。对于这种犯罪来说，只实施了一次行为的，犯罪还不能成立，只有反复实施同种犯罪行为，才能构成犯罪。

（2）营业犯，指以营利为目的，意图反复实施一定的行为、以之为业的犯罪。

4. 集合犯的处罚原则

对于集合犯，不论行为人实施了多少次犯罪行为，都只构成一罪，不实行数罪并罚。

三、处断的一罪

（一）想象竞合犯

1. 想象竞合犯的概念

想象竞合犯，又称为想象并合犯或想象的数罪，是指一个犯罪行为触犯数个罪名的情形。例如，某甲意图杀害某乙，向某乙开了一枪，结果打死一人，打伤一人。某甲这一杀人行为触犯了故意杀人罪和故意伤害罪两个罪名，是想象竞合犯的适例。

2. 想象竞合犯的构成

（1）想象竞合犯具有一行为。所谓一行为，指基于一个犯意所实施的行为。想象竞合犯的一行为并不限于故意的犯罪行为，即使是过失的犯罪行为也不影响想象竞合犯的成立。

（2）想象竞合犯的一行为触犯了数个罪名。所谓一行为触犯数个罪名，就是一个行为在形式上或外观上同时构成刑法规定的数个犯罪。

（3）想象竞合犯的一行为所触犯的数个罪名之间不存在逻辑上的从属或者交叉关系。这是想象竞合犯与法条竞合的区别。例如，盗窃数额较大的通信设施的行为，同时触犯破坏公用电信设施罪和盗窃罪，而且这两种犯罪之间不存在逻辑上的从属或者交叉关系。破坏与盗窃是两种完全不同的表现形式：破坏意在毁灭某种物质或者设施的价值；而盗窃则意在非法占有，使所有权发生非法转移。这两种犯罪在法条上没有任何瓜葛，而是由于犯罪人实施的一个行为，同时触犯了这两个罪名，从而使两者发生关联。

3. 想象竞合犯的处理

想象竞合犯因为一行为而触犯数罪名，在外观上来看，造成两个犯罪结果，具有数罪的特征。但由于想象竞合犯只有一行为，若对其按数罪论，则势必违反禁止重复评价的原则。因此，在刑法理论上对想象竞合犯实行从一重处断的原则。

法条竞合和想象竞合犯的区别如下。

这两种情况极容易发生混淆。两者都实施了一个行为，都触犯了数个法条，但也有重大区别，主要有以下几点。（1）法条竞合中的一个行为只有一个罪过，并且只产生了一个结果；想象竞合犯的一个行为往往具有数个罪过和数个结果。（2）法条竞合是由于法律条文之间存在着包容关系和交叉关系，以致一个行为触犯了数个法条；想象竞合犯则是由于犯罪的事实特征，即出于数个罪过、数个结果，以致触犯了数个罪名。（3）法条竞合的行为所触犯的数个罪名在法条内容上存在着包容或交叉关系；想象竞合犯的行为所触犯的数个罪名之间不存在这种包容和交叉关系。（4）法条竞合，在竞合的数个法条中仅仅可以适用其一，即按照特别法优于一般法的原则来处理；想象竞合犯中的法律适用则按照"从一重处罚"的原则。

（二）连续犯

1. 连续犯的概念

连续犯是指基于同一的或者概括的犯罪故意，连续数次实施犯罪行为，触犯同一罪名的情形。例如，甲因其妻与他人通奸，就蓄意杀死其妻及奸夫进行报复。一天下午，甲在家将其妻杀死晚上又潜入乙家，把乙杀死。这种情形就是连续犯，应当按一个故意杀人罪从重处罚。

2. 连续犯的构成

（1）连续犯数次实施的犯罪行为，分开看每一次行为都可以单独构成犯罪。如果行为人有意识地以数个举动完成犯罪，面数个举动仅形成一个行为，就不是连续犯，而是徐行犯。

（2）连续犯不仅要有数个犯罪行为，而且数个犯罪行为之间还必须具有连续性，至于数个犯罪行为之间有无连续性，应以行为人主观的犯罪故意和客观的犯罪行为为标准进行考察。行为人出于单一的犯罪故意，在一定的时间内，实施性质相同的犯罪行为，这些行为就有连续性，否则就没有连续性。

（3）连续犯的数个犯罪行为，是基于同一的或者概括的犯罪故意。所谓同一的犯罪故意是指数次犯罪行为都在犯罪人的预定计划之中。所谓概括的犯罪故意是指虽然没有明确具体的犯罪计划，但是有一个概括的犯罪意向，有一个总的犯罪意图。否则，尽管在客观上先后实施了两个以上犯罪行为，但出于不同的犯罪故意，那就不能认为是连续犯。

（4）连续犯实施的数次犯罪行为必须是触犯同种罪名。如果触犯的不是同种罪名而是异种罪名，那就不成其为连续犯。那么，什么是同种罪名呢？我认为，在单一式罪名的情况下，同种罪名较易理解。在选择式罪名的情况下，例如刑法规定的伪造、盗窃、抢夺、毁灭公文、证件、印章罪，如果一个人连续实施了数个不同行为形式或不同犯罪对象的行为，就可以成立连续犯。例如，某甲为同一个犯罪目的，先是伪造公文，继而又变造证件，就可以视为数次行为触犯同种罪名，是连续犯。

3. 连续犯的处理

虽然存在数个犯罪行为，但由于数个行为之间存在连续性，因而在裁判上被评价为一罪。由于我国刑法对同种数罪不实行并罚，连续犯作为一罪处理，更无理论上的障碍。根据我国审判实践的经验，参照我国刑法有关规定，对于连续犯可以按照不同情况分别加以处理：一般的连续犯，可以按照一个罪名从重处罚；危害严重的连续犯，可以按照情节加重犯处罚，以便做到罪刑均衡。

（三）牵连犯

1. 牵连犯的概念

牵连犯是指以实施某一犯罪为目的，而其犯罪的方法行为或者结果行为又触犯了其他罪名的情况。例如，为了诈骗而伪造公文，该诈骗行为构成了诈骗罪，其方法行为则构成了伪造公文罪，是牵连犯。又如，盗窃一支手枪后又把它私藏起来，该盗枪行为构成了盗窃枪支罪，其结果行为又构成了私藏枪支罪。

2. 牵连犯的构成

（1）牵连犯必须具有两个以上的犯罪行为，这是构成牵连犯的前提条件。行为人只有实施了数个行为才有可能构成牵连犯。如果只实施了一个行为，无法形成行为之间的牵连关系。例如，某犯罪分子拎包盗窃，把一个军人的手提包给拎走了，打开一看，手提包里有一支手枪。在这种情况下，虽然涉及盗窃罪与盗窃枪支罪两个罪名，但由于行为人主观上没有盗窃枪支的故意，因而不构成盗窃枪支罪。而且，在上述情况下，由于只有一个行为，不存在牵连的可能。

（2）牵连犯的数个行为之间必须具有牵连关系。所谓牵连关系，是指行为人实施的数个行为之间具有手段与目的或者原因与结果的关系。也就是说，行为人的数个行为分别表现为目的行为或原因行为、手段行为或结果行为，并互相依存形成一个有机的整体。关于牵连关系的标准，刑法理论上存在以下观点。①主观说，认为牵连犯的特殊性表现在人的主观心理活动，应以行为人主观意图来确认是否具有牵连关系，行为人主观上认为有牵连意图，就是牵连犯。②客观说，认为牵连犯的特殊性集中在行为人的客观行为上，行为人实施的数个行为之间，具有手段、目的或原因与结果的关系，才是牵连犯，具体又分为下列三说。一是行为一体说，认为某种犯罪手段行为应以属于本罪的构成条件或行为，通常手段被人们默示为一体。二是密切关系说，认为牵连关系应根据客观事实来考察，所实施的犯罪同方法、手段、目的具有密不可分的关系。三是通常性质说，认为牵连关系从方法上看，是某种犯罪通常采用的方法；从结果上看，是某种犯罪必然产生的结果。③折衷说，把主观说与客观说中密切关系结合在一起，主观上的犯一罪之意思，客观上两种行为具有密不可分的关系，才是牵连的关系。我们认为，牵连关系的认定应坚持主观与客观相统一的观点，即牵连关系是以牵连意图为主观形式，以因果关系为客观基础的有机统一体，现在分述如下。第一，牵连关系的主观根据——牵连意图。所谓牵连意图，是指行为人对实现一个犯罪目的的数个犯罪行为之间所具有的手段与目的或原因与结果的关系的认识。牵连意图又可以分解为以下两层含义：首先，行为人只追求一个犯罪目的，这是形成牵连意图的前提。其次，行为人将自己实施的数个行为分别确定为目的行为或原因行为、手段行为或结果行为，这是牵连意图的核心内容。在行为人主观意识中，直接实施犯罪目的的本罪行为是主行为，为实现这一犯罪目的创造条件是手段行为，是从行为，如，盗窃银行支票而去冒名提取款物，盗窃是原因行为，是主行为；冒领款物（诈骗）则是结果行为，是从行为。第二，牵连关系的客观基础——因果关系。在牵连犯中，行为人自觉利用因果关系的规律支配自己的数个行为，实现所追求的犯罪目的。一种行为之所以能够成为本罪行为的手段或结果，归根结底是因为这种行为与本罪行为具有内在的因果关系。牵连犯的数个犯罪行为之间具有一致的内在特性，牵连关系不仅是数个行为之间合乎因果规律的联系，行为人在实施前一种原因性行为时，就包含着实施后一种结果性行为的现实可能性。在一定条件下，这种可能性转化为现实性。第三，牵连关系是牵连意图与因果关系的统一，缺乏任何一个因素，都不可能形成牵连关系。

（3）牵连犯的数个行为必须触犯不同的罪名，这是牵连犯的法律特征。牵连犯具有两个以上的危害行为，是事实上的关系；牵连犯触犯两个以上的罪名，是法律上的关系。如果行为人的行为只触犯一个罪名，那就不是牵连犯。例如，犯罪分子盗窃以后销赃的，是否成立盗窃罪与销赃罪的牵连犯呢？回答是否定的。根据我国《刑法》第312条的规定，明知是犯罪所得的赃物而代为销售的是销赃罪。代为销售这一销赃罪的行为特征就排除了盗窃犯本人销售赃物构成销赃罪的可能性。对于盗窃犯来说，盗窃后的销赃行为只是一种不可罚之事后行为。这种行为并不构成销赃罪，因而不能成立牵连犯。

3. 牵连犯的处理

牵连犯虽然存在两个犯罪行为，但由于这两个犯罪行为之间存在牵连关系，因而刑法理论上对牵连犯实行从一重罪处断的原则。我国刑法对于牵连犯既有实行数罪并罚的规定又有从一重罪处断的规定。例如，根据《刑法》第198条的规定，投保人、被保险人故意造成财产损失的保险事故，骗取保险金；投保人、受益人故意造成被保险人死亡、伤残或者疾病，骗取保险金，同时构成其他犯罪的依照数罪并罚的规定处罚。在这种情况下，行为人实施故意杀人等手段制造保险事故诈骗保险金的，是手段行为与目的行为的牵连。对此，刑法明文规定实行数罪并罚。而《刑法》第399条第4款规定，司法工作人员贪赃枉法，其行为又构成受贿罪的，依照处罚较重的规定定罪处罚。在这种情况下，行为人收受贿赂以后为他人谋利益的行为又触犯了徇私枉法等罪名，是原因行为与结果行为之间的牵连。对此，刑法明文规定从一重罪处断。在上述两种刑法有明文规定的情况下，应当按照刑法规定分别实行数罪并罚或者从一重罪处断。在刑法没有明文规定的情况下，则仍应按照刑法理论，对于牵连犯从一重罪处断。

（四）吸收犯

1. 吸收犯的概念

吸收犯是指一个犯罪行为为另外一个犯罪行为所吸收，而失去独立存在的意义，仅以吸收的行为来论罪，对被吸收的行为不再予以论罪的情形。

2. 吸收犯的构成

（1）吸收犯具有两个犯罪行为，这是成立吸收犯的前提。

（2）吸收犯的两个犯罪行为之间存在吸收关系，这是吸收犯构成的关键。这里的吸收，是指一个犯罪包容另一个犯罪，被包容之罪失去独立存在的意义。因此，吸收犯的吸收是罪之吸收而非刑之吸收。两个犯罪行为之所以具有吸收关系，是因为这行为通常属于实施某种犯罪的同一过程，彼此之间存在着密切的联系，前行为可能是后行为发展的必经阶段，后行为可能是前行为发展的自然结果。根据我国刑法理论，吸收犯一般具有以下三种形式：①重行为吸收轻行为。这里的重与轻是根据行为的性质确定的，主要是指行为的法益侵害性的大小。例如，一个人先非法制造枪支，后又将其所制造的枪支私藏起来，就应以非法制造枪支行为论罪，而将私藏枪支的行为予以吸收。②主行为吸收从行为。这里的主从是根据行为的作用区分的，在共同犯罪中起次要或辅助作用的是从行为，其余是主行为。例如，甲先教唆乙去杀人，后又提供杀人工具。在这种情况下，一个犯罪人兼有教唆犯和帮助犯双重身份。在此，教唆是主行为，帮助是从行为，应以教唆行为吸收帮助行为。（3）实行行为吸收非实行行为。这里的实行行为与非实行行为要根据刑法的规定划分的，实行行为是由刑法分则加以规定的行为，而非实行行为是刑法总则加以规定的，例如，预备行为、教唆行为与帮助行为等。例如，犯罪人为杀人进行预备活动，然后将被害人杀死。在此，杀人的实行行为吸收杀人的预备行为。

3. 吸收犯的处理

吸收犯虽然存在两个犯罪行为，但由于一个犯罪行为已经为另外一个犯罪行为所吸收，因此只以吸收之罪论处。

四、法条竞合

法条竞合是定罪中的一种复杂情节，即一行为为数个法条所规定，这就发生了一个应当如何定罪的问题。因此，法条竞合的处理对于正确定罪具有重要意义。

（一）法条竞合的概念

法条竞合，是指同一行为在数个法条中都作了规定，内容上具有逻辑上的从属或者交叉关系的情形。刑法中的法条竞合关乎定罪问题，受到刑法理论的高度重视。法条竞合的产生，具有刑法价值与立法技术上的深刻原因。在某种意义上说，是一种立法方式，具有其存在的正当性。

在定罪的时候，法条竞合所要解决的是在一个犯罪行为该当数个法条的情况下，适用哪个法条的问题。法条竞合具有以下特征。

（1）实施一个犯罪行为。一个犯罪行为是构成法条竞合的必要前提。所谓一个犯罪行为，是指行为人在一定犯意的支配下，一次实施该当某种犯罪构成要件的行为。

（2）符合数法条所规定的犯罪构成要件。在法条竞合的情况下，行为人实施的一个犯罪行为符合数法条所规定的犯罪构成要件，因而形成竞合现象。竞合在法律上表现为重叠规定。因此，法条竞合是一种法律现象，区别于作为犯罪现象的犯罪竞合。

（3）犯罪构成要件之间存在逻辑上的从属或者交叉关系。在法条竞合的情况下，犯罪构成要件之间存在逻辑上的从属或者交叉关系，这是法条竞合的逻辑本质。法条竞合现象是法律规定错综复杂的结果，它与法律规定具有密切联系。刑法规定的每一犯罪都反映该种犯罪的本质特征。但是，犯罪现象是复杂的，罪与罪之间都有着不同程度的联系，从而使刑法规定的犯罪构成要件之间产生逻辑上的从属或者交叉关系。

（二）法条竞合的种类

法条竞合的种类是根据互相竞合的两个法条之间的逻辑关系，对法条竞合所作的理论分类。法条竞合可以做以下分类。

1. 从属关系的法条竞合

从属关系是指两个事项之间具有一种隶属性，其中一个事项是另一个事项的一部分。从属关系是大量存在的，它是事物之间普遍联系的一种表现。在刑法中，同样存在着罪名概念之间的从属关系，由此形成法条竞合。因此，所谓从属关系的法条竞合是指在两个罪名概念中，其中一个罪名概念隶属于另一个罪名概念。由于罪名概念之间的这种从属关系的表现不同，从属关系的法条竞合又可以分为以下两种情形。

（1）独立竞合。独立竞合是指一个罪名概念的外延是另一个罪名概念的外延的一部分而形成的法条竞合。在独立竞合的情况下，两个法条之间具有普通法与特别法的从属关系，因此，两个法条所规定的构成要件同样存在这种从属关系。在上述具有从属关系的两个法条中，普通法规定的是属罪名，特别法规定的是种罪名。种罪名由于法律的特殊规定而独立成罪，因而从属罪名中分离出来，两者之间存在排斥关系。显然，如果没有种罪名，则其犯罪行为应当涵括在属罪名之中。因此，当犯罪人实施特别法规定的犯罪行为时，从逻辑上说，其行为同时也符合普通法规定的犯罪构成，从而形成法条竞合。例如，我国《刑法》第 266 条规定了诈骗罪，这是普通法；而《刑法》第 192 条规定了集资诈骗罪、第 193 规定了贷款诈骗罪、第 194 条规定了金融票据诈骗罪、第 195 条规定了信用证诈骗罪、第 196 条规定了信用卡诈骗罪、第 197 条规定了有价证券诈骗罪、第 198 条规定了保险诈骗罪、第 204 条规定了骗取出口退税罪、第 224 条规定了合同诈骗罪，这是特别法。在上述情况下，存在普通法与特别法之间的法条竞合关系。

（2）包容竞合。包容竞合是指一个罪名概念的内容是另一罪名概念的内容的一部分而形成的法条竞合。在包容竞合的情况下，两个法条之间具有整体法与部分法的从属关系。其中，整体法规定的是包容罪名，部分法规定的是被包容罪名。在包容竞合的两个罪名概念中，被包容罪名由于法律规定将其涵括在包容罪名中，因而使其在特定条件下丧失独立存在的意义，两者之间存在吸收关系。当行为人实施某一犯罪行为，完全符合整体法规定的犯罪构成时，该行为的一部分也必然同时符合部分法规定的犯罪构成，从而形成法条竞合。例如，我国《刑法》第 232 条规定了故意杀人罪，这是部分法，而《刑法》第 239 条规定杀害被绑架人的应定绑架罪，处死刑，并处没收财产。因此，《刑法》第 239 条关于绑架罪的规定是整体法。在上述情况下，存在整体法与部分法之间的法条竞合关系。

2. 交叉关系的法条竞合

交叉关系是指两个事项之间具有重合性，其中一个事项的内容与另一个事项的内容各有一部分相交。在现实生活中，事物之间的交叉关系也是俯拾皆是的，它反映了客观事物之间千丝万缕的复杂联系。在刑法中，罪名概念之间的交叉关系就形成法条竞合。因此，所谓交叉关系的法条竞合是指在两个罪名概念中，其内容各有一部分相交的情形。由于刑法中的罪名概念之间的这种交叉关系的表现不同，交叉关系的法条竞合可以分为以下两种情形。

（1）交互竞合。交互竞合是指两个罪名概念之间各有一部分外延互相重合。每个罪名都是独立的，因而绝大多数犯罪的构成要件是互不相同的。但由于犯罪的复杂性和出于立法技术上考虑，有时两个罪名概念之间会发生部分重合，这就是所谓交互竞合。在交互竞合的情况下，在逻辑上是一种相互的包含关系规定之间存在择一关系。例如，我国《刑法》第266条规定了诈骗罪，第279条规定了招摇撞骗罪。从客体上说，诈骗罪的客体是财物，而招摇撞骗罪的客体是名誉、地位、职位等，也包括财物，因为立法并没有明确将财物排除在招摇撞骗罪的客体之外。从犯罪方法上说，诈骗罪在犯罪方法上并无限制，而招摇撞骗罪则限于采用冒充国家机关工作人员的方法。因此，从两个法条的内容分析，冒充国家机关工作人员诈骗财物的行为既符合诈骗罪的规定，又符合招摇撞骗罪的规定，两者之间存在着交互竞合。

（2）偏一竞合。偏一竞合是指两个罪名概念的内容交叉重合，但实际竞合的内容已经超出所重合范围的情形。偏一竞合也是一种交叉关系的竞合，但它不同于交互竞合，因为其内容已经超出重合范围。在偏一竞合的情况下，法条规定之间存在补充规定。例如，我国《刑法》第240条规定了拐卖儿童罪，第262条规定了拐骗儿童罪。其中，拐卖儿童罪是基本法的规定，而拐骗儿童罪是补充法的规定，两者之间存在基本法与补充法之间的法条竞合关系。

（三）法条竞合的适用原则

对法条竞合进行研究的目的，是在合理解释的基础上，科学地提出法条竞合的适用原则。法条竞合作为一种法律竞合，在发生竞合的数法条中，只有一个法条可适用，其他法条应予排除。从法条竞合的现象看，一行为涉及两个以上法条，这就存在一个如何适用法条，也就是如何定罪的问题。法条竞合适用法律的根据是禁止重复评价，即在互相竞合的数法条中，选择优位法适用。法条竞合具有以下适用原则。

1. 独立竞合的适用原则——特别法优于普通法

独立竞合的两个法条之间存在特殊关系，即特殊法与普通法的竞合。在这种情况下，特别法是优位法，应根据特别法优于普通法的原则适用特别法，排斥普通法。例如，《刑法》第266条关于诈骗罪的条款中，就有"本法另有规定的，依照规定"的内容。表明在诈骗罪与其他特殊诈骗罪发生法条竞合的情况下，应以其他特殊诈骗罪论处。当然，在刑法有明文规定的情况，应当适用重法优于轻法的原则。例如，我国《刑法》第 149 条第 2 款规定："生产、销售本节第 141 条至第 148 条所列产品，构成各该条规定的犯罪，同时又构成本节第 140 条规定之罪的，依照处罚较重的规定定罪处罚。"这就是我国刑法将在普通法与特别法竞合的情况下，重法优于轻法原则的特别规定。有此特别规定的，不适用特别法优于普通法原则，而应适用重法优于轻法原则。

2. 包容竞合的适用原则——整体法优于部分法

包容竞合的两个法条之间存在吸收关系，即整体法与部分法的竞合。在这种情况下，整体法是优位法，应根据整体法优于部分法的原则适用整体法，排斥部分法。例如，我国《刑法》第 233 条关于过失致人死亡罪的条文中，就有"本法另有规定的，依照规定"的内容，而在《刑法》第 133 条规定的交通肇事罪的构成要件中包括过失致人死亡的内容。在这种情况下，交通肇事罪的规定是整体法，过失致人死亡罪的规定是部分法，应按照整体法优于部分法的原则，以交通肇事罪论处。

3. 交互竞合的适用原则——重法优于轻法

交互竞合的两个法条之间存在择一关系。在这种情况下，重法是优位法，应根据重法优于轻法的原则适用重法，排斥轻法。至于何为重法，何为轻法，应根据案件的具体情况确定。

4. 偏一竞合的适用原则——基本法优于补充法

偏一竞合的两个法条之间存在补充关系，即基本法与补充法的竞合。在这种情况下，基本法是优位法，应根据基本法优于补充法的原则适用基本法，排斥补充法。例如，在拐卖儿童罪与拐骗儿童罪竞合的情况下，拐卖儿童罪体现了对儿童的补充保护。在行为符合拐骗儿童罪的情况下，应以拐骗儿童罪论处。如果行为已经超出拐骗儿童罪的范围，符合拐卖儿童罪的构成要件的，则应按照基本法优于补充法的原则，以拐卖儿童罪论处。

五、刑法上的专门规定

（1）刑法规定把一行为或一罪作为另一犯罪加重情节、不需要数罪并罚的情况。此类情况有：

①绑架并杀害人质的，以绑架罪一罪定罪处罚；

②拐卖妇女又奸淫被拐卖的妇女的，以拐卖妇女一罪定罪处罚；

③拐卖妇女又强迫、引诱、容留被拐卖的妇女卖淫的，以拐卖妇女一罪定罪处罚。强迫、引诱、容留被拐卖的妇女卖淫作为拐卖妇女的一个加重情况；

④组织卖淫又有强迫、引诱、容留妇女卖淫的犯罪，以组织卖淫一罪定罪处罚；

⑤组织他人偷越国边境又非法拘禁被组织者的，以组织偷越国边境罪一罪定罪处罚；

⑥组织、运送他人偷越国边境使用暴力抗拒缉查的，以组织、运送偷越国边境罪一罪定罪处罚；

⑦走私、制造、贩卖、运输毒品时，武装掩护的，或者以暴力抗拒检查、拘留、逮捕情节严重的，以走私、制造、贩卖、运输毒品罪一罪处罚。这在理论上一般理解为牵连犯。

上述把一罪作为另一罪加重情节的情况，与结合犯相近，但是，它们与结合犯不同的是没有形成新的罪名。

（2）刑法特别规定从一罪处罚，不适用数罪并罚的情况。

①盗窃信用卡并使用他人信用卡，以盗窃罪论处。理论上一般解释为，犯盗窃罪和信用卡诈骗罪，属于吸收犯。但也有认为是牵连犯的。

②伪造货币又出售、运输伪造的货币的，以伪造货币罪一罪从重处罚。吸收犯，也有解释为牵连犯的。

③私拆、毁弃邮件从中窃取财物的，以盗窃罪一罪从重处罚。一般解释为牵连犯。

④因受贿而犯徇私枉法罪，民事、行政枉法裁判罪，执行判决裁定失职罪，执行人员滥用职权罪的，择一重罪处罚。一般解释为牵连犯。

⑤为走私而骗购外汇，为骗购外汇而伪造有关公文，如果实行了走私罪，以走私罪一罪处罚。如果尚未实行走私行为，以骗购外汇罪一罪处罚。解释为牵连犯。

⑥使用破坏的手段盗窃数额较大财物，又毁坏大量财物的，以盗窃罪一罪从重处罚。解释为想象竞合犯。

⑦犯抢夺、窃取国有档案罪，同时又构成其他犯罪的，依照处罚较重的规定定罪处罚。解释为想象竞合犯。

⑧犯擅自出卖、转让国有档案罪同时又构成其他犯罪的，依照处罚较重的规定定罪处罚。解释为想象竞合犯。

⑨行为人购买假币后使用，构成犯罪的，以购买假币罪定罪，从重处罚。解释为牵连犯。

（3）刑法把数个有关联的独立的犯罪行为规定在一个条文中，只按照一罪定罪处罚的情况。例如，《刑法》第312条规定的掩饰、隐瞒犯罪所得、犯罪所得收益罪。其中的"窝藏、转移、收购、代为销售"四种行为都是独立的犯罪行为，都可以单独成立犯罪。例如，甲仅有窝藏赃物行为的，构成窝藏赃物罪，如果仅有销售赃物行为的，构成销售赃物罪。但是，如果甲既有窝藏又有转移又有代为销售行为的，也仅成立一罪，不实行数罪并罚。这种情形，理论上一般称为选择的一罪。其实，相当于把窝藏、转移、收购、销售赃物的行为，视同同种数罪，只不过罪名不同而已。

对于选择的一罪，通常按照行为特点确定罪名，如果行为人仅有销售赃物的行为的，认定为"销售赃物罪"。如果既有窝藏又有销售赃物行为的，定"窝赃、销赃罪"，以此类推。刑法中规定的选择一罪还有拐卖妇女、儿童罪。如果行为人仅拐卖妇女的，定拐卖妇女罪，仅拐卖儿童的，定拐卖儿童罪，既拐卖妇女又拐卖儿童的，定拐卖妇女儿童罪，不实行数罪并罚。其他选择一罪的情况还有：走私、贩卖、运输、制造毒品的犯罪；制造、运输、贩卖枪支、弹药、危险物质的犯罪；制作、复制、出版、贩卖，传播淫秽物品的犯罪等。

（4）法定的转化罪不是数罪，不实行数罪并罚。

①非法拘禁他人故意使用暴力殴打致被拘禁人造成伤残、死亡的，以故意伤害罪、故意杀人罪论处。

②刑讯逼供、虐待被监管人致人伤残、死亡的，以故意杀人罪、故意伤害罪论处。

③聚众斗殴造成重伤、死亡的，对直接责任人以故意杀人罪、故意伤害罪论处。

④非法组织卖血、强迫卖血致人重伤的，以故意伤害罪论处。

⑤在盗窃、诈骗、抢夺过程中使用暴力、威胁转化为抢劫罪。

⑥携带凶器抢夺的，以抢劫罪论处（是否属于转化罪尚未定论）。

（5）刑法特别规定多次犯同种数罪作为加重情节的情况。例如，多次抢劫的、多次强奸的、多次拐卖妇女儿童的，作为适用较重法定刑的条件，有情节加重意味。此外，刑法还有这样一些规定：多次贪污未经处理的，多次走私未经处理的。多次偷税、抗税未经处理的，按累计数额处罚。对此也可理解为刑法规定多次犯同种性质的数罪，按照一罪处罚。对于上述情况，根据我国对于判决宣告前的同种数罪不实行数罪并罚的司法习惯，也是不需要数罪并罚的。

对上述法定的七种情况，从自然的眼光、生活的眼光来看似乎是数罪或者就是数罪，但在法律上不能实行数罪并罚。许多初学者觉得自己对数罪并罚的一般原理掌握得很好，但仍然经常出错。其原因就是只知道一罪一罚、数罪并罚的一般情况，而没有注意到法律规定的特殊情况。对于法定的特殊情况，需要单独掌握，不可按照一般原理去推断。

（6）法定应当数罪并罚的情况。

①组织他人偷越国（边）境，运送他人偷越国（边）境，对被组织人、被运送人有杀害、伤害、强奸、拐卖等犯罪行为，或者对检查人员有杀害、伤害

等犯罪行为的，依照数罪并罚的规定处罚。

②以暴力、威胁方法抗拒缉私的，以走私罪和妨害公务罪，依照数罪并罚的规定处罚。对此一般认为是牵连犯，但数罪并罚。

③犯保险诈骗罪，投保人、被保险人故意造成财产损失的保险事故，或者投保人、受益人故意造成被保险人死亡、伤残或者疾病，同时构成其他犯罪的，依照数罪并罚的规定处罚。对此一般认为是牵连犯，但数罪并罚。

④纳税人缴纳税款后，采取假报出口或者其他欺骗手段，骗取国家出口退税款的，以逃税罪定罪处罚；骗取税款超过所缴纳的税款部分的，以骗取出口退税罪定罪处罚。并且要以逃税罪和骗取出口退税罪数罪并罚。解释为想象竞合犯但数罪并罚。

⑤犯组织、领导、参加恐怖活动组织罪，并实施杀人、爆炸、绑架等犯罪的，依照数罪并罚的规定处罚。但组织抢劫集团又实行抢劫犯罪的，不存在数罪并罚问题。

⑥收买被拐卖的妇女、儿童，又强奸被收买的妇女的，数罪并罚；收买被拐卖的妇女、儿童，又有非法拘禁、伤害、侮辱等犯罪行为的，数罪并罚。但是，收买被拐卖的妇女、儿童又出卖的，以拐卖妇女、儿童罪一罪处罚。

⑦组织、领导、参加黑社会性质的组织，或者境外的黑社会组织的人员到中国境内发展组织成员，又有其他犯罪行为的，依照数罪并罚的规定处罚。

⑧因为受贿而挪用公款，或者挪用公款后又使用挪用的公款犯其他罪的，数罪并罚。

⑨出售、运输假币构成犯罪，同时有使用假币行为的，依照《刑法》第171条出售、运输假币罪、第172条使用假币罪的规定，实行数罪并罚。

第十章　刑罚的基础理论

第一节　刑罚的概念

一、刑罚的概念

刑罚是国家创制的、对犯罪分子适用的特殊制裁方法，规定在刑法中的，由专门国家机关适用和执行的最为严厉的强制方法。是对犯罪分子某种利益的剥夺，并且表现出国家对犯罪分子及其行为的否定评价。刑罚具有以下特征。

（1）刑罚是最严厉的强制方法，区别于民事制裁、行政制裁。①它可以剥夺犯罪人的一切权利，自由、财产、资格，甚至包括生命。其他制裁方法只能剥夺一些不太重要的权利。②可以同时剥夺数种不同的权利，如生命权和财产权、自由权和财产权等。古代社会的刑罚极其严厉，近代以后趋于缓和，但和其他制裁方法相比，其严厉性是不言而喻的。

（2）刑罚只能由国家最高权力机关以成文法的方式制定，其他任何机关无权制定刑罚，最高权力机关制定刑罚时也只能在成文法中明确地加以规定。

（3）刑罚只适用于特定的对象，即犯罪分子。

（4）刑罚只能由国家特定机关依照刑法的规定并依照法定程序才能适用，即由人民法院依照刑法、刑事诉讼法的规定加以适用。

（5）刑罚只能由特定国家机关执行，我国的刑罚执行机关包括人民法院、监狱、公安机关等，其他任何机关或者人员无权执行刑罚。

二、刑罚权

刑罚是国家创制并且以国家的名义适用与执行的。因此，在理解刑罚概念的时候，首先就涉及刑罚权问题，也就是从刑罚与国家的关系上来探讨刑罚的本质。

刑罚权是国家基于独立主权对犯罪人实行刑事制裁的权力。在这个意义上说，刑罚权是国家权力的外在表现形式之一，它是一种国家权力。因此，刑罚权的存在是以国家权力为前提的，两者密切相关。在这个意义上说，刑罚权属于公刑权，以区别于私刑权。刑罚权不是抽象与空洞的，它必然通过一定的方式表现出来，而在刑事法律活动的不同阶段，具有不同的表现，这就是刑罚权的种类。下面分别加以论述。

（一）制刑权

首先表现为制刑权即刑罚的创制权。从广义上来说，制刑权的内容包括：（1）废，即废止某一种刑罚制度的权力。（2）改，即修改某一种刑罚制度的权力。（3）立，即确立某一种刑罚制度的权力。对刑罚制度的废、改、立，就是制刑权的全部内容。制刑权是刑罚权的重要表现形式之一。它是由国家权力机关直接以国家名义行使的，因而具有十分重要的意义。

（二）求刑权

刑罚创制以后，还要适用于一定之人。这就发生了由谁通过何种方式请求对犯罪人适用刑罚的问题。这种请求对犯罪人予以刑罚处罚的权力，便是求刑权，也就是起诉权。在古代社会，求刑权往往在于被害人。随着国家权力的扩张，求刑权收归国家所有，并授予检察机关行使，表现为公诉的形式，因而成为国家权力的重要组成部分。但在少数情况下，求刑权仍由个人（一般是被害人）行使，以自诉的形式出现（如侮辱罪、诽谤罪、暴力干涉婚姻自由罪、虐待罪、侵占罪），显然，自诉案件中的求刑权是个人权利，而不属于国家刑罚权的范畴。

（三）量刑权

在提起刑事诉讼以后，就发生了一个刑罚裁量的问题。基于求刑权而决定是否科刑以及科处何种刑罚的权力，就是量刑权。量刑权包括是否科刑与科处何种刑罚两个方面的内容：是否科刑，是指在确定被告人是否构成犯罪的基础上，决定其应否受刑罚处罚；科处何种刑罚，则是指在确定犯罪人应当科刑的基础上，确定刑罚的具体种类和分量。

（四）行刑权

量刑权只是解决了刑罚的裁量问题。判决书所确定的刑罚还有待于付诸实施，这就发生了一个刑罚执行的问题。行刑权，就是对犯罪人执行刑罚的权力。行刑权是量刑权的自然延伸，但它又不是量刑权的消极依附物，而是有其积极的内容，因而应当引起高度的重视。

三、刑罚的内在属性

刑罚是对犯罪分子某种利益的剥夺，并且表现出国家对犯罪分子及其行为的否定评价。因此，我国刑罚的内在属性是惩罚和教育。在某种意义上可以说，我国刑罚是惩罚与教育的辩证统一。通过揭示刑罚的内在属性，可以科学地界定刑罚的内涵。

（一）刑罚的惩罚性

刑罚与惩罚具有紧密而不可分离的联系，这是一个众所周知的常识。在这个意义上说，惩罚是刑罚的题中应有之义。没有惩罚，就没有刑罚。刑罚的惩罚性，主要是通过对犯罪人的某种利益或者权利的剥夺而实现的。各种刑罚方法剥夺的利益或者权利的内容是有所不同的。正是根据这种剥夺的利益和权利的不同，刑罚可以分为生命刑、自由刑、财产刑和资格刑。死刑以剥夺犯罪人的生命为内容，其惩罚性是不言而喻的。自由刑以剥夺犯罪人的人身自由为内容，使犯罪人遭受铁窗之苦，以示惩罚。财产刑包括没收财产和罚金，前者是对犯罪分子个人所有的财产的一部或全部的剥夺，后者是强制犯罪分子向国家缴纳一定的金钱，无论是前者还是后者，都使犯罪分子的财产遭受损失，从而体现出刑罚的惩罚性。资格刑以剥夺犯罪人的一定的政治权利或者其他权利为内容，使犯罪人参与国家政治活动或者管理活动的权利化为乌有，借此表达刑罚惩罚的意蕴。毫无疑义，揭示刑罚的内在属性，首推惩罚性。要使刑罚发挥惩治犯罪的作用，就要通过刑罚对犯罪分子造成一定的痛苦，剥夺其一定的权利与利益。这种痛苦和一定权利与利益的剥夺恰恰是刑罚赖以存在的基础。如果没有惩罚这一属性，刑罚就失去了其特性而不成其为刑罚。应该指出，惩罚虽然是刑罚的内在属性，是一切刑罚所具有的共性，但在刑罚进化的不同历史时期，刑罚的这种惩罚性的具体表现形态是有所不同的。刑罚从残酷到轻缓，就是刑罚进化的一般规律。

（二）刑罚的教育性

刑罚不仅是对犯罪人的一定权利的剥夺，而且还表明国家对犯罪分子及其行为的否定评价，并且从道义上谴责犯罪分子，这对于犯罪人以及其他人都寓有教育的意蕴。因此，教育也是刑罚的内在属性之一。教育作为刑罚的属性，在历史演变过程中，在各个时期的刑罚中所占的比重及其表现方式是有所不同的。在中国的蒙昧时代和西方的复仇时代，刑罚的惩罚性居于核心地位，刑罚的教育性是微乎其微的。在西方的威吓时代，刑罚的教育性主要表现为用残酷的刑罚进行恫吓。当然，与此同时，中国和西方历史上主张发挥刑罚的感化作用的思想家也不乏其人。显然，与恫吓相比，感化与我们现在所说的教育，距离更为接近。及至近代西方教育刑兴起，更是将教育视为刑罚的本质特征。应该说，教育因素在刑罚属性中的地位加强，正是刑罚进化的必然结果。我国刑罚特别重视刑罚的教育性。它通过对犯罪的谴责，使犯罪分子认罪服法，在思想上受到深刻的教育。因此，如果没有教育这一因素，刑罚同样不成其为刑罚。而且可以肯定，随着社会进步、文化发展，刑罚的教育性这一属性将在我国刑罚中占有越来越重要的地位。

（三）刑罚是惩罚与教育的辩证统一

在我国刑罚中，惩罚与教育这两个属性是有机地结合在一起的，互相不可分离。首先，惩罚不能离开教育，没有教育内容的单纯的惩罚不是我国刑法中的刑罚；其次，教育也不能离开惩罚，刑罚的教育性必然要以惩罚为前提，没有惩罚内容的单纯的教育也不成其为刑罚。在这个意义上，作为刑罚内在属性的惩罚与教育，是互为条件、互为前提的，两者不能互相分离而独立存在。刑罚的惩罚与教育的统一就是我国刑法一再强调的惩罚与教育相结合的原则。我们应当从惩罚与教育相结合的意义上，科学地揭示刑罚的内在属性。

四、刑罚的外在特征

刑罚的内在属性，必然通过一定的形式表现为外在特征。根据刑罚的外在特征，我们可以界定刑罚的外延，把它与其他法律强制方法相区别。刑罚同其他法律强制方法相比较，具有以下三个特征。

（一）强制程度的严厉性

刑罚是最严厉的一种强制方法，这在它所剥夺的权利与利益上得到充分体现。刑罚可以剥夺犯罪人的权利、财产、人身自由乃至生命，而其他任何强制方法，都不可能达到这样严厉的程度。

（二）适用对象的特定性

刑罚只能对触犯刑律构成犯罪的人适用，无罪的人绝对不能适用刑罚。可以说，将刑罚的适用对象限于犯罪人是刑罚正当性的基本前提，这也是刑罚与其他法律强制方法的根本区别之一。

（三）法律程序的专门性

刑罚只能由审判机关代表国家依照专门的法律程序适用。为了使刑罚适用公正合理，现代社会各个国家均专门颁布了刑事诉讼法。审判机关追究犯罪分子的刑事责任，对犯罪分子适用刑罚必须按照刑事诉讼法所规定的管辖权限、诉讼程序进行，否则就是非法的，而其他法律强制方法则按照其他程序适用，两者有着根本区别。

第二节　刑罚的功能

刑罚的功能，是指国家创制、适用、执行刑罚所可能产生的积极的社会作用。如果说，刑罚的内在属性惩罚与教育，这是从静态上揭示刑罚的本质特征，那么，刑罚的功能应当是刑罚的内在属性在其运动过程中的外在表现，是刑罚内在属性的外化，这是从动态上考察刑罚这一法律制度。刑罚的功能与国家刑事法律活动是密不可分的，它只能表现在国家创制、适用与执行刑罚的过程之中。因此，必须结合刑事法律活动的过程，才能科学地揭示刑罚的功能。刑罚的功能还表现为刑罚的社会作用。因而，它不仅发生在犯罪人身上，而且还发生在受害人、社会上的不稳定分子以及其他社会成员身上，我们不能因为刑罚仅适用于犯罪分子，而否定刑罚对犯罪分子以外的人也会发生社会影响。刑罚的功能不仅是一种社会作用，而且可能产生积极的社会作用。所谓可能产生，是指刑罚的功能还只是蕴含在刑罚之中的一种客观的现实可能性，它的发挥与实现还有待于刑事法律活动的完成。所谓积极，是指刑罚的功能有消极与积极之分，消极的作用也是客观存在因而是不可否认的，在此，我们只是在积极意义上探讨刑罚的功能。

一、剥夺功能

刑罚的剥夺功能是针对犯罪人而言的，对犯罪人的权利与利益予以剥夺，这是刑罚的首要功能，也是刑罚性的最直观的外在表现。同时，刑罚的剥夺功能还对刑罚的其他功能具有制约作用，是刑罚其他功能发挥的重要前提。离开了刑罚的剥夺功能，刑罚的其他功能也就无从谈起。

对犯罪分子的权利与利益的剥夺，是犯罪人实施犯罪行为的法律后果。刑罚具有弃恶扬善，制止犯罪，伸张社会正义的特殊作用，而剥夺功能便是刑罚这种作用的直接体现。正是基于这样一种考虑，对犯罪分子剥夺的权利与利益应当尽可能地与犯罪分子的犯罪行为所侵犯的权利相适应。刑罚中的剥夺功能，在剥夺的权利上尽可能地类似于犯罪所侵害的客体。这是现代各国刑罚种类设置的一条不可忽视的原则。例如，对于谋杀等十分严重的犯罪规定死刑，剥夺犯罪人的生命。对于经济犯罪与财产犯罪，除规定自由刑，甚至个别规定死刑以外，大多还规定财产刑，剥夺犯罪人的财产。凡此种种，无不是奠基于报应之上的剥夺功能的表现。

剥夺功能不仅是报应的体现，而且还是预防犯罪的具体措施，在这个意义上，剥夺功能应当是指对于犯罪人再犯能力的剥夺。例如，龙勃罗梭基于天生犯罪人论，认为人类社会中既然存在这些特殊的犯罪人的类型，就必然对社会带来危险状态。因此，龙勃罗梭主张依据这些犯罪人的特殊的、明显的生理烙印，不等到他们犯下某种罪行时，就采取断然的社会保护措施，用人工选择的方法，来消灭人类中的坏分子，即对先天犯罪人采取处以死刑、终身隔离、流放荒岛、消除生殖机能等刑罚。此后，李斯特提出教育刑论，主张不但要根据犯罪人的具体情况，进行教育改造，使其尽快复归社会，而且要达到保卫社会的目的。

剥夺功能根据报应与预防，可以加以迥然不同的理解，在刑法理论上，也确实有些学者把这两种剥夺功能截然对立起来，在现实生活中也不可否定两者存在的客观差别。但是，剥夺功能中的报应与预防还是可以统一的，事实上，各国刑法也无不力求其统一。例如，对于将财产作为工具进行经济犯罪的犯罪分子适用财产刑，一方面是基于报应，因其侵犯他人财产而剥夺其财产；另一方面是基于预防，因其有可能利用财产再次犯罪而剥夺其财产。又如，对于利用政治权利进行犯罪的犯罪分子适用剥夺政治权利，一方面是基于报应，因其侵犯他人政治权利而剥夺其政治权利；另一方面是基于预防，因其有可能利用政治权利再次犯罪而剥夺其政治权利。

二、矫正功能

同剥夺功能一样，矫正也是针对犯罪人的刑罚功能，并且是最主要的功能之一。如果说，刑罚的剥夺功能具有十分悠久的历史，甚至可以说是刑罚与生俱来的功能，那么，刑罚的矫正功能则是近代才提出来的，它的提出，表明人类对刑罚现象的认识的又一次升华。刑罚的剥夺功能主要表现在量刑过程中，行刑是剥夺功能的具体实现的过程，而刑罚的矫正功能则主要发生在行刑阶段。因此，矫正功能具有十分重要的意义。

对犯罪分子的矫正不仅是必要的与有益的，而且是完全可能的。这里涉及对犯罪分子矫正的可能性问题。矫正犯罪分子的可能性是由人的思想的可塑性所决定的。世界是一个运动变化的过程，立足于现实世界的人，是各种社会关系的主体，也在这种不断的运动变化中调整自己的行为，人不仅是自然的产物，更重要的是社会的产物。人的意识，包括犯罪分子的思想意识，是自然界和社会客观存在的事物在其头脑中的反映。因此，人的思想既不是天生的，也不是头脑里固有的，而是来自社会实践。正是在这个意义上，人是可以改造的。我国刑罚制度体现了对犯罪分子进行矫正这样一个思想。例如，我国刑法中的无期徒刑和有期徒刑，是将犯罪分子关押在监狱或者其他场所进行教育改造。我国还规定了死缓制度，对判处死缓的罪犯，强制实行教育改造。

三、感化功能

感化功能是针对犯罪分子而言的，它主要体现了刑罚的教育性和有条件的宽容性。刑罚的感化功能是指通过区别对待、宽大处理等一系列的政策与制度，使刑罚对犯罪分子产生心理上的感受和影响。

我国刑罚的感化功能，是惩办与宽大相结合这一刑事政策的直接体现。根据惩办与宽大相结合的刑事政策，在处理刑事案件的时候，应当区分不同情况，实行区别对待，惩办少数，改造与教育多数。这一政策在我国刑法中得到具体体现。我国刑法规定了自首、缓刑、减刑、假释、死缓等刑罚制度以及一系列从轻、减轻或者免除处罚的量刑情节。这些制度与从宽处理的情节，都表现了国家对犯罪分子宽大处理的政策精神. 可以消除犯罪人的抵触情绪，使其自觉地接受加于自己身上的刑罚，从而对犯罪分子起到攻心作用。许多犯罪分子在受到法律的宽大处理以后，都对政府感恩不尽，决心改恶从善，脱胎换骨，重新做人，就是刑罚通过宽大处理而感化罪犯的最好说明。对犯罪分子的刑罚感化，不仅表现在量刑过程中，而且体现在行刑过程中。行刑既不单纯是对犯罪分子的权利的剥夺，也不仅仅是对犯罪分子的改造，而且通过各种措施，感化犯罪人。只有这样，才能收到良好的效果。我国刑罚之所以强调感化功能，还立足于这样一个基本思想，即犯罪分子也是人。尽管有些犯罪分子在长期的恶劣环境中，丧失了为人的理智与感情，形成变态的心理，有些甚至变成丧心病狂的亡命之徒；但这些犯罪分子仍然是人，对于外界的刺激也不会无动于衷，也还会有人的感情需求。在根据其所犯罪行，予以严肃的法律制裁的同时，应动之以情，晓之以理，打动心灵，启迪理智。因此，刑罚的感化功能是使犯罪分子成为新人的有效方式。

四、威慑功能

刑罚的威慑功能历来受人们重视，甚至被夸张到不恰当的程度。例如，中国历史上的法家代表人物韩非子就主张以重刑进行威慑，所谓"重一奸之罪而止境内之邪"。在西方历史上的威吓时代，也无不迷信重刑的威吓作用。及至近代，费尔巴哈更是以心理强制说著称于世。心理强制说的核心就是用法律进行威吓。费尔巴哈过分夸大刑罚的威慑功能固然是不妥的，但根本否认刑罚具有威慑作用，同样是难以信服的。实际上，刑罚的威慑作用是客观存在的，我们应当予以充分重视。刑罚的威慑功能，有个别威慑与一般威慑之分。

个别威慑是指刑罚对犯罪分子产生的威慑作用。个别威慑又可以分为行刑前威慑与行刑后威慑。行刑前威慑是指犯罪分子在受到刑罚惩罚前，基于对刑罚的畏惧而采取放弃犯罪或者争取宽大处理的行为。犯罪分子是具有正常理智的人，是在意志自由的情况下实施犯罪的，除个别激情型或义愤型犯罪具有突发性往往缺乏对本人行为后果的预见以外，在大多数情况下，犯罪分子都了解法律规定，对自己行为的法律后果有所预见，是基于本身的愿望而选择犯罪。因此，犯罪分子虽然没有亲身感受过刑罚的惩罚，但刑罚的存在无疑是对犯罪分子的强大阻止，对犯罪分子具有威慑作用。行刑后威慑是指刑罚的实际执行使犯罪分子因畏惧再次受刑而不敢再犯罪。犯罪分子往往具有侥幸心理，行刑前威慑虽然具有一定的作用，但犯罪分子因心存侥幸而不顾刑罚的威慑以身试法。为此，通过对犯罪分子适用刑罚，使之亲身体验受刑之苦，告知犯罪必须以受惩罚为代价，任何侥幸都是枉然，从而产生犯罪与刑罚之间具有必然联系的确信。这样，犯罪分子就会消除犯罪动机，抑制犯罪意念，使再犯心理不外化为再犯行为。

一般威慑是指刑罚对潜在犯罪人发生的威吓慑止的作用。一般威慑又可以分为立法威慑与司法威慑。立法威慑是指国家以立法的形式将罪刑关系确定下来，通过刑法规定犯罪是应受刑罚惩罚的行为，并具体列举各种犯罪应当受到的刑罚处罚。这就为全社会提供一份罪刑价目表，使知法欲犯者望而止步，悬崖勒马。司法威慑是指法院对犯罪分子适用刑罚，行刑机关对已决罪犯执行刑罚，使意欲犯罪者因目击他人受刑之苦，而从中得到警戒和威慑。应当指出，立法威慑和司法威慑是互相联系不可分割的，不能片面地强调立法威慑而忽视司法威慑。实际上，没有立法威慑，就不可能有后来的司法威慑；而没有司法威慑，立法威慑也不可能产生应有的效果，两者是密切结合的有机整体。个别威慑与一般威慑是辩证统一的，将两者割裂开来或者对立起来的观点都是错误的。如果只考虑个别威慑而不考虑一般威慑的需要，个案的处理效果会对社会产生不良的影响。同理，如果脱离个别威慑，过分强调一般威慑，甚至为追求一般威慑的效果不惜加重对犯罪人的刑罚，这当然是不公正的。

五、鉴别功能

刑罚的鉴别功能，是刑罚的教育性的直接体现。鉴别的实质就是教育，通过刑罚的创制、适用及执行帮助犯罪分子以及其他社会成员划清罪与非罪的界限，从而提高法制观念。刑罚的鉴别功能是对刑罚的威慑功能的必要补充，因为刑罚的威慑功能存在一个十分重要的缺陷，就是只对知法已犯或知法欲犯者产生影响，而对于不知法已犯或不知法欲犯者毫无影响。为此，就需要通过刑罚的鉴别功能发挥明辨是非的作用。因此，鉴别功能也具有十分重要的意义。

鉴别功能是刑罚对社会上的其他人发生的认清某一行为的性质的作用。刑罚功能首先对于不知法而欲犯者具有鉴别功能。在司法实践中，经常发生这样的情形：有些人已经产生实施某一行为的意念，但并不知道这一行为是犯罪，在这种情况下，如果在其实施这一犯罪行为之前，通过一定的方式告知其行为是犯罪的，就会使之不付诸实施。而对实施同样或者类似行为的犯罪人适用刑罚，就是最佳方式。刑罚鉴别不仅对不知法而欲犯者具有鉴别功能；对于自发守法者也具有这种鉴别功能，以促使其向自觉守法者转化。自发守法者尽管没有产生犯罪的意念，是一个守法公民，但他这种守法不是建立在对法律内容的了解与对守法价值的认识的基础之上的，而是较为被动的、消极的守法。通过对犯罪分子适用刑罚，可以帮助这些人了解法律内容、认识守法价值，因而具有鉴别功能。

六、补偿功能

犯罪作为一种危害社会的行为，一般都存在被害人。被害人因受到犯罪的侵害而在物质上受到了不同程度的损失，因而要通过对犯罪分子适用刑罚，一方面惩罚犯罪人，另一方面使被害人得到一定的补偿。因而，刑罚对被害人具有补偿功能。被害人遭受经济损失的，我国刑法对犯罪分子除依法给予刑事处分外，并应根据情况判处赔偿经济损失。为了实现刑罚的补偿功能，我国《刑事诉讼法》第 101 条专门对刑事附带民事诉讼作了规定。所有这些规定，都是使被害人的物质损失得以补偿的法律保障。

七、安抚功能

刑罚的安抚功能是刑罚的重要功能之一。犯罪行为对社会造成侵害，破坏了社会秩序，引起被害人的激愤与其他人的义愤。在这种情况下，通过对犯罪分子适用刑罚，可以平息民愤，满足社会公正的要求。因此，安抚功能首先是对被害人的功能，满足被害人要求惩罚犯罪分子的强烈愿望，抚慰其受到的精神创伤，并使其尽快从犯罪所造成的痛苦中解脱出来。其次，安抚功能也对社会上其他成员产生作用，对犯罪分子处以刑罚体现了社会的正义要求，恢复被犯罪行为破坏了的心理秩序。

八、鼓励功能

刑罚只能对犯罪分子适用，但其影响却涉及整个社会，对全体社会成员都发生作用。我们不赞成那种把全体社会成员作为刑罚威慑对象的观点，但并不能由此否认刑罚对守法公民也有影响。如果说，刑罚之于犯罪分子主要表现为剥夺、之于潜在犯罪人主要表现为威慑，这都是一种否定的功能。那么，刑罚之于守法公民，则主要表现为鼓励，这是一种肯定的功能，其结果在于强化公民的守法意识。

应当指出刑罚的上述功能是客观存在的，无论人们是否认识到这些功能，它不以人的意志为转移。但是，刑罚的这些功能虽然是客观存在的，它的实现却有赖于刑事法律活动，在一定的意义上取决于人如何去发挥它。历史上的立法者与司法者，有的追求刑罚的剥夺功能，有的追求刑罚的威慑功能，因而各个历史时期刑罚功能的实际效果存在巨大差异。这就存在一个主观选择的问题，这个问题已经超出了刑罚功能的范畴，而涉及刑罚目的问题，即根据一定的预定目标发挥刑罚的功能。

第三节　刑罚的目的

刑罚目的是刑法理论中一个极为重要的问题，它对于刑罚的创制与适用，都有着直接的指导意义。

一、刑罚的报应目的

报应是指对某一事物的报答或者反应。在刑法理论中，作为刑罚目的，报应是指刑罚作为对犯罪的一种回报、补偿的性质以及对此的追求。报应是一种十分古老的观念，作为一种理论形态，它经历了从神意报应到道义报应，再到法律报应这样一个演进过程。尽管在各种报应论之间存在理论上的差异，但贯彻始终是报应的基本精神，即根据已然之罪确定刑罚及其惩罚程度，追求罪刑之间的对等性。因此，报应理论被称为是一种回溯性的惩罚理论。

（一）道义报应

道义报应是指根据犯罪人的主观恶性程度实行报应。根据道义报应的观点，对犯罪人发动刑罚，应以其道德过错为基础，使刑罚与道德充分保持一致。道义报应的本质是将刑罚奠基于主观恶性，予以否定的伦理评价。道义报应揭示了刑罚的伦理意义，因而是刑罚的题中应有之义。

（二）法律报应

法律报应是指根据犯罪的客观危害程度实行报应。根据法律报应的观点，对犯罪人发动刑罚，应以其客观上对社会造成的危害为基础。法律报应将刑法与道德加以区分，认为犯罪的本质并不是一种恶，尤其不能把罪过视为犯罪的本质，满足于对犯罪的否定的道德评价，而是强调犯罪是在客观上对法秩序的破坏，刑罚是对犯罪的否定。

（三）道义报应与法律报应

道义报应以道德罪过作为报应的根据，而法律报应以法律规定的客观危害作为报应的基础，两者存在明显的差别。但道义报应与法律报应都是对已然的犯罪的一种报应，对已然的犯罪人予以否定的伦理的与法律的评价，使刑罚兼具伦理上之必要性与逻辑上之必要性，从而体现社会伦理与法律的尊严，因而道义报应与法律报应具有内在同一性。

二、刑罚的预防目的

预防是指对某一事物的预先防范。在刑法理论中，作为刑罚目的，预防是指通过对犯罪人适用刑罚，实现防止犯罪发生的社会功利效果。预防同样是一种古老的观念，作为一种理论形态，存在个别（特殊）预防论与一般预防论之分。预防观念经历了从威吓到矫正的演进过程。尽管各种预防论之间存在理论上的差异，但预防理论的内在逻辑是一致的，即根据未然之罪确定刑罚及其惩罚程度。因此，预防理论被称为是一种前瞻性理论。

（一）特殊预防

（1）特殊预防的概念。特殊预防又称个别预防，是指通过对犯罪人适用一定的刑罚，使之永久或在一定期间内丧失再犯能力，从而预防他们重新犯罪。个别预防最初是通过对犯罪人的肉体折磨而实现的，如亡者刖足、盗者截手、淫者割其势等，使犯罪人丧失犯罪能力。随着人类文明的发展，人道主义的勃兴，这种残酷的刑罚受到猛烈抨击，以矫正为基础的近代个别预防论产生。矫正论注重消除犯罪人的人身危险性，通过生理与心理的矫治方法，使犯罪人复归社会。在我国，对犯罪分子适用刑罚，除对极少数罪行特别严重的适用死刑外，主要是利用刑罚的剥夺、惩罚和教育改造功能，限制或剥夺犯罪分子的再犯能力，使其认罪服法，悔过自新，重新做人。这就说明，特殊预防的对象只能是因实施犯罪而受到刑罚处罚的犯罪人。特殊预防的这种作用表现为如下两个方面。

①剥夺与惩罚是预防犯罪分子再次犯罪的前提。行为人实施犯罪是为了追求某种非法利益或满足某种非分的需要，而特殊预防则意味着犯罪人在法律面前必将付出一定的代价，使本来享有的权益受到一定的限制和剥夺。一般来说，犯罪代价越小，获利越多，犯罪意念就越强；犯罪代价越大、获利越少，犯罪意念就越弱；而当犯罪的代价大于获利时，犯罪意念就可能被抑制。因此，如

果不剥夺犯罪分子的再犯能力和条件，不对其施加与其犯罪危害程度相当的惩罚和痛苦，就不足以防止他们再次犯罪。如果刑罚使犯罪分子遭受的损失和痛苦小于犯罪得逞所带来的快乐和利益，就会强化其犯罪动机，巩固其犯罪心理。因此，为了遏制犯罪，刑罚对犯罪行为的否定评价、非难谴责和施加的痛苦，就应相当于或稍大于犯罪之所得，使惩罚成为真正的犯罪后果，让犯罪分子在生理上和精神上产生强烈的痛苦体验和畏惧心理，充分认识到犯罪不仅得不到任何好处，反而招致剥夺和惩罚，带来损失、痛苦和耻辱，从而抑制或消除再次犯罪意念，痛改前非。

②教育与改造是预防犯罪分子重新犯罪的根本措施。对犯罪分子适用刑罚如果只有惩罚威慑而没有教育改造，只能使罪犯在权衡利害后，消极地、被动地、暂时地抑制或者放弃犯罪念头，而不能彻底消除其犯罪心理。有时一味地惩罚，甚至还可能使罪犯产生消极抵触情绪和对抗性行为。所以，应当在惩罚威慑以造成犯罪分子痛苦体验和畏惧心理的同时，对其进行耐心细致的思想教育和必要的劳动改造，并针对其心理状态、人格特征和犯罪的具体原因，采取个别化的矫正措施，才能使他们从被迫接受改造转向自觉进行改造。只有既从功利上遏制犯罪意念，又从思想根源上彻底消除犯罪意识，才能矫正其反社会的个性品质，树立起新的世界观和人生观，真正改恶从善，重新做人。

（2）特殊预防的方式。对不同的犯罪分子适用不同的刑罚，是预防他们重新犯罪的基本手段。这种手段的使用表现为如下几种方式：①对极少数罪行极其严重的犯罪人，通过适用死刑立即执行的方式，永远剥夺其重新犯罪的能力。这是一种最简单、最有效的特殊预防方式，但用这种方式来实现特殊预防目的有一定的负面作用，应当尽量限制使用。②对绝大多数犯罪人通过采取适用不同期限自由刑的方式，使犯罪人在一定时期内与社会隔离，同时在其服刑期间对其进行教育改造，使他们成为遵纪守法的公民，不致再危害社会，这是特殊预防的最基本和最主要的方式。③对经济犯罪、财产犯罪和其他贪财图利犯罪的犯罪人适用财产刑，剥夺其重新犯罪的资本和物质条件，使其得不偿失，从而不能、不敢或不愿再次犯罪。特别是对罪行较轻、主观恶性较浅、人身危险性不太大的犯罪人和犯罪单位单独科处财产刑，不但经济便利而且可以补救短期自由刑带来的一些弊病，更有利于达到特殊预防的目的。在市场经济条件下，财产刑在特殊预防方面的作用日益受到各国的重视，它是实现特殊预防的重要方式。④通过对某些犯罪人独立或附加适用资格刑，剥夺其一定的权利或资格，从而防止他们利用这些权利或资格重新进行犯罪，这也是特殊预防的一种重要方式。

（3）特殊预防的实现。实现特殊预防目的的关键在于妥善处理剥夺、惩罚和教育改造三者的辩证关系。既要反对不要惩罚的教育万能论，也要反对忽视教育的单纯惩办主义。必须寓教育改造于剥夺惩罚之中，把剥夺惩罚和教育改造有机地结合起来。中华人民共和国成立 70 年来的实践证明，只有坚决贯彻执行"惩罚管制与思想改造相结合、劳动生产和政治教育相结合"的政策和"改造第一，生产第二"的方针，才能对罪犯进行卓有成效的改造，使绝大多数罪犯改造成为遵纪守法、自食其力的合格公民。当前针对我国刑事犯罪增多，尤其是青少年犯罪比例上升的情况，党和国家在强调依法从重从快打击严重刑事犯罪的同时，又适时地制定了对青少年犯进行"教育、感化、挽救"的方针。这标志着我国刑罚特殊预防目的在惩罚改造、防止再犯的传统内容基础上又增添了新的内容。这就是说，我们不仅要把罪犯改造成为遵纪守法、自食其力的公民，而且要将他们培养成为建设社会主义的有用之材。在适用和执行刑罚的过程中，坚持刑法规定的罪责刑相适应原则和切实贯彻执行党和国家的上述行刑政策，是实现刑罚特殊预防目的的根本保障。

（二）一般预防

1. 一般预防的概念

一般预防，是指通过对犯罪人适用一定的刑罚，对社会上的其他人，主要是指那些潜在的犯罪人产生的阻止其犯罪的作用。一般预防的核心是威吓，威吓是借助于刑罚对社会成员产生的一种威慑阻吓效应。古代社会刑罚威吓是建立在恐怖之上的，并以人的肉体为祭品，这是一种感性的威吓。以恐怖为特征的刑罚威吓是专制社会的特征。当各种专制社会需要以恐怖来维持的时候，刑罚就成为制造恐怖的工具。在 18 世纪经由启蒙运动的努力，导致以心理威吓为特征的市民社会刑罚的一般预防理念的建立。其中，费尔巴哈的心理强制说最为著名。费尔巴哈提出了"用法律进行威吓"这句名言，认为为了防止犯罪，必须抑制行为人的感性冲动，即科处作为恶害性的刑罚，并使人们预先知道因犯罪而受刑的痛苦，大于因犯罪所能得到的快乐，才能抑制其心理萌发犯罪的意念。在费尔巴哈的心理强制说之后，又发展出追求多元的一般预防作用的多元遏制论和以忠诚为内容的积极的一般预防论。

我国刑罚一般预防的对象只限于潜在的犯罪人。因为这些人具有犯罪的思想基础，易于产生犯罪意念，一旦遇到适当时机，就可能将犯罪意念外化为犯罪行为，因此有必要对他们进行威慑和警诫。

意图实施犯罪的人是指以下三种人：①危险分子，即具有犯罪危险的人。例如，尚未得到有效改造的刑满释放人员、多次实施违法行为的人员、多次受到刑罚处罚的人员等。这些人的主观恶性较深，人身危险性较大，无疑是一般预防的重点。②不稳定分子，即具有某种犯罪倾向的人。这类人法制观念淡薄，自制能力低下，思想落后、愚昧无知或好逸恶劳、不务正业。他们处于正义力量与邪恶力量的夹缝中，容易受犯罪诱惑或被犯罪人教唆拉拢，如果放松对他们的教育，有些人就可能走上犯罪的道路，所以他们是一般预防的基本对象。③具有私人复仇倾向的被害人及其家属。这类人不但是犯罪的直接或间接的受害者，而且具有泄愤报复的强烈念头，如果不及时加以防范和疏导，可能酿成新的犯罪，因而也是一般预防的对象。由此可见，意图实施犯罪的人只在全国总人口中占极少数，一般公民不但不是一般预防的对象，而且恰恰是国家预防犯罪必须依靠的力量。绝大多数公民之所以遵纪守法，不是因为他们害怕受刑之苦，而是因为我国刑法代表和维护的正是他们的利益和安全。人民为了维护自己的利益，不仅不会去实施犯罪，而且还会自觉地抵制犯罪，因此根本没有必要而且也不应当把广大守法公民作为刑罚威慑的对象。不可否认，刑法规定的刑罚和对犯罪分子适用刑罚，对于提高广大公民的法律意识和法制观念，确实发挥了重大的积极作用，但是这种作用与一般预防中的威慑、警诫作用在性质上是根本不同的。充分发挥这种作用，有利于形成抵制犯罪的良性社会环境，从而促进刑罚威慑功能和一般预防目的的实现。

2. 一般预防的方式

由于预防对象的不同，决定了实现一般预防与实现特殊预防在方式上的差异。由于刑罚是直接施加于犯罪人的，所以特殊预防的方式侧重于刑罚的物理性强制和由此而产生的心理强制。而一般预防的对象不是犯罪分子，因此，只能是通过刑法对各种犯罪配置轻重不同的法定刑和对具体犯罪人依法适用刑罚的方式，来对意图实施犯罪的人产生心理上的影响。具体而言，一般预防主要是通过刑罚的威慑、警诫功能表现出来，主要表现为如下三种方式：①通过制定、适用和执行刑罚，威慑社会上的危险分子和不稳定分子，抑制他们的犯罪意念，使他们不敢以身试法。②通过制定、适用和执行刑罚，表明国家对犯罪的不能容忍，安抚被害人及其家属，以防止报复性犯罪活动的发生。③通过制定、适用和执行刑罚，提高广大公民的法制观念，鼓励他们积极地同犯罪作斗争。

3. 一般预防的实现

刑罚的一般预防目的是可以实现的，但是实现一般预防比起实现特殊预防来说要复杂得多。从刑罚学的角度讲，要达到一般预防的目的，应当特别注意刑罚的适当性、公开性和及时性。

（1）刑罚的适当性。指刑罚的轻重应当与罪行的轻重及刑事责任的大小相适应。这既体现在刑事立法上，也体现在刑事审判中。关于刑罚的轻重与一般预防的关系，在理论和实践上存在两种片面的倾向：一种是把重刑化作为实现一般预防的手段，认为处刑愈重，其威慑效果越强，越有助于达到一般预防的目的，因而主张在刑事立法上对具体犯罪设定过重的法定刑并大量增设死刑条款，在刑事审判中主张从重从严处罚乃至扩大死刑的适用。另一种是将轻刑化作为实现一般预防的手段，认为重刑只会造成相反的效果，只有轻刑才能达到一般预防的目的，所以主张在刑事立法上应尽量降低个罪的法定刑，在刑事审判中应少用自由刑而多用财产刑和资格刑。我们认为，前一种倾向是错误的，后一种倾向在相当长的时期内不适合中国的国情，均不利于一般预防目的的实现。因为如果刑罚过重，会在公民中树立刑罚严酷的不人道的形象，使人们转而同情犯罪人；而假如刑罚过轻，则很难产生应有的威慑和教育作用。所以，只有做到罪责刑相当，使罪责重者遭重判，罪责轻者受轻罚，才能收到一般预防的效果。

（2）刑罚的公开性。指国家应将刑罚公之于众，使全体社会成员均能知晓。刑罚的公开性由立法上的刑罚公开和审判上的刑罚公开两个方面组成。对于刑罚公开与一般预防的关系，历史上也有两种不同的主张：一种观点认为，刑罚愈秘而不宣，愈有利于一般预防，即所谓"刑不可知则威不可测"；另一种观点则认为，只有刑罚公开，方能使人们感受刑罚的威力，也才能使人们不敢轻易触犯刑律。我们认为后一种观点是正确的：首先，在刑事立法上明文规定各种犯罪的具体法律后果，可以促使人们约束自己的行为，从而不致走上犯罪的道路；其次，在刑事审判中公开判决结果，可以使人们受到生动形象的法制教育，而这种教育作用正是一般预防所必需的。

（3）刑罚的及时性。指犯罪案件发生后，司法机关应当在尽可能短的时间内，将犯罪人缉拿归案，交付审判，执行刑罚。刑罚及时性包括及时判决和及时执行刑罚，显然这要以及时侦查、起诉为前提。需要指出的是，刑罚的及时与否，所产生的效果大不相同。如果犯罪发生后，司法机关能及时破案，及时起诉，及时审判，就会使被害人及其家属的心理得到抚慰，广大公民的义愤得以平息，同时，还可以使人们在对罪案记忆犹新时，受到教育和震动。相反，若案件久拖不决，或者使犯罪人长期逍遥法外，则会使人们失去对司法机关乃至法律的信任。即使犯罪人最终也受到了刑罚处罚，但因处罚不及时，其威慑和教育作用将大大降低。在某些场合，不及时的刑罚甚至对人们毫无积极效果。因此，为了实现一般预防，对犯罪必须及时侦查、起诉、判决和执行刑罚。

总之，刑法对具体犯罪明文规定应受到何种刑罚处罚与对犯罪分子依法适用刑罚，这就用具体的事实说明了什么是法律禁止的行为，实施这种行为将导致什么样的法律后果，于是刑法中抽象的罪刑关系现实化和具体化了。它生动地表明了国家对犯罪行为的否定评价和非难谴责，向公众昭示了惩罚必将成为犯罪的真正后果，如果谁胆敢以身试法，必将受到法律的严厉制裁。这种惩罚威慑效应不仅能够防止受到刑罚处罚的犯罪分子再次犯罪，而且也使意图实施犯罪的人目击他人受刑之苦而受到震慑，因惧怕将来受到刑罚惩罚而放弃犯罪念头。依法对犯罪分子适用刑罚，就能达到惩罚一个，教育一批，挽救更多的人的一般预防的目的。

（三）个别预防与一般预防

个别预防与一般预防在刑罚预防的对象上有所不同：个别预防是以已然的犯罪人为作用对象的，一般预防在于防止社会上的其他成员犯罪。尽管在预防对象上存在差别，但无论是个别预防还是一般预防，其共同目的都在于预防犯罪，由此决定了两者本质上的共同性。不仅如此，个别预防与一般预防还具有功能上的互补性。例如，刑罚威慑功能中，个别威慑与一般威慑是辩证统一的，将两者割裂开来或者对立起来的观点都是错误的。如果只考虑个别威慑而不考虑一般威慑，个案的处理效果会对社会产生不良的影响。同样，如果脱离个别威慑，过分强调一般威慑，甚至为追求一般威慑的效果不惜加重对犯罪人的刑罚，这是有悖于公正的。

我国刑罚的特殊预防目的和一般预防目的是紧密结合、相辅相成的。人民法院对任何一个犯罪分子适用刑罚，都包含着特殊预防和一般预防的内容和信息。通过对犯罪分子适用刑罚，对其进行惩罚和改造，一方面可以预防他们重新犯罪，另一方面这种惩罚和改造所产生的威慑效应，又能使那些具有犯罪意念的人有所戒惧，不敢以身试法。因此，人民法院在对犯罪分子适用刑罚时，既要考虑特殊预防的需要，使裁量的刑罚符合惩罚和教育改造罪犯的要求，又要考虑一般预防的需要，使裁量的刑罚满足威慑、警诫意图实施犯罪的人的要求。决不能片面强调某一方面而忽视另一方面，否则，就会影响特殊预防和一般预防目的的实现。但这并不是说对特殊预防和一般预防不分先后同时考虑，不分主次等量齐观。人民法院对犯罪分子适用刑罚的根据是犯罪分子已经实施的犯罪行为，裁量刑罚的标准是犯罪行为的社会危害性和犯罪分子的再犯可能性。因此，人民法院对犯罪分子适用刑罚时，应当在罪责刑相适应原则的制约下，首先主要考虑特殊预防的需要，然后再适当考虑一般预防的需要，决不能过分强调一般预防的需要，为了一时的威慑效应而任意判处重刑，甚至悖离罪责刑相适应的原则而实行严刑峻法。

三、刑罚目的二元论

在刑罚目的问题上，长期以来存在报应主义与预防主义之争，前者主张以报应为目的，后者主张以预防为目的，两者均具有一定的合理性，又具有难以克服的片面性。在这种情况下，人们思考这样一个问题：报应与预防是否一定难以相容？对此思考的结果便是一体论的崛起。一体论的基本立论在于：报应与功利都是刑罚赖以存在的根据。因此，刑罚既回顾已然的犯罪，也前瞻未然的犯罪。对于已然的犯罪，刑罚以报应为目的；而对于未然的犯罪，刑罚以预防为目的。在预防未然的犯罪上，刑罚的目的既包括防止犯罪人再犯罪的个别预防，也包括阻止社会上其他人犯罪的一般预防。一体论的提出，在一定程度超越了报应刑论之争，试图将报应与预防兼容在刑罚目的之中。我们认为，一体论的思想是可取的，在此基础上，可以提出刑罚目的二元论的命题。

首先，报应与预防是否截然对立，即两者是否存在统一的基础？我们认为，报应与预防虽然在蕴含上有所不同，但从根本上仍然存在相通之处。报应主义强调刑罚的正当性，反对为追求刑罚的功利目的而违反刑罚正义性。但在不违反刑罚正义性的情况下，可以兼容预防的思想。同样，预防主义强调刑罚的功利性，反对为追求刑罚的报应目的而不顾刑罚功利性。这种刑罚的报应目的在不违反刑罚功利性的情况下，同样可以兼容报应的思想。可以说，没有脱离预防思想的绝对报应，也没有脱离报应思想的绝对预防。从更深层次上说，报应与预防的关系是正义与功利的关系。报应体现了刑罚的正义性，正义要求某一事物的存在要有其内在的正当根据。表现在刑罚上，就是刑罚必须建立在罪有应得的基础上。报应是决定着刑罚正当性的目的，是刑法保障机能的体现。预防体现了刑罚的功利性，功利是以"最大多数人的最大幸福"为目的，为实现这一目的，可以付出一定的代价而不失其正当性。表现在刑罚上，就是刑罚必须以预防犯罪为根据。因此，预防是决定着刑罚效益性的目的，是刑法保护机能的反映。我们追求的，应当是公正的功利。

其次，报应与预防的统一，还存在一个如何统一的问题，即是以报应为主还是以预防为主？一般认为，报应与预防在刑罚目的体系中并非并列的关系，报应是对刑罚的前提性的限制，而预防是对刑罚的价值性的追求。前者可以表述为"因为"，后者可以表述为"为了"。"因为"与"为了"都是人的行动的内在根据。在刑罚中，因为一个人犯罪才受惩罚，表明刑罚的这种报应是正当的；为了本人和其他人不再犯罪而加以惩罚，表明刑罚的这种预防是合理的。当然，就报应与预防两者而言，笔者认为应当以报应为主、预防为辅，即以报应限制预防，在报应限度内的预防才不仅是功利的而且是正义的。超出报应限度的预防尽管具有功利性但缺乏正义性。

最后，报应与预防的统一，并且以报应为主、预防为辅，指的是在刑罚中总体报应为主要目的，预防为附属目的，从而保持刑罚的公正性与功利性。但这并非意味着在刑事活动的各个阶段，报应与预防没有轻重之分。笔者认为，在刑事活动中，应当同时兼顾报应和预防这两个目的，但在刑事活动的不同阶段，两者又有所侧重。（1）刑罚创制阶段，实际上是刑事立法的过程。在这一阶段，立法者考虑的是需要用多重的刑罚来遏制犯罪的发生。因此，一般预防的目的显然处于主导地位，但对一般预防的追求又不能超过报应的限度。并且，在对不同犯罪规定轻重有别的刑罚的时候，又应当兼顾刑罚的报应目的，使两者统一起来。（2）刑罚裁量阶段，司法者应当根据行为人所犯罪行的大小来决定刑罚的轻重，因而是以报应为主。在法定刑幅度内，可以兼顾一般预防和个别预防，使两者得以统一。（3）刑罚的执行阶段，主要是指行刑过程。在这一阶段，行刑者应当根据犯罪人的人身危险性以及犯罪情节，采取有效的改造措施，消除其再犯可能。因此，个别预防成为行刑活动的主要目的。但这一目的的实现同样受到报应与一般预防的限制，例如，减刑与假释都受到原判刑期的限制，以免过分追求个别预防效果而有损于报应与一般预防。

第十一章　刑罚的体系

刑罚的体系，指刑法典对各种刑罚方法依照一定的标准进行排列所形成的刑罚序列。我国刑法共规定了五种主刑，三种附加刑。五种主刑是管制、拘役、有期徒刑、无期徒刑、死刑。三种附加刑是罚金、剥夺政治权利、没收财产。此外，对犯罪的外国人还规定了驱逐出境这种特殊的附加刑。

第一节　主刑

主刑是对犯罪适用的主要刑罚方法。主刑只能独立适用，不能附加适用。对一个犯罪只能适用一个主刑，不能适用两个以上的主刑。我国刑法共规定了五种主刑。

一、管制

管制是对罪犯不予关押，但限制其一定自由，依法实行社区矫正的一种刑罚方法。管制是主刑中最轻的一种刑罚，也是我国独创的刑罚方法。

管制具有以下特征。

（1）对犯罪分子不予关押，不剥夺其人身自由。被判处管制的犯罪分子在服刑期间，不羁押在监狱、看守所等执行场所中，仍留在原工作单位或居住地，也不离开自己的家庭，不中断与社会的正常交往。对罪犯不予关押，是管制刑与其他刑罚方法的重要区别。

（2）被判处管制刑的罪犯须依法实行社区矫正，其自由受到一定限制。限制罪犯自由主要表现在限制罪犯的政治自由、担任领导职务、外出经商、迁居等自由。

（3）被判处管制的罪犯可以自谋生计，在劳动中与普通公民同工同酬。

根据《刑法修正案（八）》第2条规定，在《刑法》第38条中增加一款作为第2款："判处管制，可以根据犯罪情况，同时禁止犯罪分子在执行期间从事特定活动，进入特定区域、场所，接触特定的人。"原第 2 款作为第 3 款，修改为："对判处管制的犯罪分子，依法实行社区矫正。"

也就是说，管制由原先的公安机关执行，改由地方社区矫正机构进行，即县级司法行政部门执行。

二、拘役

拘役是指短期内剥夺犯罪分子的人身自由，就近实行劳动改造的刑罚方法。拘役和行政拘留、民事拘留、刑事拘留存在差别。

（一）拘役的期限

拘役的期限，为 1 个月以上 6 个月以下。拘役的刑期，从判决执行之日起计算；判决执行以前先行羁押的，羁押 1 日折抵刑期 1 日。

（二）拘役的执行机关和内容

被判处拘役的犯罪分子，由公安机关就近执行。一般关押在拘役所内服刑。

在执行期间，被判处拘役的犯罪分子每月可以回家一天至两天；参加劳动的，可以酌量发给报酬。

短期自由刑受到的批判最多，但一直没有废除，有些国家拘役的适用率很高。因为拘役对于初犯者、过失犯仍具有较强的冲击作用，相对于罚金，给受刑人员造成的痛苦更明显。

三、有期徒刑

有期徒刑指剥夺犯罪分子一定期限的人身自由，并强迫其接受教育和改造的刑罚措施。有期徒刑是自由刑的代表。从各国刑法规定来看，绝大多数犯罪的法定刑都有有期徒刑，因此是刑罚体系的中心，也是实践中适用最多的刑种。

有期徒刑的期限，除《刑法》第 50 条、第 69 条规定外，为 6 个月以上 15 年以下。有期徒刑的幅度很大，如果不在法定刑中进一步对刑度作出规定，就会导致法官自由裁量权过大，出现罪行不均衡的现象。因此，有期徒刑的刑期一般以 1 年、2 年、3 年、7 年、10 年、15 年为基础分为六个等级。有期徒刑的刑期，从判决执行之日起计算；判决执行以前先行羁押的，羁押 1 日折抵刑期 1 日。

被判处有期徒刑、无期徒刑的犯罪分子，在监狱或者其他执行场所执行，凡有劳动能力的，都应当参加劳动，接受教育和改造。其他劳改场所，指少年犯管教所、看守所等。通过劳动，可以改掉犯罪分子好逸恶劳的习性，学会一定的生产技能，养成良好的生活习惯，从而得以改造成自食其力、遵纪守法的公民。

四、无期徒刑

无期徒刑指剥夺犯罪分子终身自由，并强制其参加劳动、接受教育和改造的刑种。无期徒刑的严厉性仅次于死刑，适用对象是罪行极其严重但又不必判处死刑的犯罪分子。

被判处无期徒刑时，先行羁押的期间不能折抵刑期，并且必须附加剥夺政治权利终身。

被判处无期徒刑的犯罪分子必须参加劳动，接受教育和改造。

事实上，被判处无期徒刑的犯罪分子一般均得到减刑、假释的机会。

五、死刑

（一）死刑的概念

死刑是对罪行极其严重的犯罪分子适用的剥夺其生命的刑罚方法。被判处死刑的犯罪分子必须附加剥夺政治权利终身。死刑是最严厉的刑种。我国当前的死刑政策是"保留死刑，少杀、慎杀"。

（二）死刑的限制性规定

（1）适用条件的限制。死刑只适用于罪行极其严重的犯罪分子。

（2）适用对象的限制。犯罪的时候不满 18 周岁的人和审判的时候怀孕的妇女，不适用死刑。世界上所有保留死刑的国家都有该规定。

（3）适用程序上的限制。死刑除依法由最高人民法院判决的以外，都应当报请最高人民法院核准。但事实上，该规定未得到执行。目前普通刑事犯罪的死刑仍然由省高级人民法院核准，最高人民法院事实上只核准经济犯罪案件。

（4）死刑执行制度上的限制，规定了死刑缓期执行制度。

①死缓的适用条件。对于应当判处死刑的犯罪分子，如果不是必须立即执行的，可以判处死刑同时宣告缓期二年执行，具体包括两层含义。一是必须是应当判处死刑的犯罪分子。如果所犯之罪不是死刑罪名，或者虽然是死刑罪名，但其犯罪没有达到"罪行极其严重"的程度，或者是不满 18 周岁的人或者怀孕的妇女，不能适用死缓。二是不是必须立即执行，如自首、有立功表现、被害人有过错，犯罪动机有值得怜悯之处、数个主犯中比较靠后的主犯等，以及出于其他方面考虑等。

②死刑缓期执行的考验期。死刑缓期执行的期间，从判决确定之日起计算。先行羁押的期间不能计算在两年的考验期内。死刑缓期执行减为有期徒刑的刑期，从死刑缓期执行期满之日起计算，先行羁押的期间及两年的考验期不能计

算在减刑后的有期徒刑刑期内。

③死刑缓期执行的核准。死刑缓期执行的，可以由高级人民法院判决或者核准。

④死缓的 3 种结果：判处死刑缓期执行的，在死刑缓期执行期间，如果没有故意犯罪，2 年期满以后，减为无期徒刑；如果确有重大立功表现，2 年期满以后，减为 15 年以上 20 年以下有期徒刑；如果故意犯罪，查证属实的，由最高人民法院核准，执行死刑。

死刑缓期 2 年执行不是一个独立的刑种，而是一个运用死刑的刑罚制度，其适用的前提是罪犯被判处死刑的情况下，才有适用的可能性，也就是说死刑是死缓的前提条件。关于死缓的法律后果或者适用结局问题，有三种可能：一是执行死刑；二是减为无期徒刑；三是减为有期徒刑。三种后果各自必须具备的相应条件如下。

A. 执行死刑的条件是在 2 年执行期间故意犯罪，查证属实，并经最高人民法院核准。这里要求是故意犯罪而非一般的犯新罪，就是说虽然在 2 年期间又犯了新罪，但属于过失犯罪的，仍不能立即执行死刑。

B. 减为无期徒刑的条件是 2 年期内只要是没有故意犯罪，即使有一般的违法行为甚至是过失犯罪行为（非故意犯罪），也应当减为无期徒刑。

C. 减为有期徒刑的条件是 2 年期间不但没有故意犯罪反而有重大立功的。减为有期徒刑有一定期限范围，即 15 年以上 20 年以下的幅度内。

D. 如果因故意犯罪而核准死刑立即执行的，不需要必须等到 2 年期满，原则上发现故意犯罪并经查证属实的即可报请核准执行。而减为无期徒刑与有期徒刑则不然，需要等到两年执行期满之后才可以依法减处。如果减为有期徒刑，该有期徒刑的期限不是从裁定减刑之日计算而是从死缓 2 年期满之日起计算。

（三）死刑的存与废之争

关于死刑的存废问题，自意大利著名刑法学家贝卡利亚 1764 年提出废除死刑以来，在世界范围内已经争论了 200 多年了。在刑法理论上，死刑存在的正当性理论根据是报应理论和功利理论。报应理论的代表人物是康德和黑格尔。康德的死刑存置论是以等量报应原则为基础的，等量报应坚持犯罪与刑罚之间的对等性，对于杀人者来说没有比死刑更等量的选择。黑格尔虽然也是报应论的代表人物，但他不赞同康德的等量报应原则，而是基于犯罪与刑罚之间内在等同性的观念提出了等价报应原则，而对杀人者处以死刑却又恰恰是一个等价报应的例外，因为生命无价无法进行价值上的比较。对杀人者必然判处死刑的理由是因为生命是人的定在的整个范围，所以刑罚不能仅仅存在于一种价值中，生命是无价之宝，而只能存在于剥夺杀人者的生命。功利理论的代表人物是洛克、卢梭、龙勃罗梭和加洛法罗。洛克以公众福利的名义赋予死刑以正当性。卢梭是社会契约论者和天赋人权论者，但他并有将人权与死刑对立起来，而是认为出于社会更高利益的需要，生命权是可以剥夺的。龙勃罗梭是天生犯罪人论的创立者，他认为对于某些不可矫正的犯罪人应该剥夺其犯罪能力，而对于那些具有重大人身危险的犯罪人只有动用死刑彻底剥夺其再犯罪的能力才足以实现社会防卫的目的。因此，保留死刑是作为社会对付不堪改造的犯罪分子的一种不得已的手段，即人不畏人狱者，方得以死畏之。加洛法罗提出了对犯罪人的一种消除方法，即排斥出犯罪圈，剥夺其社会生活的权利，而死刑就是这样一种完全彻底的消除方法，当然，死刑只能适用于极端的罪犯。他是在功利意义上，主要是从个别预防的效果上论证死刑存在的正当性。死刑废止论的代表人物是贝卡利亚、边沁、菲利和李斯特。贝卡利亚是西方历史上明确提出废除死刑的第一人，他在天赋人权说与社会契约论等古典自然法的基础上论证死刑的非正义性与不必要性。他认为国家没有判处一个公民死刑的权力，死刑不仅不能产生最佳的威吓效果，而且会树立残酷的榜样，引起人们的怜悯，从而违背国家设置死刑的初衷。边沁认为死刑大于且等同于终身监禁，因而是一种不必要的浪费之刑，而且还可能成为滥用之刑，造成草菅人命的恶劣后果，必须废除。菲利认为，在正常情况下社会无疑是可以用终身隔离或流放而不用死刑来保护自己，由于死刑在正常时期不必要，而且对能够生效的那部分人又不能适用，因此只能将它废除。李斯特认为，死刑的判处所依据的是呆板地从概念上区分的构成要件，而其执行则取决于某些人的不断变化的世界观，这不能不让人表示极大的怀疑。对死刑的威慑效果人们表示怀疑；而对其保安效果倒是没有什么争议的。必须进行争论的是，现今之国家难道就没有其他办法来达到与科处死刑同等的事实上的保安效果吗？如果回答是肯定的，则就不得同意适用死刑，因为死刑判决的风险，即在可能的误判情况下，是无论如何也没有办法予以补偿的。因此，死刑不具有存在的必要性。从此之后，人们从尊重生命权和天赋人权的角度，对废除死刑进行了更为广泛深入的论证。

由于死刑有着久远的历史，它既是一个最古老的刑罚的方法，又是一个被认为具有最大威慑力的刑罚方法，因此人们对于死刑的存与废的认识，虽然产生了重大的分歧，却并没有得出统一的废除死刑的结论。就世界范围的情况来看，欧盟各国事实上已经废除了死刑。但是，世界上的不少国家，仍然保留了死刑，包括美国、日本等发达国家。目前世界各国对待死刑的政策不尽相同，主要有四种类型：第一，绝对废除死刑，又称完全废除死刑，这种情况是指在宪法或法律中明确规定废除刑事法律中的死刑，或者在所有刑事法律中均没有规定死刑。自 1865 年罗马尼亚率先废除死刑以来，明文规定废除死刑的国家越来越多，目前世界上以法律规定的形式废除死刑的国家已经有近 40 个。第二，相对废除死刑，又称部分废除死刑。这种情况是指法律规定只对普通刑事犯罪废除死刑，对叛国或者政治犯罪、军事犯罪则保留死刑；或者宣告和平时期废除死刑，战时对某些犯罪恢复死刑。第三，实质上废除死刑，又称事实上废除死刑。这种情况是指法律条文中虽规定有死刑，但是在过去若干年内从未执行死刑或者从未判处过死刑。在这种情况下，死刑条款形同虚设，从实质意义上讲与废除死刑并无二致。例如，中非共和国自 1870 年以来一直未适用过死刑；爱尔兰自 1954 年以来未曾执行过死刑。第四，保留死刑，并严格限制死刑的适用。这种情况是指法律上仍然规定有死刑条款，亦运用死刑条款判处死刑和执行死刑，不特别指明死刑适用的时效限制，但却规定对死刑适用的严格限制条件，比如死刑的适用范围、适用对象、适用程序、执行方式等。目前保留死刑的国家绝大多数有这种严格限制性规定，并且呈明显的限制渐强的趋势。

死刑是不人道的、不经济的刑罚。无论是从尊重人、尊重生命的立场，还是从注重刑罚效益的角度出发，废除死刑都是一种理性的选择。可以说废除死刑几乎是当今学界的共识，问题的关键仅仅是缓慢废除还是迅速废除而已。从各国废除死刑的方式来看实际主要有两种：一种是所谓慢性死亡法，即先严格限制，再弃而不用，最后全面废除；另一种是突然死亡法，即政治家通过修法，立即全面废除死刑。哪一种方式在我国较为可行呢？换言之，我国目前的死刑政策应作何种选择？这是必须面对的问题。而要真正的面对，就不能不考虑国民的情感，国民的心理，国民的接受能力问题。

死刑的存与废，应当从一个国家的国情出发。我们认为，从我国国情来看，目前甚至在相当长的一段时间中，死刑是不能废除的。这并不等于我们不尊重人权，因为用死刑来威吓预防犯罪在我国还是必要的。关于死刑的存废，并非只是专家、学者在密室中谈论的话语，而是有民众支持的一种大众话语。基于不同的文化与民族心理及经济社会发展状况，各国民众对待死刑的态度各不相同。在中国传统意识和文化氛围下，民众很难接受废除死刑。

死刑废除至少须经过废除"绝对死刑"的规定、废除针对非暴力犯罪的死刑、逐步减少判处死刑立即执行、闲置死刑和废除死刑五个阶段，每个阶段都须完成该阶段的特定任务，其中，尤其是要经过较长时间的闲置死刑不用的阶段。从人们的法律感受、心理感觉和承受能力方面，经过这样的几个阶段很有必要。短期来看，死刑缓期执行是替代死刑立即执行的最佳措施，既体现了对犯罪者的宽恕，也保留了必要的惩处力度，当然也可以满足人们尚不能丢弃的报应心理。因此，有必要在相当长的一段时期内保留一个死刑闲置期。因为在逐步减少判处死刑立即执行后，死刑缓期执行成为死刑的主要执行方式，绝大多数被处刑者不会在两年内再次犯罪，从而使死刑可以被闲置。只有经过较长时间的死刑闲置期，才能使人们加深对于死刑残酷性的认识，放弃对死刑威慑力的过高期望，在法律感觉和心理上接受死刑的废除。

但是死刑的废除必须有相当接近的替代措施，否则人们仍然难以完全接受。出路是什么？就是进行刑罚结构的调整。死刑应当废除，并不等于在一个具体的社会里马上就能够废除，废除死刑应该同时具备物质文明条件和精神文明条件。这里的物质文明条件，是指社会的生产力水平提高，个人能创造的价值更大，而且国家能够承受长期关押犯罪人的成本；精神文明条件是指民众不再迷信死刑的威慑作用，淡化报应心态。这就关系到我国现有刑罚结构调整的问题。

第二节　附加刑

一、罚金

（一）罚金的概念

罚金是指强制犯罪人向国家缴纳一定数额金钱的刑罚方法。罚金作为一种财产刑，是以剥夺犯罪人金钱为内容的，这是罚金与其他刑罚方法显著区别之所在。罚金刑是主要针对贪污犯罪、单位犯罪、轻微刑事犯罪以及其他特定种类犯罪而设置的强制犯罪分子缴纳一定数额金钱的刑罚方法。

（二）罚金的裁量原则

《刑法》第52条规定："判处罚金，应当根据犯罪情节决定罚金数额。"根据本条规定，罚金数额应当与犯罪情节相适应。也就是说，犯罪情节严重的，罚金数额应当多些；犯罪情节较轻的，罚金数额应当少些，这是罪刑均衡原则在罚金裁量上的具体体现。在裁量罚金数额时应否考虑犯罪人缴纳罚金的能力，刑法没有明确规定，但2000年11月15日最高人民法院《关于适用财产刑若干问题的规定》第2条规定："人民法院应当根据犯罪情节，如违法所得数额、造成损失的大小等，并结合考虑犯罪分子缴纳罚金的能力，依法判处罚金。"由此可见，在司法实践中，从有利于判决执行的角度出发，在罚金裁量的时候应当考虑犯罪分子缴纳罚金的能力。

（三）罚金的适用方式

根据我国刑法规定，罚金有以下四种适用方式。

（1）单科式。刑法规定的单科罚金主要适用于单位犯罪。例如，《刑法》第387条规定的单位受贿罪和第393条规定的单位行贿罪，对单位判处罚金。在这种情况下，罚金只能单独适用。

（2）选科式。在罚金单独适用的情况下，刑法规定罚金与其他刑种并列，可供选择适用。例如，根据《刑法》第275条规定，犯故意毁坏财物罪的，处3年以下有期徒刑、拘役或者罚金。在这种情况下，罚金作为一种选择的法定刑，只有单独适用，不能附加适用。

（3）并科式。在罚金附加适用的情况下，明确规定判处自由刑时，必须同时并处罚金。例如，《刑法》第326条规定的倒卖文物罪，处5年以下有期徒刑或者拘役，并处罚金；情节特别严重的，处5年以上10年以下有期徒刑，并处罚金。在这里，罚金只能附加适用，不能单独适用。

（4）复合式。复合式是指罚金的单处与并处同时规定在一个法条之内，以供选择适用。例如，《刑法》第216条规定，假冒他人专利，情节严重的，处3年以下有期徒刑或者拘役，并处或者单处罚金。在这种情况下，罚金既可以附加适用，也可以单独适用，究竟是并处还是单处根据犯罪分子所犯罪行的情节轻重确定。根据司法解释规定，犯罪情节较轻，适用单处罚金不致再危害社会并具有下列情形之一的，可以依法单处罚金：①偶犯或者初犯；②自首或者有立功表现的；③犯罪时不满18周岁的；④犯罪预备、中止或者未遂的；⑤被胁迫参加犯罪的；⑥全部退赃并有悔罪表现的；⑦其他可以依法单处罚金的情形。

（四）罚金的数额

我国刑法总则规定了裁量罚金数额的一般原则，即根据犯罪情节决定罚金数额，但对于罚金的具体数额未作规定。在刑法分则对罚金数额的规定主要有以下五种情形。

（1）无限额罚金制。即指刑法分则仅规定选处、单处或者并处罚金，不规定罚金的具体数额限度，而是由人民法院依据刑法总则确定的原则——根据犯罪情节，自由裁量罚金的具体数额。在无限额罚金的情况下，根据司法解释的规定，罚金的最低数额不能少于1000元；未成年人犯罪应当从轻或者减轻判处罚金的，罚金的最低数额不能少于500元。

（2）限额罚金制。即指刑法分则规定了罚金数额的下限和上限，人民法院只需要在规定的数额幅度内裁量罚金。类似规定在刑法分则中为数不少，主要集中在破坏社会主义市场经济秩序罪一章中。

（3）比例罚金制。即以犯罪金额的百分比决定罚金的数额。例如，根据

《刑法》第 158 条规定，对虚报注册资本罪，处 3 年以下有期徒刑或者拘役，并处或者单处虚报注册资本金额 1% 以上 5% 以下罚金。

（4）倍数罚金制。即以犯罪余额的倍数决定罚金的数额。例如，《刑法》第 202 条规定，以暴力、威胁方法拒不缴纳税款的，处 3 年以下有期徒刑或者拘役，并处拒缴税款 1 倍以上 5 倍以下的罚金。根据这一规定，罚金数额取决于犯罪数额，犯罪数额越大，罚金数额也越高；反之，亦然。

（5）倍比罚金制。即同时以犯罪金额的比例和倍数决定罚金的数额。例如，根据《刑法》第 142 条规定，对生产、销售劣药，对人体健康造成严重危害的，处 3 年以上 10 年以下有期徒刑，并处销售金额 50% 以上 2 倍以下罚金。这类罚金数额的条文主要集中在刑法第三章所规定的生产、销售伪劣商品罪中。

（五）罚金的缴纳

根据《刑法》第 53 条的规定，罚金的缴纳分为以下五种情形。

（1）限期一次缴纳，主要适用于罚金数额不多或者数额虽然较多，但缴纳并不困难的情况。在这种情况下，罪犯在指定的期限内将罚金一次缴纳完毕。关于这里的指定的期限，根据司法解释的规定，是指从判决发生法律效力第 2 日起最长不超过 3 个月。

（2）限期分期缴纳，主要适用于罚金数额较多，罪犯无力一次缴纳的情况。限期分期缴纳使罚金缴纳时间有一定伸缩余地，在金额支付上可化整为零，有利于罚金刑的执行。

（3）强制缴纳。判决缴纳罚金，指定的期限届满，罪犯有缴纳能力而拒不缴纳，人民法院强制执行缴纳，强制措施包括查封、扣押、冻结等。

（4）随时追缴。对于不能全部缴纳罚金的，人民法院在任何时候，发现被执行人有可以执行的财产，应当随时追缴。

（5）减少或者免除缴纳。由于遭遇不能抗拒的灾祸缴纳确实有困难的，可以酌情减少罚金数额或者免除罚金。这里的由于遭遇不能抗拒的灾祸缴纳确实有困难的，根据司法解释的规定，主要是指因遭受火灾、水灾、地震等灾祸而丧失财产；罪犯因重病、伤残等而丧失劳动能力，或者需要罪犯抚养的近亲属患有重病，需支付巨额医药费等，确实没有财产可供执行的情形。该司法解释还规定，具有上述减免事由的，由罪犯本人、亲属或者犯罪单位向负责执行的人民法院提出书面申请，并提供相应的证明材料。人民法院审查以后，根据实际情况，裁定减少或者免除应当缴纳的罚金数额。

二、剥夺政治权利

（一）剥夺政治权利的概念

剥夺政治权利是指剥夺犯罪人参与国家管理和政治活动权利的刑罚方法。剥夺政治权利是一种资格刑，它以剥夺犯罪人的一定资格为内容。我国刑法中的剥夺政治权利，是以剥夺政治权利这种资格为内容的，具有明显的政治性。

（二）剥夺政治权利的内容

根据刑法的规定，剥夺政治权利是指剥夺犯罪分子下列四项权利：（1）选举权和被选举权；（2）言论、出版、集会、结社、游行、示威自由的权利；（3）担任国家机关职务的权利；（4）担任国有公司、企业、事业单位和人民团体领导职务的权利。

上述所剥夺的四项权利中，前两项应当说没有什么问题，值得注意的是不要混淆该条第 3 项与第 4 项：被剥夺政治权利者不能担任国家机关的职务，这里既包括领导职务，也包括一般职务；而不能担任国有公司、企业、事业单位和人民团体的职务仅仅限于领导职务而不包括一般职务。

（三）剥夺政治权利的适用方式

从刑法规定看，剥夺政治权利既可以附加适用，也可以独立适用。

（1）剥夺政治权利的附加适用。根据《刑法》第 56 条和第 57 条的规定，附加适用剥夺政治权利的对象主要是以下三种犯罪分子。①危害国家安全的犯罪分子。②故意杀人、强奸、放火、爆炸、投毒、抢劫等严重破坏社会秩序的犯罪分子。③被判处死刑和无期徒刑的犯罪分子，对该类犯罪分子应当剥夺政治权利终身。

（2）剥夺政治权利的独立适用。独立适用剥夺政治权利，是作为一种不剥夺罪犯人身自由的轻刑，适用于罪行较轻、不需要判处主刑的罪犯。独立适用剥夺政治权利对象的条文均规定在刑法分则当中，主要包括某些滥用公民自由、民主权利和渎职的罪犯。

（四）剥夺政治权利的期限

剥夺政治权利的期限，除独立适用的以外，依所附加的主刑不同而有所不同。根据《刑法》第 55 条至第 58 条的规定，剥夺政治权利的期限有定期与终身之分，包括以下四种情况。

（1）判处管制附加剥夺政治权利，剥夺政治权利的期限与管制的期限相等，同时执行，即 3 个月以上 2 年以下。

（2）判处拘役、有期徒刑附加剥夺政治权利或者单处剥夺政治权利的期限，为 1 年以上 5 年以下。

（3）判处死刑、无期徒刑的犯罪分子，应当剥夺政治权利终身。

（4）死刑缓期执行减为有期徒刑或者无期徒刑减为有期徒刑的，附加剥夺政治权利的期限改为 3 年以上 10 年以下。

（五）剥夺政治权利刑期的计算

根据刑法和其他有关法律的规定，剥夺政治权利刑期的计算有以下四种情况。

（1）独立适用剥夺政治权利的，其刑期从判决确定之日起计算并执行。

（2）判处管制附加剥夺政治权利的，剥夺政治权利的期限与管制的期限相等，同时起算，同时执行。管制期满解除管制，政治权利也同时恢复。

（3）判处有期徒刑、拘役附加剥夺政治权利的，剥夺政治权利的刑期从有期徒刑、拘役执行完毕之日或者从假释之日起计算。但是，剥夺政治权利的效力当然施用于主刑执行期间。也就是说，主刑的执行期间虽然不计入剥夺政治权利的刑期，但犯罪分子不享有政治权利。如果被判有期徒刑、拘役未附加剥夺政治权利，犯罪分子在服主刑期间享有政治权利。准予其行使选举权，但其他政治权利的行使受到限制。在有期徒刑、拘役执行期间，政治权利依然被剥夺，但不计算在剥夺政治权利刑期限之内。如果主刑在执行期间被假释的，剥夺政治权利刑期应从假释之日起算。注意不要混淆为假释期满之日。

（4）判处死刑（包括死缓）、无期徒刑附加剥夺政治权利终身的，刑期从判决发生法律效力之日起计算。

（六）剥夺政治权利的执行

（1）由监狱管理机关执行。刑法规定剥夺政治权利的效力，当然施用于主刑执行期间。犯罪分子被判处有期徒刑、无期徒刑、死刑缓期二年执行，在判决生效后，即送往监狱接受教育改造和强制劳动改造，在主刑执行期间，监狱管理机关依照刑法的规定，施行对其剥夺政治权利的处罚，如果罪犯在主刑还未执行之时，其剥夺政治权利的判决已执行完毕，就失去了对罪犯剥夺政治权利的惩罚、教育、警戒作用。

（2）由公安机关执行。被判处管制拘役的罪犯，交由公安机关执行其主刑的，其附加剥夺政治权利，也由公安机关执行。

（3）刑法规定附加剥夺政治权利的，从主刑执行完毕或者假释之日起执行附加政治权利。刑事诉讼法规定，对于被判处剥夺政治权利的罪犯，由公安机关执行。监狱在主刑执行完毕或者罪犯假释时，应将其剥夺政治权利的起止期限在释放证或者假释证上注明连同人民法院的判决书一并转交其居住地公安机关，公安机关应当在其居住地公布，待其执行完毕时应当宣布，恢复其应享有的政治权利。

最高人民法院、最高人民检察院、公安部、司法部 2012 年制定下发的《社区矫正实施办法》第 32 条明确规定："对于被判处剥夺政治权利在社会上服刑的罪犯，司法行政机关配合公安机关，监督其遵守刑法第 54 条的规定，并及时掌握有关信息。被剥夺政治权利的罪犯可以自愿参加司法行政机关组织的心理辅导、职业培训和就业指导活动。"

三、没收财产

（一）没收财产的概念

没收财产是将犯罪分子个人所有财产的一部或者全部强制无偿地收归国有的刑罚方法。没收财产也是一种财产刑，但它不同于罚金，是适用于罪行严重的犯罪分子的刑罚方法。

（二）没收财产的范围

根据《刑法》第 59 条的规定，没收财产的范围应当从以下三个方面加以确定。

（1）没收财产是没收犯罪分子个人所有财产的一部或者全部。所谓犯罪分子个人所有财产，是指属于犯罪分子本人实际所有的财产及与他人共有财产中依法应得的份额。应当严格区分犯罪分子个人所有财产与其家属或者他人财产的界限，只有依法确定为犯罪分子个人所有的财产，才能予以没收。至于没收财产是一部还是全部，应考虑以下几个因素：犯罪分子所处主刑的轻重；其家庭的经济状况和其人身危险性大小。

（2）没收全部财产的，应当对犯罪分子个人及其扶养的家属保留必需的生活费用，以维持犯罪分子个人和扶养的家属的生活。

（3）在判处没收财产的时候，不得没收属于犯罪分子家属所有或者应有的财产。所谓家属所有财产，是指纯属家属个人所有的财产，如家属自己穿用的衣物、个人劳动所得财产。家属应有财产，是指家庭共同所有的财产中应当属于家属的那一份财产。对于犯罪分子与他人共有的财产，属于他人所有的部分，也不得没收。

（三）没收财产的方式

（1）选科式。刑法分则对某种犯罪或者某种犯罪的特定情节规定为并处罚金或者没收财产。也就是说既可以适用没收财产，也可以适用其他刑罚，由法官酌情选择适用。例如，《刑法》第 267 条规定抢夺公私财物，数额特别巨大或者有其他特别严重情节的，处 10 年以上有期徒刑或者无期徒刑，并处罚金或者没收财产。在这里，没收财产与罚金可以选其一而判处，如果选择了没收财产，则只能附加适用，不能单独适用。

（2）并科式。即在对犯罪人科处生命刑或自由刑同时判处没收财产。我国刑法分则对没收财产在多数情况下作了并科规定，这种方式又可根据是否必须科处没收财产分为两种情况：一是必并制，指在判处其他刑罚的同时必须并处没收财产。例如，《刑法》第 383 条规定，对犯贪污罪的，数额特别巨大，并使国家和人民利益遭受特别重大损失的，处无期徒刑或者死刑，并处没收财产。二是得并制，指在判处其他刑罚的同时可以并处没收财产。例如，《刑法》第 271 条规定的职务侵占罪，数额巨大的，处 5 年以上有期徒刑，可以并处没收财产。

（四）没收财产的执行

根据刑事诉讼法的规定，没收财产的判决，无论附加适用或者独立适用，都由人民法院执行；在必要的时候，可以会同公安机关执行。

关于需要以没收的财产偿还债务的问题，《刑法》第 60 条规定："没收财产以前犯罪分子所负的正当债务，需要以没收的财产偿还的，经债权人请求，应当偿还。"根据这一规定，只有同时具备了以下三个条件，才能以没收的财产偿还债务：一是必须是没收财产以前犯罪分子所欠债务，包括所负国家、集体和个人的债务。二是必须是合法的债务。非法债务，例如，赌债、高利贷超出合法利息部分的债务不在此列。三是必须经债权人提出请求。偿还犯罪分子所负债务，仅限于没收财产的范围内，并按我国民事诉讼法规定的清偿顺序偿还。由此可见，法律并未赋予司法机关批准是否偿还的权利，而是只要同时符合这三个条件，司法机关就必须满足权利人的请求。

另外，如果一人犯数罪而同时被判处罚金和没收财产时的处理方法，根据司法解释的规定，关键要看没收财产刑是部分没收还是全部没收：如果是没收部分财产的，二者应采取并科原则；如果是没收全部财产的，则采取吸收原则，仅执行没收财产刑即可。

四、驱逐出境

（一）驱逐出境的概念

驱逐出境是强迫犯罪的外国人离开中国国（边）境的刑罚方法。

驱逐出境是一种只适用于在中国犯罪的外围人的特殊刑罚方法。它不适用于中国人，不具有适用的普遍性。因此，我同刑法没有将其列入具有普遍意义的附加刑种类之中，而是由《刑法》第 35 条专条作了规定。所谓外国人，是指依照《中华人民共和国国籍法》不具有中国国籍的人，包括具有外国国籍的人和无国籍的人。犯罪的行为或结果有一项发生在中华人民共和国领域内的，就是在中国领域内的犯罪。我国是一个主权国家。在我国境内工作、居住、旅行或从事其他活动的外国人，必须遵守中国的法律。外国人在我国境内犯罪，除依照《刑法》第11条规定享有外交特权和豁免权的外国人的刑事责任，通过外交途径解决外，一律适用我国刑法。对外国人适用驱逐出境，既防止其继续危害我国的国家利益和人民利益，也是对国家主权的维护。

驱逐出境也属于资格刑的一种，它是对外国人在中国居留资格的剥夺。因为，外国人在中国境内的居留资格是为中国法律所确认的。根据《中华人民共和国外国人入境出境管理法》（以下简称《外国人入境出境管理法》）的规定，依照中国法律在中国投资或者同中国的企业、事业单位进行经济、科学技术、文化合作及其他需要长期居留的外国人，经中国政府主管机关批准，可以获得长期居留或者永久居留资格。对于不遵守中国法律的外国人，中国政府主管机关可以缩短其在中国停留的期限或者取消其在中国的居留资格。外国人在中国犯罪，法院判处其驱逐出境，正是对外国人在中国居留资格的剥夺。

（二）驱逐出境的方式

刑法规定，对于犯罪的外国人，可以独立适用或者附加适用驱逐出境。根据这一规定，驱逐出境适用方式有两种。一是独立适用。它是针对那些犯罪情节较轻的外国人，没有必要判处主刑的，可以单独判处驱逐出境。二是附加适用。它是针对那些犯罪性质较重、判处了主刑的外国人，可在主刑执行完毕后适用驱逐出境。

我国刑法规定的驱逐出境的适用方式较为灵活。刑法规定是可以适用，而不是应当适用。这即是说，对犯罪的外国人是否要适用驱逐出境，不仅应当根据案情，考虑犯罪的事实、性质、情节等因素，而且还要考虑我国与所在国的关系以及国际斗争的客观需要加以决定。

关于驱逐出境问题，明确以下几点。

（1）其适用的对象只能是犯罪的外国人，但对于享有外交特权和豁免权的外国人虽然在我国境内实施了犯罪行为的，由于不能适用我国刑法对其定罪量刑，故不能适用驱逐出境这一刑种。

（2）这里的驱逐出境，同《外国人入境出境管理法》中规定的由公安机关决定、适用于违反出入境管理法的外国人、作为行政处罚的驱逐出境具有本质的区别。

①处罚的性质和适用的对象不同。作为附加刑的驱逐出境是刑罚方法，其

适用对象是在我国境内犯罪的外国人；而《外国人入境出境管理法》中的驱逐出境是行政处罚方法，其适用对象是违反该法规定且情节严重的我国境内的外国人。

②适用的机关和法律依据不同。作为附加刑的驱逐出境，由人民法院依照刑法和刑事诉讼法的规定判处；而作为行政处罚的驱逐出境，则是由地方公安机关依照《外国人入境出境管理法》和其他相关规定，报告公安部，由公安部作出决定。

③执行的时间不同。人民法院判决的驱逐出境，独立适用时，从判决发生法律效力之日起执行，附加适用时，从主刑执行完毕之日起执行。公安机关决定的驱逐出境，在公安部作出决定后立即执行。

（3）对于犯罪的外国人，我国刑法规定的是"可以"驱逐出境，而非"应当"或"必须"驱逐出境。

（4）对于独立适用驱逐出境的，应当从判决确定之日起执行；对于附加适用驱逐出境的，应当从主刑执行完毕之日起执行。

第十二章 刑罚的裁量制度

第一节 量刑

一、量刑的概念

量刑，指人民法院根据行为人所犯罪行及刑事责任的轻重，在定罪的基础上，依法决定对犯罪分子是否判处刑罚、判处何种刑罚、判处何种刑度的刑罚以及是否立即执行的刑事审判活动。简言之，量刑就是指人民法院对犯罪分子依法裁量决定刑罚的一种审判活动。

量刑情节是在量刑阶段应当考虑的影响犯罪分子刑事责任大小的因素，包括酌定情节和法定情节。前者是法律没有明确规定，是司法人员根据具体案情和犯罪分子的罪前（如一贯表现、有无前科）、罪中（如犯罪动机、犯罪手段、对象以及具体的时空环境）以及罪后表现（如犯罪后的态度、退赃程度等）来决定具体量刑幅度的因素，是刑事司法自由裁量权的体现。法定情节是法律明确规定的、司法人员必须予以考虑的影响量刑的因素。

量刑具有以下四个特征。

（1）量刑是人民法院的一种审判活动。其他任何机关都没有量刑权。

（2）量刑的对象是犯罪分子。只有对犯罪分子才能决定是否适用刑罚、适用何种刑罚。

（3）定罪是量刑的前提。只有在解决了定罪问题的基础上，才能进一步决定量刑问题。

（4）刑事责任的大小是量刑轻重的根据。

量刑的任务包括：①决定是判处刑罚还是免除刑罚；②决定刑种、刑度；③决定是否实行数罪并罚；④决定所判处的刑罚是否立即执行。

二、量刑的原则

《刑法》第3条规定了罪刑法定原则以及第4条规定了罪责刑相适应原则

都是在量刑过程中也需要遵守的原则。同时，《刑法》第 61 条明确规定了量刑原则："对于犯罪分子决定刑罚的时候，应当根据犯罪的事实、犯罪的性质、情节和对于社会的危害程度，依照本法的有关规定判处。"根据该规定，量刑原则可以概括为"以事实为根据，以法律为准绳"。

犯罪事实包括以下四项内容：（1）犯罪的事实，即狭义的犯罪事实，是指犯罪构成要件的各项基本事实情况；（2）犯罪的性质，指行为人的行为构成什么罪，应定什么罪名；（3）犯罪情节，包括定罪情节与量刑情节两种；（4）对于社会的危害程度，指犯罪行为对社会造成或可能造成损害的结果的程度。

量刑以刑法为准绳，主要遵行以下刑法有关规定：（1）刑法总则中关于刑罚原则、制度、方法及其适用条件的一般规定；（2）刑法分则中有关各种具体犯罪的法定刑及量刑幅度的具体规定。

三、量刑情节

量刑情节，指人民法院在对犯罪分子量刑时据以决定处罚轻重或免除处罚的各种主客观事实。这些主客观事实是体现犯罪行为社会危害性程度和犯罪人的人身危险性大小，据以决定对犯罪人是否处刑以及处刑轻重所应当或可以考虑的各种具体事实情况。某一个情节之所以会成为量刑情节，就是因为它对犯罪行为的社会危害性或者犯罪人的人身危险性有影响。

根据不同的标准，量刑情节主要有以下两种类型。

（一）法定情节和酌定情节

法定情节指法律明文规定的量刑情节，包括从重处罚情节、从轻处罚情节、减轻处罚情节、免除处罚情节。酌定情节指法律没有明文规定，根据立法精神从审判实践经验中总结出来的，反映犯罪行为的社会危害性程度和犯罪人的人身危险性程度，在量刑时酌情适用的情节。包括犯罪动机，犯罪手段，犯罪的时间、地点等当时的环境和条件，犯罪侵害的对象，犯罪人的个人情况和一贯表现，犯罪人犯罪后的态度。

法定情节包括应当情节和可以情节。在应当情节中，法律或者明确使用了"应当"一词，或者只规定"从重处罚"。对于可以情节，法律都明确使用了"可以"一词。应当情节和犯罪行为的社会危害性或者犯罪人的人身危险性之间存在必然联系，如主犯行为的社会危害性必然大于从犯，累犯的人身危险性必然大于非累犯，防卫过当行为的社会危害性及行为人的人身危险性必然小于一般犯罪等。可以情节和犯罪行为的社会危害性或者犯罪人的人身危险性之间存在高度盖然性联系，也就是说，在绝大多数情况下，可以情节的存在会影响到犯罪行为的社会危害性或者犯罪人的人身危险性，但在例外的情况下，可以情节对犯罪行为的社会危害性或者犯罪人的人身危险性没有影响。如未遂犯，绝大多数情况下未遂犯的社会危害性小于既遂犯，但也存在着例外的情形。所以，如果在案件中存在着可以情节，首先应考察该情节对行为的社会危害性或者行为人的人身危险性是否有影响。如果不能肯定该情节对社会危害性、人身危险性没有影响，量刑时应当适用该情节；只有能肯定该情节对社会危害性、人身危险性没有影响，量刑时才可以排除该情节的适用。

酌定情节和犯罪行为的社会危害性或者犯罪人的人身危险性之间存在或然联系，在有些情况下，酌定情节会影响到社会危害性或者人身危险性，但有些情况下则不发生影响。如犯罪动机，有些犯罪动机值得同情和怜悯，从而使犯罪的社会危害性和行为人的人身危险性有所降低；有些犯罪动机比较卑劣，使犯罪的社会危害性和行为人的人身危险性有所增大；但也有一些情况下，犯罪动机对社会危害性或者人身危险性则不发生影响。所以，当酌定情节出现在案件中时，首先要考察该情节和社会危害性、人身危险性的关系，如果有关系，量刑时必须考虑该情节；如果没有关系，量刑时则排除该情节的适用。

法定情节和酌定情节除了是否在法律上有明确规定不同和社会危害性、人身危险性的关系不同之外，还有一个很重要的区别。法定情节对量刑结果的影响是单向的，一个法定量刑情节要么是从重情节，要么是从轻情节；酌定情节对量刑结果的影响不是单向的，同一个酌定情节有时属于从重情节，有时属于从轻情节。

（二）从严情节和从宽情节

从严情节包括从重情节和加重情节，我国法律没有规定加重情节。从宽情节包括从轻情节、减轻情节和免除处罚的情节。

根据刑法的规定，犯罪分子具有刑法规定的从重处罚、从轻处罚情节的，应当在法定刑的限度以内判处刑罚。

犯罪分子具有刑法规定的减轻处罚情节的，应当在法定刑以下判处刑罚。

犯罪分子虽然不具有刑法规定的减轻处罚情节，但是根据案件的特殊情况，经最高人民法院核准，也可以在法定刑以下判处刑罚。

第二节 累犯

一、累犯的概念

累犯，指因犯罪被判过一定刑罚的犯罪分子，在刑罚执行完毕或者赦免之后的一定期间内再犯一定之罪的犯罪分子。

对累犯从重处罚，是世界各国刑法普遍的做法。对累犯从重处罚有以下理由。（1）累犯的人身危险性大于初犯。累犯已经受过刑罚处罚，接受过劳动改造，仍然不思悔改，在短期内再次实施了犯罪行为，说明其人身危险性较大，只有对其判处较重的刑罚，才能达到改造的效果。（2）累犯的社会危害性也较大，表现在三个方面：累犯往往会耗费国家司法机关在侦破案件、审判和执行方面更多的人力物力；累犯的出现会损害国家司法权威，影响国家法律在公民心目中的威信；累犯的行为会对社会心理秩序和公民个人的心理秩序造成较大的破坏。所以，根据罪刑相适应原则和刑罚个别化原则，对累犯应当从重处罚。

累犯既是一项重要的法定量刑情节，也是一项重要的量刑制度，累犯即再次犯罪者，包括一般累犯与特别累犯。

刑法上的累犯，经历了一个从注重犯罪特征到注重犯罪人特征的转变。最初刑法上的累犯概念，注重的是犯罪行为的特征，以刑事古典学派的客观主义作为其理论基础。此后，随着刑事实证学派的兴起，开始了从犯罪行为向犯罪人的转变，由此出现了以犯罪人的人身危险性为重点的累犯概念。现代刑法上的累犯，更多的是强调犯罪人的人身特征，将累犯视为人身危险性较大的一种犯罪人类型。应当指出，虽然都是犯罪人类型，累犯与惯犯是有所不同的。在犯罪学上，累犯与惯犯往往相提并论，容易混同。但在刑法学上，两者具有明显区分。惯犯是在审判之前的一个相当长的时间内反复多次地实施某一犯罪，这些反复实施的犯罪是未经处理的。因此，惯犯往往被作为一种犯罪类型，在罪数理论中讨论。累犯并非像惯犯那样，它不是审判前同一犯罪之关系，而是前后两个犯罪之关系。累犯一般都是作为量刑制度加以规定，是一种特殊的犯罪人类型。

二、累犯的成立条件

我国刑法规定的累犯包括一般累犯和特殊累犯。

（一）一般累犯

《刑法》第 65 条规定，"被判处有期徒刑以上刑罚的犯罪分子，刑罚执行完毕或者赦免以后，在 5 年以内再犯应当判处有期徒刑以上刑罚之罪的，是累犯，应当从重处罚，但是过失犯罪和不满 18 周岁的人犯罪的除外。""前款规定的期限，对于被假释的犯罪分子，从假释期满之日起计算"。

根据该规定，成立累犯应具备以下三个条件。

（1）主观条件。实质条件——前罪和后罪都是故意犯罪。如果都是过失犯罪，或者有一个是过失犯罪，就不能成立累犯。

（2）刑度条件。前罪被判处有期徒刑以上刑罚，后罪应当被判处有期徒刑以上刑罚。有期徒刑以上刑罚，指有期徒刑、无期徒刑和死刑。

（3）时间条件。后罪发生在前罪刑罚执行完毕或者赦免以后 5 年之内。

被假释的犯罪分子如果在假释考验期内再犯新罪，不能成立累犯。在假释考验期满 5 年内再犯新罪的，成立累犯。前罪被判处缓刑的犯罪分子在缓刑考验期满后 5 年之内再犯新罪的，不能成立累犯。

关于累犯成立的上述几个条件中，容易出问题的也是特别注意的是时间条件方面，有以下几点需要注意。

（1）如果前罪因适用假释而执行完毕的，5 年期间应当从假释期满之日起计算，而非假释之日。这里要注意和《刑法》第 58 条附加剥夺政治权利的刑期自徒刑假释之日起计算的知识点相区别。

（2）如果前罪判处有期徒刑并附加剥夺政治权利，那么该 5 年时间应当从前罪主刑执行完毕之日起计算。

（3）旧刑法规定累犯的时间间隔是 3 年，而 1997 年《刑法》规定的累犯的时间间隔则为 5 年，那么如果在 1997 年 9 月 30 日前所犯之罪被判处的刑罚已经执行完毕或者赦免，在 1997 年 10 月 1 日之后又犯应当判处有期徒刑以上刑罚之罪的，构成累犯是以旧刑法的 3 年为准还是以 1997 年《刑法》的 5 年为准呢？根据最高人民法院《关于适用刑法时间效力规定的若干问题的解释》的有关规定，应适用《刑法》第 65 条的规定，构成累犯的时间条件是 5 年而不是 3 年。

（二）特殊累犯

又称为特别累犯，是指因犯危害国家安全罪、恐怖活动犯罪、黑社会性质的组织犯罪被判处刑罚，在刑罚执行完毕或者赦免以后，在任何时候再犯上述任何一种犯罪的，都以累犯论处。根据该规定，成立特殊累犯应具备的条件如下。

（1）前罪和后罪都是危害国家安全罪、恐怖活动犯罪、黑社会性质的组织犯罪。

（2）前罪被判处的刑罚和后罪应当判处的刑罚种类及轻重不受限制，但不能包括免除处罚的情形。

（3）后罪发生的时间不受限制，但必须是在前罪执行完毕或者赦免之后。在前罪刑罚执行期间再犯上述任何一类罪的，不能成立特殊累犯，但应根据《监狱法》第59条的规定从重处罚。

另外区别累犯和再犯。累犯与再犯不同，一般意义上，所谓再犯，是指再次犯罪的人，也即两次或两次以上实施犯罪的人。就再犯而言，后犯之罪在实施的时间上并无限制，既可以是在前罪刑罚执行期间实施的，也可以是在刑满释放之后实施。累犯与再犯的相同之处主要表现为：都是两次或两次以上实施了犯罪行为。累犯与再犯的区别主要表现为：（1）累犯前罪与后罪必须是故意的犯罪（特殊累犯除外）；而再犯前后罪没有此种限制。（2）累犯必须以前罪受过一定的刑罚和后罪应受一定的刑罚处罚为成立条件（特殊累犯没有限制，只要求受过刑罚处罚即可，哪怕只单独判处过附加刑）；而再犯，并不要求前后两罪必须判处一定刑罚。（3）累犯所犯后罪，必须是在前罪刑罚执行完毕或赦免以后的法定期限内（特殊累犯是在刑罚执行完毕或赦免之后的任何时间）实施；而再犯的前后两罪之间并无时间方面的限制，也就是说再犯包含了累犯。

三、累犯的法律后果

根据我国刑法规定，对累犯应当从重处罚，即采取必须从重处罚的原则。

对于累犯必须从重处罚，即无论成立一般累犯，还是特别累犯，都必须对其在法定刑的限度以内，判处相对较重的刑罚，即适用较重的刑种或较长的刑期。从重处罚，是相对于不构成累犯，应承担的刑事责任而言。也即对于累犯的从重处罚，参照的标准，就是在不构成累犯时，应承担的刑事责任。也有学者认为是"应以不构成累犯的初犯或其他犯罪人为从重处罚的参照标准。具体而言，就是当累犯所实施的犯罪行为与某一不构成累犯者实施的犯罪行为在性质、情节、社会危害程度等方面基本相似的条件下，应比照对不构成累犯者应判处的刑罚再予以从重处罚"。这种看法值得研究。因为犯罪人不同，所犯之罪的具体情况不同，这种与其他犯罪人进行的横向比较下，不可能真正做到公平。从重处罚，必须根据其所实施的犯罪行为的性质、情节、社会危害程度，确定其刑罚，不是一律判处法定最高刑。

对于累犯，不得适用缓刑和假释。

第三节 自首和立功

自首和立功是我国刑法设置的激励犯罪分子改过自新，并体现从宽处罚原则的一项重要制度。其目的在于促使犯罪分子通过交代自己或者他人的罪行而便于司法机关侦破刑事案件，及时打击和预防犯罪。自首和立功是司法机关在定罪量刑时必须予以考虑的法定量刑情节。对于自首与立功的掌握，关键在于对相关司法解释的把握和具体运用。

一、自首

（一）自首的概念

自首，指犯罪以后自动投案，如实供述自己的罪行，以及被采取强制措施的犯罪嫌疑人、被告人和正在服刑的罪犯，如实供述司法机关还未掌握的本人其他罪行的行为。被采取强制措施的犯罪嫌疑人、被告人和已宣判的罪犯，如实供述司法机关尚未掌握的罪行，与司法机关已掌握的或者判决确定的罪行属不同种罪行的，以自首论。自首从宽是各国刑法的一项共同规定。

自首从宽的根据有以下几点。（1）自首意味着行为人终止了因自己的犯罪行为而形成的危害社会的持续状态，自行减少了对社会的危害。这是自首从宽处罚的首要根据。（2）自首是犯罪人犯罪后有悔罪或自新之心的开始，说明行为人已经初步具备了接受改造、重新做人的前提条件，说明行为人的人身危险性比较小，比较容易接受改造。所以，自首后从宽处罚是刑法目的的必然要求。（3）自首从宽可以分化瓦解犯罪分子，维护社会治安。自首从宽给已经实施了犯罪行为的人指出了一条改过自新之路，可以促使犯罪人自动投案。（4）自首可以节省司法机关侦查、审理案件的人力物力，自首犯比较容易接受改造，也减少了执行刑罚的难度，从而实现刑罚的效益。

《刑法》第67条规定的自首包括一般自首与特别自首，该条第1款规定的是一般自首，第3款规定的是特别自首，二者的构成条件有所不同。第3款规定的是以自首论的情形。

（二）一般自首的成立条件

一般自首，指犯罪以后自动投案，如实供述自己的罪行的行为。成立一般自首应具备的条件如下。

（1）自动投案。指犯罪分子犯罪后，在未被讯问、未被采取强制措施之前，出于本人的意志而向有关机关或个人交代了自己的犯罪行为，并且将自己置于有关机关的管束、控制之下的行为。自动投案是成立一般自首的前提。理解自动投案时注意以下几点。

①投案时间。投案必须在犯罪行为发生之后、被动归案之前。

②投案对象。一般是向有侦查权的机关如公安、检察等机关投案，向纪律检查机关、行政监察机关投案的，向单位内部的纪律检查部门或其工作人员，向单位负责人或基层组织负责人投案的，也属于自动投案。

③投案方式。一般是自行来到司法机关交代自己的行为并听候处理。在亲属陪同或规劝下投案的属于自动投案，但被亲属扭送到司法机关的，或被亲属检举后司法机关将其抓获的，不是自动投案。因伤、因病或因为其他原因暂时不能来到司法机关，而以电信方式投案的，或者委托他人先行报案的，也属于自动投案，但在这种情况下，犯罪人必须等候司法机关的处理，而不得逃逸。如果在被追捕过程中因走投无路而停止逃跑、等待抓获的，不能成立自动投案。

④投案动机。投案动机一般是出于悔罪心理，但也可以出于其他动机，如为了争取从宽处罚，出于好汉做事好汉当的心理，由于潜逃在外为生活所迫，慑于法律的威严等。不同的投案动机对成立自首没有影响。但如投案是为了包庇同伙，则不能成立自动投案。

⑤投案后必须将自己置于司法机关或有关部门的管束、控制之下。如果投案后脱逃的，不能成立自动投案，更不能成立自首。

（2）如实供述自己的罪行。犯罪人在自动投案后，应当如实供述自己的主要罪行。主要罪行是相对于次要罪行而言的，指影响定罪量刑的重要犯罪事实和情节。包括：①投案人所供述的必须是犯罪的事实。②必须是主要的犯罪事实，而非全部事实细节。③必须是自己实施或支配他人实施并应由自己承担刑事责任的罪行。理解"如实供述自己的罪行"时，应从以下几点把握。

①在共同犯罪中，一般共同犯罪人除了应交代自己的犯罪事实外，还应当交代所知道的共同犯罪人的犯罪事实。主犯除了要交代自己实施的犯罪行为外，还应当如实交代其他共犯的犯罪事实。

②一人犯有数罪时，如果只交代了其中一部分犯罪事实，只就已经交代的部分成立自首，未交代的不能成立自首。如果如实交代了所有的犯罪事实，则均成立自首。

总之，关于一般自首，其成立的条件有二：一是"自动投案"，二是"如实供述自己的罪行"。"自动投案"是指犯罪分子在犯罪之后，在尚未受到讯问、未被采取强制措施之前，出于本人的意愿而向有关司法机关承认自己实施了犯罪，并自愿置于有关机关的控制之下，等待进一步交代犯罪事实的行为；

"如实供述自己的罪行"是指犯罪分子自动投案后，如实交代自己的主要犯罪事实。一般而言，自首的认定遵照上述条件即可，但在一些特定情况下如何认定"自动投案"与"如实供述自己的罪行"，应注意以下几个方面。

（1）自动投案并非一定是向司法机关投案，向基层组织、所在单位负责人投案也可视为自动投案。

（2）罪行尚未被司法机关发觉，仅因形迹可疑被有关组织查询、教育后，主动供述犯罪事实的，也视为自首。

（3）犯罪分子在犯罪后逃逸，在被通缉、追捕的过程中，经查实犯罪分子确实已经准备去投案，或者正在投案的途中，被司法机关逮捕的，也视为自动投案。

（4）犯罪分子在外地或生病等原因，请他人代为投案，或者用信函、电话、电报报案的，只要其后该犯罪分子能够如实供述罪行的，也可视为自首。

（5）自动投案原则上是基于犯罪分子的本人意志，至于其动机为何，并不影响自首的成立，只要符合如实供述罪行的条件，仍可视为自首，即使投案不是自己的真实意愿，如被家长、监护人或其他家属主动报案或扭送归案的，只要符合如实供述罪行的条件，也可视为自首。

（6）犯罪嫌疑人自动投案并如实供述自己的罪行后又翻供的，不能认定为自首，但在一审判决前又能如实供述的则仍视为自首。

（7）对于共同犯罪的自首，犯罪分子自动投案之后，不仅要交代自己的犯罪行为而且还要交代同案犯的共犯行为，也就是说，对共犯的自首，如实供述犯罪行为也就包括了要交代同案犯的共犯行为，否则不构成自首。

（8）关于被告人对事实性质的辩解是否影响投案自首的成立问题，最高人民法院2004年《关于被告人对行为性质的辩解是否影响自首成立问题的批复》明确指出：犯罪以后自动投案，如实供述自己的罪行的，是自首。被告人对行为性质的辩解不影响自首的成立。

（三）特殊自首的概念及条件

特殊自首，又称准自首，指被采取强制措施的犯罪嫌疑人、被告人和正在服刑的罪犯，如实供述司法机关还未掌握的本人其他罪行的行为。成立特殊自首应具备的条件如下。

（1）主体必须是已经被采取强制措施的犯罪嫌疑人、被告人和正在服刑的罪犯。

（2）必须是如实供述司法机关还未掌握的本人其他罪行。这里所谓"司法机关还未掌握的本人其他罪行"的范围，根据最高人民法院司法解释的规定，是指与司法机关已掌握的或者判决确定的罪行属不同种罪行。如果是同种罪行，则不构成特殊自首，但可以酌情从轻处罚。司法解释认为指异种他罪，但理论界有不同的见解。司法解释的内容既没有法律根据，也没有理论根据。

关于特别自首，《刑法》第 67 条第 2 款规定，其"特别"之处在于如下两个方面。

（1）主体的特殊性。必须是依法被采取强制措施的犯罪嫌疑人、被告人和正在服刑的罪犯这三种人，因其人身已经处于司法机关的控制之下，故不存在"自动投案"的必要和可能性。

（2）供述的罪行具有特殊性。并非所有如实供述罪行的行为都构成自首，根据最高人民法院《关于处理自首和立功具体应用法律若干问题的解释》的规定，只有其向司法机关"如实供述"的罪行必须是司法机关尚未掌握的本人其他罪行，并且其所供述的罪行的犯罪性质或罪名与司法机关已经掌握的罪行不同。如果其供述的罪行与已被掌握的罪行属同种的，虽然可以酌情从轻，但不属于自首。例如，甲因盗窃被羁押，在侦查期间，甲又如实向公安机关交代此前他还有两起盗窃行为，并经查证属实，则甲交代的另外两起盗窃并不能作为自首处理；如果甲交代此前他还有一起诈骗罪行，则此时可作为自首处理。

（四）自首的处罚

对自首者的适当量刑是自首从宽制度得以正确进行的保证，一般认为，自首量刑的一般原则应掌握下列两点。

（1）主要根据犯罪事实量刑。犯罪人投案自首可以使其犯罪所造成的危害社会的持续状态结束，但是给社会造成的损害并不会因自首而消灭。犯罪人投案自首，仅仅表明对自己所犯罪行的态度，并不会改变其原来的犯罪事实。因此，审判人员在决定对自首的犯罪分子量刑时，必须以其犯罪事实为主要根据。在司法实践中，审判人员首先按照自首者罪行的轻重对照有关法律，拟定一个刑罚幅度，而后结合自首的从宽情节量刑，所以要把握好度，做到宽严适度，不枉不纵。

（2）具体考虑自首情况，主要包括以下几点。①自首的时间。犯罪人投案自首的时间早晚，说明其悔悟时间的早晚；同时也说明了犯罪人的犯罪行为，对社会危害性的持续状态长短。②自首的原因及动机。犯罪人犯罪之后的认罪、悔罪、悔改心理是自首动机的三大要素，悔罪态度好的情况下，投案自首的，也说明了其悔悟的程度，量刑时也要考虑。③交代罪行的情况。交代罪行是否彻底，是否主动，也说明了投案者是否真心悔悟。④犯罪分子有无主动表现。这四大情节，审判人员在量刑时一定要注意。

二、立功

1. 立功的概念及表现

自首是自动如实交代自己的犯罪事实，而立功是自动交代（检举揭发）他人的犯罪事实以及提供重要线索得以侦破其他刑事案件的行为，都是应当鼓励、给予从宽处罚的法定量刑情节。

立功的概念就是指犯罪分子有揭发他人犯罪行为，查证属实的，或者提供重要线索，从而得以侦破其他案件的情形。

根据我国《刑法》第 68 条第 1 款规定，立功表现为以下两种情形。（1）揭发他人的犯罪行为。犯罪人之间往往互相了解各自的犯罪行为，犯罪人在归案后，不仅交代自己的罪行，而且揭发检举他人的犯罪行为，因此是一种立功表现。（2）提供重要线索，指犯罪人提供未被司法机关掌握的各种犯罪线索，例如，证明犯罪行为的重要事实或有关证人等。除上述刑法列举的两种立功表现以外下述情形也应视为立功。（1）协助司法机关缉捕其他罪犯。犯罪人协助司法机关缉捕在逃的罪犯，可以节省司法成本。因此，这种行为应视为立功表现。应当指出，犯罪人协助司法机关缉捕的其他罪犯，既可以是与其无关的，也可以是其他案犯。只要确实协助司法机关捕获罪犯，就应视为有立功表现。（2）犯罪人在羁押期间，遇有其他在押人员自杀、脱逃或者其他严重破坏监管行为，及时向看守人员报告的，也应视为有立功表现。（3）遇有自然灾害、意外事故奋不顾身加以排除也应视为有立功表现。

实际上，根据《刑法》第 68 条以及最高人民法院《关于处理自首和立功具体应用法律若干问题的解释》的规定，立功行为的主要表现有以下几方面。

（1）揭发他人犯罪行为并经查证属实的。

（2）提供重要线索从而得以侦破其他刑事案件的。

（3）协助抓捕其他罪犯的，包括未归案的同案犯。

（4）阻止、检举他人正在实施的犯罪行为从而使得国家免受重大损害的。

2. 对于立功要注意的问题

对《刑法》第 68 条所规定的立功要注意两个问题。

（1）立功有一般立功和重大立功之分，给予从宽处罚的原则也因此而有所不同。

重大立功的标准，应当以最高人民法院《关于处理自首和立功具体应用法律若干问题的解释》第 7 条的规定，以行为人立功表现而得以侦破查出的犯罪嫌疑人、被告人可能判处无期徒刑以上刑罚或该案件在本省、自治区、直辖市或者全国范围内有重大影响为标准。

（2）在共同犯罪中，犯罪分子交代同案犯的行为是自首还是立功的问题。

如果交代的是同案犯的共犯行为，则是自首的应有要求，否则不构成自首；如果交代的是同案犯的非共犯行为即共犯之外的其他行为，则是立功，也就是说，交代同案犯的行为是自首还是立功，关键看交代的是否为共犯行为。

3. 对立功者的处罚

立功属于法定的从宽处罚情节，立功的处罚与自首一样具有相似的层次性。

（1）第一层次是有一般立功的，可以从轻或者减轻处罚。

（2）第二层次是有重大立功的，可以减轻或者免除处罚。

（3）第三层次是犯罪后自首又有重大立功的，应当减轻或者免除处罚。

第四节　数罪并罚

一、数罪并罚概述

数罪并罚指对于一人在一定期限内犯有数罪的，在分别定罪量刑的基础上，依照一定的并罚原则和刑期计算方法，决定最终执行的刑罚的制度。适用数罪并罚的特征如下。

（1）必须是一人犯有数罪。

（2）数罪是在一定的期限内实施的。根据我国法律的规定，包括判决宣告前犯有数罪、刑罚执行期间发现漏罪、刑罚执行期间再犯新罪三种。

（3）在对各罪分别定罪量刑的基础上，依照一定的并罚原则和刑期计算方法，决定最终执行的刑罚。

二、数罪并罚的原则

关于数罪并罚的原则，大致有以下几种。

（1）并科原则，又称相加原则，对数罪所判的刑罚简单地进行相加，执行的刑罚是各刑罚的总和。并科原则适用于判处附加刑的情形，包括附加刑与附加刑之间（全部没收财产刑与罚金刑除外）的并罚情形与附加刑与主刑的并罚情形。

（2）吸收原则。重罪之刑吸收轻罪之刑，执行的刑罚是数个刑罚中最重的刑罚。吸收原则适用于判处死刑或无期徒刑以及没收全部财产刑与罚金刑同时存在的情形。

（3）限制加重原则。在决定执行的刑罚时，应当在数个刑罚中的最高刑以上、总和刑期以下，选择一个适当的刑期。限制加重原则适用于数罪所判处的刑罚为有期徒刑、拘役、管制的情形。应理解限制加重的"限制"含义：即管制最高不能超过 3 年，拘役最高不能超过 1 年，有期徒刑最高不能超过 20 年或 25 年。

（4）折衷原则。上述三种原则都既有优点，又有缺点，所以各国一般都将三种原则结合起来，对不同的刑种采取不同的并罚方法，这就是折衷原则。我国刑罚也采用该原则。

三、适用数罪并罚的三种情形

我国刑法中的数罪并罚包括三种情形。

（一）判决宣告以前犯有数罪的

《刑法》第 69 条规定："判决宣告以前一人犯数罪的，除判处死刑和无期徒刑的以外，应当在总和刑期以下、数刑中最高刑期以上，酌情决定执行的刑期，但是管制最高不能超过 3 年，拘役最高不能超过 1 年，有期徒刑总和刑期不满 35 年的，最高不能超过 20 年，总和刑期在 35 年以上的，最高不能超过 25 年。数罪中有判处有期徒刑和拘役的，执行有期徒刑。数罪中有判处有期徒刑和管制或者拘役和管制的，有期徒刑、拘役执行完毕后，管制仍须执行。数罪中有判处附加刑的，附加刑仍须执行，其中附加刑种类相同的，合并执行，种类不同的，分别执行。"这里规定的原则就是折衷原则。具体地说，包括以下情形。

（1）数罪中，有一罪被判处死刑或者无期徒刑的，只执行死刑或者无期徒刑，其他刑罚不再执行。在这种情况下，由于只执行一个最高的刑罚，所以采取的是吸收原则。

（2）数罪并罚管制最高不超过 3 年，拘役不超过 1 年，有期徒刑总和刑期不满 35 年的，最高不能超过 20 年，总和刑期在 35 年以上的，最高不能超过 25 年。这里采取的是限制加重原则。

（3）数罪中被判处有附加刑的，附加刑也应当执行。其中附加刑种类相同的，合并执行，种类不同的，分别执行。这里采取的是并科原则。

（二）发现漏罪

《刑法》第 70 条规定："判决宣告以后，刑罚执行完毕以前，发现被判刑的犯罪分子在判决宣告以前还有其他罪没有判决的，应当对新发现的罪作出判决，把前后两个判决所判处的刑罚，依照本法第 69 条的规定，决定执行的刑罚。已经执行的刑期，应当计算在新判决决定的刑期以内。"在这里，如果漏罪应当被判处死刑或者无期徒刑，适用吸收原则；如果应被判处有期自由刑，则采取"先并后减"的方式计算刑期。

（三）再犯新罪

《刑法》第71条规定："判决宣告以后，刑罚执行完毕以前，被判刑的犯罪分子又犯罪的，应当对新犯的罪作出判决，把前罪没有执行的刑罚和后罪所判处的刑罚，依照本法第69条的规定，决定执行的刑罚。"这里在并罚时采取的是"先减后并"的方式。

一般情形下，数罪的并罚直接以上述规则处理，关键的问题是对于判决宣告后刑罚执行期间又发现漏罪或者又犯新罪的并罚方法，因为此时本罪已经被依法判决并执行了一定时间，与另一罪的并罚就涉及对该已经执行的刑期如何处理的问题。对此，《刑法》第70条、第71条作了规定，分别适用"先并后减"与"先减后并"的方法。这两种方法区别点在于刑罚执行期间所发现的犯罪是漏罪还是新罪。

（1）如果是漏罪，即在判决宣告以前实施而未被判决的犯罪，应适用"先并后减"的并罚方法。也就是说，漏罪并罚——先并之后再减去已执行过的刑期，从而确定出此时（发现漏罪而进行并罚时）仍须执行的刑罚或刑期幅度。

（2）如果是新罪，即在判决宣告以后刑罚执行期间所犯的罪行，应该适用"先减后并"的并罚方法，即先减去已经执行过的刑期，再用余刑与新罪之刑进行并罚，得出的结果就是此时（因犯新罪而进行并罚时）仍须执行的刑罚或刑期幅度。

该规则设计的意义在于对新罪并罚的结果体现出对犯罪分子更为严厉，常常使其执行刑（合并刑）最低刑期较高。

四、值得注意的其他几个并罚问题

（一）既有漏罪又有新罪应如何并罚

如果在本罪的刑罚执行过程中，犯新罪的同时又发现了漏罪，那么在这种情况下如何并罚？

在这种情况下，一般采取"先旧后新"的方法，即先将漏罪与原判决的罪，根据《刑法》第70条规定的先并后减的方法进行并罚；然后再将新罪的刑罚与前一并罚判决所确定之执行刑的尚未执行完毕的部分，根据《刑法》第71条规定的先减后并的方法进行并罚。

例如，某甲因犯抢劫罪被判8年有期徒刑，执行3年后，与同监犯人在排队打饭时将对方打成轻伤被判伤害罪有期徒刑5年，同时又发现其在前罪判决前还犯有盗窃罪，判处3年有期徒刑。对于某甲该如何判决刑罚？

分析：对于此类问题的处理方式如下。

对同时发现漏罪又犯有新罪的实行"先旧后新"的规则。具体操作是分两步走。

第一步，对漏罪的刑罚与正在执行的刑罚进行并罚，结果是 5 年以上 8 年以下，也就是此时还需要执行 5 年以上 8 年以下有期徒刑。

第二步，用新罪——5 年有期徒刑的故意伤害罪与 5 ~ 8 年这一幅度并罚（由于此时已经将执行过的 3 年减了一次，所得的 5 ~ 8 年是实打实的），结果是 5 年以上 13 年以下有期徒刑，也就是说此时某甲至少还需要判处 5 年有期徒刑，最多可能判处 13 年以下有期徒刑。

（二）原判就是数罪，行刑过程中又发现漏罪或者又犯新罪的如何并罚

问题的关键在于将漏罪之刑与原判数罪的数个宣告刑合并还是与原判数罪的执行刑合并？

对此大多数学者赞同执行刑并罚说，即认为应在原判决所确定的执行刑基础上而非各罪宣告刑基础上进行并罚，否则，实际上就等于否认了原判决的效力。同这个问题相关的是在刑罚执行过程中又发现数个漏罪，如何实行并罚？

问题的关键同样在于与原判刑罚合并处罚的是数个漏罪的数个宣告刑还是数个漏罪的执行刑？对这个问题，刑法学界大多数学者认为应当用数个漏罪的宣告刑与原判刑罚合并处罚，因为漏判数罪被发现时呈现各自的未决状态，与上述原判数罪确定执行刑后呈现的整体已决状态有所不同，应当以各自的宣告刑与原判之刑并列参加并罚。总之，只要是在刑罚执行期间发现的漏罪，不论漏罪是一个还是多个，也不论原判决的前罪是一个还是多个，同样可以适用上述的"先并后减"的并罚方法。

例如，被告人李某在判决宣告以前共犯有甲乙丙丁四罪，但司法机关当时仅侦破了甲乙两罪，依法判甲罪 6 年有期徒刑、乙罪 13 年有期徒刑，决定合并执行 16 年有期徒刑。执行 4 年后，才发现丙罪与丁罪，人民法院判决丙罪 10 年有期徒刑、丁罪 3 年有期徒刑。则此时对李某的刑罚如何确定？分析：此次并罚的"数刑中最高刑期"应是 16 年（执行刑），而非 13 年（最高的宣告刑）。故应将丙、丁两漏罪所分别判处的 10 年与 3 年有期徒刑同原判决的 16 年有期徒刑并罚，结果在 16 年以上 20 年以下这一幅度内决定应执行的刑期，假设决定执行 19 年有期徒刑，则此时李某还需要执行 15 年有期徒刑。这里大家可以比较一下：如果被告人李某所犯的甲乙丙丁四罪均在判决宣告前发现，那么根据《刑法》第 69 条的规定，四罪并罚只能在 13 年以上 20 年以下决定执行的刑期。显然，第 70 条规定的情况与第 69 条规定的情况是有所区别的。

同上述行刑过程发现漏罪相类似，如果原判就是数罪，在原判执行过程中

又犯新罪的，新罪应当与原判数罪的执行刑进行并罚；如果在刑罚执行过程中又发现数个新罪的，应当用数个新罪的宣告刑与原判刑罚进行并罚。总之，只要是在刑罚执行期间又犯新罪的，不论新罪是一个还是多个，也不论原判决的前罪是一个还是多个，同样适用第71条的"先减后并"的并罚方法。

第五节　缓刑

一、缓刑的概念和意义

缓刑是指对触犯刑律，经法定程序确认已构成犯罪、应受刑罚处罚的行为人，先行宣告定罪，暂不执行所判处的刑罚。缓刑由特定的考察机构在一定的考验期限内对罪犯进行考察，并根据罪犯在考验期间内的表现，依法决定是否适用具体刑罚的一种制度。

对宣告缓刑的犯罪分子，在缓刑考验期限内，依法实行社区矫正，如果没有《刑法》第77条规定的情形，缓刑考验期满，原判的刑罚就不再执行，并公开予以宣告。

缓刑为近代学派所倡导。该制度起源于英国的教士恩赦、司法暂缓、具结释放，现代意义上的缓刑起源于美国。随着近代学派的崛起，缓刑制度被推广到了全世界。缓刑制度的出现是为了纠正短期自由刑的弊端。关于短期自由刑的弊端，人们认为主要有以下几点。（1）期限太短，一方面不能充分地展开教育、矫正，同时也使刑罚不具有相应的威慑力。因此难以实现刑罚特殊预防和个别预防的目的。（2）监禁场所的设施及职员素质低劣，对受刑人的身心产生坏的影响；将他们和其他犯罪人关押在一起，容易导致交叉感染，习得犯罪经验和技术，强化犯罪意识，使其产生恶习，增大其人身危险性。（3）受刑人多数是初犯，对他们来说，即使是短期自由刑，也会使他们丧失对拘禁的恐惧感，降低其自尊心，容易使他们成为累犯。（4）受刑人的家属在物质上、精神上都会受到沉重的打击，造成其物质上、精神上的贫穷。（5）导致受刑人的社会性毁灭，使其难以复归社会。（6）短期自由刑的受刑人多为社会下层阶级的人，上层阶级的人犯同样的罪一般只是判处罚金，这将会加深社会的不公正感。（7）过多地占用了监狱设施，成为行刑实务的沉重负担；对受刑人难以组织起来进行劳动，他们在服刑期间不能给社会创造财富，造成社会资源的浪费。

缓刑制度有利于促使罪犯改恶从善。它能够促使罪犯悔过，促使罪犯自新。由于缓刑没有关押罪犯，有利于罪犯的再社会化，使其在社会上工作，不至于出了监狱后很难适应社会的状况。缓刑制度被认为是现代刑法中"最富有促进机制的制度"。

二、一般缓刑

（一）一般缓刑的条件

《刑法》第 72 条规定："对于被判处拘役、3 年以下有期徒刑的犯罪分子，同时符合下列条件的，可以宣告缓刑，对其中不满 18 周岁的人，怀孕的妇女和已满 75 周岁的人，应当宣告缓刑：（一）犯罪情节较轻；（二）有悔罪表现；（三）没有再犯罪的危险；（四）宣告缓刑对所居住社区没有重大不良影响。"第 74 条规定："对于累犯和犯罪集团的首要分子，不适用缓刑。"根据这两个条文，一般缓刑的条件如下。

（1）对象条件。原判刑期为 3 年以下有期徒刑或者拘役的罪犯，这表明缓刑适用的对象都是罪行较轻的犯罪分子。由于缓刑制度是为了纠正短期自由刑的弊端，所以不能适用于被判处长期自由刑的犯罪分子，也没有必要适用于被判处管制或单处附加刑的犯罪分子，因为管制犯本身就是放在社会上执行，是限制自由而非剥夺自由，故管制犯不适用缓刑。

（2）根本性条件。根据犯罪分子的犯罪情节和悔罪表现，适用缓刑确实不致再危害社会。这是适用缓刑的实质条件。这里主要考察行为人的人身危险性。

（3）禁止性条件。犯罪分子不是累犯。不论是一般累犯还是特殊累犯，都不能适用缓刑。累犯的人身危险性较大，当然不能适用缓刑。

（二）缓刑的考验期

缓刑犯是暂缓执行原判刑期，暂不执行原判刑罚不是一缓了之，还有一个考验的问题，即依法为缓刑犯设置一定的考验期，并在该考验期内为其设定了一定的法定义务。《刑法》第 73 条规定，拘役的缓刑考验期限为原判刑期以上 1 年以下，但是不能少于 2 个月。有期徒刑的缓刑考验期限为原判刑期以上 5 年以下，但是不能少于 1 年。

缓刑考验期限，从判决确定之日起计算。按照判决确定之日起算缓刑考验期的原因如下：一是从判决书的本身来看，判决书一经宣判，判决的内容非经法定程序（二审程序）就不能更改，即使是判决书判词写错或口头宣判时口误，都不能再擅自更改。从这点上讲，一审宣判之日，缓刑的判决就已确定。从 1999 年刑事法律文书改革后，法律文书样式中要求将缓刑考验期的起止时间写入判决书。如果将缓刑考验期从生效之日起计算，由于判决生效时间的不确定性，无法在判决书中明确缓刑考验期限的起止时间。相反，宣判时间确定，将缓刑考验期限从宣判之日起计算，可以在判决书中明确缓刑考验期限的起止时间，体现判决书的严肃性。二是从刑法条文来看，确定之日不应是生效之日。我国刑法对管制、拘役、有期徒刑的刑期，都明确规定为从判决执行之日计算，而对缓刑考验期限，却规定为从判决确定之日起计算。可见在立法上执行之日与确定之日是不同的时间概念。由于判决生效后交付执行，因此从执行之日起计算又可称为从判决生效之日起计算。那么，判决确定之日不是指生效之日。三是从缓刑考验期限的性质上看，确定之日不是生效之日。缓刑考验期限是指被告人被人民法院宣告缓刑后，有法定情形出现就会被人民法院撤销缓刑，执行原判刑罚的期间。缓刑考验期限主要根据被告人的犯罪情节、悔罪表现等来确定，缓刑考验期过长，会影响其改造的积极性，而过短，又难以发挥缓刑考验期限对被告人的考察作用。一般来讲，犯罪情节越重，缓刑考验期越长。人民法院对某个被告人宣告缓刑，是根据其犯罪情节、悔罪表现等来决定的，一旦宣判，就应起算其缓刑考验期。如果从判决生效之日开始计算，会使缓刑考验期限处于不确定状态（因为判决生效之日不确定），从而变相延长了缓刑考验期限，甚至出现犯罪情节较轻的被告人的缓刑考验期限变得比犯罪情节较重被告人的缓刑考验期限更长，这就违背了罪刑相适应原则。四是缓刑考验期从判决生效之日起计算，将出现法律漏洞，即在被宣告缓刑的判决生效以前被告人有撤销缓刑的法定情形却面临缺乏撤销缓刑的法律依据。

被宣告缓刑的犯罪分子，如果被判处附加刑，附加刑仍须执行。

（三）缓刑考验期内的考察

被宣告缓刑的犯罪分子，在缓刑考验期限内必须遵守下列规定：（1）遵守法律、行政法规，服从监督；（2）按照规定定期向执行缓刑的机关报告自己的活动情况；（3）遵守考察机关关于会客的规定；（4）离开所居住的市、县或者迁居，应当报经考察机关批准。

三、战时缓刑

《刑法》第 449 条规定："在战时，对被判处 3 年以下有期徒刑没有现实危险宣告缓刑的犯罪军人，允许其戴罪立功，确有立功表现时，可以撤销原判刑罚，不以犯罪论处。"该条文即对战时缓刑制度的规定。

根据《刑法》第 449 条规定，战时适用缓刑的条件是：（1）适用的时间必须是战时；（2）适用的对象只能是被判处 3 年以下有期徒刑的犯罪军人，不是犯罪的军人或者虽然是犯罪的军人但被判处的刑罚为 3 年以上有期徒刑的，均不能适用战时缓刑；（3）适用战时缓刑的基本根据是，在战争条件下宣告缓刑没有现实危险。

四、缓刑的法律后果

根据《刑法》第 76、77 条的规定，缓刑的法律后果包括以下三种。

（1）被宣告缓刑的犯罪分子，在缓刑考验期限内犯新罪或者发现判决宣告以前还有其他罪没有判决的，应当撤销缓刑，对新犯的罪或者新发现的罪作出判决，把前罪和后罪所判处的刑罚，依照《刑法》第 69 条的规定，决定执行的刑罚。

（2）被宣告缓刑的犯罪分子，在缓刑考验期限内，违反法律、行政法规或者国务院公安部门有关缓刑的监督管理规定，情节严重的，应当撤销缓刑，执行原判刑罚。该规定是 1997 年《刑法》增设的规定。

（3）如果没有上述两种情形，缓刑考验期满，原判的刑罚就不再执行，并公开予以宣告。但是，被宣告缓刑的犯罪分子，如果被判处附加刑，附加刑仍须执行。

在前两种情况下，缓刑考验期不能折抵刑期，但是被宣告缓刑前先行羁押的期间应该折抵刑期。

可见，缓刑的法律后果因是成功的缓刑还是失败的缓刑而有所不同。成功的缓刑，即缓刑犯遵守了法定义务，表现良好，缓刑期间没有被发现依法应撤销缓刑的情形，考验期满原判刑罚就不再执行。对此注意两个小问题：一是考验期满后就不再执行原判刑罚，仅是针对主刑而言，如果犯罪分子同时被判附加刑的，则附加刑并不因此而免除，而是依法"仍须执行"。二是原判刑罚不再执行，说明犯罪分子没有被执行刑罚，此时也无须执行，但其有罪判决的宣告仍然是有效的，即犯罪分子是曾经受过有罪判决的人，具有刑事前科。但是在战时缓刑中，如果犯罪的军人确有立功表现，法院应当完全撤销原判刑罚，对行为人不视为受过有罪判决和不视为有刑事前科的人。失败的缓刑——被撤销的缓刑，表明缓刑犯没有遵守法定义务而不应当适用缓刑。根据《刑法》第 77 条的规定，撤销缓刑的法定情形有三种：（1）在缓刑考验期限内犯新罪；（2）在缓刑考验期内发现漏罪；（3）违反法律，行政法规或者国务院有关部门关于缓刑的监督管理规定，或者违反人民法院判决中的禁止令，情节严重的。

注意：前两种情形不仅要撤销缓刑，而且还存在数罪并罚的问题，即依照《刑法》第 69 条的规定进行并罚。第三种情形仅仅是直接撤销缓刑、收监执行原判刑罚（实刑）的问题。当然，在三种情形下，还应注意的是对缓刑犯撤销缓刑而执行原判刑罚（原判实刑）的，对其在宣告缓刑前羁押的时间应当折抵刑期。

第十三章　刑罚的执行与消灭

第一节　刑罚的执行

一、刑罚执行概述

刑罚执行指将已经生效的判决对犯罪人确定的刑罚付诸实施的活动。刑罚执行必须由特定的机关进行。广义的刑罚执行包括对一切生效判决的执行，狭义的刑罚执行仅指监狱对有期徒刑、无期徒刑的执行。

刑法执行的原则包括：（1）教育性原则；（2）人道性原则；（3）个别化原则；（4）社会化原则。

在刑罚体系部分，对各种刑罚的执行已经做了介绍，这里只介绍刑罚执行过程中的两个特殊的问题，即减刑制度和假释制度。减刑、假释是激励罪犯改造的刑罚制度，减刑、假释的适用应当贯彻宽严相济的刑事政策，最大限度地发挥刑罚的功能，实现刑罚的目的。

二、减刑制度

（一）减刑的概念

减刑是指由于犯罪分子在刑罚执行期间认真遵守监规、接受教育改造、确有悔改或者立功表现，而适当减轻其原判刑罚的制度。所谓减轻原判刑罚既可以是将较长的刑期减为较短的刑期，也可以是将较重的刑种减为较轻的刑种。

《刑法》第 78 条规定的减刑对象包括管制、拘役、有期徒刑和无期徒刑的犯罪分子。这是一般意义上的减刑或者说是狭义减刑，因为在我国刑事法中除了这四种对象可以适用减刑外，还有死缓的减刑（《刑法》第 50 条）、附加剥夺政治权利的减刑（《刑法》第 57 条）、罚金刑的减免（《刑法》第 53 条）以及缓刑犯的减刑，这些被称为广义的减刑。以下没有特殊说明的，均指的是一般意义上的减刑。

（二）减刑的根本性条件以及减刑的种类

《刑法》第78条的减刑分为"可以"减刑（酌定减刑）与"应当"减刑（法定减刑、绝对减刑），二者的根本性条件有所不同。前者是犯罪分子只要认真遵守监规、接受教育改造，确有悔改表现或者具有立功表现的，即可以获得减刑；而后者的条件是有重大立功表现，如果有《刑法》第78条规定的重大立功表现，就必须给予犯罪分子减刑的奖励。这表明，犯罪分子如果服刑期间有重大立功的，获得减刑是其一项权利。这也表明，服刑犯在服刑期间的立功行为，因其立功的重大与否，对减刑的效果也有所不同：如果是一般立功的，仅仅是有可能获得减刑之奖励；如果是重大立功的，则必然获得减刑之奖励，且奖励的程度即减刑的幅度也有所不同。

根据最高人民法院《关于办理减刑、假释案件具体应用法律若干问题的规定》（以下简称《规定》）的规定，符合"可以减刑"条件的案件，在办理时应当综合考察罪犯犯罪的性质和具体情节、社会危害程度、原判刑罚及生效裁判中财产性判项的履行情况、交付执行后的一贯表现等因素。

"确有悔改表现"是指同时具备以下条件：一是认罪悔罪；二是遵守法律法规及监规，接受教育改造；三是积极参加思想、文化、职业技术教育；四是积极参加劳动，努力完成劳动任务。

对职务犯罪、破坏金融管理秩序和金融诈骗犯罪、组织（领导、参加、包庇、纵容）黑社会性质组织犯罪等罪犯，不积极退赃、协助追缴赃款赃物、赔偿损失，或者服刑期间利用个人影响力和社会关系等不正当手段意图获得减刑、假释的，不认定其"确有悔改表现"。

罪犯在刑罚执行期间的申诉权利应当依法保护，对其正当申诉不能不加分析地认为是不认罪悔罪。

（三）减刑的限度条件

（1）被判处有期徒刑的罪犯减刑起始时间为：不满5年有期徒刑的，应当执行1年以上方可减刑；5年以上不满10年有期徒刑的，应当执行1年6个月以上方可减刑；10年以上有期徒刑的，应当执行2年以上方可减刑。有期徒刑减刑的起始时间自判决执行之日起计算。

确有悔改表现或者有立功表现的，一次减刑不超过9个月有期徒刑；确有悔改表现并有立功表现的，一次减刑不超过1年有期徒刑；有重大立功表现的，一次减刑不超过1年6个月有期徒刑；确有悔改表现并有重大立功表现的，一次减刑不超过2年有期徒刑。

（2）被判处不满10年有期徒刑的罪犯，两次减刑间隔时间不得少于1年；

被判处 10 年以上有期徒刑的罪犯，两次减刑间隔时间不得少于 1 年 6 个月。减刑间隔时间不得低于上次减刑减去的刑期。

罪犯有重大立功表现的，可以不受上述减刑起始时间和间隔时间的限制。

（3）对符合减刑条件的职务犯罪罪犯，破坏金融管理秩序和金融诈骗犯罪罪犯，组织、领导、参加、包庇、纵容黑社会性质组织犯罪罪犯，危害国家安全犯罪罪犯，恐怖活动犯罪罪犯，毒品犯罪集团的首要分子及毒品再犯，累犯，确有履行能力而不履行或者不全部履行生效裁判中财产性判项的罪犯，被判处 10 年以下有期徒刑的，执行 2 年以上方可减刑，减刑幅度应当比照《规定》第 6 条从严掌握，一次减刑不超过 1 年有期徒刑，两次减刑之间应当间隔 1 年以上。

（4）对被判处 10 年以上有期徒刑的前款罪犯，以及因故意杀人、强奸、抢劫、绑架、放火、爆炸、投放危险物质或者有组织的暴力性犯罪被判处 10 年以上有期徒刑的罪犯，数罪并罚且其中两罪以上被判处 10 年以上有期徒刑的罪犯，执行 2 年以上方可减刑，减刑幅度应当比照《规定》第 6 条从严掌握，一次减刑不超过 1 年有期徒刑，两次减刑之间应当间隔 1 年 6 个月以上。罪犯有重大立功表现的，可以不受上述减刑起始时间和间隔时间的限制。

（5）被判处无期徒刑的罪犯在刑罚执行期间，符合减刑条件的，执行 2 年以上，可以减刑。减刑幅度为：确有悔改表现或者有立功表现的，可以减为 22 年有期徒刑；确有悔改表现并有立功表现的，可以减为 21 年以上 22 年以下有期徒刑；有重大立功表现的，可以减为 20 年以上 21 年以下有期徒刑；确有悔改表现并有重大立功表现的，可以减为 19 年以上 20 年以下有期徒刑。无期徒刑罪犯减为有期徒刑后再减刑时，减刑幅度依照《规定》第 6 条的规定执行。两次减刑间隔时间不得少于 2 年。罪犯有重大立功表现的，可以不受上述减刑起始时间和间隔时间的限制。

（6）对被判处无期徒刑的职务犯罪罪犯，破坏金融管理秩序和金融诈骗犯罪罪犯，组织、领导、参加、包庇、纵容黑社会性质组织犯罪罪犯，危害国家安全犯罪罪犯，恐怖活动犯罪罪犯，毒品犯罪集团的首要分子及毒品再犯，累犯以及因故意杀人、强奸、抢劫、绑架、放火、爆炸、投放危险物质或者有组织的暴力性犯罪的罪犯，确有履行能力而不履行或者不全部履行生效裁判中财产性判项的罪犯，数罪并罚被判处无期徒刑的罪犯，符合减刑条件的，执行 3 年以上方可减刑，减刑幅度应当比照《规定》第 8 条从严掌握，减刑后的刑期最低不得少于 20 年有期徒刑；减为有期徒刑后再减刑时，减刑幅度比照《规定》第 6 条从严掌握，一次不超过 1 年有期徒刑，两次减刑之间应当间隔 2 年以上。罪犯有重大立功表现的，可以不受上述减刑起始时间和间隔时间的限制。

（7）被判处死刑缓期执行的罪犯减为无期徒刑后，符合减刑条件的，执行 3 年以上方可减刑。减刑幅度为：确有悔改表现或者有立功表现的，可以减为 25 年有期徒刑；确有悔改表现并有立功表现的，可以减为 24 年以上 25 年以下有期徒刑；有重大立功表现的，可以减为 23 年以上 24 年以下有期徒刑；确有悔改表现并有重大立功表现的，可以减为 22 年以上 23 年以下有期徒刑。被判处死刑缓期执行的罪犯减为有期徒刑后再减刑时，比照《规定》第 8 条的规定办理。

（8）对被判处死刑缓期执行的职务犯罪罪犯，破坏金融管理秩序和金融诈骗犯罪罪犯，组织、领导、参加、包庇、纵容黑社会性质组织犯罪罪犯，危害国家安全犯罪罪犯，恐怖活动犯罪罪犯，毒品犯罪集团的首要分子及毒品再犯，累犯以及因故意杀人、强奸、抢劫、绑架、放火、爆炸、投放危险物质或者有组织的暴力性犯罪的罪犯，确有履行能力而不履行或者不全部履行生效裁判中财产性判项的罪犯，数罪并罚被判处死刑缓期执行的罪犯，减为无期徒刑后，符合减刑条件的，执行 3 年以上方可减刑，一般减为 25 年有期徒刑；有立功表现或者重大立功表现的，可以比照本规定第 10 条减为 23 年以上 25 年以下有期徒刑；减为有期徒刑后再减刑时，减刑幅度比照《规定》第 6 条从严掌握，一次不超过 1 年有期徒刑，两次减刑之间应当间隔 2 年以上。

被判处死刑缓期执行的罪犯经过一次或者几次减刑后，其实际执行的刑期不得少于 15 年，死刑缓期执行期间不包括在内。

死刑缓期执行罪犯在缓期执行期间不服从监管、抗拒改造，尚未构成犯罪的，在减为无期徒刑后再减刑时应当适当从严。

（9）被限制减刑的死刑缓期执行罪犯，减为无期徒刑后，符合减刑条件的，执行 5 年以上方可减刑。减刑间隔时间和减刑幅度依照《规定》第 9 条的规定执行。

被限制减刑的死刑缓期执行罪犯，减为有期徒刑后再减刑时，一次减刑不超过 6 个月有期徒刑，两次减刑间隔时间不得少于 2 年。有重大立功表现的，间隔时间可以适当缩短，但一次减刑不超过 1 年有期徒刑。

（10）对被判处终身监禁的罪犯，在死刑缓期执行期满依法减为无期徒刑的裁定中，应当明确终身监禁，不得再减刑或者假释。

（11）被判处管制、拘役的罪犯，以及判决生效后剩余刑期不满 2 年有期徒刑的罪犯，符合减刑条件的，可以酌情减刑，减刑起始时间可以适当缩短，但实际执行的刑期不得少于原判刑期的 1/2。

（12）被判处有期徒刑罪犯减刑时，对附加剥夺政治权利的期限可以酌减。酌减后剥夺政治权利的期限，不得少于 1 年。

被判处死刑缓期执行、无期徒刑的罪犯减为有期徒刑时，应当将附加剥夺政治权利的期限减为 7 年以上 10 年以下，经过一次或者几次减刑后，最终剥夺政治权利的期限不得少于 3 年。

（13）被判处拘役或者 3 年以下有期徒刑，并宣告缓刑的罪犯，一般不适用减刑。罪犯在缓刑考验期内有重大立功表现的，可以参照《刑法》第 78 条的规定予以减刑，同时应当依法缩减其缓刑考验期。缩减后，拘役的缓刑考验期限不得少于 2 个月，有期徒刑的缓刑考验期限不得少于 1 年。

（四）裁定减刑后数罪并罚的规定

（1）罪犯被裁定减刑后，刑罚执行期间因故意犯罪而数罪并罚时，经减刑裁定减去的刑期不计入已经执行的刑期。原判死刑缓期执行减为无期徒刑、有期徒刑，或者无期徒刑减为有期徒刑的裁定继续有效。

（2）罪犯被裁定减刑后，刑罚执行期间因发现漏罪而数罪并罚的，原减刑裁定自动失效。如漏罪系罪犯主动交代的，对其原减去的刑期，由执行机关报请有管辖权的人民法院重新作出减刑裁定，予以确认；如漏罪系有关机关发现或者他人检举揭发的，由执行机关报请有管辖权的人民法院，在原减刑裁定减去的刑期总和之内，酌情重新裁定。

（3）被判处死刑缓期执行的罪犯，在死刑缓期执行期内被发现漏罪，依据《刑法》第 70 条规定数罪并罚，决定执行死刑缓期执行的，死刑缓期执行期间自新判决确定之日起计算，已经执行的死刑缓期执行期间计入新判决的死刑缓期执行期间内，但漏罪被判处死刑缓期执行的除外。

（4）被判处死刑缓期执行的罪犯，在死刑缓期执行期满后被发现漏罪，依据《刑法》第 70 条规定数罪并罚，决定执行死刑缓期执行的，交付执行时对罪犯实际执行无期徒刑，死缓考验期不再执行，但漏罪被判处死刑缓期执行的除外。

在无期徒刑减为有期徒刑时，前罪死刑缓期执行减为无期徒刑之日起至新判决生效之日止已经实际执行的刑期，应当计算在减刑裁定决定执行的刑期以内。

（5）被判处无期徒刑的罪犯在减为有期徒刑后因发现漏罪，依据《刑法》第 70 条规定数罪并罚，决定执行无期徒刑的，前罪无期徒刑生效之日起至新判决生效之日止已经实际执行的刑期，应当在新判决的无期徒刑减为有期徒刑时，在减刑裁定决定执行的刑期内扣减。

无期徒刑罪犯减为有期徒刑后因发现漏罪判处 3 年有期徒刑以下刑罚，数罪并罚决定执行无期徒刑的，在新判决生效后执行 1 年以上，符合减刑条件的，可以减为有期徒刑，减刑幅度依照《规定》第8条、第9条的规定执行。

三、假释

（一）假释概念

假释，是指对被判处有期徒刑、无期徒刑的犯罪分子，在执行一定刑期之后，因其遵守监规，接受教育和改造，确有悔改表现，不致再危害社会，而附条件地将其予以提前释放的制度。被假释的犯罪分子，在假释考验期间再犯新罪的，不构成累犯。假释在我国刑法中是一项重要的刑罚执行制度，正确地使用假释，把那些经过一定服刑期间确有悔改表现、没有必要继续关押改造的罪犯放到社会上进行改造，可以有效地鼓励犯罪分子服从教育和改造，使之早日复归社会、有利于化消极因素为积极因素。

假释和缓刑一样，是近代学派大力倡导的结果。缓刑是为了纠正短期自由刑的弊端，假释则是为了纠正长期自由刑的弊端。长期自由刑在适用过程中出现了很多弊端，其中最主要的是，罪犯因为被长期关押和社会彻底隔离，出狱之后很难重新适应社会，由于无法适应已经变化了的社会，很多人不得不重新实施犯罪行为。假释使犯罪人获得了一个适应社会的缓冲阶段、过渡阶段，有利于其再社会化。各国刑法几乎都规定了假释制度。

（二）假释的条件

适用假释应具备以下条件。

（1）对象条件。对象是被判处有期徒刑、无期徒刑的犯罪分子。由于假释制度是为了纠正长期自由刑的弊端，所以只能适用于被判处有期徒刑、无期徒刑的犯罪分子。假释仅适用于无期徒刑犯与有期徒刑犯，包括原判为死刑缓期执行2年后被减为无期徒刑或有期徒刑者。

（2）限度条件。必须已经执行了一定的刑期。《刑法》第81条规定，被判处有期徒刑的犯罪分子，执行原判刑期1/2以上，被判处无期徒刑的犯罪分子，实际执行13年以上，才能适用假释。如果认真遵守监规，接受教育改造，确有悔改表现，没有再犯罪的危险的，可以假释。如果有特殊情况，经最高人民法院核准，可以不受上述执行刑期的限制。

（3）根本性条件（实质条件）。犯罪分子认真遵守监规，接受教育改造，确有悔改表现，没有再犯罪的危险，这是适用假释的实质条件或者关键条件。犯罪分子同时具备以下四个方面情形的，应当认为"确有悔改表现"：认罪伏法；遵守罪犯改造行为规范和监狱纪律；积极参加政治、文化、技术学习；积极参加劳动，爱护公物，完成劳动任务。"没有再犯罪的危险"，除符合《刑法》第 81 条规定的情形外，还应根据犯罪的具体情节、原判刑罚情况，在刑罚执行中的一贯表现，犯罪的年龄、身体状况、性格特征，假释后生活来源以及监管条件等因素综合考虑。

此外，根据有关司法解释，把握适用假释的实质条件，还须特别注意以下问题：第一，为了贯彻对未成年犯教育、感化、挽救的方针，对未成年犯的假释在掌握标准上可以比照成年犯依法适度放宽。第二，对罪行严重的危害国家安全的罪犯和犯罪集团的首要分子、主犯、惯犯的假释依法从严。

（4）禁止性条件。对累犯以及因杀人、爆炸、抢劫、强奸、绑架等暴力性犯罪被判处 10 年以上有期徒刑、无期徒刑、死缓的犯罪分子，不得假释。

（三）假释的考验期及考察

有期徒刑的假释考验期限，为没有执行完毕的刑期；无期徒刑的假释考验期限为 10 年。假释考验期限，从假释之日起计算。

被宣告假释的犯罪分子，应当遵守下列规定：（1）遵守法律、行政法规，服从监督；（2）按照监督机关的规定报告自己的活动情况；（3）遵守监督机关关于会客的规定；（4）离开所居住的市、县或者迁居，应当报经监督机关批准。被假释的犯罪分子，在假释考验期限内，由公安机关予以监督、考察。

（四）假释的法律后果

犯罪分子被假释后的法律后果包括以下四种情形。

（1）被假释的犯罪分子，在假释考验期限内犯新罪的，应当撤销假释，依照《刑法》第 71 条的规定实行数罪并罚。

（2）在假释考验期限内，发现被假释的犯罪分子在判决宣告以前还有其他罪没有判决的，应当撤销假释，依照《刑法》第 70 条的规定实行数罪并罚。

（3）被假释的犯罪分子，在假释考验期限内，有违反法律、行政法规或者国务院公安部门有关假释的监督管理规定的行为，尚未构成新的犯罪的，应当依照法定程序撤销假释，收监执行未执行完毕的刑罚。

（4）如果没有上述情形，假释考验期满的，就认为原判刑罚已经执行完毕，并公开予以宣告，尚未执行完毕的刑罚不再执行。

第二节　刑罚的消灭

刑罚消灭指由于法定的事实或原因的出现，国家不再对犯罪人追究刑事责任，不再行使求刑权、量刑权或者行刑权。

刑罚消灭的原因主要有以下几种：（1）犯罪人死亡的。（2）告诉才处理的犯罪，没有告诉或者撤回告诉的。（3）被判处罚金的犯罪人被依法免除交纳尚未交纳的罚金的。（4）超过诉讼时效的。（5）经特赦免除刑罚的。这里研究后两种情况。

一、时效

刑法中的时效是指刑法规定的关于刑事追诉权和刑罚执行权在一定时期内有效的制度，即经过一定的期限，对犯罪不得再追诉或者所判刑罚不得执行。超过法定时效而没有追诉或者执行刑罚就导致国家刑罚权的消灭。

时效分为追诉时效与行刑时效，我国刑法没有规定行刑时效而仅规定了追诉时效。根据我国刑事法律的相关规定，追诉时效是指依法对犯罪分子追究刑事责任的期限，超过这个期限，除了法定最高刑为无期徒刑、死刑，经最高人民检察院特别核准必须追诉的以外，都不得再追究犯罪分子的刑事责任；已经追究的，应当撤销案件，或者不起诉，或者终止审理。所以，追诉时效和求刑权、量刑权有关。

行刑时效指刑罚规定的、对被判处刑罚的人执行刑罚的有效期间。在该期间内，执行机关有权执行该刑罚，超过了该期间，执行机关对所判处的刑罚则不再执行。行刑时效和行刑权有关。

（一）追诉时效的期限

刑事案件的追诉时效同民事案件的诉讼时效的理论基础是相通的，制度设计上也有一定的相似之处，但其期限长短不同。民事案件的诉讼时效自民法总则颁布之后除特殊规定外，基本上是3年为准则，但刑事案件则因犯罪的社会危害性程度不同，其追诉时效不同，二者基本上成正比关系。追诉时效的设置具有档次性，即以法定最高刑为基础而分为5年、10年、15年与20年四个档次：法定最高刑不满5年的追诉时效为5年；法定最高刑5年以上不满10年的追诉时效为10年；法定最高刑10年以上的追诉时效为15年；法定最高刑为无期徒刑、死刑的追诉时效为20年。

需要注意的是，根据《刑法》第99条的规定，"以上""以下"和"以内"包括本数在内，"不满"不包括本数，所以如果某个罪的法定最高刑为10年，则其追诉时效为15年而非10年，而如果某个罪的法定最高刑为有期徒刑的最高限——15年，那么该罪的追诉时效仍为15年而非20年，因为追诉时效为20年的前提是法定最高刑为无期徒刑或者死刑的情形。

（二）追诉时效的计算

追诉时效的起算应当从"犯罪之日"起计算，犯罪行为如果有连续或者继续状态的，应当从犯罪行为"终了之日"起计算。

注意："犯罪之日"，是指犯罪成立之日、行为符合犯罪构成之日起，不能理解为犯罪结果出现之日、既遂之日。对于追诉时效的计算，有两个重要问题要注意。

1. 追诉时效的延长问题

追诉时效的延长即不受追诉时效限制的情形，依法包括三种情形。

（1）案件已经立案或受理而逃避侦查与审判的。这种时效延长的情形必须同时具备两个条件：一是被人民检察院、公安机关、国家安全机关立案侦查或者人民法院受理了该案件；二是行为人逃避侦查或者审判。具备这两个条件的，不论经过多长时间，任何时候都可以追诉。如果在司法机关立案侦查或者受理案件以后，行为人并没逃避侦查与审判的，则仍受追诉期限的限制。

（2）被害人在追诉时效内已经提出控告的。这种时效延长的情况也应该同时具备两个条件：一是被害人在追诉期限内向公检法机关提出了控告。至于被害人的控告是否必须是向具有管辖权的司法机关提出，一般说来不应对被害人作出如此严格的要求，即被害人在追诉期限内向上述三机关中任何一个机关提出控告都可以引起追诉时效的延长；二是公检法机关应当立案而不予立案。何谓"应当立案"，是指根据刑法的规定和公认的刑事法学理论，被控告人的行为已构成犯罪，应当对其进行立案侦查或者受理案件。不管司法机关出于何种原因没有立案、被控告人是否逃避侦查或者审判，也不论经过多长时间，任何时候都可以追诉。

需要注意的，在上述两种情形下，若行为人在逃期间又实施其他罪行的，则该新罪行的追诉时效问题按照正常情形处理。如行为人的甲罪被司法机关立案侦查，但行为人逃避侦查与审判，其后又犯了乙罪。先前的甲罪虽然不受追诉期限的限制，但后来的乙罪仍然受追诉期限的限制。

（3）最高人民检察院核准的。根据《刑法》第87条的规定，经最高人民检察院核准而不受追诉时效限制的前提是该罪法定最高刑为无期徒刑、死刑，认为20年之后仍需要追诉的。

2. 追诉时效的中断问题

追诉时效的中断，是指在前罪追诉期限以内又犯罪的（相对于前罪而言又犯了新罪），前罪追诉的期限从犯后罪之日起重新计算，即此时前罪已经经过的追诉时效因犯后罪而宣告归于无效，重新计算。至于"又犯罪"即后罪是故意还是过失犯罪，罪重罪轻等都没有限制。

二、赦免

赦免指国家宣告对犯罪人免除其罪、免除其刑的法律制度，包括大赦和特赦。大赦指国家对某一时期内犯有一定罪行的犯罪人免予追究和免除刑罚的制度。大赦涉及的范围非常广，其法律后果是既赦其刑，又赦其罪。我国1954年宪法规定了大赦，但实践中没有实行过大赦，后来的几部宪法包括1982年宪法对大赦制度都未再规定。特赦，指国家对特定的犯罪人免除执行刑罚的全部或一部的制度，特赦的对象是特定的犯罪人，只赦其刑，不赦其罪。我国宪法规定了特赦制度。刑法中没有对其加以规定。

自中华人民共和国成立以来共有九次特赦，其中1997年《刑法》颁行以来共有两次特赦。第一次是2015年8月29日国家主席习近平签署主席特赦令，根据十二届全国人大常委会第十六次会议通过的全国人大常委会关于特赦部分服刑罪犯的决定，对参加过抗日战争、解放战争等四类服刑罪犯实行特赦。根据主席特赦令，对依据2015年1月1日前人民法院作出的生效判决正在服刑，释放后不具有现实社会危险性的四类罪犯实行特赦：一是参加过中国人民抗日战争、中国人民解放战争的；二是中华人民共和国成立以后，参加过保卫国家主权、安全和领土完整对外作战的，但犯贪污受贿犯罪，故意杀人、强奸、抢劫、绑架、放火、爆炸、投放危险物质或者有组织的暴力性犯罪，黑社会性质的组织犯罪，危害国家安全犯罪，恐怖活动犯罪的，有组织犯罪的主犯以及累犯除外；三是年满75周岁、身体严重残疾且生活不能自理的；四是犯罪的时候不满18周岁，被判处3年以下有期徒刑或者剩余刑期在1年以下的，但犯故意杀人、强奸等严重暴力性犯罪，恐怖活动犯罪，贩卖毒品犯罪的除外。主席特赦令指出，对2015年8月29日符合上述条件的服刑罪犯，经人民法院依法作出裁定后，予以释放。第二次是2019年国家主席习近平签署主席特赦令，根据十二届全国人大常委会第十六次会议通过的全国人大常委会关于特赦部分服刑罪犯的决定，对参加过抗日战争、解放战争等四类服刑罪犯实行特赦。这是全国人大常委会依据现行宪法规定行使特赦决定权，充分展示了刑罚人道主义，是实施宪法规定特赦制度的创新实践，具有重大的政治意义和法治意义。

实 务 篇

第一章 危害公共安全罪

第一节 非法储存爆炸物罪

一、罪名解读

（一）刑法规定

非法储存爆炸物罪规定在《刑法》第 125 条，非法制造、买卖、运输、邮寄、储存枪支、弹药、爆炸物的，处 3 年以上 10 年以下有期徒刑；情节严重的，处 10 年以上有期徒刑、无期徒刑或者死刑。

非法制造、买卖、运输、储存毒害性、放射性、传染病病原体等物质，危害公共安全的，依照前款的规定处罚。

单位犯前两款罪的，对单位判处罚金，并对其直接负责的主管人员和其他直接责任人员，依照第 1 款的规定处罚。

非法制造、买卖、运输、邮寄、储存的枪支，是指《中华人民共和国枪支管理法》（以下简称《枪支管理法》）中规定的枪支及枪支零件。《枪支管理法》中规定：以火药或者压缩气体等为动力，利用管状器具发射金属弹丸或者其他物质，足以致人伤亡或者丧失知觉的各种枪支，如军用手枪、步枪、冲锋枪、机枪；体育竞技用的各种枪支；狩猎用的有膛线的猎枪、霰弹枪、火药枪、麻醉凶猛动物用的麻醉枪以及发射金属弹丸的气枪等。

非法制造、买卖、运输、邮寄、储存弹药，是指用于上述枪支的各种类型、型号的子弹。

非法制造、买卖、运输、邮寄、储存的爆炸物，是指《民用爆炸物品安全管理条例》中规定的各类炸药、雷管、导火索、导火线、非电导爆系统、起爆药、爆破剂等。

非法制造、买卖、运输、邮寄、储存枪支、弹药、爆炸物，是无视国家规定，公然危害公共安全，其行为侵犯的是枪支弹药、爆炸物的管理规定和正常的管理秩序，行为人的客观表现为具有非法制造、买卖、运输、储存枪支、弹药、爆炸物的行为。

（二）概念

非法制造、买卖、运输、邮寄、储存枪支、弹药、爆炸物罪，是指行为人违反国家有关枪支、弹药、爆炸物管理的法规，非法制造、买卖、运输、邮寄、储存枪支、弹药、爆炸物，危害公共安全的行为。

（三）构成要件

1. 客体要件

本罪侵犯的客体是公共安全，即不特定多数人的生命、健康和重大公私财产的安全。本罪是涉及危险对象的犯罪，但并不表现为对这种对象的破坏，也不具有放火、爆炸等罪一经实施即会同时造成多人死伤或公私财产广泛破坏的特点。将其归入危害公共安全罪中，就在于枪支、弹药、爆炸物这种危险物品，易被犯罪分子控制，有可能危及广大人民群众的生命安全、国家财产的安全，给社会治安留下极大隐患。我国政府非常重视对枪支、弹药和爆炸物的管理，1983 年颁布的《中华人民共和国民用爆炸物品管理条例》以及 1996 年颁布的《枪支管理法》等有关法规，对枪支、弹药、爆炸物实行国家管制，从而形成了对枪支、弹药、爆炸物的制造、买卖、运输、使用等完整的管理制度和体制。因此，本罪不仅违反了枪支、弹药、爆炸物的管理规定，而且由于枪支、弹药、爆炸物的巨大破坏性和杀伤力，同时还侵犯了公共安全。

犯罪对象包括枪支、弹药及爆炸物。所谓枪支，是指以火药、压缩气体等为动力，利用管状器具发射子弹、金属弹丸或者其他物质，足以致人伤亡、丧失知觉的各种枪支。其不仅指整枪，而且也指枪支的主要零部件。具体包括各种军用枪支、公务用枪与民用枪支，如手枪、步枪、冲锋枪、机枪等；民用狩猎用枪，如有膛线猎枪、霰弹枪、火药枪等；体育射击运动用枪，如小口径步枪、手枪、气步枪、气手枪等，麻醉动物用的注射枪以及其他各种对人身具有较大杀伤力的土枪、砂枪、钢珠枪、电击枪、特种防暴枪等。所谓弹药，是指能为上述各种枪支使用的子弹、金属弹丸、催泪弹或其他物质。所谓爆炸物，是指具有爆破性，一旦爆炸即对人身财产能造成较大杀伤力或破坏力的物品，包括军用的地雷、手雷、炸弹、爆破筒以及民用各类炸药，如硝基化合物类炸药、硝基胺类炸药、高能混合炸药等，雷管，如火雷管、瞬发电雷管等；继爆管；导火索；导爆索；非电导破装置，如非电导破管，各种非电雷管等；起爆药，如雷管、雷银等；岩石、混凝土爆破剂；黑色火药、烟火剂；等等。如果行为人非法制造、买卖、运输、邮寄、储存的不是上述枪支、弹药或爆炸物，而是其他诸如游艺运动气枪、制作影视戏剧用的道具枪以及烟花爆竹等娱乐性物品，则不宜以本罪论处。

2. 客观要件

本罪客观方面表现为非法制造、买卖、运输、邮寄、储存枪支、弹药、爆炸物的行为。

所谓非法制造，是指违反国家有关法规，未经有关部门批准，私自制造枪支、弹药、爆炸物的行为。制造包括制作、加工、组装、改装、拼装、修理等具体方式，无论采取哪一种方式进行制造，也无论是否制造成功，抑或是自用还是出售，只要实施了制造的行为，即构成本罪。

所谓非法买卖，是指违反法律规定，未经有关部门批准许可，私自购买或者出售枪支、弹药、爆炸物的行为。买卖，既包括以金钱货币作价的各种非法经营的交易行为，亦包括以物换取枪支、弹药、爆炸物的以物易物的交换行为，以及赊购等行为方式。无论其方式如何，只要属于买卖行为，即构成本罪。

所谓非法运输，是指违反法律规定，未经批准许可，私自在国境内从一个地方运到另一个地方的行为。其既可以通过陆运、水运或空运，亦可以是随身携带，其方式的不同不影响行为的性质。

所谓非法邮寄，是指违反法律规定，私自通过邮局邮寄枪支、弹药、爆炸物的行为。既可以成批邮寄，亦可以夹在其他邮寄的仿品中邮寄。无论方式如何，只要属于非法，即可构成本罪。

所谓非法储存，是指违反国家有关规定，未经有关部门批准，私自收藏或存积枪支、弹药、爆炸物的行为。既可以藏在家中，又可以存在他处，如山洞中、他人家里等。不论地点如何，只要属于非法，就不影响本罪成立。

所谓非法，在本罪中是指违反有关法律规定，未经有关部门批准私自进行的有关行为。如果经过有关部门许可，但是由于行为人采用欺骗、贿赂等非法手段而得以批准的，此时尽管形式合法，其实质仍属非法，一经查获的，亦应当以本罪的非法论处。

行为人只要实施非法制造、买卖、运输、邮寄、储存枪支、弹药、爆炸物行为之一的，即可构成犯罪，如果非法制造枪支、弹药、爆炸物以后，又自己运输和贩卖的，只构成非法制造、运输、买卖枪支、弹药、爆炸物罪一罪，不实行数罪并罚。

3. 主体要件

本罪主体为一般主体，即达到法定刑事责任年龄、具有刑事责任能力的自然人都可以构成。根据《刑法》第 125 条第 3 款的规定，单位也可成为本罪主体。单位非法从事制造、买卖、运输、邮寄、储存枪支、弹药、爆炸物的活动，其主管人员和直接责任人员，应按本罪论处。

4. 主观要件

本罪主观方面表现为故意，即明知是枪支、弹药、爆炸物而非法制造、买卖、运输、邮寄、储存。其动机则可能多种多样，有的为了营利，有的为了实施其他犯罪。不同的动机一般不影响定罪。

（四）司法解释

最高人民法院于 2001 年公布了《关于审理非法制造、买卖、运输枪支、弹药、爆炸物等刑事案件具体应用法律若干问题的解释》（以下简称《解释》），并于 2009 年进行了修正。2001 年和 2009 年这两个《解释》对"非法储存"的规定有很大不同。2001 年《解释》第 8 条规定，《刑法》第 125 条第 1 款规定的"非法储存"，是指明知是他人非法制造、买卖、运输、邮寄的枪支、弹药、爆炸物而为其存放的行为。2009 年《解释》第 8 条规定，《刑法》第 125 条第 1 款规定的"非法储存"，是指明知是他人非法制造、买卖、运输、邮寄的枪支、弹药而为其存放的行为，或者非法存放爆炸物的行为。2001 年《解释》将为他人存放规定为"非法储存"，没有将为本人存放规定为"非法储存"；而 2009 年《解释》将为他人存放和为本人存放都规定为"非法储存"，这是一个重大变化。但同时，2009 年《解释》第 9 条规定，因筑路、建房、打井、整修宅基地和土地等正常生产、生活需要，或者因从事合法的生产经营活动而非法制造、买卖、运输、邮寄、储存爆炸物，数量达到本《解释》第 1 条规定标准，没有造成严重社会危害，并确有悔改表现的，可依法从轻处罚；情节轻微的，可以免除处罚。具有前款情形，数量虽达到本《解释》第 2 条规定标准的，也可以不认定为《刑法》第 125 条第 1 款规定的"情节严重"。这一解释为本人存放留下了罪轻的出口。可以对这两个《解释》进行对照研读。

二、案例

案例 1　王某某非法储存爆炸物案

（一）起诉书指控的犯罪事实

2013 年左右，被告人王某某将在经营采石场期间从山东文隆建材有限公司购买的 600 斤炸药，私自藏匿于曹州市南沙河汇村的变压器房内。2017 年 2 月 26 日被告人王某某使用该藏匿的炸药在曹州市木石镇山口村西附近非法开采山石，后被民警当场抓获。

（二）本案争议焦点

一是定罪数额问题；二是法律适用问题，是否适用"情节严重"，是适用

"3 年以上 10 年以下有期徒刑"的量刑幅度还是适用"10 年以上有期徒刑"的量刑幅度。

（三）辩护意见

第一，关于非法储存数量问题，公诉机关指控的非法储存炸药的数量是600 斤，该指控证据不足。

（1）被引爆的炸药数量未能准确定量。侦查机关当场查获的爆炸物数量是153 斤，对此，辩护人不持异议。但是，已经装入并被排爆而引爆的数量未能准确定量。侦查机关可以通过多种方式计算已经装入的药量：一是通过抽检一至三个石眼内装入的药量而计算出总数量；二是通过排爆时的爆炸当量来计算装入药量；三是通过爆炸后的碎石计算装入药量。遗憾的是，侦查机关并未通过科学的方式对装入的药量进行准确定量，而只是从被告人的庭前口供中得出600 斤的数量，而被告人的庭前口供中的数量是因为害怕、恐惧和为了争取好的态度而说出的数量，与真实的数量有误差，而且误差较大，其当庭供述即表明了这一点。

（2）有不应作为犯罪的数量之情节。《刑法》第 125 条第 1 款采用的是简单罪状的立法模式，即在该条文中只简单地规定了非法储存爆炸物罪的罪名，但对该罪具体适用条件并无更为细致的规定。在 2001 年《解释》中，对"非法储存"的含义进行了明确的界定。2001 年《解释》第 8 条规定，《刑法》第125 条第 1 款规定的"非法储存"，是指明知是他人非法制造、买卖、运输、邮寄的枪支、弹药、爆炸物而为其存放的行为。根据这一规定，构成"非法储存"必须具备下列条件：第一，"明知"，即行为主观上必须明知被储存的对象是爆炸物；第二，"他人非法制造、买卖、运输、邮寄的枪支、弹药、爆炸物"，即被储存的爆炸物必须是由他人非法制造、买卖、运输、邮寄而来的；第三，"为其储存"，即行为人的目的是为他人存放。以上三个要件必须同时具备，缺一不可，否则便不是《刑法》第 125 条第 1 款规定的"非法储存"的行为。据此，为自己存放自己使用的爆炸物不构成非法储存爆炸物罪。因为 1997 年《刑法》规定了罪刑法定原则，法无明文规定不为罪。最高人民法院之所以在 2001 年《解释》中对《刑法》第 125 条第 1 款中"非法储存爆炸物罪"作出了限制性规定，主要是因为在我国大量存在农民、居民因生产、生活需要而私自持有爆炸物的情况，如果不分国情、不问缘由地一概以犯罪的形式进行刑事追究，就会直接导致刑法打击面过广、矫枉过正的负面结果，不利于社会的稳定，这就是最高人民法院在 2001 年《解释》中界定何为"非法储存"的立法本意。但是在司法实践中不断出现的自己储存自己使用的爆炸物的行为因不构成犯罪，引起了最高人民法院的注意，于是在 2009 年 11 月 16 日，最高人民法院修订了 2001 年的《解释》，对何为"非法储存"进行了重新补充定义，将自己为自己存放的行为也规定在犯罪之中，但又做了留有余地的解释规定。

而本案被告人王某某的涉案行为中，从被告人的供述来看，被告人王某某于 2004 年开办长江石材厂，进行了工商登记，有营业执照，拥有采矿许可证、安全生产许可证、爆破员证、安全员证（法庭可以调查核实），并从山东文隆建材有限公司购买炸药，用药多时一天能用 3 吨。也就是说自 2004 年至 2014 年被告人王某某一直在从事合法的炸石、碎石、卖石生意，从公诉机关提交的《民事爆炸物品信息管理系统》的信息看，山东文隆建材有限公司最后售卖炸药的时间是 2013 年 7 月 2 日。即被告人王某某为从事合法生产经营而购买使用炸药的时间是 2004 年至 2013 年 7 月 2 日。涉案的被告人王某某储存的炸药就是在该时间段内购买的，他将剩余的炸药积攒而留了下来。在 2004 年至 2010 年 1 月 1 日期间被告人因自己从事合法生产而剩余积攒储存的炸药，系自己为自己存放而不是为他人存放，根据 2001 年《解释》不属于"非法储存"的范畴，是不构成犯罪的。被告人王某某该时间段内储存的炸药数量，侦查机关没有查证，公诉机关没有举证，但从被告人当庭供述来看是 20 斤左右，这一部分数量有不应作为犯罪之情节。

第二，关于适用法律问题。对于非法储存爆炸物这一罪名，有的学者认为是状态犯，有的学者认为是继续犯。

所谓状态犯，第一种观点认为，是指犯罪既遂后，其实行行为所造成的不法状态处于持续之中的犯罪形态。第二种观点认为，是指一旦发生法益侵害的结果，犯罪便同时终了，但法益受侵害的状态仍然在持续的情况。第三种观点认为，是指因一定的法益侵害的发生而使得犯罪终了，之后，不构成犯罪事实的法益侵害状态继续的犯罪形态。

所谓继续犯，第一种观点认为，是指作用于同一对象的一个犯罪行为从着手实行到行为终了犯罪行为与不法状态在一定时间内同时处于继续状态的犯罪。第二种观点认为，是指该构成要件的行为继续的情形。

是状态犯还是继续犯，解决的是行为终了之后法益侵害是否构成其他罪名和追诉时效的问题。就本案而言，除了公诉机关指控的非法储存爆炸物罪这一罪名，不存在其他罪名。辩护人认为本案应为状态犯，作为状态犯，本案被告人的行为超过了追诉时效。

即使采用继续犯的观点，但本案的事实是：一是本案爆炸物的来源是山东文隆建材有限公司；二是本案爆炸物购买的时间是 2004 年至 2013 年 7 月 2 日；三是涉案爆炸物是 2004 年至 2013 年 7 月 2 日合法生产经营期间积攒而被存放到野外废弃的变压器房中；四是被告人王某某的行为没有造成严重社会危害，并确有悔改表现。也就是说，被告人王某某储存的爆炸物系"因从事合法的生产经营活动而非法储存爆炸物"，"没有造成严重社会危害，并确有悔改表现"。根据最高人民法院 2009 年《解释》第 9 条的规定，因筑路、建房、打井、整修宅基地和土地等正常生产、生活需要，或者因从事合法的生产经营活动而非法制造、买卖、运输、邮寄、储存爆炸物，数量达到本《解释》第 1 条规定标准，没有造成严重社会危害，并确有悔改表现的，可依法从轻处罚；情节轻微的，可以免除处罚。具有前款情形，数量虽达到本《解释》第 2 条规定标准的，也可以不认定为《刑法》第 125 条第 1 款规定的"情节严重"。这就是该司法解释所作出的"留有余地"的规定。为什么要作出留有余地的规定？因为刑法注重罪刑均衡，也注重法律的衔接性和刑罚的梯度设计，就像楼梯一样每个台阶的高度要尽量一致，不能一个台阶过高一个台阶过低。原来的司法解释没有规定为自己存放爆炸物是犯罪行为，现在的司法解释将其规定为犯罪行为，而非法储存爆炸物的法定刑又很高，因此，司法解释部门为了保证刑法的罪刑均衡，为了法律的衔接性，也为了刑罚梯度的合理，作出了留有余地的解释规定。

据此，被告人王某某的行为，在适用法律上，应当适用最高人民法院 2009《解释》第 9 条的规定，即数量虽达到《解释》第 2 条规定标准的，也可以不认定为《刑法》第 125 条第 1 款规定的"情节严重"。具体到量刑幅度，就是适用"3 年以上 10 年以下有期徒刑"的量刑幅度，而不是"10 年以上有期徒刑、无期徒刑、死刑"的量刑幅度。

第三，关于量刑问题。

①关于本案的量刑档。如前所述，被告人王某某储存的爆炸物系"因从事合法的生产经营活动而非法储存爆炸物"，"没有造成严重社会危害，并确有悔改表现"。可以不认定为《刑法》第 125 条第 1 款规定的"情节严重"，而适用"3 年以上 10 年以下有期徒刑"的量刑幅度。

②被告人具有坦白情节。被告人王某某在归案以后，如实坦白交代自己的犯罪行为，具有坦白情节。根据《刑法修正案（八）》的规定，具有坦白情节的可以从轻、减轻处罚。

③涉案爆炸物的储存地点是野外，危险性较小。本案涉案爆炸物的存放地点是野外废弃的变压器房，说明被告人安全意识较强，与存放在住宅、人群居

住区、聚集区有很大的区别，同样是构成犯罪，但在主观恶性和可能造成的危险上有明显不同。本案涉案爆炸物的储存地点是野外，主观恶性较低，危险性较小。

④涉案爆炸物药性稳定，具有不易爆炸性。本案涉案的爆炸物，不是私自制造的，是由官方指定的正规厂家山东文隆建材有限公司制造的，药性稳定，用火不能点燃，震动不能引爆，只有特定的引爆装置才能引爆，具有不易爆炸性，而且被告人也有意识地未将引爆装置与炸药放到一个地点，增加了安全系数，将危险性降到了最低。

⑤本案没有造成危害后果。本案是在被告人的原采石场地准备炸石时，被人举报而在案发现场被抓获的，没有造成任何现实的危害后果，没有造成危害后果是本罪从轻甚至减轻处罚的重要衡量因素。

⑥本案涉案爆炸物用于被告人接手的新的工程需要。辩护人当庭提交了一份证明材料，证明被告人接手了一份新的工程并签订了合同，涉案爆炸物用于炸石，炸取的石头成料换取工程前期部分资金，废料用于填坑、整修荒山。这与将炸药用于其他危险活动和其他违法犯罪活动有明显不同，辩护人这样说并不是替被告人开罪，不管什么原因都不是违法犯罪的借口，但是毕竟在情节上是不同的，请合议庭考虑。

⑦被告人无任何前科，是偶犯、初犯。被告人王某某在此之前，无任何违法犯罪记录、无前科，是偶犯、初犯，是因为法律意识不强造成了今天的结果。

⑧被告人的平常表现。被告人王某某不仅无任何前科，而且在日常工作生活中是一个心地善良、乐于助人的人。辩护人提交了三份证明，这些证明是王某某在开办采石场期间周边村庄、村民对王某某的平常为人的评价和善举的赞誉。

⑨被告人认罪悔罪。被告人王某某自案发后态度诚恳，认罪伏法。法律必须规定惩罚，但制定法律不是为了惩罚，一份恰当的判决恰如一剂良药，医治、恢复被破坏的社会关系，同时也是对被告人的挽救。在此，辩护人恳请公诉人考虑案件的实际和被告人的家庭情况，给予合法合理的较低的量刑，而且根据中央政法委关于认罪认罚刑事案件从轻处罚的意见，恳请合议庭给予法律允许的较轻处罚。

综上所述，从现行法律规定看，被告人的行为虽然构成公诉机关所指控的非法储存爆炸物罪，但从刑法规定、司法解释的规定和变迁及立法和解释的本意、犯罪数量、情节、认罪悔罪态度等，不适用"情节严重"，在"3年以上10年以下有期徒刑"的量刑幅度内给予其较轻的处罚足以进行惩戒。

（四）辩护意见与裁判结果

法院认为，被告人王某某非法储存爆炸物，侵犯了不特定公民的生命、健康和财产安全，具有极大的社会危害性，危害公共安全，其行为构成非法储存爆炸物罪。公诉机关指控的罪名成立，本院予以支持。公诉机关对王某某非法储存爆炸物超过76.5千克部分的指控，提供了被告人王某某供述与辩解、证人王某证言、勘验笔录等证据，但未进行科学计量，不能排除对该部分指控事实的合理怀疑，证据不足。2009年《解释》第2条规定"非法制造、买卖、运输、邮寄、储存枪支、弹药、爆炸物，具有下列情形之一的，属于《刑法》第125条第1款规定的'情节严重'：（一）非法制造、买卖、运输、邮寄、储存枪支、弹药、爆炸物的数量达到本解释第1条第（1）、（2）、（3）、（6）（非法储存炸药1千克以上等）、（7）项规定的最低数量标准5倍以上的"。根据该规定，王某某非法储存炸药超过上述规定的最低数量的5倍，已达到"情节严重"的标准。但王某某系因其在经营石材厂期间为合法的生产经营活动而非法储存炸药，根据最高人民法院2009年《解释》第9条规定"因筑路、建房、打井、整修宅基地和土地等正常生产、生活需要，或者因从事合法的生产经营活动而非法制造、买卖、运输、邮寄、储存爆炸物，数量达到本《解释》第1条规定标准，没有造成严重社会危害，并确有悔改表现的，可依法从轻处罚；情节轻微的，可以免除处罚。具有前款情形，数量虽达到本《解释》第2条规定标准的，也可以不认定为《刑法》第125条第1款规定的'情节严重'"。本案被告人王某某系合法生产经营活动期间通过合法途径取得爆炸物品而非法储存，在其经营的石材厂关停后，不再使用民用爆炸物品时，未按规定将剩余的民用爆炸物品登记造册，报公安机关组织监督销毁，其主观恶性较小，没有造成严重社会危害，且在案发后能如实供述自己的犯罪事实，认罪悔罪，有悔改表现，因此，根据上述司法解释的规定，可以不认定为《刑法》第125条第1款规定的"情节严重"。被告人王某某如实供述自己的犯罪事实，依法可从轻处罚。根据王某某的犯罪事实、犯罪的性质、情节和对于社会的危害程度，依照《刑法》第125条第1款、第67条第3款、第64条、最高人民法院《关于审理非法制造、买卖、运输枪支、弹药、爆炸物等刑事案件具体应用法律若干问题的解释》第8条第1款，第9条第1款、第2款之规定，判决如下：

一、被告人王某某犯非法储存爆炸物罪，判处有期徒刑4年10个月。

（刑期从判决执行之日起计算。判决执行以前先行羁押的，羁押1日折抵刑期1日，即自2017年2月27日起至2021年12月26日止。）

二、侦查机关扣押的王某某犯罪所用炸药（白色粉末状）76.5千克，雷管4枚，电线5捆（绿色花线3捆、红色花线2捆），起爆器1个（红色外壳），编织袋（白色）13个（以上物品存放于曹州市公安局）予以没收，由扣押机关依法处理。

本案辩护人提出的两个核心辩护意见被采纳：一是公诉机关对王某某非法储存爆炸物超过76.5千克部分的指控，未进行科学计量，不能排除对该部分指控事实的合理怀疑，证据不足的辩护意见被采纳；二是对王某某非法储存炸药可以不适用"情节严重"的辩护意见被采纳。

本案事实比较简单，关键是法律适用问题，而且主要是司法解释的适用问题。本案如果按照2001年最高人民法院的《解释》"为他人存放"爆炸物构成犯罪，为自己存放则不构成犯罪。而按照2009年最高人民法院《解释》"为他人存放"和"为自己存放"爆炸物则都构成犯罪，但是在"情节严重"的规定上则留下了空间。辩护着重论述了本案事实应当适用2009年最高人民法院《解释》第9条规定"因筑路、建房、打井、整修宅基地和土地等正常生产、生活需要，或者因从事合法的生产经营活动而非法制造、买卖、运输、邮寄、储存爆炸物，数量达到本《解释》第1条规定标准，没有造成严重社会危害，并确有悔改表现的，可依法从轻处罚；情节轻微的，可以免除处罚。具有前款情形，数量虽达到本《解释》第2条规定标准的，也可以不认定为《刑法》第125条第1款规定的'情节严重'。"的问题，并最终获得了合议庭的认可，在判决中予以采纳。

第二节　放火罪、失火罪与故意毁坏财物罪

一、罪名解读

（一）放火罪

放火罪，指故意放火焚烧公私财物，危害公共安全的行为。

1. 放火罪的特征

（1）侵犯的客体是公共安全，即不特定多数人的生命、健康或重大公私财产以及公共生活安全。放火罪对公共安全的侵犯表现为，根据焚烧对象的性质及周围环境，放火行为已经造成或可能造成不特定范围内重大财产的损失或者

多人的人身伤亡。放火行为总是始于焚烧财物，财物不燃烧不可能危及不特定多数人的生命健康。

（2）客观方面表现为危害公共安全的放火行为。放火是行为人使用引火物直接点燃财物，制造火灾的行为。大多数情况表现为作为，也可能表现为不作为，如森林防火员发现起火，在能扑灭时为了发泄对单位的不满而不予扑救，放任森林火灾发生的就是以不作为实施的放火罪。

放火行为的结果表现为危险犯和结果犯两种情形，只要放火行为足以危害公共安全，不管是否发生了实际后果，都构成放火罪的既遂，只是未发生结果时适用《刑法》第 114 条，发生结果时适用《刑法》第 115 条。

（3）犯罪主体是 14 周岁以上的自然人。

（4）主观方面是故意，包括直接故意和间接故意。前者具有危害公共安全的目的，后者一般是为了追求另一个目的而放任危害公共安全的危险或结果发生。

2. 放火罪既遂与未遂的界限

刑法理论界有物质毁损说、效用毁损说、公共危险说等观点，公共危险说又包括放火行为说和火力说两种观点，火力说又包括人力扑灭说、他人共助说等观点。我国理论界均采独立燃烧说。

3. 放火罪的刑事责任

《刑法》第 114 条规定了放火罪的危险犯，对于放火罪的危险犯，处 3 年以上 10 年以下有期徒刑。《刑法》第 115 条第 1 款规定了放火罪的结果犯，对于放火罪的结果犯，处 10 年以上有期徒刑、无期徒刑或者死刑。

根据《刑法》第 114 条、115 条第 1 款的规定，故意放火，足以危害公共安全的，应当立案追究。国家林业局、公安部 2001 年 5 月 9 日发布实施的《关于森林和陆生野生动物刑事案件管辖及立案标准》规定，凡是故意放火，造成森林或其他林木火灾的都应当立案。追诉标准是：（1）造成死亡 1 人以上，或者重伤 3 人以上的；（2）造成公共财产或者他人财产直接经济损失 50 万元以上的；（3）造成 10 户以上家庭的房屋以及其他基本生活资料烧毁的；（4）造成森林火灾，过火有林地面积 2 公顷以上为重大案件，或者过火疏林地、灌木林地、未成林地、苗圃地面积 10 公顷以上的为特别重大案件；（5）其他造成严重后果的情形。

4. 关于放火罪的相关问题

（1）放火罪既可以由作为方式也可以由不作为方式构成。如故意纵火的方式构成是作为；不作为的方式，如负有防火义务的油区安全员，发现油区有着火的危险，能够采取措施防止而不防止，结果发生火灾的，也同样构成放火罪。

（2）注意放火罪既遂的标准——"独立燃烧说"。放火罪作为典型的危险犯，而具体的危险状态之判断应以"独立燃烧说"为标准，即以燃烧的对象物是否达到独立燃烧的程度为准。

例如，某甲在货场盗窃后，为毁灭罪证而临时起意放火烧毁现场，刚刚用火柴点着货物，发现有人巡逻至此，于是扔掉引火物就跑，结果火被巡逻人发现而及时被扑灭。则某甲的行为是既遂还是未遂？这里某甲的放火行为已经实施并已经使得对象物——货物被点着而独立燃烧，已经足以危及公共安全，构成放火罪既遂。如果某甲正在用火柴点燃引火物时被巡逻人员发现而被当场抓获或扔掉引火物逃跑的，则属于放火罪未遂。

（3）放火罪与失火罪的区别。关键不在于点火是不是故意的，而在于行为人对引起火灾的危险或后果持什么态度。

例如，某村村民某乙在自留地里烧荒，中午回家吃饭的时候，因火势借风力蔓延；引起附近一座山被烧毁，造成重大损失。某乙构成何罪？行为人某乙的点火行为显然是故意，但其故意的内容是烧荒而非制造火灾，其对该火灾结果则是过失的心理态度，故只能定失火罪。

（4）放火犯罪过程中一罪与数罪的问题。实践中，犯罪分子往往在犯罪后，如故意杀人、盗窃、贪污后以放火的方法毁灭罪证，对此，如果该放火的行为足以危及公共安全，如在住宅区或公共场所、建筑物内放火，则以放火罪与前面所实施的故意杀人罪或盗窃罪等并罚；如果该放火行为不危及公共安全，如在野外焚尸的，则直接以故意杀人罪论处（该焚尸实为杀人之后的毁灭罪证行为，属于理论上的"事后不可罚"行为，当然可以作为酌定的量刑情节考虑）。

（5）放火罪同破坏交通工具、破坏易燃易爆设备罪的区别。如果行为人以放火为手段，破坏交通工具、易燃易爆设备、交通设施、电力设备等，已经危及公共安全的，由于法律对侵犯这几种特定对象的犯罪已有专门规定，可谓法条竞合关系，根据"特殊条款优先于普通条款"的原则，应分别以《刑法》第119条的破坏交通工具罪等论处，而不定放火罪。爆炸罪、投放危险物质罪也是如此，以爆炸的方法破坏易燃易爆设备，在生产销售的食品中投放或明知投放了毒害性、放射性、传染病病原体等有毒有害物质，分别以破坏易燃易爆设备罪（《刑法》第118条），生产、销售有毒、有害食品罪（《刑法》第144条）论处，而不再定爆炸罪、投放危险物质罪。

（二）失火罪

失火罪，是指由于行为人的过失引起火灾，造成严重后果，危害公共安全的行为。这是一种过失危害公共安全的犯罪。从实践来看，失火罪对公共安全的危害通常表现为，危害重大公私财产的安全和既危害不特定多数人的生命、健康，又危害重大公私财产安全两种情况。

1. 客体要件

本罪侵犯的客体是公共安全，即不特定多数人的生命、健康或重大公私财产的安全。从实践来看，本罪对公共安全的危害通常表现为，危害重大公私财产的安全和既危害不特定多数人的生命、健康，又危害重大公私财产安全两种情况。由于火的燃烧须依附于财物，没有财物的燃烧，火势就难以危及不特定多数人的人身，因此单纯危害不特定多数人的生命、健康的情况是罕见的。

2. 客观要件

本罪在客观方面表现为行为人实施引起火灾，造成严重后果的危害公共安全行为。首先，行为人必须有引起火灾的行为。失火一般发生在日常生活中，如吸烟引起火灾，取暖做饭用火不慎引起火灾。做饭不照看炉火，安装炉灶、烟囱不合防火规则，在森林中乱烧荒，或者架柴做饭、取暖，不注意防火，以致酿成火灾，造成重大损失，就构成失火罪。如果在工作中严重不负责任或擅离职守，或者在生产中违章作业或强令他人违章作业而引起火灾，则分别构成玩忽职守罪或者重大责任事故罪。如果火灾不是由于行为人的失火行为引起的，而是由于自然原因引起的，不构成失火罪。其次，行为人的行为必须造成严重后果，即致人重伤、死亡或者使公私财产遭受重大损失。仅有失火行为，未引起危害后果；或者危害后果不严重，不构成失火罪，而属一般失火行为。最后，上述严重后果必须是失火行为引起的，即同失火行为有着直接的因果关系。这一特征是行为人负刑事责任的客观根据。

3. 主体要件

本罪主体为一般主体，凡达到法定刑事责任年龄、具有刑事责任能力的人均可成为本罪主体。国家工作人员或者具有从事某种业务身份的人员，在执行职务中或从事业务过程中过失引起火灾，不构成失火罪。

4. 主观要件

本罪在主观方面表现为过失。既可出于疏忽大意的过失，即行为人应当预见自己的行为可能引起火灾，因为疏忽大意而未预见，致使火灾发生；也可出于过于自信的过失，即行为人已经预见自己的行为可能引起火灾，由于轻信火灾能够避免，结果发生了火灾。这里疏忽大意、轻信能够避免，是指行为人对火灾危害结果的心理态度，而不是对导致火灾的行为的心理态度。实践中有的案件行为人对导致火灾的行为是明知故犯的，如明知在特定区域内禁止吸烟却禁而不止等，但其对火灾危害结果既不希望，也不放任其发生。这种案件应定为失火罪。行为人对于火灾的发生，主观上具有犯罪的过失，是其负刑事责任的主观根据。如果查明火灾是由于人不可抗拒或不能预见的原因所引起，如雷击、地震等引起的火灾，则属于意外事故，不涉及犯罪问题。

（三）故意毁坏财物罪

根据《刑法》第 275 条规定，故意毁坏财物罪，是指故意毁坏公私财物，数额较大或者有其他严重情节的行为。本罪的主体是一般主体，凡达到刑事责任年龄且具备刑事责任能力的自然人均能构成本罪。故意毁坏公私财物，数额较大或者有其他严重情节的，处 3 年以下有期徒刑、拘役或者罚金；数额巨大或者有其他特别严重情节的，处 3 年以上 7 年以下有期徒刑。故意毁坏财物罪中的犯罪行为通常是由某种现实原因造成的。行为人可能是出于对财物所有人的打击报复或嫉妒心理或其他类似有针对性的心理态度，毁坏财物使所有人的财产受到损失就是其犯罪目的。

1. 客体

本罪侵犯的客体是公私财物的所有权。

犯罪对象可以是各种形式的公私财物，包括生产资料、生活资料；动产、不动产等。但是，如果行为人所故意毁坏的是《刑法》另有规定的某些特定财物，危害其他客体要件的，应按《刑法》有关规定处理。例如，破坏交通工具、交通设备、易燃易爆设备、广播电视、电信设施等危害公共安全的，按《刑法》分则第 2 章有关罪名论处。

2. 客观要件

本罪在客观方面表现为毁灭或者损坏公私财物数额较大或者有其他严重情节的行为。

毁灭，是指用焚烧、摔砸等方法使物品全部丧失其价值或使用价值；损坏，是指使物品部分丧失其价值或使用价值。毁坏公私财物的方法，有多种多样。但是，如果行为人使用放火、决水、投毒、爆炸等危险方法破坏公私财物，危害公共安全的，应当以危害公共安全罪中的有关犯罪论处。

故意毁坏公私财物行为，必须达到数额较大或有其他严重情节的才构成犯罪。所谓情节严重，是指毁坏重要物品损失严重的，毁坏手段特别恶劣的；毁坏急需物品引起严重后果的；动机卑鄙企图嫁祸于人的，等等。故意毁坏公私财物，情节较轻的，是一般违反治安管理行为，应按照《治安管理处罚法》第

49 条规定处罚。犯罪主体是一般主体。已满 16 周岁的人犯本罪,应当负刑事责任。

3. 主体

本罪的主体是一般主体,凡达到刑事责任年龄且具备刑事责任能力的自然人均能构成本罪。

4. 主观要件

本罪在主观方面表现为故意。犯罪目的不是非法获取财物而是将财物毁坏。这是侵犯财产罪中毁财型犯罪与其他贪利型犯罪的根本区别。犯罪动机各种各样,一般是出于个人报复或妒忌等心理。除本法特别规定的失火、过失决水、过失爆炸以及过失破坏交通工具、交通设备、易燃易爆设备、广播电视、电信设施等犯罪需按有关条文追究刑事责任外,过失毁坏公私财物的,不构成犯罪,属于民事赔偿问题。

5. 罪与非罪的界限

按照本条规定,故意毁坏公私财物数额较大或者情节严重的,才构成犯罪。因此,是否数额较大或者情节严重,是区分罪与非罪的界限。故意毁坏公私财物,数额较小、情节较轻的,则属一般违法行为,应按照《治安管理处罚法》第 49 条的规定:盗窃、诈骗、哄抢、抢夺、敲诈勒索或者故意损毁公私财物的,处 5 日以上 10 日以下拘留,可以并处 500 元以下罚款;情节较重的,处 10 日以上 15 日以下拘留,可以并处 1000 元以下罚款。

所谓"情节严重",一般是指毁灭或损坏重要物品,损失严重的;毁灭或损坏公私财物的手段特别恶劣的;出于嫁祸于人的动机等。

故意毁坏公私财物,涉嫌下列情形之一的,应予立案追诉:

(一)造成公私财物损失 5000 元以上的;

(二)毁坏公私财物 3 次以上的;

(三)纠集 3 人以上公然毁坏公私财物的;

(四)其他情节严重的情形。

二、案例

案例 2 柳某某故意毁坏财物案

(一)公诉机关起诉书的指控

2014 年,被告人柳某某在莱阳市古柳街道办事处柳沟村竞争承包养鸡场时与村民孙某某产生矛盾。2016 年 12 月 1 日上午,被告人柳某某在本村孙某某家大棚与村老果树园西侧小屋之间的荒草地放羊,当天 11 时许将捡拾的塑料袋集中后分 3 处焚烧，其中两处焚烧点分别在果园西侧看梨房前约 50 米处的一个树坑里和一片空地上，两处点火点相距 30 米左右，被告人柳某某未等焚烧结束便离开了现场。当日 13 时许被告人柳某某驾车路过时看到引燃的两堆火顺西北风往果园南面蔓延 10 余米未予理睬。当日 14 时许，火势继续蔓延至距点火点位置约 200 米的孙某某家塑料大棚处东北角，并引燃大棚。15 时许，被告人柳某某再次路过时看到孙某某家大棚被烧并冒黑烟后便直接离开。经物价部门鉴定，被损毁物品价值共计人民币 162 663 元。公诉机关认为，被告人柳某某故意毁坏他人财物，数额巨大，其行为触犯了《刑法》第 275 条之规定，构成故意毁坏财物罪。

（二）一审判决

一审判决被告人柳某某犯故意毁坏财物罪，判处有期徒刑 4 年。

（三）本案争议焦点

本案被告人的行为是否构成故意毁坏财物罪；被告人的行为是故意还是过失。

（四）辩护方案

本案辩护人接手案件是在二审阶段，针对一审适用程序和事实认定、证据等展开辩护，全案做无罪辩护。

（五）辩护意见

（1）一审适用程序错误；（2）一审判决认定事实不清、证据不足、适用法律错误；（3）上诉人柳某某既无毁坏财物的主观故意也无故意毁坏财物的客观行为；（4）上诉人柳某某不构成故意毁坏财物罪。具体意见如下。

（1）一审适用程序错误。一审庭审笔录载明，本案适用的是"普通程序简易审"程序。"普通程序简易审"程序，是《最高人民法院、最高人民检察院、司法部关于适用普通程序审理"被告人认罪案件"的若干意见（试行）》对"被告人认罪案件"适用的程序。

根据该意见第 1 条，被告人对被指控的基本犯罪事实无异议，并自愿认罪的第一审公诉案件，才能适用该程序。

根据该意见第 4 条，人民法院在决定适用本意见审理案件前，应当向被告人讲明有关法律规定、认罪和适用本意见审理可能导致的法律后果，确认被告人自愿同意适用本意见审理。

根据该意见第 5 条，人民法院对决定适用本意见审理的案件，应当书面通知人民检察院、被告人及辩护人。

　　根据该意见第 7 条，对适用本意见开庭审理的案件，合议庭应当在公诉人宣读起诉书后，询问被告人对被指控的犯罪事实及罪名的意见，核实其是否自愿认罪和同意适用本意见进行审理，是否知悉认罪可能导致的法律后果。

　　其一，本案上诉人对被指控的基本犯罪事实有异议，并非自愿认罪；其二，一审法院在决定适用该意见审理前，未向被告人（上诉人柳某某）讲明有关法律规定、认罪和适用该意见审理可能导致的法律后果；其三，一审法院适用该意见审理案件，未书面通知被告人（上诉人柳某某）；其四，一审合议庭在公诉人宣读起诉书后，未核实被告人（上诉人柳某某）是否自愿认罪和是否同意适用该意见进行审理，是否知悉认罪可能导致的法律后果。

　　据此，一审适用"普通程序简易审"程序审理本案，是适用程序错误。

　　（2）上诉人柳某某无毁坏财物的主观故意。柳某某是在被害人大棚北面的空地上放羊，因为空地上有塑料袋，他怕羊吃了不消化，就把塑料袋捡起来，在距离大棚 200 米之外的土坑中焚烧，烧完后还用脚踩了几下才离开。四个小时后，未燃尽的底火被风刮燃，引燃荒地上的荒草，最后烧到了大棚两边的塑料网。

　　从案件事实和上诉人的这一行为看，上诉人根本没有毁坏财物的故意。

　　①柳某某本人开办了养牛场、养羊场，当天是在荒地上放羊，柳某某焚烧塑料袋的动机和目的是怕羊吃了不消化，而不是烧毁被害人的大棚。

　　②焚烧塑料袋的地点距离大棚 200 米以外，而且是在土坑中焚烧塑料袋，显然没有毁坏财物的意愿，哪来的故意？

　　③如果是故意的话，应该直接点燃大棚，但是柳某某直接点燃的不是大棚，而且直接点燃的不是荒草，而是塑料袋，塑料袋放到土坑中，并未直接与荒草接触。是经过几个小时的风的吹刮，将土坑中的灰烬刮出坑外，引燃了荒草。灰烬刮出坑外引燃荒草之时，柳某某早已回家，不在现场。上诉人并非在灰烬引燃荒草时离开，更不是在荒草引燃大棚塑料网时离开，没有放任的故意心态和行为。因此，上诉人既没有追求危害结果的发生，也没有放任结果的发生，既不是直接故意也不是间接故意。

　　④上诉人柳某某的主观方面至多是过失，根本不是故意。

　　（3）上诉人柳某某故意毁坏财物证据不足。

　　①上诉人在公安机关有八次供述，但庭审只出示两次供述笔录，出示的两次讯问笔录并不是由上诉人自行供述犯罪事实，而是由侦查人员自己讲述犯罪事实，然后问上诉人是不是，明显属于诱供，该两份讯问笔录的合法性和真实性有重大疑点。

　　一审卷宗附卷有六份上诉人供述笔录，但该六份笔录中有四份高度一致，证据有重大瑕疵，不能作为定案依据。

上诉人和辩护人请求二审法院调阅一审庭审录像和侦查机关对上诉人的八次讯问的同步录音录像。

②除上诉人曾供述过自己点燃塑料袋是怕羊吃了不消化外，再无任何证据证实是上诉人放火。本次火灾事故发生后，消防大队曾到了现场。按法律规定，应当由消防大队对火灾事故原因进行认定。但是，一审认定的却是"经监控显示，系人为放火"（莱阳市人民法院〔2017〕鲁0682刑初347号《刑事判决书》第5页），消防大队并没有确定起火原因，起火原因并不具有排他性。从上诉人在土坑中焚烧塑料袋到大棚两边的塑料网着火，期间隔了近5个小时，该时间内有无其他人烧塑料袋、有无其他人烧荒、有无其他人"放火"，根本不能排除合理怀疑，不能得出唯一排他性的结论。

③对于一审判决证人证言"听柳某某说要将孙某某家的大棚收拾了"之类的言语的分析。其一，两年前，上诉人是否说过这样的话是个疑问，即使说过与两年后的事件，不具有关联性。其二，按照犯罪心理，一个扬言要实施某项犯罪的人是不会真正实施的，反之，要实施某项犯罪的人是不会公开宣扬的。

④价格鉴定（认证）不能作为毁坏数额证据。一审判决据以定罪的"烟莱阳价鉴字〔2016〕27号山东省涉案物品价格鉴定（认证）结论书（2016、13.21）"和"烟莱阳价认定〔2017〕71号莱阳市价格认证中心关于李某娟被烧毁葡萄树损失的价格认定结论书"是两份无效证据。

A."价格鉴定"与"财产损失"是不同概念，不能根据"价格鉴定"来认定"财产损失"。所谓财产损失是指财产的毁灭或者损坏。毁灭，是指用焚烧、摔砸等方法使物品全部丧失其价值或使用价值；损坏，是指使物品部分丧失其价值或使用价值。价格，是指用货币衡量的商品或服务的交易结果。先抛开本案价格鉴定的真实性和客观性不谈（毁坏财物的价格鉴定不真实、不客观），单纯的价格鉴定亦不能作为故意损坏公私财物罪的证据。因为有些财物根本未完全灭失、有些财物并未完全丧失使用价值。

B.本案出了3份价格鉴定。其一，一审判决采信的是"烟莱阳价鉴字〔2016〕27号山东省涉案物品价格鉴定（认证）结论书（2016、13、21）"和"烟莱阳价认定〔2017〕71号莱阳市价格认证中心关于李某娟被烧毁葡萄树损失的价格认定结论书"，此外，本案立案之前被害人先向一审法院提起了民事诉讼，并已开庭，在民事诉讼未作出判决的情况下转而以刑事立案，在民事诉讼中还有一份价格鉴定，也就是说本案出现了3份价格鉴定，鉴定内容的科学性、真实性不能排除合理怀疑。其二，"烟莱阳价鉴字〔2016〕27号山东省涉案物品价格鉴定（认证）结论书（2016、13、21）"认定的受损价值是

102 545.30 元，"烟莱阳价认定〔2017〕71 号莱阳市价格认证中心关于李某娟被烧毁葡萄树损失的价格认定结论书"认定的受损价值是 155 545 元，但公诉机关指控、一审判决认定的却是 162 663 元。该价值不具有真实性。

C. 鉴定选材是如何确定的。本案中虽然有价格鉴证结论书，但价格鉴证结论明显过高。送检的所谓"葡萄、黑麦草、菊苣等"是否存在于案涉大棚、其来源、是否烧死都不能确定，送检材料、样本来源不明，鉴定对象与送检材料、样本不一致，不具备鉴定条件。在这种情况下出具的鉴定意见，根据法释〔2012〕21 号最高人民法院《关于适用〈中华人民共和国刑事诉讼法〉的解释》第 85 条第（3）、（4）款的规定，不得作为定案依据。

D. 故意毁坏财物的价值是指财产的毁灭或者损坏价值，但一审采信的价格鉴定存在双重计算，既有受损价值又有恢复价值。另外，承包费、水电费等更不能包含在受损价值内。此种鉴定和计算结果显然不当。

E. 案涉大棚仅烧了大棚两边的塑料网。有证据证明，过火的大棚高 4 米左右，顶棚本来就无覆盖物，只是大棚的两边有塑料网，过火的只是塑料网，而且连塑料网也只是一半过火，地面并未过火，不可能烧死葡萄树。

F. 案涉的 10 个大棚在案发前夕已经确定拆迁，并进行了地上物的清查清点，案发后被害人也已经领取了拆迁补偿。

其一，为什么过火的恰恰是确定拆迁补偿的大棚？如果是上诉人对已经确定拆迁补偿的大棚再进行破坏，根本达不到所谓"报复"的目的。其二，确定了拆迁补偿，并进行了清查清点，再烧大棚，这样的事情只对被害人有利。其三，在案发前夕的清查清点中，并无葡萄树，证明葡萄树是案发前刚刚植栽，并不是价格鉴定中所说的"五年苗移栽，两年种植"。因此鉴定不实。其四，一审附卷的大棚过火照片系逆光拍摄，树枝状黑影并非过火的葡萄树枝，而是大棚的钢架影子。

因此，本案不仅是指控上诉人放火的证据不足，而且在是否达到故意毁坏财物罪的定罪数额标准，也一样是证据不足。

（4）一审判决适用法律错误。在起火原因尚未明确的情况下，仅凭怀疑就先将上诉人关押起来，之后按预定是上诉人放火的思路整理证据，明显是先入为主。即使按照这一思路整理，也应该是故意放火是放火罪、无故意有过失是失火罪、既无故意也无过失是意外事件，不可能是故意毁坏财物罪。因本案达不到放火罪和失火罪的追诉标准，所以，本案不构成犯罪，系一起无罪案件。一审判决认定事实不清，证据不足，适用法律错误。

（5）一审辩护属于无效辩护。刑事案件辩护人的职责是为上诉人提出无罪、罪轻的辩护意见，但本案一审辩护人提出的辩护意见是："上诉人的行为主观上是间接故意而非直接故意"（莱阳市人民法院〔2017〕鲁0682刑初347号《刑事判决书》第2页），该辩护意见不是无罪、罪轻辩护，对上诉人极为不利，是无效辩护。2012年4月5日，北京某中级人民法院对一起强奸、抢劫案和一起故意伤害案以辩护人无效辩护为由发回重审。本案一审属于典型的无效辩护。

（6）本案有新证据。

本案有影响案件定罪量刑的新证据。

①案件发生后对现场的航拍录像、手机录像光盘五张。证明案发后的现场状况、塑料袋燃烧地点情况、过火情况、起火点与大棚的距离情况、大棚过火情况，等等，与指控的事实不一致。

②案发前古柳街道办事处柳沟村对案涉大棚拆迁补偿，对大棚内外植物、物品的清点补偿证明两份，古柳街道办事处柳沟村证明一份。证明对案涉大棚已经进行拆迁补偿，获得拆迁补偿后毁坏财物的价值意义丧失。

综上，辩护人认为：一审适用程序错误，一审判决认定的上诉人柳某某犯故意毁坏财物罪事实不清，证据不足，适用法律错误，指控的犯罪不能成立。

（六）裁判结果

二审法院裁定驳回上诉，维持原判，未采纳辩护意见。

第二章 破坏社会主义市场经济秩序罪

第一节 生产、销售伪劣产品罪

一、罪名解读

（一）刑法规定

《刑法》第140条规定，生产者、销售者在产品中掺杂、掺假，以假充真，以次充好或者以不合格产品冒充合格产品，销售金额5万元以上不满20万元的，处2年以下有期徒刑或者拘役，并处或者单处销售金额50%以上2倍以下罚金；销售金额20万元以上不满50万元的，处2年以上7年以下有期徒刑，并处销售金额50%以上2倍以下罚金；销售金额50万元以上不满200万元的，处7年以上有期徒刑，并处销售金额50%以上2倍以下罚金；销售金额200万元以上的，处15年有期徒刑或者无期徒刑，并处销售金额50%以上2倍以下罚金或者没收财产。

（二）概念

生产、销售伪劣产品罪，是指生产者、销售者故意在产品中掺杂、掺假、以假充真、以次充好或者以不合格产品冒充合格产品，销售金额5万元以上的行为。

（三）犯罪构成

1. 犯罪客体

本罪所侵害的客体是复杂客体，包括国家有关产品质量、工商行政的管理制度和消费者的合法权益。

本罪的犯罪对象是伪劣产品。根据《中华人民共和国产品质量法》（以下简称《产品质量法》）第2条的规定，这里的"产品"，应是指经过加工、制作，用于销售的产品，但不包括建筑工程。所谓伪劣产品，从广义上而言，即除了建筑性以外的一切伪劣产品。不管是工业用品还是农业用品，不管是生活用品还是生产资料，不管是有危害人身、财产安全的产品还是没有危害人身、财产安全的产品，都可能包括在本罪的伪劣产品之中。根据产品质量法的有关规定，包括以下几个方面。

（1）在产品中掺杂、掺假，以假充真、以次充好，以不合格产品冒充合格产品的，致使产品不符合产品质量标准如国家标准、行业标准、企业标准；不具备产品应当具备的使用性能，但是对产品存在使用性能的瑕疵作出说明的除外；不符合在产品或者其包装上注明采用的产品标准以及产品说明、实物样品等方式表明的质量状况等。

（2）伪造产地或者伪造或者冒用他人的厂名、厂址的。

（3）伪造或者冒用认证标志、名优标志等质量标志的。

（4）属于国家明令规定的淘汰产品的。

（5）伪造检验数据或者检验结论的。

（6）无检验合格证或无有关单位允许销售证明的。

（7）产品或其包装不符合要求的，如没有产品质量检验合格证；没有中文标明的产品名称、生产厂厂名和厂址；没有根据产品的特点和使用要求，标明产品规格、等级、所含主要成分的名称和含量；限期使用的产品没有标明生产日期和安全使用日期或者失效日期的；使用不当容易造成产品本身损坏或者可能危及人身、财产安全的产品，没有警示标志或者中文警示说明，但裸装的仪器和其他根据产品的特点难以附加标识的裸装产品，可以不附加产品标识；剧毒、危险、易碎、储运中不能倒置以及有其他特殊要求的产品，没有警示或者中文警示说明或标明储运注意事项的；等等。

（8）失效、变质等。

根据本条规定，构成本罪对象的伪劣产品，不是属于上述广义上的伪劣产品。成为本罪犯罪对象的只能是：不符合保障人体健康、人身财产安全的国家标准、行业标准、企业标准等产品；掺杂、掺假，以假充真，以次充好的产品；不合格的产品；失效、变质的产品；等等。如果不是生产、销售上述实质上的伪劣商品，虽属生产、销售伪劣产品的违法行为，不构成本罪。

2. 客观方面

本罪在客观方面表现为违反国家产品质量监督管理法规，故意在产品中掺杂、掺假，以假充真，以次充好或者以不合格产品冒充合格产品，销售金额在5万元以上的行为。

行为表现为四种情况。

（1）掺杂、掺假，即在生产、销售的产品中掺入与原产品并不同类的杂物，或者掺入其他不符合原产品质量的假产品。如在芝麻中掺砂子，在磷肥中掺入颜色相同的泥土等。

（2）以假充真，即生产者、销售者将伪造的产品冒充真正的产品，主要表现为生产、销售的产品名称与实际名称不符，或者原材料名称、产品所含成分与产品的实际名称、成分不符。如将党参冒充人参、将猪皮鞋冒充牛皮鞋等。

（3）以次充好，即以质量次的产品冒充质量好的产品。主要表现为将次品冒充正品，将等次低的产品冒充等次高的产品，将旧产品冒充新产品，将淘汰产品冒充未淘汰产品，将没有获得某种荣誉称号的产品冒充获得了某种荣誉称号的产品等。

（4）以不合格产品冒充合格产品，主要表现为将没有达到国家标准、行业标准的产品冒充达到国家标准、行业标准的产品，将超过使用期限的产品冒充没有超过使用期限的产品等。只要实施上述其中一种行为便可能构成生产、销售伪劣产品罪，同时实施多种行为的，也只以一罪论处。

生产、销售伪劣产品构成犯罪的，要求销售数额在 5 万元以上。不管是个体生产、销售者，还是单位生产、销售者，都必须达到这个数额，否则不以本罪论处。销售金额反映了行为人生产、销售伪劣产品的规模、行为持续时间、危害范围以及行为人的主观恶性。即销售金额与上述情节的严重程度成正比。销售金额大，反映出行为人生产、销售伪劣产品的规模大、行为持续时间长、危害范围广、行为人的主观恶性严重；反之亦然。而且，这种规定的可操作性强，便于司法机关准确认定和处罚犯罪。

另外，依《刑法》第 149 条规定，生产、销售假药、劣药、不符合卫生标准的食品，掺有有毒、有害的非食品原料的食品、不合标准的医疗器械、医用卫生材料、不合标准的电器、压力容器、易燃易爆产品、假农药、假兽药、假化肥、假种子、不符合卫生标准的化妆品、不构成该节所定其余各罪的，但销售金额在 5 万元以上的，应定为本罪予以处罚。同时，如果该行为同时构成本罪和本节其余之罪的，应依处罚较重的规定定罪处罚。

3. 犯罪主体

本罪的主体是生产者、销售者。实践中，一切达到刑事责任年龄、具有刑事责任能力的自然人只要实施了生产、销售伪劣商品的行为均能构成该罪。根据《刑法》第 150 条的规定，单位也可以成为本罪的主体。

4. 主观方面

本罪的主观方面表现为直接故意，即故意以"假、劣"冒充"真、好"。本罪多以营利和获取非法利润为目的，但本条并未规定以营利为目的是构成本罪的主观方面必须具备的要件。过失不构成本罪。

二、案例

案例 3 张某某生产、销售伪劣产品案

（一）公诉机关的起诉书指控的犯罪事实

2012 年 4 月至 2014 年 6 月，被告人张某某作为山东银信节水灌溉有限公司榴庄分公司（下称银信分公司）的实际控制者，明知生产的直径 160mm、直径 90mm 的 PVC 管材未经质量检验合格，仍冒充合格产品，以 549.14 万元的价格销售至 2012 年峄城区农业综合开发高标准农田建设示范项目（以下称古邵项目）区。案发后经鉴定上述 2 种管材任意点壁厚、平均壁厚、密度、二氯甲烷浸渍实验性能、液压试验性能均不符合国家标准，直径 160mm 管材的纵向回缩率、落锤冲击试验性能不符合国家标准。

（二）本案争议焦点

案涉产品是否伪劣产品？

（三）辩护方案

辩护人采取无罪辩护。

（四）辩护意见

辩护人认为，公诉机关对被告人该罪名的指控不能成立。

根据《刑法》第 140 条的规定，生产、销售伪劣产品罪，是指生产者、销售者在产品中掺杂、掺假，以假充真，以次充好或者以不合格产品冒充合格产品，销售金额达 5 万元以上的行为。

本罪在客观方面可具体表现为以下四种行为：（1）掺杂、掺假。这是指行为人在产品的生产、销售过程中掺入杂物或掺入假物品。（2）以假充真。这是指行为人以伪造产品冒充真产品，表现为伪造或者冒用产品质量认证书及其认证标志进行生产或者销售这类产品的行为。（3）以次充好。这是指以次品、差的产品冒充正品、优质产品的行为。（4）以不合格产品冒充合格产品。

根据司法解释的规定，《刑法》第 140 条规定的"在产品中掺杂、掺假"，是指在产品中掺入杂质或者异物，致使产品质量不符合国家法律、法规或者产品明示质量标准规定的质量要求，降低、失去应有使用性能的行为；"以假充真"，是指以不具有某种使用性能的产品冒充具有该种使用性能的产品的行为；"以次充好"，是指以低等级、低档次产品冒充高等级、高档次产品，或者以残次、废旧零配件组合、拼装后冒充正品或者新产品的行为。被告人张某某的行

为明显不符合上述行为，因此公诉机关也并未就上述行为进行指控。公诉机关指控的是第四类行为"以不合格产品冒充合格产品"，但公诉机关的该项指控也不能成立，理由如下。

（1）《刑法》第 140 条规定的"不合格产品"，是指不符合《产品质量法》第 26 条第 2 款规定的质量要求的产品。而《中华人民共和国产品质量法》第 26 条第 2 款规定，产品质量应当符合下列要求：（一）不存在危及人身、财产安全的不合理的危险，有保障人体健康和人身、财产安全的国家标准、行业标准的，应当符合该标准；（二）具备产品应当具备的使用性能，但是，对产品存在使用性能的瑕疵作出说明的除外；（三）符合在产品或者其包装上注明采用的产品标准，符合以产品说明、实物样品等方式表明的质量状况。

银信分公司生产的 PVC 管，不存在危及人身、财产安全的不合理的危险，具备产品应当具备的使用性能，也没有违反第 3 项规定的情形。因而，没有违反《产品质量法》第 26 条第 2 款的规定，不能界定为"不合格产品"。质量有瑕疵不等于"不合格产品"。

（2）关于鉴定问题。公诉机关出示的关于涉案的 PVC 管的鉴定情况，①选材不全面；②从鉴定结论来看，并非所有指标都不符合国家标准；③PVC 管有国家标准，有没有行业标准、地方标准？不符合国家标准是否一定是不合格产品？尚存疑问。④涉案 PVC 管并未标注成分和技术指标，冒充的是哪种产品？也存在疑问。⑤工程施工完毕后进行了验收，结果不仅合格而且是优良工程，如何解释？省里验收被评为 93.7 分，验收时进行了抽水试验，管材质量完全符合古邵项目质量要求，管材破裂的真正原因是工程结束后，古邵镇没有按技术操作规程开停机，在停机时，没有先关闭蝶阀再按停止按钮，致使管道被吸裂，而非机组运行时的爆裂。

（3）生产、销售伪劣产品罪的主观方面表现为故意，行为人的故意在生产领域内表现为有意制造伪劣产品。在销售领域内分两种情况：一是在销售产品中故意掺杂、掺假；二是明知是伪劣产品而售卖。

具体到本案：

①在生产领域，生产设备是从苏州金纬公司购买，原材料是从省内最大的厂家齐鲁化工购买的，机器由苏州金纬公司派来的技术员安装调试，生产技术由银信节水灌溉有限公司（以下简称银信公司）派技术员指导并把关。因此，在生产领域没有有意制造伪劣产品，没有生产伪劣产品的故意。

②在销售产品中，银信分公司没有在销售中故意掺杂、掺假的行为，也没

有明知是伪劣产品而售卖的行为，出厂的产品虽未经过专业测试但通过经验法则进行了测试，没有对产品质量进行放纵。因此，被告人在销售领域也没有销售伪劣产品的故意。

（4）产品质量应当由银信公司负责。在公诉机关提交和出示的证据中，银信公司法人代表王某某是以证人的身份出现的。

①王某某的证言不应当采信。王某某关于银信分公司的设立其并不知情，是被告人张某某私自设立的证言是不真实的，不能采信。根据最高人民法院《关于适用〈中华人民共和国刑事诉讼法〉的解释》（以下简称《刑事诉讼法解释》）第74条的规定，对证人证言应当着重审查以下内容："……（三）证人与案件当事人、案件处理结果有无利害关系……"本案指控的两个罪名"生产、销售伪劣产品罪和伪造公司印章罪"与王某某有重大关联，处理结果与其有利害关系，其证言不应当被采信。

②在案证据证明银信分公司是王某某为法人代表的银信公司的分公司。工商登记资料、被告人供述、王某某的证言、叶某等证人证言证明银信分公司是王某某为法人代表的银信公司的分公司。

其一，工商登记资料证明王某某为法人代表的银信公司在峄城区设立了银信分公司。

其二，王某某自己的证言和被告人张某某的供述都证明，是王某某将银信公司的相关资质材料、法人代表证明（包括原件和复印件）、公章给张某某的。

其三，王某某自己的证言和被告人张某某的供述及叶某等证人都证明，银信分公司的设备是王某某联系，王某某、张某某等人一起到苏州金纬公司考察、购买的。

其四，银信分公司设立投产时，王某某派技术员到分公司进行技术指导。

其五，银信分公司生产的PVC管上有银信分公司的标识，王某某和技术员是知道的。

以上足以证明，设立银信分公司王某某是知情的，在证言中他说不知情是在说谎。银信分公司就是王某某为法人代表的银信公司的分公司，这一点是事实。因此，银信分公司生产的产品质量应当由银信公司负责。被告人张某某不构成生产、销售伪劣产品罪。

第二节　假冒注册商标罪、销售假冒注册商标的商品罪

一、罪名解读

（一）假冒注册商标罪

1. 刑法规定

《刑法》第213条规定，未经注册商标所有人许可，在同一种商品上使用与其注册商标相同的商标，情节严重的，处3年以下有期徒刑或者拘役，并处或者单处罚金；情节特别严重的，处3年以上7年以下有期徒刑，并处罚金。

《刑法》第220条规定，单位犯本节第213条至第219条规定之罪的，对单位判处罚金，并对其直接负责的主管人员和其他直接责任人员，依照本节各该条的规定处罚。

2. 概念

假冒注册商标罪，是指违反国家商标管理法规，未经注册商标所有人许可，在同一种商品上使用与其注册商标相同的商标，情节严重的行为。

3. 犯罪构成

（1）犯罪客体。本罪的犯罪客体是国家对商标的管理制度和他人的注册商标专用权。本罪的犯罪对象是他人的注册商标。所谓商标，是指自然人、法人或者其他组织对其生产、制造、加工、拣选或者经销的商品或者对其提供的服务项目上采用的，由文字、图形、字母、数字、声音、三维标志和颜色或者其组合构成的，能够将其商品或者提供的服务与他人的商品或者提供的服务区别开来的，具有显著特征的可视性标志。

（2）客观方面。本罪的客观方面表现为未经注册商标所有人许可，在同一种商品上使用与其注册商标相同的商标，情节严重的行为。未经注册商标所有人许可包括以下具体情形：行为人从未获得过注册商标所有人使用其注册商标的许可。即商标所有权人未在任何时间以任何方式许可行为人使用其注册商标；行为人虽然曾经获得过注册商标所有人的使用许可，但在许可使用合同规定的使用期限届满后，仍然继续使用注册商标所有人的商标；行为人虽然曾经获得注册商标所有人的使用许可，但由于被许可人不能保证使用该商标的商品的质量等原因导致许可合同提前解除，行为人在合同解除后仍然继续使用该注册商标；行为人虽然获得了注册商标所有人的使用许可，但超越许可使用注册商标

的商品范围使用；行为人虽然获得了注册商标所有人的使用许可，但超越许可使用注册商标的地域范围使用。

（3）犯罪主体。本罪的主体为一般主体，自然人和单位均能成为本罪主体。就自然人而言，只要行为人达到了法定刑事责任年龄，具有刑事责任能力，实施了假冒注册商标的行为，即可构成犯罪。就单位而言，单位实施了假冒他人注册商标的行为，构成犯罪的，实行双罚制，即对单位判处罚金，对直接负责的主管人员和其他直接责任人员依法追究刑事责任。

（4）主观方面。本罪在主观方面表现为故意，即行为人明知某一商标是他人的注册商标，未经注册商标所有人的许可，在同一种商品上使用与该注册商标相同的商标。

（二）销售假冒注册商标的商品罪

1. 刑法规定

《刑法》第214条规定，销售明知是假冒注册商标的商品，销售金额数额较大的，处3年以下有期徒刑或者拘役，并处或者单处罚金；销售金额数额巨大的，处3年以上7年以下有期徒刑，并处罚金。

2004年最高人民法院和最高人民检察院的司法解释规定：销售明知是假冒注册商标的商品，销售金额在5万元以上的，属于《刑法》第214条规定的"数额较大"，应当以销售假冒注册商标的商品罪判处3年以下有期徒刑或者拘役，并处或者单处罚金。

销售金额在25万元以上的，属于《刑法》第214条规定的"数额巨大"，应当以销售假冒注册商标的商品罪判处3年以上7年以下有期徒刑，并处罚金。

2. 概念

销售假冒注册商标的商品罪，是指违反商标管理法规，销售明知是假冒注册商标的商品，销售数额较大的行为。

3. 犯罪构成

（1）犯罪客体。本罪侵犯的客体为国家对商标的管理制度和他人注册商标的专用权。商标专用权是商标权人依法对自己已注册商标的专有使用权，它构成我国商标管理制度的主要内容。我国商标法明确指出要保护商标专用权。对商标专用权的侵害，有的表现为生产或制造假冒商标，有的表现为销售假冒商标，在实际生产中，较多的是销售明知是假冒商标的商品，这些都无一例外地侵害了注册商标的专用权，而且销售明知是假冒商标的商品，在客观上使得大量的伪、劣、次产品投入市场，对名优产品及其他同类产品造成冲击，造成消费者难辨真伪、上当受骗，严重的还会给消费者的身体健康、生命安全造成威胁，严重地损害了消费者的合法利益。

（2）客观方面。本罪在客观方面表现为行为人非法销售明知是假冒注册商标的商品，销售数额较大的行为。

所谓销售，是指以采购、推销、出售或兜售等方法将商品出卖给他人的行为，包括批发和零售、请人代销、委托销售等多种形式。无论行为人采取哪一种形式，只要销售数额达到较大，即构成本罪。值得注意的是，这里所销售的商品不应是自己生产、制造或加工的商品。倘若销售的不是假冒他人注册商标的商品，如是没有商标的商品，或者虽有商标但不是注册商标的商品，或者虽有注册商标但不是他人而是自己的注册商标的商品，或者虽有他人注册商标但不是使用在与该商品相同的商品上的注册商标的商品等，则不构成本罪。如果行为人在自己的商品上假冒他人注册商标之后又加以出售，构成犯罪的，则分别触犯了两个罪名，两者之间具有吸收关系，应择一重罪从重处罚。但从二者的法定刑来看，两者处罚相同，难以说出谁轻谁重。考虑到销售假冒他人注册商标的商品的行为，是其假冒商标行为的后续及延伸，因此，对假冒商标后又加以出售的，以假冒注册商标罪定罪为宜，处罚则应从重，不能数罪并罚。如果与假冒注册商标的犯罪分子事先通谋，事后对假冒商标的商品代为销售的，也应以假冒注册商标罪论处，构成假冒注册商标罪的共犯。

（3）犯罪主体。本罪的主体为一般主体。自然人和单位均能构成本罪的主体。就自然人而言，只要行为人达到了刑事责任年龄且具有刑事责任能力，实施了故意销售假冒注册商标的商品的行为，就可构成本罪。单位犯本罪的，实行双罚制，对单位判处罚金，并对直接负责的主管人员和其他直接责任人员依照本条规定追究刑事责任。

（4）主观方面。本罪在主观方面只能表现为故意，即明知是假冒注册商标的商品，而故意销售给他人。过失不能构成本罪。司法实践中认定"明知"的标准主要是，①有证据证明行为人曾被告知销售的是假冒注册商标的商品；②销售商品的进价和质量明显低于市场上被假冒的注册商标商品的进价和质量；③根据行为人本人的经验和知识，能够知道自己销售的是假冒注册商标的商品。

4. 关于数额的认定问题

最高人民法院、最高人民检察院、公安部、司法部《关于办理侵犯知识产权刑事案件适用法律若干问题的意见》（以下简称《意见》）规定了假冒注册商标罪（未遂）的定罪量刑标准，具体考量的依据就是"货值金额"的大小，但没有规定"货值金额"的计算方法。最高人民法院、最高人民检察院《关于办理生产、销售伪劣商品刑事案件具体应用法律若干问题的解释》规定按照标价、同类合格产品的市场中间价格、估价机构确定等递进式方法计算。最高人民法院、最高人民检察院《关于办理侵犯知识产权刑事案件具体应用法律若干问题的解释》主要是依据数额确定侵犯知识产权行为社会危害性的大小，其中有"造成直接经济损失""造成损失数额"等多种计算方式。

（1）已销售的商品。刑法将假冒注册商标罪的定罪量刑标准确定为按照实际销售价格计算的"销售金额"，就在于"销售金额"能从量上直观反映行为人销售假冒注册商标商品的规模、行为持续时间、危害范围以及行为人的非难可能性。对于已经销售的假冒注册商标的商品，以销售金额认定为犯罪数额。

（2）未销售已定价的商品。实践中行为人一般是先定价后销售，故尚未销售部分同样存在销售价格，司法机关可综合销售单、进货单、送货单、记账单、销售价格表等书证，嫌疑人的供述，购买商的证言，结合其购买原材料的价格、生产成本以及市场上同类假冒商品的价格查明未销售部分的商品定价，以定价金额确定犯罪数额。

（3）未销售且未定价的商品。对于未经销售且标价难以查清的假冒注册商标的商品，司法机关通过委托具有相应资质的评估机构，根据假冒商品实物状况并结合市场调查同类物品中间价格情况作出估价鉴定，即以所谓的市场中间价确定假冒商品的价值。

（4）对"销售金额"的理解。学界对"销售金额"的理解主要有以下观点：一是销售商品后所获得的全部收入，不单单是销售利润；二是销售商品时的经营额；三是所销售的商品的货值总额；四是实际已经出售出去的产品金额，又指尚未销售而可能销售出去的产品金额；五是只要认定行为人已经销售，那么，就按照该销售实际得到、应当得到或者可能得到的金额来计算。

（5）对"违法所得数额"的理解。按照一般文义解释，违法所得应指行为人在违法犯罪活动中所取得的一切直接财产性收益（不包括孳息），在侵犯知识产权犯罪中，最明显的违法所得就是行为人通过侵犯他人知识产权行为而得到的现金收益，一般通过侵权产品的交易而获得。因此乍一看"违法所得数额"与"非法经营数额""销售金额"并无区别，因为对已销售的侵权产品的价值，按照实际销售的价格计算就是"非法经营数额"（自然这种计算方式也是"销售金额"）。但因为实际司法解释中对"违法所得数额"和"非法经营数额"两种认定计算方式采用并列式列举，如对假冒注册商标罪，就规定"非法经营数额在5万元以上或者违法所得数额在3万元以上的"，就属于该罪的情节严重起刑点，因此很显然，"违法所得数额"和"非法经营数额"的认定计算方式不能相同，否则这样规定全无意义。结合司法解释明确了"非法经营数额"可以采用计算"销售金额"的方式进行认定，同时从定罪数额的大小上，应该不难得出结论，即在同一案件中，"违法所得数额"认定计算应小于"非法经营数额"（销售金额），但究竟该如何计算仍然是个问题。

（6）对"非法经营数额"的理解。非法经营数额是指行为人在实施侵犯知识产权行为过程中，制造、储存、运输、销售侵权产品的价值。已销售的侵权产品的价值，按照实际销售的价格计算。制造、储存、运输和未销售的侵权产品的价值，按照标价或者已经查清的侵权产品的实际销售平均价格计算。侵权产品没有标价或者无法查清其实际销售价格的，按照被侵权产品的市场中间价格计算。上述解释不可谓不细，按理应该在司法实践中很好操作，但实际上仍然问题不断。且不说已销售的侵权产品的价值往往难以取证，无法计算，致该种计算方式形同虚设；就是对那些被起获的来不及销售的侵权产品的价值，虽规定说如果没有标价或者无法查清其实际销售价格，就要按照被侵权产品的市场中间价格计算，在某种程度上有其操作的便利性，但有时的确缺乏合理性，如面对越来越多的奢侈品侵权产品，一律按照奢侈品正品的价格计算显然有失公平，因此，上述按照被侵权产品市场中间价格计算的方式的合理性欠缺。

二、案例

案例4　假冒注册商标罪和销售假冒注册商标的商品案

（一）公诉机关起诉书指控的犯罪事实

1. 假冒注册商标罪

（1）2012年5月开始，被告单位某甲公司未经"AK-47"注册商标的商标所有权人青岛道格拉斯洋酒有限公司的许可，经某甲公司总经理、法人代表被告人周某甲决定，使用该公司的生产线灌装生产假冒"AK-47"注册商标的伏特加酒对外销售。被告单位某甲公司并接受被告人包某甲的委托为其代为加工生产假冒"AK-47"注册商标的伏特加酒。某甲公司的生产厂长被告人王某甲，具体负责灌装生产假冒"AK-47"注册商标的伏特加酒。2012年5月至2014年1月，被告单位某甲公司共计生产并对外销售假冒"AK-47"注册商标的伏特加酒的销售金额为246 480元。

（2）2012年7月至2014年5月，被告人赵某未经"芝华士""杰克丹尼""黑牌"等酒类注册商标的所有权人英国国际洋酒协会许可，在某租住房利用从被告人包某乙、包某甲处购进的桶装酒液灌装生产假冒的"芝华士""杰克丹尼""黑牌"等商标的洋酒，并对外销售。其间，被告人赵某从包某甲处购入酒液共1816桶（454箱），每桶酒液灌装6瓶假冒洋酒。2014年5月12日，公安机关在被告人赵某的作坊内查获未装瓶的酒液126桶及已灌装但尚未销售的假冒商标洋酒156瓶。被告人赵某灌装并已销售假冒"芝华士""杰克丹尼"

"黑牌"商标的洋酒共 9984 瓶，以每瓶 20 元至 25 元价格对外销售，销售金额为 199 680 元。被告人赵某的妻子被告人刘某甲，在被告人赵某生产假冒洋酒的过程中，偶尔参与，帮助其灌装。

2. 销售假冒注册商标的商品罪

（1）2010 年 12 月至 2014 年 1 月，被告人包某甲、包某乙在明知某甲公司生产的"AK-47"伏特加酒是假冒注册商标的商品的情况下，从某甲公司购买"AK-47"伏特加酒并对外销售。被告人包某甲、包某乙并委托某甲公司为其代为加工生产假冒的"AK-47"伏特加酒并对外销售。被告人包某甲、包某乙销售假冒"AK-47"伏特加酒的销售金额共计 172 680 元。

（2）2012 年 7 月至 2014 年 1 月，被告人侯某在明知被告人包某甲销售给其的某甲公司生产的"AK-47"伏特加酒是假冒注册商标的商品的情况下，从被告人包某甲处共购入 514 箱（购入价格 110 880 元）假冒"AK-47"商标的伏特加酒，每箱加价 40 元对外销售，销售金额为 131 440 元。

（3）2012 年 11 月至 2014 年 1 月，被告人张某甲以某甲公司销售业务员的名义对外招揽客户，并在明知是假冒注册商标的商品的情况下对外销售该公司生产的"AK-47"伏特加酒，销售金额为 73 800 元。

（4）2012 年年初至 2014 年 5 月，被告人徐某甲、高某在明知被告人赵某及李某乙、黄某某销售给其的"芝华士""杰克丹尼""黑牌""红牌""AK-47"等牌的洋酒系假冒注册商标的商品的情况下，从赵某、李某乙、黄某某处购进上述品牌的假冒洋酒并加价后对外销售。其间，被告人徐某甲、高某对外销售上述品牌的假冒注册商标的洋酒共计 253.15 箱，销售金额为 101 260 元（按每箱 400 元）。

（5）2012 年 7 月至 2014 年 4 月，某乙公司经营人被告人吕某、吧台工作人员被告人陈某甲在明知徐某甲、高某销售给他们的"芝华士"、"杰克丹尼"、"黑牌"、"红牌"、"AK-47"等洋酒系假冒注册商标的商品的情况下，从徐某甲、高某处购入上述品牌的假冒洋酒，并加价后向到某乙公司消费的客人销售。其间，某乙公司共计销售上述品牌的假冒洋酒 178 430 元。（其中，被告人陈某甲自 2013 年 7 月到吧台工作，负责购入并销售上述品牌的假冒洋酒共计 83 302 元。）

（6）2013 年 1 月至 2014 年 5 月，临淄区某丙公司经营人被告人李某甲、仓库管理员被告人贾某在明知徐某甲、高某销售的"芝华士"、"杰克丹尼"、"黑牌"、"红牌"、"AK-47"等洋酒系假冒注册商标的商品的情况下，从徐某甲、高某处购入上述品牌的假冒洋酒，并加价后向到某丙 KTV 歌舞厅消费的客人销售，销售金额共计 125 952 元。

公诉机关以被告人供述与辩解、证人证言、鉴定意见、书证、物证等证据证实其指控的事实，认为被告单位某甲公司、被告人周某甲、王某甲、赵某、刘某甲未经注册商标所有人许可，在同一种商品上使用与其注册商标相同的商标，情节严重，其中被告人周某甲系被告单位直接负责的主管人员，被告人王某甲系被告单位的直接责任人员，他们四人的行为均构成假冒注册商标罪；被告人张某甲、包某甲、包某乙、侯某、徐某甲、高某、吕某、陈某甲、李某甲、贾某销售明知是假冒注册商标的商品，数额较大，其行为均构成销售假冒注册商标的商品罪；被告人王某甲、刘某甲、陈某甲、贾某在各自参与的共同犯罪中起次要作用，系从犯，应当从轻或者减轻处罚；被告人吕某有自首情节，可以从轻或者减轻处罚。提请依据《中华人民共和国刑法》第220条、第213条、第214条、第27条、第67条第1款之规定，予以判处。

（二）辩护意见

1. 关于被告人赵某的经营数额

公诉机关指控被告人赵某的销售金额为199 680元，辩护人认为对该数额的指控不准确。一是被告人庭前供述和当庭供述都不能确认该数额。二是该数额不能与销售记录和账单一一对应。三是该数额系由推定而来。公诉机关指控的事实是："被告人赵某从包某甲处购入酒液共1816桶（454箱），每桶酒液灌装6瓶假冒洋酒。2014年5月12日，公安机关在被告人赵某的作坊内查获未装瓶的酒液126桶及已灌装但尚未销售的假冒洋酒156瓶。被告人赵某灌装并已销售假冒'芝华士''杰克丹尼''黑牌'商标的洋酒共9984瓶，以每瓶20元至25元价格对外销售，销售金额为199 680元。"（临检公刑诉〔2015〕186号起诉书第6页），合理怀疑该199 680元的销售金额系推定出来的，推定过程是：

（1）购入酒液1816桶，每桶灌装6瓶，1816×6=10 896（瓶）；

（2）现场查获酒液126桶，126×6=756（瓶）；

（3）现场查获已灌装但未销售156瓶。

得出结论：灌装并已销售10 896－756－156＝9984（瓶）；

每瓶按20元计算，9984×20＝199 680（元）。

辩护人认为，销售金额不能靠推定，应由充足的证据来证明。本案不能排除购入的1816桶酒液除已有证据证明的灌装销售部分，其他部分既有灌装也有未灌装的可能，灌装的也既有销售也有未销售的可能，甚至有自己饮用、赠送饮用、试验作废倾倒的可能。

因此，确定被告人赵某的经营数额，应由被告人供述、销售记录、发货单据、收到的货款等一系列证据予以证明，达不到刑事诉讼"证据确实、充分"证明标准的，不能认定。

2. 被告人赵某认罪态度很好，自愿认罪，具有悔罪表现

犯罪后的态度，不仅同刑事诉讼成本有一定关联，而且是衡量行为人主观恶性大小的重要因素。案发后，被告人能够如实供述自己的罪行，并抱着悔改服罪的正确态度，配合公安机关查清自己的犯罪事实。在接受公安机关、检察机关讯问时，也是积极配合、主动交代案件的全部经过，没有任何隐瞒，没有一点推卸责任的行为，在庭审中，也是自愿认罪，真诚悔罪，并表明服从司法机关的处理。其与那些犯罪后潜逃、归案后避重就轻逃避打击的犯罪分子相比，在量刑时应予以区别，此情节恳请法庭在量刑时予以考虑。同时依据最高人民法院、最高人民检察院、司法部《关于适用普通程序审理"被告人认罪案件"的若干意见（试行）》第9条规定："人民法院对自愿认罪的被告人，酌情予以从轻处罚。"请求人民法院根据上述司法解释的规定，对被告人赵某予以从轻处罚。

3. 被告人赵某虽构成假冒注册商标罪，但其犯罪的主观恶性不大、犯罪手段比较轻微

从整个案卷材料显示，被告人生产的产品系勾兑而成，对食用者无害，证实被告人的犯罪手段比较轻微。被告人犯罪的动机主要是因对国家法律认识不够，贪图小利，偶起犯意，是偶然失足。在此之前，被告人赵某一向遵守法律法规，从未被司法机关处理过，没有前科。本次犯罪，是初犯。其认罪态度很好，坦白犯罪行为且确有悔改表现。请求法庭对赵某本着以教育为主，惩罚为辅的刑事司法理念，对其从轻处罚。

4. 赵某所犯假冒注册商标罪社会危害性不大，未造成严重后果

本罪所侵害的客体是国家有关商标的管理制度和他人的注册商标专用权。假冒注册商标罪的犯罪对象是他人已经注册的商标，这种假冒的注册商标可能被用在伪劣产品上，也可能被用在合格的产品上，但在大多数情况下，犯罪分子往往将假冒的注册商标用在伪劣产品、次品甚至有害物品上。本案中，被告人加工生产的商品不存在质量问题，因此在量刑上应予以考虑。且指控的证据表明，赵某假冒注册商标，只出售了一小部分，其余的尚未出售，在仓库内被公安机关查获，尚未出售的这部分商品，尚未造成进一步的社会危害性。且被告人赵某从事生产的时间较短，对社会的危害性很小。我们讲这句话并不是鼓励犯罪，只是相比较那种生产有毒有害的产品造成人身伤亡等恶劣社会后果的，其犯罪后果并不严重，社会危害性不大。

综上所述，辩护人认为被告人赵某系初犯，主观恶性较轻，行为社会危害

性不大；具有坦白情节；能够自愿认罪，积极悔改。具有多项法定或酌定的从轻、减轻处罚的情节。因此辩护人建议合议庭按照我国刑罚惩罚与教育相结合的方针，本着"惩前毖后、治病救人"的原则，对被告人赵某予以宽大处理，给予其减轻处罚，适用缓刑，以达到感化教育的功效，促使被告人迷途知返，重新做一个对社会有用的人。

（三）辩护意见与裁判结果

法院判决被告人赵某犯假冒注册商标罪，判处有期徒刑 1 年 6 个月，缓刑 2 年，并处罚金人民币 7 万元。部分采纳了辩护意见。

第三章 侵犯公民人身权利罪

第一节 故意杀人罪

一、罪名解读

故意杀人罪即故意非法剥夺他人生命权利的行为，构成要件的基本内容在此无须多述。有几点对于正确认定故意杀人罪有一定的意义，需要注意。

（一）故意杀人罪的对象

故意杀人罪的对象是"人"，无论是何人，即使行为人主观上发生对象错误认识，如将张三误认为李四而杀死的，同样构成故意杀人罪既遂。这里的"人"，是具有生命的人，人的生命，始于出生，终于死亡。一般认为出生以脱离母体开始独立呼吸为标志，而死亡以大脑功能停止活动为标志。因此，溺婴是故意杀人罪，而堕胎的行为则不构成犯罪，因为胎儿与尸体一样，都不能成为故意杀人罪的对象，但行为人误将尸体当作活人杀害的，属于对象不能犯的未遂，构成故意杀人罪（未遂）。

（二）故意杀人罪的客观行为

本罪的客观行为，表现为非法剥夺他人的生命，其特点是直接或者间接作用于人的肌体，使人的生命在自然死亡之前终结。至于杀人的手段可谓多种多样，常见的是积极作为的方式，如刀砍、枪击、下毒等，但本罪也可能以不作为的方式构成，如妇女故意不给自己的亲生残疾婴儿喂奶，而将其活活饿死；负有营救落水儿童职责的保育员，有能力救助落水儿童而坐视不救，致使儿童死亡等情形，均构成不作为的故意杀人罪。这表明故意杀人罪是不纯正不作为犯。杀人的行为既可以是物理的方式如毒杀、砍杀，也可以是心理的方法如以精神刺激方法致人休克死亡。

（三）自杀以及相关行为的认定

自杀行为本身是不存在犯罪问题的，但与自杀相关的，如帮助自杀、教唆自杀、引起他人自杀、逼迫自杀等，对此要具体情况具体分析。

（1）帮助自杀行为。即应死者要求而协助其实现自杀的行为，最常见的典型是"安乐死"。虽然"安乐死"在中外法学界争议很大，但目前在我国刑事法律尚未将"安乐死"明确规定为正当行为的情况下，还应以故意杀人罪论处，当然在量刑时依据具体情况从宽处罚。对于其他帮助自杀行为也是如此。

（2）教唆自杀行为。即行为人故意引诱、怂恿、欺骗他人产生自杀之意，实现剥夺他人生命的意图。教唆自杀行为实为借被害人之手杀死被害人的故意杀人行为，如果以故意杀人罪论处则要求教唆人的行为具有间接正犯性质，所以如果行为人教唆、欺骗的是不具有刑事责任能力、没有达到刑事责任年龄的人，如不能理解死亡意义的儿童或精神病人的，属于故意杀人罪的间接正犯，对教唆者应以故意杀人罪论处。另外，如果行为人教唆、欺骗自杀的虽然是正常的成年人，但其教唆、欺骗自杀的行为使得被害人对法益的有无、程度、情况等产生错误认识，被害人对死亡的同意是无效的情况下，教唆自杀的行为也属于故意杀人罪。如医生欺骗患者说："你最多只能活三个月，而且一周后开始剧烈疼痛"，进而促使其自杀，患者对自杀的同意无效，对该医生也应认定为故意杀人罪。

（3）相约自杀行为。相约自杀即两人以上相互约定自愿共同自杀的行为。对此应区分不同情形处理：如果双方均自杀身亡，则不存在刑事责任问题；如果双方各自实施自杀行为，其中一方死亡，但另一方自杀未遂，未遂一方也不负刑事责任；如果相约自杀，由其中一方杀死对方，继而自杀未遂，或者一方为自杀提供工具（或条件），对方利用此条件自杀身亡，而提供条件者自杀未遂，自杀未遂者应当负故意杀人罪的刑事责任，此时实属帮助自杀的情形；同理如果以相约自杀为名、诱骗他人自杀的，实属教唆自杀的情形。

（4）因其他行为引起他人自杀的，则要根据引起他人自杀行为的性质、内容具体分析。

①如果是正当、合法行为引起他人自杀的，不存在故意杀人罪以及其他犯罪问题。如上级领导批评下属工作失误等而引起下属想不通，自杀的。

②如果是轻微的违法行为引起他人自杀的，也不存在故意杀人罪以及其他犯罪问题。如班主任老师当着全班同学的面，批评中学生小张早恋的行为，小张感到很难堪而自杀的，不能因此追究班主任老师的刑事责任。

③如果是严重的违法行为引起他人自杀的，将严重违法行为与引起他人自杀身亡的后果进行综合评价，达到犯罪的社会危害程度时，就应追究该违法行为者的刑事责任。例如，侮辱他人导致他人自杀身亡的，便可综合起来考察，

即将被害人自杀身亡作为侮辱情节严重的具体表现，从而构成侮辱罪。

④如果是犯罪行为引起他人自杀身亡的，如，强奸、暴力干涉婚姻自由引起被害人自杀的，也不应认定行为人犯故意杀人罪，而是将自杀身亡作为强奸罪、暴力干涉婚姻自由罪的结果加重情节，成立结果加重犯，即将他人自杀的结果作为行为人先行行为的量刑情节考虑。

（5）逼迫自杀行为。即行为人凭借某种权势或者利用某种特殊关系，以暴力、威胁的方法，故意强迫他人自杀身亡的，这是属于借被害人之手杀死被害人，应以故意杀人罪论处。如有关司法解释规定，组织和利用邪教组织制造、散布迷信邪说，指使、胁迫其成员或者其他人实施自杀行为的，邪教组织成员组织、策划、煽动、教唆、帮助邪教组织人员自杀的，应以故意杀人罪论处。

二、案例

案例 5　高某某故意杀人案

（一）起诉书指控的犯罪事实

被告人王某女于 2005 年 7 月 28 日晚，与乳山市午极镇人王某在龙口海边偶遇且搭话聊天，其男友被告人高某某得知后，遂纠集被告人郑某某和被告人赵某携带单刃尖刀赶至海边欲收拾王某。7 月 29 日凌晨 1 时许，王某女应高某某、郑某某和赵某要求，打电话将王某重新骗至海边。赵某与高某某、郑某某追打王某至龙口市龙口经济开发区华龙广场一烧烤摊处，采取拳打脚踢、刀捅等手段，致王某肺、肝及髂动脉破裂导致急性失血休克死亡。

（二）某某市公安局刑事科学技术鉴定书

尸体检验鉴定书

绪言

2005 年 7 月 29 日 2 时，接刑侦二中队电话报称，2005 年 7 月 29 日 1 时许王某（男，23 岁，乳山市午极镇樗树崖村人）被他人致伤，在送往医院过程中死亡，接报后即前往，并于 2005 年 7 月 29 日 9 时在龙口市公安局法医检验鉴定中心对尸体进行了检验鉴定。

尸体检验

尸表检验

死者上身着白色文化衫，臀着浅灰、暗红相间内裤，灰色暗条长纹长裤（卷至膝下），长裤及内裤上可见多处破裂口并有大量血迹，左足着褐色反皮皮鞋，右足着灰色袜。

尸长 180 厘米，发育正常，营养一般，全身肤色黄白色，尸斑淡紫红色，位于身体背侧未受压处，尸僵轻度存在于全身各大关节；头发黑色，长 0.5 米，面部布有血迹，左眼上睑有 8×4 厘米皮下出血，双眼睑球结合膜轻度充血，偶见点片状出血点，双侧瞳孔等大等圆，直径 0.6 厘米，上唇黏膜有 75×1 厘米挫伤，下唇黏膜有 1.5×1.2 厘米挫伤，余五官未见异常。

顶部正中有 0.8 厘米创口，深达皮下，其左后 5 厘米处有 1×0.2 厘米三角形创口，深达帽状腱膜，创腔内可见组织间桥。右面部有 12.5×2.5 厘米表皮剥脱，右下颌有 3.5×2 厘米表皮剥脱，左下颌有 4×2 厘米表皮剥脱。左耳后有 6×3 厘米小片状皮下出血，左耳下 6 厘米处有 5×2 厘米片状皮下出血，左颈前有 8×4 厘米片状皮下出血。脐上 3 厘米处有 0.6 厘米创口，深达皮下，脐右下 12 厘米处有 11×4 厘米皮下出血，中心处有 2 厘米创口，创角内锐外钝，深达腹腔，右髂脊处有 1 厘米创口，深达肌层。背部肩胛处有 0.5 厘米及 2 厘米划痕，后背部有 3 处创口，长分别为：1.5 厘米、1.3 厘米、1.6 厘米，右臀向下至右股部有 33×15 厘米区域内有 12 处创口，深达肌层，最长 1.8 厘米，最短为 0.3 厘米，右肘内上 6 厘米处有 1.3 厘米及 2 厘米两处创口，深达肌层，右膝上有 1.7 厘米创口，右内踝有 20×10 厘米皮下出血，左膝内上 14 厘米处有 2.4 厘米及 1.5 厘米两处创口，创角一钝一锐，深达肌层，左膝外上 17 厘米处有 2 厘米创口，创角上钝下锐，左膝下有 15×10 厘米区域有 5 处创口，深达皮下，最长为 2 厘米，最短为 0.3 厘米，余尸表未检见损伤。

解剖检验

解剖胸部见：左肺轻度萎缩，左肺上叶前缘有 0.7 厘米破裂口，左胸腔内有 100 毫升血性液体，左 4、5 肋间后侧有 0.2×0.2 米破裂口；解剖腹部见：腹腔内有 1000 毫升血性液体，肝右叶下有 1.5 厘米破裂口，右侧腹膜有 0.7 厘米及 0.6 厘米两处破裂口，右后腹膜有 26×15 厘米血肿，打开血肿见髂动脉距髂总动脉分支 7 厘米处有 0.6 厘米破裂口。余解剖未见异常。

分析说明

1. 死者全身检见多处损伤，解剖见：肺、肝及髂动脉破裂，系肺、肝及髂动脉破裂致急性失血休克死亡。

2. 死者腹部及双下肢之创伤，具有创角一钝一锐，创缘较整齐，符合单刃锐器刺切所致。

结论

死者王某系被单刃锐器刺切胸腹部致肺、肝及髂动脉破裂导急性失血休克死亡。

鉴定人：曲某某
吕某某
2005 年 7 月 30 日

（三）本案争议焦点

（1）被告人高某某是故意杀人还是故意伤害；（2）被告人高某某有无捅伤被害人致死部位的行为；（3）量刑问题。

（四）辩护意见

依据我国刑法，被告人高某某对自己造成的无法挽回的后果应当承担相应的法律责任。但是，根据我国刑法主客观相一致原则，认定被告人的法律责任，不能仅依据行为的结果，还要结合发案原因、行为发展过程、犯罪工具、行凶手段、打击部位、打击强度、行凶情节、作案时间、地点、环境、被告人与被害人平时关系、致人死亡的原因、被告人一贯表现和行为后的态度等，进行综合分析判断。基于此，我们认为被告人高某某的行为应当定性为故意伤害致死，而不是故意杀人。具体以下几点辩护意见，供合议庭参考，并恳请合议庭酌情采纳。

1. 起诉书指控被告人高某某构成故意杀人罪定性不当

对于本案的定性问题，公安机关与检察机关已经产生了分歧。其一，2006年在侦查起诉审判同案犯赵某、王某女时，公安机关是以涉嫌故意伤害罪侦查的，公安机关《起诉意见书》认为两个被告人涉嫌故意伤害罪，移送审查起诉。公诉机关起诉书则指控被告人赵某、王某女行为构成故意杀人罪。其二，根据公安机关 2011 年《起诉意见书》，被告人高某某以涉嫌故意伤害罪被刑事拘留，现在公诉机关以故意杀人罪起诉被告人高某某。辩护人认为本案虽是共同犯罪，但应当以不同的罪名对同案被告人分别以故意杀人罪和故意伤害罪（致人死亡）追究刑事责任。对于被告人高某某应当以故意伤害罪而不是故意杀人罪追究刑事责任，理由如下。

依据我国刑法，故意杀人罪要求行为人主观上必须有非法剥夺他人生命的故意，包括直接故意和间接故意，即明知自己的行为可能发生他人死亡的危害后果，并且希望或者放任这种结果的发生。故意伤害致死，是指虽然造成了被害人死亡的结果，但是行为人在主观上对被害人是伤害的故意，而不是杀人的故意，其与间接故意杀人的共同点是都属于故意犯罪，都发生了被害人死亡的结果。二者的主要区别是：故意伤害致死的行为人只有损害他人健康的故意，没有致人死亡的故意，对于死亡结果的发生，既不希望，也不放任，是一种过失的心理状态；而间接故意杀人的行为人虽然主观上也不希望他人死亡，但其"明知"自己的行为可能会造成他人死亡的结果，而对他人死亡采取放任不管的态度，"放任"他人死亡结果的发生，正是由于这种放任，造成了他人死亡的结果。区别故意杀人罪与故意伤害罪（致人死亡）的关键不是看死亡结果，因为故意伤害罪也可能出现死亡结果，故意杀人罪也不一定出现死亡结果。区别故意杀人罪与故意伤害罪的关键在于行为时犯罪故意的内容，即主观上出于杀人故意的，不管是否出现死亡结果，都构成故意杀人罪；主观上处于伤害他人身体健康故意的，不管是否出现死亡结果，都只构成故意伤害罪。而认定被告人主观故意的内容必须从客观实际出发进行分析和判断，认定杀人故意必须具有确实充分的依据，不能简单地从死亡结果推定杀人故意，否则就是客观归罪，违背主客观相一致的原则。从公诉机关指控的犯罪事实和证据看，没有证据可以证实被告人高某某对被害人王某的死亡是基于杀人的故意。故意杀人罪是非法剥夺他人生命的行为，在构成要件上，客观上实施了非法剥夺他人生命的行为；主观上是故意，既包括直接故意，即希望他人死亡的结果发生；也包括间接故意，即放任他人死亡结果的发生。本案是共同犯罪，在这些共同犯罪人中，确实有人构成故意杀人罪，但不是每一个人都构成故意杀人罪。因为在实施犯罪行为的时候，直接导致被害人死亡结果发生的人是赵某，赵某实施的行为并不是共同犯罪故意的内容，而是共同犯罪中的实行过限，即超出了共同犯罪的故意。

（1）被告人高某某没有杀人动机。被告人高某某与被害人素不相识，以前没有任何纠纷，更没有深仇大恨，完全没理由要杀死被害人。事发当天，是因为高某某接到电话得知女朋友被人调戏，一时气愤，想教训一下对方，仓促之下才与被害人发生冲突，酿成本案的。这种情形，动辄就要置人于死地的可能性很少，不太可能杀人。如果是那种素来积怨很深，见了面争斗起来非致对方于死地为快的情形下，杀人的可能性就大。显然，该案不符合后种情形，被告人高某某缺乏故意杀人的思想基础。

（2）被告人高某某没有杀人意图。高某某在2011年11月30日第一次讯问笔录供述："2005年7月底的一天晚上11点多钟，我和赵某、郑某某在黄山馆街上的烧烤店吃完饭后回家了，还有王某某等四五个人也在我家玩。刚到家五六分钟，我就接了家中座机电话，是我朋友打来的，说是我对象王某女在龙口海边旱冰场被一个男的调戏了。我一听就火了，就给王某女打电话。当时我俩正在谈对象，那两天闹点矛盾。王某女接了电话，我问她在哪，她说在旱冰场。王某女让我过去，否则就跟别人走了。我听见王某女旁边有个男的在说他会功夫，来个十个八个人都不怵。我不放心，就要过去看看怎么回事。赵某和郑某某就在我旁边，也听见怎么回事了。一看我要走，他俩就说和我一起去，王某某也知道了，也要跟着我去看看。我是骑摩托车去，带不了这么多人，就带着赵某和郑某某去了。当时并没有叫他们去，是他们跟着去的。"被告人的几次供述包括庭审中被告人的供述一直是稳定一致的，这与本案相关事实也是吻合的，被告人高某某没有杀人的意图。

（3）被告人高某某没有故意杀人的客观行为。

①从伤害过程分析，被告人高某某无杀人行为。根据报案人王某华2005年7月29日证词："2005年7月29日0时10分左右，我面朝南坐在龙港街道海滨广场饭店门前的桌上吃饭，这时我看见环海路上从南面跑来一个男的，手里拿着一个小煤铲样子的东西，这个男的身后有一个穿黑衣服，两个穿白短袖的男的在追，跑到防疫站门前的环海路时，拿小煤铲子的男的被那三个男的追上，穿黑衣服的男的追上后朝拿小煤铲的男的脸上打了一巴掌，被打的人跪在地上说：'我错了、我错了。'三个男的中一个穿白短袖的人一脚踢在被打人的下巴处，我听见'咯嘣'一声，穿黑衣服的人在被打人的身后用脚踢被打人的后脑勺，这时不知被打人怎么把另一个穿白衣服的人弄倒在地，穿黑衣服的男的掏出一把刀子，穿白衣服的人从穿黑衣服的人的手里夺过刀子朝被打人的前身、后背连续转圈地捅，捅了有20多刀，这三个男的朝西海边方向跑了，被捅的人倒在地上。过了一会儿，警车、救护车来了。"王某华是该案的报案人，是第一目击者，他的证词是事发当天的证言，是直接证据。他的证言证明用刀捅被害人的是一个穿白衣服的人。而被告人高某某供述他当天穿的是深色衣服，也就是王某华证言中的穿黑衣服的人。这一点，有同案犯王某女的供述予以佐证。2005年8月2日王某女供述："高某某穿蓝底白花短袖小褂，'海蜇'穿白格小褂，赵某穿白色小褂。"由此，形成了完整的证据链，用刀捅被害人的是穿白色衣服的赵某，穿深色衣服的被告人高某某没有用刀捅被害人。

②从被害结果分析，被告人高某某有伤害行为而无杀人行为。根据龙口市公安局出具的《尸体检验鉴定书》，被害人系被单刃锐器刺切胸腹部致肺、肝及髂动脉破裂导致急性失血休克死亡。但被告人高某某无捅人行为，只有伤及被害人头部的行为。根据《尸体检验鉴定书》，被害人身体上有多处伤口，其中头顶部正中有0.8厘米创口，深达皮下，其左后5厘米处有1×0.2厘米三角形创口，深达帽状腱膜，创腔内可见组织间桥。该两处创口非致命伤，被告人高某某供述是其所为。2011年11月30日，被告人高某某供述："我们3个人把对方小伙子围起来，我拿出刀来用刀把朝对方小伙子的头部敲了三四下，又用脚朝对方小伙子的背部端了两脚。"该供述属实，因为被害人头部创口只有被

告人高某某在供述中涉及，其他两名被告人赵某和郑某某均未提及，可以认定头部创口是被告人高某某所为。在此，辩护人要说明的是，当被告人高某某在用刀把敲打被害人头部时，所用的水果折叠刀并没有打开。因为未打开的折叠水果刀长只有6～7厘米，与手掌宽度相仿，打开长度有12～14厘米。若用打开的水果刀敲击被害人头部，因刀把与手掌宽度相仿，握在手中无法用力，用力则将割伤自己的手掌，不用力则创口不会深达皮下。所以，被告人高某某是用未打开的水果刀，拇指顶住刀把上部敲击被害人头部的。也就是说，被害人在受到伤害的过程中，被告人高某某未曾打开水果刀。该行为足以证明，被告人高某某没有杀人的主观故意和客观行为。

③从犯罪工具分析，虽然被告人高某某手上有水果刀，但那只是个随时就可能要使用的水果刀，并不是为本次犯罪行为而专门预先准备好的作案工具。因为本案是由很小的纠纷引起的，被告人高某某事先并不可能预见会发生如此严重的后果。从被告人高某某的供述以及现场目击证人证言可以看出，这种水果刀很小，杀伤力较其他管制刀具要小。况且，作为本案重要物证的作案工具水果刀没有找到。

④从死亡时间分析，被害人王某并非当场死亡，在受伤后即有人报警、打120叫救护车，王某系送医院抢救无效后死亡。一般而言，被告人的行为当场致人死亡，认定故意杀人的可能性大，而非当场死亡，是因伤势过重抢救无效死亡，则认定故意伤害的可能性大。被告人高某某等是事后才得知被害人死亡的。而故意杀人罪必须在实施犯罪行为时明知自己行为会导致被害人死亡。所以，被告人高某某在实施伤害行为时知道自己的行为不会导致被害人死亡，虽知道其他两名被告人有捅人行为，但其并不明知会导致被害人死亡，不存在希望或者放任死亡结果发生的问题。尽管被告人当时没有对被害人施救，但从当时的情况看，被害人并不是一人在现场，周围烧烤摊不少，他也知道在其行凶后会有人尽快报警救治被害人，根本不存在放任被害人死亡的客观环境，也没有放任死亡的主观意图。被告人事前没有预谋、策划，没有特意设定作案时间和地点，这事是因突发事件引起的。可见，被告人高某某没有希望被害人死亡的故意，也没有放任被害人死亡的故意。

⑤从共同犯罪情形分析，被告人高某某不构成故意杀人罪。我国《刑法》第25条第1款规定："共同犯罪是指二人以上共同故意犯罪。"共同犯罪的成立条件有两个：一是主观方面必须具有共同故意，二是客观方面必须有共同的犯罪行为。本案共同的犯罪故意是故意伤害，而共同犯罪人超出共同犯罪故意又犯其他罪的，对其他罪只能由实行该种犯罪行为的人负责，这种情况叫实行过限。本案应区别不同情形分别定罪，对被告人高某某因其主观上是伤害故意客

观上是伤害行为，应定故意伤害罪。对其他实行过限的被告人定故意杀人罪，他人过限行为的刑事责任被告人高某某不应承担。

2. 被告人高某某具有法定酌定从宽处罚情节

（1）被告人高某某具有坦白情节。被告人高某某被公安机关抓获以后，立即主动交代了自己的全部犯罪事实，认罪态度好，属于坦白情节，应予以酌情从轻处罚。本案被告人能够坦白自己的罪行，对犯罪事实供认不讳，没有丝毫隐瞒，对公安机关的侦查工作始终予以配合，没有阻碍、抗拒、逃跑等行为。认罪态度较好，在警方给被告人作询问笔录时，被告人即如实供述了其全部犯罪事实。这表明，被告人能够坦白自己的罪行，具有坦白情节。从侦查卷宗来看，本案中被告人在案发后，全面交代、彻底坦白，特别是对犯罪动机、情节作了详细交代，便于本案的彻底查明。在看守所里他也多次对办案人员和辩护人表示了自己的后悔之意，他痛恨自己，追悔莫及。可以看出被告人只是一时糊涂才作出这样的事情来。被告人在公诉机关审查起诉期间，始终坚持诚恳的认罪态度，积极配合办案人员办案，从未出现过不如实交代和推脱罪责的情况，更未出现过任何翻供现象。特别是在今天的庭审中，被告人能如实地回答公诉人的讯问，态度诚恳，明确表示认罪。由此可见，被告人具有良好的认罪态度，其供述前后连贯、互相印证，使得案件的查处和审理始终处在一个主动的环境中。其在法庭上的认罪态度也是基本端正的，并对自己的行为深表后悔，对自己造成了无法挽回的后果也深表愧疚。因此基于被告人在事件发生后愿意认罪伏法，认罪态度较好，具有坦白情节，辩护人特请求合议庭对其酌情从轻处罚。

（2）从犯罪后的表现看，犯罪后被告人确有悔改表现，不论是在法庭上，还是在羁押场所，被告人都对自己的犯罪行为认真悔过，认识到自己行为对被害人造成了不可挽回的损害，对被害人的家庭造成了严重的伤害。也伤害了自己的家庭，对不起自己的父母。并表示以后一定要吸取教训，认真改造，重新做一个不危害社会的人，对社会有用的人。在本辩护人几次会见过程中以及今天庭审过程中，他都对自己的犯罪行为痛心疾首，对造成被害人的不幸悔恨不已，多次表示愿意通过家人积极赔偿被害人家属的损失，在今天的庭审中被告人也对自己的犯罪行为向法庭深深忏悔。被告人深知自己一时的过错造成了终生不能挽回的结果，再次诚恳地对受害人家庭表达了无比的歉意与忏悔，并愿意对被害人的亲属予以赔偿，反映出了其明显的悔罪态度，这足以说明被告人有着突出的可教育性、可塑性。

（3）被告人平时表现较好，具有爱心和社会责任感，没有前科，是偶犯、初犯。被告人高某某于2011年1月24日和7月8日分别向湘潭市社会福利院捐赠2000元。2010年3月，被告人高某某捡到了湖南科技大学学生周某丢失的钱包，内有现金 2000 多元和身份证等证件，他拾金不昧，设法找到失主并予以归还。根据这些好人好事和案卷材料可以看出被告人高某某富有社会责任感、充满爱心。被告人高某某平时表现很好，没有任何违法犯罪记录，为人实在，乐于助人，家人邻居对其评价较好。这样的一个年轻人，由于一时冲动，触犯法律，自己也非常后悔。被告人高某某没有前科劣迹，属于初犯、偶犯。恳望法院考虑被告人的一贯表现，从轻处罚。

（4）案发具有特殊性，而非预谋，其主观恶意较小。本案系由很小的民事纠纷引起，属于突发性和激情性犯罪，主观恶性相对于预谋犯罪要小。被告人高某某犯罪前及在畏罪潜逃过程中并没有其他违法犯罪行为，在实施犯罪行为后对造成受害人的死亡感到深深的忏悔，为自己因一时冲动而触犯了法律成为罪人而深深的自责，请求人民法院酌情予以从轻或减轻处罚。

（5）被害人自己有明显的过错，依法应该减轻对被告人的处罚。犯罪行为对社会危害性的大小，是决定刑罚轻重的重要依据之一。就本案而言，被告人由于一时冲动所实施的犯罪，虽然客观上造成了被害人死亡这一无法逆转的后果，但也不能不考虑其社会危害性而一概而论。就其对社会的危害程度而言，的确存在着值得从轻考虑的具体情节。本案被害人自身有明显过错，对此事件结果的发生也应当负一定责任。从案件起因看，正是因为被害人调戏被告人女朋友在先，继而发出"来个十个八个都没问题"的挑衅性语言，从而激发了案件的发生。这种犯罪毕竟不同于故意实施侵犯人身权利或财产权利行为过程中，为达其他非法目的而实施的行为。从行为的对象上讲是特定的，从行为的时间和地点也充分说明其偶发的性质，其犯罪的社会危害性显然是较轻的。

以上意见，恳请合议庭评议时参考采纳，对被告人高某某作出公正的判决。

（五）辩护意见与裁判结果

法院判决被告人高某某犯故意杀人罪，判处有期徒刑 15 年。判决部分采纳了辩护人意见，从量刑上实现了辩护目的。

第二节　故意伤害罪

一、罪名解读

故意伤害罪，是指故意非法损害他人身体健康的行为。在《刑法》第 234 条规定，故意伤害他人身体的，处 3 年以下有期徒刑、拘役或者管制。犯前款罪，致人重伤的，处 3 年以上 10 年以下有期徒刑；致人死亡或者以特别残忍手段致人重伤造成严重残疾的，处 10 年以上有期徒刑、无期徒刑或者死刑。本法另有规定的，依照规定。

（一）故意伤害罪的客体

故意伤害罪侵犯的客体是他人的健康权，即致使他人的生理健康遭受实质的损害，其具体表现为两个方面。

（1）破坏他人身体组织的完整性，如砍掉手指、刺破肝脏等。

（2）虽然不破坏身体组织的完整性，但使身体某一器官机能受到损害或者丧失，如视力、听力降低或者丧失，精神错乱等。

对于行为是否构成故意伤害罪，首先应牢牢抓住所侵犯的是否为他人的健康权。例如，强行剔除他人毛发的行为是否构成故意伤害罪？我国刑法理论一般认为，强行剔除他人毛发不能视为伤害，虽然毛发是身体的组成部分，强制剔除他人的毛发可能对他人的心理、精神产生一定的影响，尤其是对于特殊职业人士如歌手、时装模特等，可能影响更大，但这不是对身体器官机能健康的损害，可以构成其他的罪，如侮辱罪，而不能以故意伤害罪论。

另外，损害他人健康是否包括"精神损害"，理论上也有不同认识。一般认为，精神损害应分为思想心理范畴的精神伤害与生理范畴的神经伤害，并将二者区别开。前者不能作为故意伤害罪的客体（但可以作为侮辱罪的客体），而生理范畴的神经伤害则另当别论，因为人体的神经与人体各器官的机能活动是密不可分的，神经受到伤害会直接引起身体的病态，如果行为人采取长期精神刺激的方法，故意使他人精神错乱，成为精神病患者，对行为人的这种行为当然可以以故意伤害罪论处。

（二）伤害结果与故意伤害罪

在法律意义上，伤害行为可能造成的伤害结果有四种（具有等级性的四种）：轻微伤、轻伤、重伤、死亡。其中，轻微伤一般而言仅仅是民事上的侵权行为而不作为犯罪论（除非是直接伤害的罪过下，有故意伤害罪未遂、预备、中止的可能），只有后三者才属于刑法上的故意伤害罪，但已满 14 周岁不满 16 周岁者只对重伤、死亡负刑事责任。当然，什么样的后果是重伤、轻伤，除了参照《刑法》第 95 条规定外，还要根据最高人民法院、最高人民检察院、公安部、司法部联合制定的《人体重伤鉴定标准》和《人体轻伤鉴定标准》来确定。

（三）几种特殊行为方式的认定

司法实践中可能涉及以下几种与故意伤害相关的行为，能否作为故意伤害罪论，需要具体分析。

（1）以故意传染性病或者其他疾病的方法伤害他人的行为的定性。①如果行为人主观上有伤害他人的故意，即对于自己行为所造成的后果主观上有所认识；客观上，该行为针对特定对象实施，该传染性病或其他疾病尚不具有高传播率，而且能够治愈或在一定时间内不至于死亡的，那么符合上述条件的，这种传染疾病的行为就构成故意伤害罪。②如果行为人故意传播的是鼠疫、天花、霍乱、"非典"等具有高传播率特征的疾病，行为的对象是不特定多数人的，则可以构成"以危险方法危害公共安全罪"。③如果行为人对特定的人故意传播的是艾滋病、埃博拉病毒等以及其他目前人类尚难以治愈的疾病，行为人明知故犯，显然是要置他人于死地，则应以故意杀人罪论处。

（2）利用恐吓、精神刺激的方法故意伤害他人身体健康的行为的定性。利用各种比较特殊的方法，如恐吓或强烈的精神刺激所造成的伤害，可能达到比一般的暴力伤害更为严重的后果，尤其是对少年儿童、妇女、老人及精神状况不佳的人，如在睡觉的被窝里放蛇、故意打恐吓电话，并造成被害人精神失常乃至死亡的情形，如果经鉴定认为属于上述的"生理范畴的神经伤害"而非仅仅的思想心理范畴的精神伤害的，也可以认定为故意伤害罪。

（3）盗取他人体内活体器官或人体血液的行为的定性。行为人利用医学技术，以非法占有为目的，采取秘密的方法抽取他人身体内的血液或者摘取他人身体上的器官，造成损害后果的，也构成故意伤害罪。因为体内器官或血液都属于人体的重要组成部分，是人体健康和存活的条件。当然，从某种意义上讲，人体内活体器官或血液也具有经济价值，行为人的非法占有行为也触犯盗窃罪，属于一行为触犯数罪名的想象竞合犯，但故意伤害罪相对于盗窃罪，是重罪。

《刑法修正案八》在《刑法》第234条增加一款，作为第234条之一："组织他人出卖人体器官的，处5年以下有期徒刑，并处罚金；情节严重的，处5年以上有期徒刑，并处罚金或者没收财产。

"未经本人同意摘取其器官，或者摘取不满18周岁的人的器官，或者强迫、欺骗他人捐献器官的，依照本法第234条、第232条的规定定罪处罚。

"违背本人生前意愿摘取其尸体器官，或者本人生前未表示同意，违反国家规定，违背其近亲属意愿摘取其尸体器官的，依照本法第302条的规定定罪处罚。"

（四）故意伤害罪与故意杀人罪的区别

注意区分故意伤害罪与故意杀人罪的界限，二者从构成要件上区别较为简单，关键是故意杀人罪未遂与故意伤害罪、故意杀人罪既遂与故意伤害罪（致人死亡）相互之间的区别，关键点还是主观罪过内容的区别。看行为人在主观上是否具有杀人的故意，如果出于剥夺他人生命的故意，结果造成他人伤害的，行为人主观上对该后果是很懊恼的，应构成故意杀人罪未遂；如果是出于伤害他人的故意，但伤害行为造成他人死亡，死亡结果的出现是行为人所不愿意看到的、意料之外的，应构成故意伤害罪。

另外，如果行为人主观内容是不确定的、模糊不清的，即间接故意的罪过，如果出现死亡的结果就以故意杀人罪论处，如果出现伤害的结果就以故意伤害罪论处，如果没有出现伤害的结果或者仅仅是轻微伤，则不构成犯罪。

二、案例

案例6　李某兰故意伤害案

（一）起诉书指控的犯罪事实

被告人李某兰与盛某某系莱州市沙河镇大曲家村邻居。被告人李某兰于2013年12月16日8时许，与盛某某因垫道问题发生争执，其间，被告人李某兰采取持铁叉打等手段将盛某某头面部打伤。经鉴定，被害人盛某某右侧鼻骨及右上颌骨额突骨折构成轻伤二级。

认定上述事实的证据有办案说明等书证、伤情鉴定等鉴定意见、证人曲某某等的证言、被害人盛某某的陈述、被告人李某兰的供述与辩解。

指控认为，被告人李某兰不能正确处理邻里纠纷，故意伤害他人身体，致其轻伤，其行为触犯了《中华人民共和国刑法》第234条第1款之规定，犯罪事实清楚，证据确实、充分，应当以故意伤害罪追究其刑事责任。根据《中华人民共和国刑事诉讼法》第172条的规定，提起公诉，请依法判处。

（二）本案争议焦点

（1）被害人的伤是如何形成的，是否为被告人所为；（2）被害人陈述、证人证言的真实性；（3）伤情鉴定是否真实，鉴定结论是否正确；（4）作案工具是什么。

（三）辩护意见

公诉机关对被告人李某兰故意伤害犯罪事实的指控，事实不清、证据不足，被告人李某兰不构成犯罪。

1. 关于被告人供述

被告人李某兰庭前有四次供述，皆为无罪供述，且供述稳定。李某兰供述，因垫土妨碍流水，双方发生争吵。李某兰肩扛铁锹回家，盛某某身后追打、拉拽，可能身体晃动时铁锨碰到盛某某，否认使用铁叉击打盛某某。

2. 关于被害人陈述

被害人盛某某有两次陈述，但是两次陈述存在多处矛盾。

从上述被害人盛某某的陈述及比较来看，她没有讲实话，笔录是真的但她讲的内容是虚假的，存在重大矛盾和疑点。

（1）如果如盛某某所言系李某兰用铁叉击打，铁叉上肯定留有血迹，莱州市公安局已经提取该铁叉，为何不对该铁叉进行血迹检验？如果是铁叉所伤，铁叉的形状类似刺刀（只剩一个齿），为何不对创口是如何形成的进行鉴定？铁叉只有一个尖头，如果是铁叉尖头击打在鼻骨附近，则需要多大的力量才能导致鼻骨骨折？如此力量，怎能不形成外伤？然而，均没有鼻骨附近受到外伤侵害的记录；根据伤情记载，盛某某右眼上下青紫肿胀，上睑可见"L"形裂伤口，长约3厘米。若是李某兰击打在眼部，导致眼睑右上侧外伤，试想一下，盛某某的眼睛还能保得住吗？再依常识，农村用的铁叉齿，宽度哪有达到3厘米的（铁叉既然已提取，可依法勘验铁叉齿宽度），怎么会形成3厘米的"L"形伤口？另外，只击打一下，怎么会在不同的部位形成多个伤情？

（2）比较被害人盛某某的陈述和被告人李某兰的供述，李某兰的供述更符合逻辑和常理，可信度更高。李某兰的供述"因垫土妨碍流水，发生争吵。李某兰肩扛铁锨回家，盛某某身后追打、拉拽，可能身体晃动时铁锨碰到盛某某"是客观的，她在前盛某某在后，她没有看到盛某某是如何受伤的，她也就无法描述。按照李某兰的供述、盛某某的伤情、根据逻辑和常理，我们合理怀疑伤情的形成过程是：因垫土妨碍流水，双方发生争吵。李某兰肩扛铁锨回家，盛某某在身后追打、拉拽，盛某某在拉拽李某兰肩扛的铁锨时，铁锨先碰到盛某某的头顶（是铁锨的下部碰到头顶），盛某某继续拉拽，铁锨头的前沿边角撞击盛某某的颜面部而且连撞两下，形成右前额和眼部两处伤，随即盛某某仰倒在地，后脑勺撞击地面形成后脑勺伤。这才是事实的真相。

如果如盛某某所言只打了三叉怎么能形成后脑勺、头顶、右前额、眼眉四处伤、甚至后脑勺、头顶、右前额、眼眉、鼻子五处伤呢？

盛某某眼部的"L"形创口的形成印证了这一判断，因为公诉机关提供的所谓"作案工具"铁锨，两边上翘，铁锨的前沿两边角正是"L"形。公诉机关提交的鉴定意见中未附应当附后的被害人伤情照片，我们判断该"L"形创口一定是钝角的"L"形，单齿叉不可能形成这样的创口。

因此，本案被告人李某兰没有故意伤害的行为和事实，不仅如此，被害人盛某某致伤原因完全是她自己拉拽李某兰肩扛的铁锨所致，李某兰连过失都没有。

3. 关于证人证言

(1) 证人李某某有两份证言，一份是 2013 年 12 月 24 日 10 时证言（二次卷宗第 41、42 页），另一份是 2017 年 7 月 5 日 7 时 55 分的证言（二次卷宗第 44、45、46 页）。这两份证言的合法性有问题，第一份没有权利告知部分，第二份证人未签名，办案人员注了一句"因李某某不会写字，由办案民警代写由其捺印确认。"但是在第一份证言中，李某某本人书写"以上记录我看过与我说的相符"，并签名。证明李某某会写字。因此，第二份证言的来源和合法性存在问题。

(2) 即使两份证言都是真的，她也未能证明被告人李某兰打盛某某。"听到有人吆喝：打死人了，是谁吆喝的，谁与谁打我都不知道，事后听说盛某某被打伤了，至于被谁打的，因为什么，我都不知道，没亲眼见过。""李某兰当时手里拿着什么东西？我没看清。""盛某某有什么伤？我不知道，我没到跟前去。"李某某对案件事实没有证明，更不能证明李某兰打盛某某。

(3) 证人曲某某与被害人盛某某系夫妻关系，证明力低下。

(4) 曲某某证言的真实性有重大疑点。其一，案发时曲某某在夏邱镇赶集卖百货，不是目击证人，不能证明李某兰打盛某某；其二，曲某某说接到了盛某某的电话，"我叫李某兰打了，看不见人"。盛某某连人都看不见，怎么能看清电话号码？而且，盛某某说被打后就看不见了，不知道谁报的警，她连报警都没有，怎么看清电话号码给曲某某打电话？其三，曲某某在夏邱镇赶集卖百货，接到电话需要多长时间收拾摊子，夏邱镇离医院多远、多长时间才能赶到医院？其四，曲某某说在医院急诊室给盛某某拍了两张照片，这里疑点更大，没有人证明曲某某在急诊室出现过，也没有人证明曲某某在当天在急诊室拍的这两张照片，照片由曲某某提供不正常，照片上没有显示拍照时间，不能证明这是当天的受伤情况。

曲某某证言只能证明他拉盛某某去医院，不能证明李某兰打盛某某，他没有看到盛某某的头面部。奇怪的是，本案除了被告人盛某某的丈夫说给盛某某拍照，没有人看到盛某某的头面部。这是个重要疑点。

4. 关于作案工具

(1) 侦查机关在首次卷宗第 35 页有一份 2014 年 4 月 9 日的《办案说明》，说未找到李某兰家的铁锨和断齿的铁叉。但在二次卷宗中，这份《办案说明》却没有了，换成了 2014 年 10 月 20 日的《办案说明》，说于案发当日 2013 年 12 月 16 日提取了。二次卷宗中增加了一份《证据保全清单》。

其一，侦查机关的办案说明不能作为证据使用，因为办案说明既不是书证也不是证人证言，不属于《刑事诉讼法》规定的任何一种证据种类。

其二，已经形成的卷宗不能随意调换、增加、删减、改装，若补充侦查应另行设立补查卷宗，侦查机关严重违反了《公安机关刑事案卷立卷规范》（公法〔2014〕1080 号）关于"证据材料，包括证明犯罪嫌疑人有罪、罪重、无罪、罪轻的证据材料"，"严禁隐匿、篡改、销毁应当入卷的文书材料，对于人民检察院退回补充侦查的案件，在补充侦查完毕后，另装订补充侦查工作卷，连同原案卷一并移送审查起诉"的规定。

其三，两份办案说明自相矛盾，必有一份是假的。

其四，《证据保全清单》形成于案发当日 2013 年 12 月 16 日，也就是说当天就提取了铁锨和铁叉。存在以下问题。

①这份证据保全清单中的"当事人或者见证人"栏、"保管人"栏、"办案民警"栏中的签字字迹相同，可能为一人所填写。在"当事人或者见证人"栏，签署的是"当事人李某兰拒绝签字"，但清单中没有办案人员签字，而且在办案说明中说是在李某兰丈夫的见证下提取，即便李某兰不签名也应该让见证人签名。这份证据保全清单有重大瑕疵。②缺少物证提取笔录。

（2）侦查机关、公诉机关没有确定作案工具。证据保全清单保全了铁锨和铁叉，但侦查机关、公诉机关应当确定下列三种情况的一种：①铁锨和铁叉都是作案工具；②铁锨是作案工具；③铁叉是作案工具。因为刑事案件不能搞民事案件的概然性，必须是确定的，必须得出唯一排他性的结论。案发时没有其他目击证人，只有被告人供述和被害人陈述，而两人又各执一词，李某兰说肩扛铁锨，盛某某说用的是铁叉不可能是铁锨，但侦查机关、公诉机关不能就此搞模糊认定，反正不是铁锨就是铁叉，干脆将铁锨和铁叉都作为犯罪工具。这是错误的，大错特错，等于没有确定作案工具。

可以排除李某兰同时手持铁锨和铁叉两种工具的可能，这一点被告人和被害人都作了否认，按照生活常识也不可能，两手各举一把铁锨和铁叉举不动。所以，只有一种可能，李某兰要么持有铁锨要么持有铁叉。侦查机关、公诉机关必须确定到底持有的是铁锨还是铁叉。其实，确定不是什么为难的事情，只要将案发时提取的铁锨或者铁叉拿到，提取上面的血迹就可判定。可惜，侦查机关未尽职责，导致没有确定作案工具。

确定是铁锨还是铁叉对本案事实的认定具有关键作用。

5. 关于执法记录仪

（1）侦查机关出示的照片上提到了执法记录仪，接警出警也应当有执法记录仪，执法记录仪的影像是本案的重要证据，侦查机关为什么不提供？辩护人申请法庭调取。

（2）本案的被告人李某兰供述肩扛铁锨，被害人盛某某陈述李某兰手持铁叉，按照生活常识，一个60多岁的老太太不可能同时持有两种工具干活，也就是说李某兰手中只有一个工具，这一点应当是确定的。问题是，李某兰和盛某某各执一词，李某兰说扛的是铁锨而盛某某说拿的是铁叉。调取执法记录仪看一看留在现场的是铁锨还是铁叉，就可证明是谁在说谎。

6. 关于现场勘验、检查

（1）2018年修正的《刑事诉讼法》第128条规定，侦查人员对于与犯罪有关的场所、物品、人身、尸体应当进行勘验或者检查。在必要的时候，可以指派或者聘请具有专门知识的人，在侦查人员的主持下进行勘验、检查。该法第132条规定，为了确定被害人、犯罪嫌疑人的某些特征、伤害情况或者生理状态，可以对人身进行检查，可以提取指纹信息，采集血液、尿液等生物样本。第133条规定，勘验、检查的情况应当写成笔录，由参加勘验、检查的人和见证人签名或者盖章。《刑事诉讼法解释》第88条规定，对勘验、检查笔录应当着重审查以下内容：（一）勘验、检查是否依法进行，笔录的制作是否符合法律、有关规定，勘验、检查人员和见证人是否签名或者盖章；（二）勘验、检查笔录是否记录了提起勘验、检查的事由，勘验、检查的时间、地点，在场人员、现场方位、周围环境等，现场的物品、人身、尸体等的位置、特征等情况，以及勘验、检查、搜查的过程；文字记录与实物或者绘图、照片、录像是否相符；现场、物品、痕迹等是否伪造、有无破坏；人身特征、伤害情况、生理状态有无伪装或者变化等。令人遗憾的是，公诉机关出示的证据中未发现勘验、检查笔录。

（2）案发现场有无测量？案发现场有无与犯罪有关的物品，有无犯罪工具，有无铁锨或者铁叉？有无狗盆？有无血迹？若有血迹，是否提取？是谁的血迹？是人的血迹还是动物的血迹？对血迹有无鉴定？

（3）被害人是否在案发现场？侦查机关提交的照片中有被子，被子下是否有被害人？若没有，被害人去哪里了？若有，是被打后即躺倒还是自由行动后又躺倒？躺倒的原因是什么？

（4）侦查人员出警后是否见到了被害人？若没有见到，这不可能；若见到了为什么不拍照被害人的头面部？伤口在哪里，特征是什么，有无出血？

（5）是否现场提取作案工具？作案工具上有无血迹？是否提取作案工具上的血迹？有无鉴定？伤处有无创口？创口与作案工具是否吻合？作案工具是铁锨还是铁叉？等等。

这种种疑点，不侦查、无证据，怎么证明被告人有伤害的事实？证明犯罪的标准是证据确实、充分，证据确实、充分不是随便说说的，《刑事诉讼法》第55条规定，证据确实、充分，应当符合以下条件：（一）定罪量刑的事实都有证据证明；（二）据以定案的证据均经法定程序查证属实；（三）综合全案证据，对所认定事实已排除合理怀疑。

7. 关于鉴定问题

《刑事诉讼法解释》第 84 条规定，对鉴定意见应当着重审查以下内容：（一）鉴定机构和鉴定人是否具有法定资质……（四）鉴定意见的形式要件是否完备，是否注明提起鉴定的事由、鉴定委托人、鉴定机构、鉴定要求、鉴定过程、鉴定方法、鉴定日期等相关内容，是否由鉴定机构加盖司法鉴定专用章并由鉴定人签名、盖章；（五）鉴定程序是否符合法律、有关规定；（六）鉴定的过程和方法是否符合相关专业的规范要求……（九）鉴定意见与勘验、检查笔录及相关照片等其他证据是否矛盾……第 85 条规定，鉴定意见具有下列情形之一的，不得作为定案的根据：（一）鉴定机构不具备法定资质，或者鉴定事项超出该鉴定机构业务范围、技术条件的；（二）鉴定人不具备法定资质，不具有相关专业技术或者职称，或者违反回避规定的；（三）送检材料、样本来源不明，或者因污染不具备鉴定条件的；（四）鉴定对象与送检材料、样本不一致的；（五）鉴定程序违反规定的；（六）鉴定过程和方法不符合相关专业的规范要求的；（七）鉴定文书缺少签名、盖章的；（八）鉴定意见与案件待证事实没有关联的；（九）违反有关规定的其他情形。

烟台市公安局莱州分局《法医学人体损伤程度鉴定书》（莱公（刑）鉴（伤）字〔2013〕831 号），鉴定意见为盛某某之损伤为轻伤。公诉机关提供的关于被害人盛某某伤情的该鉴定书是一份无效证据。

（1）该鉴定书形式不合法。

①该鉴定书加盖的是"烟台市公安局莱州分局法医鉴定中心莱州市门诊部鉴定专章"，根据《刑事诉讼法解释》第 84 条第（4）款规定，应由"鉴定机构加盖司法鉴定专用章"，莱州市门诊部鉴定专章无效。

②根据《刑事诉讼法解释》第 84 条第（3）款规定，要求检材充足、可靠，但该鉴定书后未附受伤部位照片。

（2）鉴定机构不合法。根据《刑事诉讼法解释》第 84 条第（4）款规定，鉴定意见的形式要件必须完备，要注明"鉴定机构"，但该鉴定书只注明了"检验地点：莱州市公安局刑事科学技术室"，"鉴定机构"与"检验地点"截然不同，刑事科学技术室无法定资质，烟台市公安局莱州分局法医鉴定中心莱州市门诊部也无法定资质。

（3）鉴定内容不真实。

①二次卷宗第 68~71 页载明：2014 年 1 月 16 日莱公（刑）鉴（伤）字〔2013〕831 号鉴定书关于伤情的检验情况为：依据莱州市第二人民医院 CT 和莱州市中医医院 CT，盛某某右侧上颌骨额突骨折，依照《人体轻伤鉴定标准》

第 13 条之规定，构成轻伤。

②二次卷宗第 71 页。2014 年 8 月 8 日《鉴定意见补充说明》记载，经专家会诊，莱州市中医医院 CT 意见为右侧鼻骨及右上颌骨额突骨折（新鲜），依据 2014 年 1 月 1 日施行的《人体损伤程度鉴定标准》5.2.4 规定，盛某某的损伤构成轻伤二级。

③二次卷宗第 60 页。莱州市中医医院 2013 年 12 月 26 日 CT 颅底薄层三维成像诊断报告意见为：（1）上颌骨额突骨折（右）；（2）筛窦炎症。

④二次卷宗第 61～67 页。莱州市第二人民医院门诊病历、住院病历、入院记录载明，案发当日，即 2013 年 12 月 16 日，莱州市第二人民医院对盛某某的伤情进行了全面的检验，医师对盛某某进行了全面检查，进行了多项专门部位的 CT 检查，包括颅脑 CT、颅底 CT、眼眶 CT、鼻骨 CT。其中，鼻骨 CT 结论为："双侧鼻骨骨质连续完整，未见明显骨折征象"。

⑤二次卷宗第 37 页。2013 年 12 月 20 日盛某某询问笔录载明，盛某某自己陈述伤情为"右眼骨骨折"，并无鼻骨骨折的伤情。

事实是：仅有上颌骨额突骨折，无鼻骨骨折。

（4）鉴定标准错误。司法部于 2014 年 1 月 6 日发布《关于适用〈人体损伤程度鉴定标准〉有关问题的通知》（〔2014〕司鉴 1 号），明确规定，经与最高人民法院等有关部门协商，就适用《人体损伤程度鉴定标准》（以下简称《损伤标准》）的有关问题通知如下：……二、致人损伤的行为发生在 2014 年 1 月 1 日之前，尚未审判或者正在审判，需要进行损伤程度鉴定的，适用原鉴定标准。但按照《损伤标准》不构成损伤或者损伤程度较轻的，适用《损伤标准》……该通知贯彻了刑法"从旧兼从轻"的基本原则，属于刑法办案的基本常识。据此，本案所谓致人损伤的行为发生于 2013 年 12 月 16 日，本案目前尚未审判，依照从旧兼从轻的原则，本案鉴定标准应适用自 2014 年 1 月 1 日起施行的《人体损伤程度鉴定标准》。故，莱公（刑）鉴（伤）字〔2013〕831 号鉴定书适用标准错误，由此得出的鉴定结论错误。

（5）鉴定程序错误。

①《公安机关办理伤害案件规定》第 18 条规定，公安机关受理伤害案件后，应当在 24 小时内开具伤情鉴定委托书，告知被害人到指定的鉴定机构进行伤情鉴定。本案案发时间为 2013 年 12 月 16 日 8 时 6 分，而鉴定委托时间为 2013 年 12 月 26 日，检验时间为 2014 年 1 月 11 日。侦查机关严重违反上述规定，对于 2013 年 12 月 17 日至 2014 年 1 月 11 日期间是否发生其他伤情，不能作出合理排除。

②无证据证明被告人李某兰有击打被害人面部行为。从案卷材料和公诉机

关提交的证据和指控的事实看，不管是被告人供述还是被害人自述，没有证据证明被告人李某兰有击打被害人鼻子的行为。

③从盛某某陈述及莱州市第二人民医院、莱州市中医医院的 CT 结论来看，均无鼻骨骨折的记载。须进一步说明的是，案发当日，盛某某专门进行了鼻骨 CT 扫描，鼻骨 CT 结论为："双侧鼻骨骨质连续完整，未见明显骨折征象"。该补充说明无视客观事实的存在，以所谓专家会诊的方式认为具有鼻骨骨折的伤情，从而认定盛某某构成轻伤二级的结论，不应采信。退一步来讲，即使抛开莱州市中医医院 2013 年 12 月 26 日的颅底 CT 结论（该 CT 结论，无鼻骨骨折的记载），采信所谓专家会诊的结果，依照刑法基本原则，对 2013 年 12 月 16 日至 2013 年 12 月 26 日的伤情，不能作出合理排除。故，莱公（刑）鉴（伤）字〔2013〕831 号鉴定书补充说明的错误是明显的。依据新标准第"5.2.5 轻微伤 h 项"之规定，上颌骨额突骨折，构成轻微伤，不构成轻伤。

④在莱公（刑）鉴（伤）字〔2013〕831 号鉴定书已经下了鉴定结论，但莱公（刑）鉴（伤）字〔2013〕831 号鉴定书补充说明对原鉴定作出了根本性的改变，这种改变违反法定程序，是一份无效的非法证据。

其一，在被告人、被害人对原鉴定意见未提出重新鉴定的情况下，为什么要做补充说明？补充说明实际是在重新做鉴定，启动无根据。

其二，补充说明的鉴定人发生了改变，由原来的两名主检法医师改为一名，原来的主检法医师叶某被撤换，个中原因令人费解。补充意见增加了两名法医师：薛某、王某，这二人有无鉴定资格？所有参加鉴定的人员皆无资格证件，鉴定不合法，程序不合法。

其三，补充说明中"经专家会诊盛某某 CT 意见为右侧鼻骨及上颌骨额突骨折（新鲜）"，其括号内注明的是上颌骨额突骨折（新鲜），并未说右侧鼻骨骨折，也未注明鼻骨骨折新鲜。

其四，经专家会诊盛某某 CT，专家会诊是医疗行为，不是鉴定行为，鉴定须有鉴定资质，不能以会诊代替鉴定。

因此，莱公（刑）鉴（伤）字〔2013〕831 号鉴定书及补充说明不能作为定案依据。

8. 关于对李某兰的精神疾病的司法鉴定

我们对这份鉴定，因为被告人精神不正常未能表达异议和申请重新鉴定，其中的第 3 项为"鉴定检查称：我没病。李某兰，38 岁，这是俺家，结婚了，没有孩子。我有孩子，孩子不知道什么名字。我没打人。我不知道。嗯嗯。脑子不糊涂。没有人欺负"。请各位注意，李某兰在精神不正常的状态下，还在说"我没打人"，这是一种根植于内心的潜意识流露。辩护人认为，本案是一起冤案，被告人李某兰无罪。

（四）辩护意见与裁判结果

本案一审法院未下达判决书，而是由公诉机关撤回了起诉。辩护人为被告人申请国家赔偿，并最终获得了赔偿，检察机关赔礼道歉、消除影响。辩护意见起了关键作用，效果很好。本案本是一起简单的案件，却历经 4 年，两次起诉，说明公诉机关意识到本案证据有问题，但仍然进行了批捕和起诉，令人遗憾。辩护人在接案之后，全面仔细阅卷，会见被告人，找出了案件中的各个疑点，在法庭上据理力争，最终获得成功。

第三节　强奸罪

一、罪名解读

（一）强奸罪的概念和犯罪构成

《刑法》第 236 条规定，以暴力、胁迫或者其他手段强奸妇女的，处 3 年以上 10 年以下有期徒刑。

奸淫不满 14 周岁的幼女的，以强奸论，从重处罚。

强奸妇女、奸淫幼女，有下列情形之一的，处 10 年以上有期徒刑、无期徒刑或者死刑：（1）强奸妇女、奸淫幼女情节恶劣的；（2）强奸妇女、奸淫幼女多人的；（3）在公共场所当众强奸妇女的；（4）2 人以上轮奸的；（5）致使被害人重伤、死亡或者造成其他严重后果的。

1. 概念

强奸罪，指违背妇女意志，以暴力、胁迫或者其他手段强行奸淫妇女，或者奸淫不满 14 周岁的幼女的行为。

2. 构成

（1）侵犯的客体是妇女的性的不可侵犯的权利，犯罪对象是已满 14 周岁的少女、成年妇女或者不满 14 周岁的幼女。

（2）客观方面表现为以暴力、胁迫或者其他手段，强行奸淫妇女，或者奸淫不满 14 周岁的幼女的行为。其中，犯罪对象是不满 14 周岁的幼女时，不管幼女是否同意，也不管是否采用了暴力、威胁或其他方法，只要和幼女实施了性交行为，都构成强奸罪。如果对象是 14 周岁以上的少女或成年妇女，只有以暴力、威胁或者其他手段强行和妇女发生性交的，才能构成强奸罪。

（3）犯罪主体是 14 周岁以上的人，在单独犯罪的情况下，本罪的主体必须是男性。

（4）主观方面是故意。违背妇女意志与妇女发生性交时，行为人主观方面表现为强行与妇女发生性交的故意；对象是不满 14 周岁的幼女并且幼女自愿和行为人发生性交时，行为人主观上只有明知对方是不满 14 周岁的幼女时才能构成强奸罪。

（二）强奸罪的认定

认定本罪时，应注意以下几个问题。

（1）强奸的既遂与未遂。国内外理论界有三种不同的观点：①完成说，又称性欲满足说，认为行为人奸入并射精，满足了性欲，完成了行为，才是既遂；②插入说，即结合说，认为只要双方的生殖器结合，男方的生殖器插入了女方的生殖器，即为既遂，不以射精为必要；③接触说，只要双方的生殖器有表皮接触即为既遂，不管是否插入、是否射精。目前实际中均采用插入说，因为在后一种情况下没有对被害妇女的贞操造成实际性的侵害，而第一种观点则对犯罪分子过于宽纵，不利于保护被害妇女的利益。但在奸淫幼女的情况下，既遂与未遂的标准采接触说。

（2）轮奸。两名以上男子在同一时间里，轮流强奸同一名妇女。特征如下：①必须以共同犯强奸罪为前提，如果数名男子与一女自愿淫乱，不属轮奸，两男奸淫一女，其中一人与该女通奸，一人系强奸的，也不是轮奸；②必须有共同强奸的故意，无论是事先策划、临时起意还是在犯罪过程中，都属于轮奸，但如果两人以上先后强奸一女，彼此缺乏共同犯罪的意思联络的，则不是轮奸；③在同一时间里先后对同一妇女进行强奸，行为的实施具有连续性，两个行为之间的间隔比较短，一男连续多次强奸同一妇女，或连续强奸多名妇女的，也不是轮奸。

（3）强奸致人重伤、死亡。指强奸行为本身致人重伤、死亡，包括两种情形：①强迫行为致人重伤、死亡，即通过暴力、灌醉酒、服麻药等方式致人重伤、死亡。②奸淫行为致人重伤、死亡，即奸淫时因手段凶残、被害人本身有病、身体虚弱、怀孕等原因，致被害人性器官严重损伤或其他身体伤害，甚至因大出血、窒息等原因而死亡。如果被害人被强奸后自杀、被强奸后怀孕流产、难产而死亡，属于"造成其他严重后果"；如果强奸行为完毕后又杀人灭口的，出于其他动机杀死被害人的，应实行数罪并罚。对于杀死妇女后又奸尸的，不管是出于强奸故意而杀死还是出于其他目的杀死，都只定强奸一罪，不实行数罪并罚。

（4）奸淫幼女行为的主观方面是直接故意，在幼女同意性交的情况下，行为人必须明知对方是幼女。"明知"包括知道对方确实是幼女和知道对方可能是幼女，后者指虽然不知道对方的实际年龄，但从对方的身材、长相及发育程度等，知道对方可能是幼女。

（5）强奸罪中的"其他手段"。

强奸罪的本质特征在于违背妇女意志强行与其发生非法性行为。采用的手段不论是暴力、胁迫或者其他手段，都具有使被害妇女不知反抗或不能反抗或不敢反抗的特点。所以，不论何种形式的"其他手段"，只要达到这三种状态之一，就属于强奸罪的"强行"手段，而不能仅仅看被害妇女是否有反抗行为，如用酒灌醉或者用药物麻醉被害妇女的、冒充丈夫、情夫的手段同妇女发生性关系，利用妇女患重病之机或者假冒治病强奸妇女，就属于致使妇女不知反抗或者不能反抗的手段，构成强奸罪。

（6）强奸与通奸的界限与转化。通奸虽然也是非法的性关系，但其发生在男女双方自愿的情况下，因此，尽管其会破坏他人的婚姻家庭关系，但尚不构成犯罪。

根据司法实践，如果开始的性关系虽然违背妇女意志，但女方并未告发，而且又多次自愿地与该男子发生性关系的，对该男子一般不宜以强奸罪论处。

如果开始的性关系违背妇女意志，事后行为人对被害妇女实施精神威胁，迫使其继续忍辱屈从的，应以强奸罪论处。

如果行为人先是通奸关系，后来女方不愿意继续通奸，而行为人却纠缠不休，并实施以暴力、胁迫等手段强行与女方发生性关系的，也应以强奸罪论处。

（7）与患有精神病或有痴呆症的妇女发生性关系的认定问题。与患有精神病或者有痴呆症的妇女发生性关系的可否认定为强奸罪，对此应具体分析。

①如果行为人明知妇女是精神病患者、痴呆症等无行为能力者，由于该妇女缺乏正常的认识能力与意志能力，不能正常地表达自己的意志，行为人与其发生非法性关系的，实属乘被害妇女不知反抗的状态发生的性交行为，不论行为人使用什么手段，也不问该妇女是否"同意"，均构成强奸。

②如果有证据证明行为人确实不知该妇女是精神病患者或痴呆症等、而该妇女自愿与其发生性关系的，则不构成本罪。

③在间歇性的精神病妇女未发病期间，经本人同意与之发生性关系的，也不成立强奸罪。

（8）特定条件下的强奸妇女与基于相互利用发生性关系之间的界限。注意区分利用职务或业务上的从属关系、教养关系等特定条件的强奸妇女与基于相互利用发生性关系之间的界限。

实务篇 293

①利用职权和有从属关系、教养关系等特定关系，迫使妇女就范，如养父以虐待、克扣生活费迫使养女容忍其奸淫的，或者利用职权，乘人之危奸淫妇女的，都构成强奸罪。

②如果行为人利用职权引诱女方、女方基于相互利用与之发生性关系，即双方各有所图、女方以肉体作为换取私利的条件，则实属通奸而非强奸。

总之，利用职权等特定关系与妇女发生性关系的是否构成强奸罪，关键看行为人是否利用职权进行胁迫。

（9）强奸罪行被包容的情况。注意在实施某些特定的犯罪活动过程中，强奸妇女的行为不单独定罪而为其他更严重的犯罪所包容的情况，如在拐卖妇女的犯罪过程中，强奸被拐卖的妇女的，直接作为一罪，即拐卖妇女罪论处，强奸行为被其包容，而作为拐卖妇女罪的结果加重犯（《刑法》第240条）。

二、案例

案例7　顾某某强奸案

（一）起诉书指控的犯罪事实

2015年6月11日晚，被告人顾某某在本市市中区乐山小区南区2-1号楼5单元202室，将事先准备的迷药给被害人周某某（女，29岁）喝下后，在周某某神志不清、无法抗拒的情况下欲与其发生性关系，后因生殖器未勃起而未得逞。经鉴定，被告人顾某某患精神分裂症，作案时具有完全刑事能力。

次日，公安人员电话传唤被告人顾某某到案。

案发后，被告人顾某某亲属支付周某某医药费4108.8元，赔偿其经济损失5000元。

认定上述事实的证据如下：书证（病历等）、证人证言（杨某等人证言）、被害人陈述（周某某陈述）、被告人供述（顾某某供述）、鉴定意见（司法鉴定意见书）、勘验、检查、辨认笔录、视听资料等。

指控认为，被告人顾某某以药物麻醉方法强奸妇女，其行为已触犯《中华人民共和国刑法》第236条第1款，犯罪事实清楚，证据确实充分，应当以强奸罪追究其刑事责任。被告人顾某某已经着手实行犯罪，由于意志以外的原因而未得逞，是犯罪未遂，根据《中华人民共和国刑法》第23条，可以比照既遂犯从轻或者减轻处罚。根据《中华人民共和国刑事诉讼法》第172条的规定，提起公诉，请依法判处。

（二）本案争议焦点

（1）被告人是否具有自首情节；（2）法律适用问题，是适用3年以下有期徒刑还是适用3年以上7年以下有期徒刑。

（三）辩护方案

（1）在本案的特殊性上进行辩护；（2）在被告人具有自首情节上进行辩护；（3）对被告人的从轻、减轻情节进行全面梳理，论述适用3年以下有期徒刑量刑档的合理性。

（四）辩护意见

（1）本案具有一定的特殊性。从案件发生的过程看，被告人因生殖器未勃起而未得逞。从案件造成的后果看，被告人的行为可能给被害人心理上造成了一些影响，但在生理上，因未勃起未插入阴道，阴道内未检出DNA，证明被告人的行为在生理上未给被害人造成危害后果。

从案件发生后，被告人的表现看，被告人顾某某并没有躲避、逃避、逃跑行为，被公安机关传唤到案，并如实供述了自己的行为，属于自首。

从案件发生后，被告人家属的表现看，被告人的家属积极到被害人家，赔礼道歉、赔偿医疗费用，主动赔偿，等等。

从本案的以上特殊性来看，与一般的强奸罪有着很大不同，具有从轻或者减轻处罚的情节。恳请法庭予以考虑。

（2）本案尚有诸多疑点，尚无法排除。主要有：①本案的关键证据之作案工具——药品，是从哪里来的，侦查机关没有查明来源。②药品是什么，没有提取到物证，更没有物证检验。③是谁将药下到被害人杯子里的，除了被告人供述，没有其他证据予以证明。④从被害人自述看，是吃过饭后又到被告人家，在被害人吃过的饭中有无药物的存在？等等。

（3）被告人的行为是犯罪未遂。辩护人同意公诉机关的意见，被告人的行为属于犯罪未遂，可以比照既遂犯从轻或者减轻处罚。

（4）被告人具有自首情节。被告人顾某某是由公安人员电话传唤到案，并如实供述了自己的犯罪行为。

根据《刑法》第67条，最高人民法院《关于处理自首和立功具体应用法律若干问题的解释》以下简称《解释》及最高人民法院《关于处理自首和立功若干具体问题的意见》的相关规定，犯罪以后自动投案，如实供述自己的罪行的，是自首。在司法实践中，对于公安机关根据被害人的举报，认为犯罪嫌疑人可能构成犯罪，但是尚未进行讯问，也未采取强制措施，而用打电话或捎口信的形式传唤犯罪嫌疑人，犯罪嫌疑人到案后，如实供述自己的犯罪事实，是否认定为自首？

辩护人认为，犯罪嫌疑人经公安机关传唤到案，如实供述，构成自首，应当适用最高人民法院《关于处理自首和立功若干具体问题的意见》的关于"自动投案"的具体认定的第 5 项"其他符合立法本意，应当视为自动投案的情形"。理由如下。

首先，传唤不属于强制措施。被传唤后归案符合《解释》第 1 条第（1）项规定的"尚未受到讯问、未被采取强制措施之前"的时间范围。传唤不同于拘传，传唤是使用传票通知犯罪嫌疑人在指定的时间自行到指定的地点接受讯问的诉讼行为，它强调被传唤人到案的自觉性，且传唤不得使用械具。通常情况下，拘传适用于经过依法传唤，无正当理由拒不到案的犯罪嫌疑人。

其次，经传唤归案的犯罪嫌疑人具有归案的自动性和主动性。犯罪嫌疑人经传唤后，自主选择的余地还是很大的，其可以选择归案，也可拒不到案甚至逃离，而其能主动归案，就表明其有认罪悔改、接受惩罚的主观目的，即具有归案的自动性和主动性。《解释》中尚有"犯罪后逃跑，在被通缉、追捕过程中，主动投案的"以及"公安机关通知犯罪嫌疑人的亲友，或者亲友主动报案后，将犯罪嫌疑人送去投案的"视为自动投案的规定，举重以明轻，在仅仅受到传唤便直接归案的，若不视为自动投案，于法于理都说不通，也不符合立法本意。

综上所述，犯罪嫌疑人顾某某被公安机关传唤后直接到案，并如实供述自己的罪行，应当认定为自首。

（5）被告人具有坦白情节。被告人自始至终认罪态度非常好，侦查人员、公诉人可能都有同感，你问一句，被告人回答十句，毫不隐瞒。自动供述，具有坦白情节。

（6）被告人归案前一贯表现良好，系初犯、偶犯，无前科。且被告人的犯罪行为主观恶性小，社会危害性小，请法院在量刑时予以从轻或者减轻处罚。

被告人平常表现良好，无任何违法犯罪的记录。一时冲动作出了违法犯罪的行为，但是没有造成严重的社会后果。根据最高人民法院《关于贯彻宽严相济刑事政策的若干意见》第 16 条规定，"对于所犯罪行不重、主观恶性不深、人身危险性较小、有悔改表现、不致再危害社会的犯罪分子，要依法从宽处理。对于其中具备条件的，应当依法适用缓刑或者管制、单处罚金等非监禁刑。同时配合做好社区矫正，加强教育、感化、帮教、挽救工作"。被告人的犯罪情节不重，具有悔罪表现，确实不致再危害社会，建议人民法院对被告人从轻、减轻处罚。

（7）被告人积极赔偿受害人的损失，可以酌情从轻处罚。被告人亲属已经为受害人支付 4108.8 元医疗费，赔偿经济损失 5000 元。并愿意继续给受害人以赔偿。

综上所述，辩护人认为，被告人在本案中属于犯罪未遂，被告人现已真诚悔罪，积极赔偿受害人损失，被告人归案前一贯表现良好，系初犯、偶犯，无前科，在这个前提下，法律应对被告人以教育为主，提高被告人的法律意识，以惩罚为辅，给被告人一个改正自新、重新做人的机会。

（8）被告人家庭情况特殊，本人患有精神分裂症。被告人的父母都体弱多病，家里的一切开支主要靠被告人打工维持。同时，被告人顾某某患有精神分裂症等精神疾病。尽管鉴定意见证明，被告人在实施行为时具有完全刑事责任能力，但精神疾病对行为不能说没有任何影响，请合议庭在给予被告人量刑时给予充分的考虑。

综合以上事实、情节和法律规定，辩护人认为，如果法庭认定被告人构成犯罪，考虑到被害人行为对社会的危害程度相对比较轻微，而且系初犯，偶犯，具有自首、坦白、未遂、积极赔偿、认罪悔罪、本人患有疾病、父母年老多病等情节，给被告人一个机会，建议给予被告在一至二年以内量刑并可以考虑适用缓刑，这样更有利于被告人的改过自新，更符合刑法惩罚和教育相结合的原则和宽严相济的刑事政策。

（五）辩护意见与裁判结果

法院审理后认为：被告人顾某某违背妇女意志，以药物麻醉的方法强行与妇女发生性关系，其行为已构成强奸罪。被告人顾某某已经着手实行犯罪，由于意志以外的原因而未得逞，是犯罪未遂，依法可以比照既遂犯减轻处罚；被告人顾某某在犯罪事实虽被公安机关发觉，但尚未受到讯问、未被采取强制措施时，主动向公安机关投案，并如实供述了自己的罪行，系自首，依法可以减轻处罚；被告人顾某某的亲属能够代为赔偿被害人的经济损失，可以对被告人顾某某酌情从轻处罚，对辩护人的上述辩护意见予以采纳。强奸犯罪是严重危害人身安全和社会秩序的暴力犯罪，故不宜对被告人顾某某适用非监禁刑，对辩护人的该辩护意见不予采纳。依照《中华人民共和国刑法》第236条第1款、第13条、第67条第1款及最高人民法院《关于处理自首和立功具体应用法律若干问题的解释》第1条之规定，判决被告人顾某某犯强奸罪，判处有期徒刑2年。

从判决结果来看，辩护人的主要辩护观点被采纳。本案案情并不复杂，被告人自愿认罪，法庭以简易程序进行审理。这是一起较为特殊的犯罪案件，其特殊性在于：第一，辩护人非常同情被害人的遭遇，发生这样的事情是双方家长和每一位具有悲悯情怀的人都不愿意看到的，万幸的是那位受害的姑娘还是纯洁之身。第二，辩护人也非常同情被告人，他的无知和愚昧，害了别人也害了自己，给双方及双方家人带来了痛苦。好在被告人已经认识到了自己行为的严重性，痛悔不已。第三，本案不同于一般的强奸案例，而是发生于正在谈朋友的男女之间。辩护人从案件的起因、案件发生的过程、案件造成的后果、案件发生后被告人和家属的表现等诸方面进行辩护，取得了较为满意的辩护效果。

第四章　侵犯财产罪

第一节　盗窃罪

一、罪名解读

《刑法》第264条规定，盗窃公私财物，数额较大的，或者多次盗窃、入户盗窃、携带凶器盗窃、扒窃的，处3年以下有期徒刑、拘役或者管制，并处或者单处罚金；数额巨大或者有其他严重情节的，处3年以上10年以下有期徒刑，并处罚金；数额特别巨大或者有其他特别严重情节的，处10年以上有期徒刑或者无期徒刑，并处罚金或者没收财产。

（一）盗窃罪的概念和犯罪构成

1. 概念

盗窃罪，指以非法占有为目的，采用自认为不会被发觉的方法，秘密窃取数额较大的公私财物或者多次盗窃、入户盗窃、携带凶器盗窃、扒窃公私财物的行为。

2. 构成

（1）侵犯的客体是他人的财产权利。

（2）客观方面表现为秘密窃取公私财物数额较大，或多次窃取、入户盗窃、携带凶器盗窃、扒窃公私财物的行为。

①犯罪对象。公私财物，一般是有形物，也包括一些无体物在内。主要有：盗窃信用卡并使用的（第196条）；盗窃增值税专用发票或者可以用于骗取出口退税、抵扣税款的其他发票的（第210条）；以牟利为目的，盗接他人通信线路、复制他人电信号码或者明知是盗接、复制的电信设备、设施而使用的（第265条），构成盗窃罪。

盗窃罪的犯罪对象必须是他人占有的财物。"占有"指事实上的控制、支配。

②盗窃罪的行为表现为秘密窃取他人财物。盗窃手段是秘密的，但包括行

为人自以为秘密而实际上很容易被发现的手段。窃取，指以除抢劫罪、抢夺罪的方法以外的方法，排除原来他人的占有而建立新的占有的过程。如果未建立新的占有，不构成盗窃罪。

③盗窃罪应当是盗窃数额较大，或者多次盗窃、入户盗窃、携带凶器盗窃、扒窃的行为。

盗窃数额在盗窃罪中具有重要意义。对于构成盗窃罪的数额，应以行为时盗窃所得的实际价值为准，旧货物应当进行折价，外汇、股票等有价证券应以盗窃当日的国家牌价或当日平均价格折算成人民币价格。盗窃违禁品的，不计数额，根据情节轻重予以处罚。同时应适当考虑财物的主观价值，即被盗财物对被害人的生产、生活等所起作用的大小。

（3）犯罪主体是16周岁以上的有责任能力的人。

（4）主观方面是故意，并且有非法占有财物的目的。

（二）关于盗窃罪的既遂与未遂问题

盗窃罪既属于数额犯，又属于结果犯。一般而言，盗窃罪作为数额犯，如果达到前述数额较大或多次盗窃的标准，就构成犯罪；如果没有达到，则属于违反《中华人民共和国治安管理处罚法》（以下简称《治安管理处罚法》）的问题，即不作为犯罪论。从这个角度讲，盗窃行为首先涉及罪与非罪的问题。

另外，并非所有的盗窃没有成功的行为都不作为犯罪处理，如果以数额巨大的财物或者特定目标，如金融机构、珍贵文物、单位财务室等为目标，即使盗窃没有成功或者实际所得价值较小的，也应定罪（未遂）处罚。也就是说，作为结果犯的盗窃罪，也存在既遂、未遂的问题。

盗窃罪既遂、未遂的标准在刑法理论上有不同的观点，如控制说、失控说、转移说、控制加失控说等。一般认为以失控说较为合适，即盗窃行为已经使被害人丧失对财物的控制时，就是既遂。因为盗窃罪是典型的侵犯财产所有权的犯罪，对财产所有权的损害结果，就是表现为财物在所有人、保管人、持有人的控制之下因被盗窃而脱离其实际控制，即从对客体的损害着手，以财物的所有人、保管人或者持有人失去对财物的控制作为盗窃罪既遂的标准，至于行为人是否最终达到了非法占有并任意处置该财物的目的（行为人是否控制），不影响既遂的成立。这样有利于对合法权益的保护。

应注意的是，在认定盗窃罪的既遂、未遂时，应根据对象物的性质、形状、体积大小、被害人对财物的占有状态、行为人的窃取样态等进行具体判断。如在商店行窃，对于体积很小的财物，如金戒指、项链、高档手表、相机等，行为人将该财物放入口袋、藏入怀中、夹在腋下的，就可以表明致使被害人失去控制，盗窃就属于既遂；但对于体积较大的财物而言，如彩电、洗衣机等，只有将该财物搬运出商店才能认定为既遂。

（三）刑法中针对特定对象的盗窃行为的定性

（1）行为人盗窃信用卡并使用的，根据《刑法》第196条第2款的规定，应定盗窃罪而非信用卡诈骗罪。

（2）行为人盗窃增值税专用发票或者可以用于骗取出口退税、抵扣税款的其他发票的，根据《刑法》第210条第1款，应定盗窃罪。

（3）邮政工作人员私自开拆或者隐匿、毁弃邮件、电报而从中窃取财物的，根据《刑法》第253条第2款的规定，应定盗窃罪。

（4）为练习开车、游乐等目的，多次偷开机动车辆，并将机动车辆丢失的，应定盗窃罪。这是一个特例，因为行为人并不具有非法占有的目的。

（5）盗窃技术成果等商业秘密的，根据最高人民法院《关于审理盗窃案件具体应用法律若干问题的解释》，应以《刑法》第219条的侵犯商业秘密罪定罪处罚。

（四）盗窃罪与相关犯罪的区别

（1）盗窃某些特定对象的，如枪支、弹药、爆炸物，国家机关公文、证件、印章，武装部队公文、证件、印章，以及军人盗窃武器装备、军用物资等行为，依照《刑法》有关规定，这些盗窃行为由于侵犯的主要不是公私财产权，而是其他特定的管理制度，所以不定为盗窃罪，分别定《刑法》第127条的盗窃枪支、弹药、爆炸物罪；第280条的盗窃国家机关公文、证件、印章罪；第375条的盗窃武装部队公文、证件、印章罪；第438条的盗窃武器装备、军用物资罪。对此不要混淆。

（2）行为人盗窃正在使用中的交通工具、交通设备、电力（燃气）设备、易燃易爆设备、通信设备、广播电视设施以及这些设备（施）上重要的零部件，足以危害公共安全的，同时构成盗窃罪和破坏交通工具等危害公共安全犯罪，应以想象竞合犯对待，择一重罪处罚。根据最高人民法院《关于审理盗窃案件具体应用法律若干问题的解释》第12条的规定，有如下几种情况。

①为盗窃其他财物，盗窃机动车辆当犯罪工具使用的，被盗机动车辆的价值计入盗窃数额。

②为实施其他犯罪盗窃机动车辆的，以盗窃罪和所实施的其他犯罪数罪并罚。

③行为人盗窃后为掩盖盗窃罪行为或者报复等，故意破坏公私财物构成犯罪的，应当以盗窃罪和构成的其他犯罪实行数罪并罚。

二、案例

案例8　隋某某等盗窃案

（一）起诉书指控的犯罪事实

（1）2014年4月29日，被告人孙某某预谋实施盗窃后，其从青岛市城阳区乘出租车至平度市，后搭乘平度市一辆出租车伺机作案，当车行驶至平度市某小区时，孙某某便下车来到该小区马某某家中，用随身携带的开锁工具打开防盗门进入室内，盗窃现金人民币10 000元（以下币种同）。

（2）2014年5月7日，被告人隋某某预谋实施盗窃后，其从青岛市城阳区乘出租车至胶州市后下车寻找作案目标，当其走到胶州市某小区时，便进入该小区崔某某家中，用随身携带的开锁工具打开防盗门进入室内，盗窃现金约27 000元和6条软包中华香烟。经胶州市价格认定中心鉴定，6条软包中华香烟价值3900元。

（3）2014年5月9日，被告人孙某某预谋实施盗窃后，其从青岛市城阳区乘出租车至胶州市，换乘一辆三轮摩托车在市里寻找作案目标。之后，当其来到莱西市某小区时，孙某某便下车来到张某某家中，用随身携带的开锁工具打开防盗门进入室内，盗窃现金约5000元、中华烟1条、白金戒指1枚。中华烟及白金戒指未做鉴定。

（4）2014年6月12日，被告人隋某某、孙某某预谋实施盗窃后，二人乘车来到胶州市某小区寻找作案目标，经过多次试探，二人进入王某某家中，用随身携带的开锁工具打开防盗门进入室内，盗窃现金约100 000元及金银玉器等物品。经胶州市价格认定中心鉴定，金银玉器等物品价值63 506.88元。

（二）本案争议焦点

主要是犯罪数额和量刑情节问题。

（三）辩护意见

1. 关于被告人隋某某的犯罪数额

公诉机关指控被告人隋某某盗窃两起。

（1）2014年5月7日，在胶州市水岸府邸西区崔某某家，盗窃现金27 000元和6条中华香烟价值3900元。在该起盗窃案件中，受害人（崔某某）的叙述（2014年5月11日询问笔录）是被盗现金27 000元，而被告人隋某某的两次供述（2014 年 7 月 11 日讯问笔录和 2014 年 8 月 8 日讯问笔录）和当庭供述盗窃现金 6000 元。两者不一致，而公诉机关对该起盗窃的数额仅仅根据受害人的叙述来确定，达不到刑事诉讼证据确实充分的证明标准，应予核减。实际盗窃数额应为：6000 + 3900 = 9900（元）。

（2）2014 年 6 月 12 日，在胶州市水岸府邸西区王某某家，盗窃现金 10 万元及金银玉器等物品。在该起盗窃案件中，受害人（王某某）的叙述（2014 年 6 月 13 日询问笔录）是被盗现金 10 万元，而被告人隋某某的供述和同案被告人孙某某的供述是 4 万 ~ 6 万元。两者不一致。

在胶州市公安局三里河派出所出具的 2014 年 6 月 12 日的《报案记录》（第二卷第 2 页）、2014 年 7 月 4 日的《抓获经过》（第二卷第 3 页）和 2014 年 7 月 7 日的《发、破案经过》（第二卷第 4 页）中，受害人王某某在 2014 年 6 月 12 日报称被盗走的现金是 7 万 ~ 8 万元，与受害人王某某 2014 年 6 月 13 日询问笔录中的被盗现金 10 万元不一致。也就是说受害人本人并不知道被盗现金的确切数额。而公诉机关对该起盗窃的数额仅仅根据受害人 2014 年 6 月 13 日的叙述来确定，证据不足。对被告人在该起盗窃案件中盗窃的数额，应予核减。实际盗窃数额为：60 000 + 63 506.88 = 123 506.88（元）。

综上，被告人隋某某在公诉机关指控的上述两起盗窃案件中的盗窃数额合计为：9900 + 123 506.88 = 133 406.88（元）。

2. 被告人隋某某是从犯

在 2014 年 6 月 12 日的共同盗窃行为中，实施犯罪的犯意发起者不是被告人隋某某，被告人隋某某不是案件的组织者和策划者，只是因为被告人贪财、盲目跟随的心理作祟参与了盗窃犯罪，被告人隋某某在该案中只起到了次要和辅助作用。根据《刑法》第 27 条之规定，在共同犯罪中起次要或者辅助作用的，是从犯。对于被告人隋某某应认定为从犯。

3. 被告人隋某某具有自首情节

被告人隋某某 2014 年 5 月 7 日的盗窃行为，司法机关尚未掌握，是被告人主动交代的。根据刑法关于"对于被采取强制措施的犯罪嫌疑人、被告人和服刑的罪犯，如实供述司法机关尚未掌握的罪行，是特别自首"的规定，应认定被告人隋某某具有自首情节。

4. 被告人隋某某具有立功情节

被告人隋某某归案后，检举揭发了销赃者——掩饰、隐瞒犯罪所得罪嫌疑人（罗某某），并协助公安机关将其抓获，对此，应认定被告人隋某某具有立功情节。请法庭予以核实认定。

5. 被告人隋某某具有坦白情节

被告人隋某某被传唤到公安机关以后，立即主动交代了自己的犯罪事实，在看守所里认罪态度好，对犯罪事实供认不讳，对公安机关的侦查工作始终予以配合。从侦查卷宗来看，在本案中被告人在投案后，全面交代、彻底坦白，特别是对犯罪动机、情节作了详细交代，便于本案的彻底查明。这表明，被告人能够坦白自己的罪行，具有坦白情节。根据《刑法修正案（八）》的规定，被告人具有坦白情节，是法定的从轻处罚情节。

6. 被告人隋某某确有悔罪表现

被告人在侦查和公诉机关审查起诉期间，始终坚持诚恳的认罪态度，积极配合办案人员办案，从未出现过不如实交代和推脱罪责的情况，更未出现过任何翻供现象。

从被告人犯罪后的表现来看，被告人隋某某当庭自愿认罪，为司法机关审结此案节省了大量的人力、物力。也以自己的当庭表现表明了其主观恶性小、社会危害性不大。

7. 被告人隋某某自愿退赃退赔，缴纳罚金

被告人隋某某归案后主动退赃、退赔，缴纳罚金 4 万余元，并表示愿意继续退赃、赔偿，缴纳罚金，这一行为也充分表明被告人的悔罪态度。

8. 关于量刑建议

我国刑法对盗窃犯罪有一个最基本的规定，盗窃公私财物，数额较大或者多次盗窃、入户盗窃、携带凶器盗窃、扒窃的，处 3 年以下有期徒刑、拘役或者管制，并处或者单处罚金；数额巨大或者有其他严重情节的，处 3 年以上 10 年以下有期徒刑，并处罚金；数额特别巨大或者有其他特别严重情节的，处 10 年以上有期徒刑或者无期徒刑，并处罚金或者没收财产。

普通盗窃犯罪的数额规定是通过司法解释的形式确定的。最高人民法院、最高人民检察院 2013 年联合颁布的《关于办理盗窃刑事案件适用法律若干问题的解释》对数额较大、数额巨大和数额特别巨大做了新的数额上的规定，"数额较大"，是以 1000 ~ 3000 元为起点；"数额巨大"是以 3 万元至 10 万元为起点；"数额特别巨大"，是以 30 万元至 50 万元为起点。各省、自治区、直辖市高级人民法院和人民检察院可以根据本地区的经济发展状况、并考虑社会治安状况，在前款规定的数额幅度内，确定本地区执行的具体数额标准，报最高人民法院、最高人民检察院批准。

山东省高级人民法院和省人民检察院根据最高人民法院和最高人民检察院的授权确定了山东省的执行标准：即认定盗窃罪"数额较大"的标准为"2000 元以上"、"数额巨大"的标准为"6 万元以上"；"数额特别巨大"的标准为

"40 万元以上"。

根据以上规定并根据 2010 年 10 月 1 日开始试行的最高人民法院《人民法院量刑指导意见（试行）》和山东省高级人民法院《〈关于常见犯罪的量刑指导意见〉实施细则》的规定，确定被告人隋某某的基准刑。

公诉机关指控被告人隋某某两起盗窃案件共计盗窃数额为 133 406.88 元，其法定刑应为 3 年以上 10 年以下有期徒刑。也就是说，被告人隋某某的基准刑为 10 年以下有期徒刑，考虑到被告人有共同犯罪、入户、累犯因素，但其基准刑的确定也不能突破 10 年有期徒刑。即使按照法定最高刑 10 年有期徒刑作为基准刑计算，根据山东省高级人民法院《〈关于常见犯罪的量刑指导意见〉实施细则》，在基准刑的基础上应做如下调节。

（1）对于从犯，应当综合考虑其在共同犯罪中的地位、作用，以及是否实施犯罪的实行行为等情况，予以从宽处罚。一般情况下，可以减少基准刑的 20% ~ 50% ；

共同犯罪中有两名以上主犯或者不宜区分主、从犯的，对于其中作用相对较小的，可以减少基准刑的 20% 以下。

据此，被告人隋某某可以减少 10 年 × 20% ＝2 年以下。

（2）对于立功情节，综合考虑立功的大小、次数、内容、来源、效果以及罪行轻重等情况，确定从宽的幅度。①一般立功的，可以减少基准刑的 20% 以下；②重大立功的，可以减少基准刑的 20% ~ 50% ，犯罪较轻的，可以减少基准刑的 50% 以上或者依法免除处罚。

据此，被告人隋某某可以减少 10 年 × 20% ＝2 年以下。

（3）对于被采取强制措施的犯罪嫌疑人、被告人和已宣判的罪犯，如实供述司法机关尚未掌握的罪行，与司法机关已掌握的或者判决确定的罪属同种罪行的，根据坦白罪行的轻重以及悔罪表现等情况，可以减少基准刑的 20% 以下。

对于当庭自愿认罪的，根据犯罪的性质、罪行的轻重、认罪程度以及悔罪表现等情况，可以减少基准刑的 10% 以下，依法认定自首、坦白的除外。

据此，被告人隋某某可以减少 10 年 × 20% ＝2 年以下。

（4）对于退赃、退赔的，综合考虑犯罪性质，退赃、退赔行为对损害结果所能弥补的程度，退赃、退赔的数额及主动程度等情况，予以从宽处罚。对于盗窃等单纯侵财型犯罪的退赃、退赔，可以减少基准刑的 30% 以下。

据此，被告人隋某某可以减少 10 年 × 30% ＝3 年以下。

根据以上因素和《刑法修正案（八）》第 5 条"犯罪分子具有本法规定的减轻处罚情节的，应当在法定刑以下判处刑罚；本法规定有数个量刑幅度的，应当在法定量刑幅度的下一个量刑幅度内判处刑罚"的规定，对被告人隋某某可以适用3年有期徒刑，也可以适用3年以下有期徒刑。

综上，辩护人认为被告人隋某某是从犯且具有自首、立功、坦白、退赃等多项法定或酌定的从轻、减轻处罚的情节。

（四）辩护意见与裁判结果

法院认为，被告人孙某某、隋某某以非法占有为目的，采取秘密手段入户窃取他人财物，数额巨大，其行为构成盗窃罪；被告人罗某某明知是犯罪所得的赃物而予以收购，其行为构成掩饰、隐瞒犯罪所得罪。公诉机关指控的主要事实和罪名成立，本院予以支持。公诉机关指控被告人在第2、4起犯罪中窃取现金数额分别为27 000元和100 000元的证据不足，可以被告人供认的6000元和60 000元来认定。判决被告人隋某某犯盗窃罪，判处有期徒刑3年零6个月，并处罚金人民币4万元，不得假释。

本起犯罪，案情比较简单。判决部分采纳了辩护意见。在不能作无罪辩护的情况下只能作罪轻辩护，在犯罪数额和量刑情节上进行辩护。

第二节　挪用资金罪与职务侵占罪

一、罪名解读

（一）挪用资金罪

1. 挪用资金罪的概念和构成

《刑法》第272条规定了挪用资金罪，即指公司、企业或者其他单位的工作人员，利用职务上的便利，挪用本单位资金归个人使用或者借贷给他人，数额较大、超过3个月未还的，或者虽未超过3个月，但数额较大、进行营利活动的，或者进行非法活动的行为。

在主观方面，行为人并不具有永久占有财物的目的，而仅是故意擅自动用（既可以归自己使用，也可以是归他人使用），但准备日后归还，这一点是本罪与职务侵占罪相区别的关键。根据最高人民法院2000年6月30日《关于如何理解刑法第272条规定的"挪用本单位资金归个人使用或者借贷给他人"问题的批复》（法释〔2000〕22号）的规定，这里的"归个人使用或者借贷给他人"包括借给其他自然人和单位。

本罪客观方面的行为方式——"挪用本单位资金归个人使用或者借贷给他人"，使用具体包括以下法定的三种：（1）挪用本单位资金进行非法活动；

（2）挪用本单位资金、数额较大、进行营利活动的；（3）挪用本单位资金，数额较大，超过 3 个月未还的。可以看出，本罪的行为方式同《刑法》第 384 条挪用公款罪基本相同，二者的不同点是主体不同，挪用资金的范围与性质不同（后者为公款）。

2. 挪用资金罪的认定

根据《刑法》第 185 条第 1 款以及《刑法修正案（一）》第 7 条的规定，商业银行、证券交易所、期货交易所、证券公司、期货经纪公司、保险公司或者其他金融机构的工作人员（非国家工作人员身份者）利用职务上的便利，挪用本单位或者客户资金的，应以本条挪用资金罪定罪处罚。另外，根据最高人民法院 2000 年 2 月 13 日《关于对受委托管理、经营国有财产人员挪用国有资金行为如何定罪问题的批复》（法释〔2000〕5 号）的规定，对于受国家机关、国有公司、企业、事业单位、人民团体委托，管理、经营国有财产的非国家工作人员，利用职务上的便利、挪用国有资金归个人使用构成犯罪的，应当依本条的挪用资金罪定罪处罚。值得注意的是，如果这类人员将国有资金非法据为己有的，依《刑法》第 382 条第 2 款的规定，应定贪污罪。另外，这类人员挪用国有资金归个人使用的行为不能定第 384 条的挪用公款罪，因为其不具有国家工作人员的身份。

（二）职务侵占罪

1. 职务侵占罪的概念和构成

《刑法》第 271 条规定了职务侵占罪，是指公司、企业或者其他单位的人员，利用职务上的便利，将本单位的财物非法占为己有，数额较大的行为。

这里所规定的"公司、企业或者其他单位"应为非国有性质的单位，否则可能构成贪污罪。"利用职务上的便利"是构成职务侵占罪的必要条件，是与侵占罪、盗窃罪区别的关键所在。也就是说，认定职务侵占罪关键有两点。（1）特殊范围内的人员（主体）；（2）利用职务上的便利。其中，本罪与贪污罪的区别关键在于前者。职务侵占罪的主体必须是本公司、本企业或本单位内担任一定的职务或因工作需要而主管、经手财物的不具有国家工作人员身份的人员。认定主体性质应依据《刑法》第 93 条、第 382 条第 2 款等有关规定，但应注意，并不能仅以是否具有国家工作人员的身份为标准区别二者，因为某些不具有国家工作人员身份的人员也可能成为贪污罪主体（如《刑法》第 382 条第 2 款）。

2. 应定为职务侵占罪的其他法定情形

（1）根据《刑法》第 183 条第 1 款的规定，保险公司的工作人员（不具有国家工作人员身份者）利用职务上的便利、故意编造未曾发生的保险事故进行虚假理赔、骗取保险金归自己所有的，应定职务侵占罪。

（2）根据最高人民法院《关于村民小组组长利用职务便利非法占有公共财物行为如何定性问题的批复》，对村民小组组长利用职务上的便利，将村民小组集体财产非法占为己有、数额较大的行为，应以职务侵占罪定罪处罚。注意，这一规定同全国人大常委会 2000 年 4 月 29 日《对〈刑法〉第 93 条第 2 款的解释》并不冲突，因为后一立法解释规定的对象是村民委员会等村基层组织组成人员有可能作为国家工作人员论，而前者是"村民小组组长"，即二者是不一样的。

3. 职务侵占罪的共犯问题

根据最高人民法院《关于审理贪污、职务侵占案件如何认定共同犯罪几个问题的解释》，行为人与公司、企业或者其他单位的人员勾结，利用公司、企业或者其他单位人员的职务便利，共同将该单位财物非法据为己有，数额较大的，以职务侵占罪共犯论处；公司、企事业或其他单位中，不具有国家工作人员身份的人与国家工作人员勾结，分别利用各自的职务便利，共同将本单位财物非法占为己有的，按照主犯的犯罪性质定罪。

4. 侵占罪与职务侵占罪的界限问题

注意侵占罪与职务侵占罪的界限，二者虽然均为侵占犯罪，其实区别还是很明显的。关键在于行为主体是否为特殊主体以及行为人是否利用了自己的职务便利实施了非法占有财物的行为，同时，侵占的对象范围也有所不同。

二、案例

案例 9　挪用资金罪与职务侵占罪案

（一）起诉书指控的犯罪事实

（1）公诉机关指控的挪用资金罪。①2015 年 6 月 26 日，被告人张某某利用担任大野智能供热股份有限公司法定代表人的职务便利，以借款的形式从本公司挪出人民币 80 万元，用于其本人认购山东二十度智慧供热股份有限公司（简称滨海供热总公司，总经理张某某）股份，进行营利性经营活动，至 2015 年 7 月 13 日归还。②2013 年 1 月，被告人张某某代表大野智能供热股份有限公司（简称大野供热公司，法人代表张某某）与鲁东大野新宜置业有限公司平安小区项目部签订工程合同，合同价款为 106 万元。③2013 年 6 月至 2014 年 11 月，被告人张某某利用担任大野智慧供热服务（中心）有限公司法定代表人的职务便利，将鲁东大野新宜置业有限公司支付给大野智慧供热服务（中心）有限公司的工程款人民币 31 万元，不上交给公司，而挪归自己使用。2016 年 10 月 28 日，被告人张某某将上述款项归还给鲁东大野新宜置业有限公司。

（2）公诉机关对职务侵占罪指控了四笔事实，其中对第一笔事实的指控是：2014 年 1 月 15 日，被告人张某某利用申请"备用金"的形式，经请示报告签字，并经财务人员向滨海供热总公司请示汇报后，以招待费用的名义提出使用备用金人民币 35.5 万元的申请。同日以"春节礼金"的名义，从大野供热公司财务主管任某某处领取人民币 15 万元；次日以同样的名义从任某某处领取人民币 17 万元和 3.5 万元购物卡。2016 年 6 月 16 日，被告人张某某签署请示报告，使用虚开煤炭发票的手段冲抵上述支出。

（二）本案争议焦点

（1）关于指控的挪用资金罪，是挪用还是借用的问题；（2）关于指控的职务侵占罪中有没有借贷关系。

（三）辩护方案

对挪用资金罪做无罪辩护，对职务侵占罪做罪轻辩护。

（四）辩护意见

1. 关于挪用资金罪

对于挪用资金罪，公诉机关指控了两笔事实，辩护人认为公诉机关的指控不能成立。

（1）关于第一笔涉案款项 80 万元的事实。

①从资金流向和记账凭证看。2015 年 6 月 29 日，张某某向滨海供热总公司缴纳股金 200 万元。该 200 万元中，80 万元是张某某从大野供热公司借用的资金。在大野供热公司账目凭证上显示张某某于 2015 年 6 月 26 日借款 80 万元，2015 年 7 月 13 日归还 80 万元。具体资金流向是：2015 年 6 月 26 日，从高某某名下的银行卡转款 30 万元，从任某某名下的银行卡转款 50 万元，共计 80 万元转到张某某的银行卡，6 月 29 日张某某将 80 万元（连同其他借款 120 万元，共计 200 万元）转至滨海供热总公司招商银行账户。2015 年 7 月 13 日，张某某将从大野供热公司所借 80 万元转账到任某某银行卡。大野供热公司记载张某某归还 80 万元，记账凭证记载了借款。

其一，从资金的流向看，是从个人账户到个人账户。资金是单位资金还是个人资金尚不能确定。其二，记账凭证记载了借款，没有任何隐瞒。

②从滨海供热总公司与大野供热公司之间的关系看：滨海供热总公司与大野供热公司之间是母公司与子公司之间的关系，且滨海供热总公司拥有大野供热公司百分之百的股权，大野供热公司系滨海供热总公司的全资子公司。从大

野供热公司借款投入滨海供热总公司不会损害任何一方的利益。滨海供热总公司的增资决定是公司行为，张某某等人作为股东按照公司的决定进行增资的行为是为了公司的更好发展，不是为了个人利益，不是为了个人营利，事实也证明滨海供热总公司从未对被公诉的股东进行任何分红。

③从借款的权限看，大野供热公司是具有独立法人资格的有限公司，张某某是法人代表。大野供热公司向外借款，无论是借给其他单位还是个人，大野供热公司有决定权，不需要滨海供热总公司董事长王某某的同意。张某某作为大野供热公司的法人代表有权决定向外借款。本案，法人代表张某某、财务主管任某某、办公室主任高某某是借款 80 万元的经办人也是决定人，不属于私自将单位资金借给个人使用。

④从借贷与挪用的区别看，A. 意思表示的一致性。借贷中，借款人经过企业负责人同意，与单位之间有文书或借条等字据。挪用，是行为人采用隐瞒、欺骗手段秘密进行，不留字据。B. 行为主体的法人性。借贷行为人一般是单位负责人或者财务主管人员，对内有经营决策权，资金支配、处置权，对外有代表单位进行民事活动的资格。挪用，对资金无支配、处置权，属于私下的纯粹的个人行为。本案，张某某是大野供热公司的法人代表、任某某是大野供热公司的财务主管、高某某是大野供热公司的办公室主任，对内有经营决策权，有资金支配、处置权，对外有代表单位进行民事活动的资格。借款 80 万元的性质是民间借贷。最高人民法院 1991 年 8 月 13 日《关于人民法院审理借贷案件的若干意见》规定，民间借贷包括公民之间的借贷、公民法人之间的借贷以及公民与其他组织之间的借贷三种类型；最高人民法院 1999 年 2 月 13 日《关于如何确认公民与企业之间借贷行为效力问题的批复》重申，公民与企业之间的借贷属于民间借贷，只要双方当事人意思表示真实即可认定有效。本案，大野供热公司与张某某之间的借贷性质上属于民间借贷，不是挪用。

⑤从在案的证据看，侦查卷宗第五卷第 17 ~ 22 页，张某某 2018 年 8 月 27 日 14：35 - 17：10 的讯问笔录。真实性无异议。证明：其一，80 万元是张某某借的，任某某给他的。其二，张某某跟王某某商量了，打电话商量的。侦查卷宗第五卷第 23 ~ 25 页，张某某 2018 年 9 月 12 日 17：05 - 17：45 讯问笔录。真实性无异议。证明：其一，80 万元是张某某向任某某借的，未说清是向公司借款还是向他本人借款。其二，借款 80 万元，未跟王某某说。其三，侦查卷宗第六卷第 1 页，《关于张某某在大野子公司挪用 80 万元资金的情况说明》。

综上，本案张某某不是资金的具体负责者、管理者、保管者、经手者，更不是"挪用者"，而是资金的借用者。张某某的行为不是"挪用"。张某某的行为不构成挪用资金罪。

（2）关于第二笔涉案款项 31 万元的事实。

一是从庭审中出示的证据和公诉机关移交法庭的证据，公诉机关的该项指控不能成立。

①书证（任职证明、户籍证明、银行交易明细）。对书证的真实性无异议，但银行交易明细不能证明指控事实。

②证人李某、高某某等人证言。证人李某证言如下：其一，李某证明公司不得向董事、监事和高级管理人员提供借款。只能证明张某某的借款行为违反公司规定，但不能证明是侵占。其二，李某的该次证言证明不了张某某挪用 80 万元和 31 万元的事实。

证人高某某的证言，证明了高某某的银行卡是任某某让他开的，用于收取暖费和取暖设备开销费。不能证明张某某有挪用资金的行为。

证人叶某某证言，证明了大野供热公司与鲁东大野新宜置业有限公司平安小区项目部签订工程合同，合同价款为人民币 106 万元，平安小区在 2013 年 5 月 8 日前支付工程款 55 万元，并入账。2015 年 5 月 11 日，大野供热公司和滨海供热总公司分别从张某某处借款 5 万元和 10 万元。滨海供热总公司奖励张某某 20 万元。

③被害人王某某陈述与本案的处理结果有重大利害关系，其证言不能采信。

④被告人张某某的供述与辩解。能够证明：其一，大野供热公司与鲁东大野新宜置业有限公司平安小区项目部签订工程合同，合同价款为人民币 106 万元。其中，55 万元入账，51 万元系借款。其二，张某某起诉大野供热公司欠自己 55 万元，包括公司应当支付的奖金 20 万元、借给任某某的 20 万元、公司借张某某的 10 万元、张某某转给公司的 5 万元。其三，2013 年 10 月、11 月张某某为贾某某（鲁东大野新宜置业有限公司）付工程款 20 万元，2014 年 1 月 15 日、16 日从公司领取 15 万元、17 万元，其中 16 万元给贾某某（鲁东大野新宜置业有限公司），16 万元自留，公司欠张某某 4 万元。2014 年 1 月 16 日，张某某从公司领取购物卡 3.5 万元，最终公司欠张某某 5000 元。侦查卷宗第八卷第 36~37 页，周某某 2018 年 10 月 30 日 17：20－17：50 询问笔录。证明：106 万元中的 55 万元退回鲁东大野新宜置业有限公司。卷宗第 37 页，"问：这 106 万元张某某是否退还给你们公司了？答：没有全部退完，张某某只退了 55 万元，我在 2016 年 10 月 28 日收到了张某某的 55 万元，是从张某某的工商银行账户上转到我的账户上。问：张某某为什么退回这 55 万元？答：是老板安排我按合同收回。张某某的借款给张某某出具了收据，但具体原因我不清楚。我写了这个收据以后把其中一联交给张某某了。问：（出示 2016 年 10 月 28 日收据复印件），收据上的收款事由：已还借款，双方再无其他债权债务是什么意思？答：

当时，老板唐某某安排我这样写的，我就这样写了收据事由，并且计入公司账目张某某归还借款55万元。"

二是根据我国《刑法》第272条的规定，挪用资金罪是挪用本单位资金的行为。但本案的事实，所指控的31万元是大野供热公司与鲁东大野新宜置业有限公司平安小区项目部签订工程合同，合同价款为人民币106万元中的55万元中的31万元。而本案的事实是，该55万元张某某已经退还给鲁东大野新宜置业有限公司，而且该55万元本就不属于大野供热公司，而属于鲁东大野新宜置业有限公司。是因为取暖费由业主交了，就不该再收取鑫亿公司的了。也就是说张某某是大野供热公司的人，但55万元款项是鲁东大野新宜置业有限公司的，不可能成立挪用资金；而且，该55万元已经退给鑫亿公司了。

2. 关于职务侵占罪

对于职务侵占罪，公诉机关指控了四笔事实，辩护人认为公诉机关指控的第一笔事实不能成立。书证有关于陈某某款项的说明材料、短信通信截图、滨海供热总公司记账凭证；证人张某某、贾某某等人证言；被害人王某某陈述；鉴定意见有山东长信会计师事务所有限公司出具的对大野县公安局办理张某某案件所需信息执行商定程序的报告。公司与张某某之间互有借款，未对账。

3. 量刑情节

一是被告人张某某具有自首情节。被告人张某某在本案立案前自动到公安机关投案并退交了所有款项，应当认定为自动投案。被告人张某某在自动投案后，在此后的多次供述中虽有辩解，但是在本案一审宣判前认罪认罚，如实供述。根据最高人民法院《关于处理自首和立功具体应用法律若干问题的解释》（法释〔1998〕8号）的规定，犯罪嫌疑人自动投案并如实供述自己的罪行后又翻供的，不能认定为自首；但在一审判决前又能如实供述的，应当认定为自首。根据这一解释，应当认定被告人张某某具有自首情节。同时，根据《刑法》第67条第1款的规定，对于自首的犯罪分子，可以从轻或者减轻处罚；其中，犯罪较轻的，可以免除处罚。

二是被告人张某某全部退赃。被告人张某某已经将涉案款项全部退还，而且公司还欠他的钱没有兑付。退赃，是从宽处罚的重要情节。

三是被告人张某某是初犯、偶犯。被告人张某某在此案之前，从未受过刑事、行政等处罚，系初犯、偶犯，可以从轻处罚。被告人张某某犯罪情节轻微，主观恶性小、社会危害性不大。

四是被告人张某某平时表现优秀，获得公司奖励。他热心公益事业，向红十字会捐款35万元。体现了张某某的可塑性，使其尽快回归社会不具有社会危险性。

五是张某某身体状况特殊。被告人张某某被送入看守所前因交通事故造成失忆达一年多，而且现在仍然有不全性小肠梗阻、左肾积水等伤病，有头痛头晕、腹部疼等症状。鉴于被告人张某某身体的隐患和风险，对其予以缓刑处罚可以有效防范羁押风险，有利于身体健康的恢复。

六是认罪认罚，从轻处罚。我国正在实行认罪认罚从宽处罚制度，被告人张某某自案发后态度诚恳，自愿认罪认罚。鉴于本案在犯罪构成上主观方面不明显、客观方面不确实的事实，又鉴于被告人在案发后能够自首、坦白，认罪悔罪的表现，而且有积极全部退赃、情节较轻、危害不大的事实。根据本案的具体情况和宽严相济的刑事政策，辩护人认为给予被告人缓刑处罚较为适宜。

七是给被告人张某某以较轻处罚符合"宽严相济"的刑事政策。根据最高人民法院《关于贯彻宽严相济刑事政策的若干意见》，宽严相济刑事政策是我国的基本刑事政策，贯彻宽严相济刑事政策，要根据犯罪的具体情况，实行区别对待，做到该宽则宽，当严则严，宽严相济，罚当其罪，打击和孤立极少数，教育、感化和挽救大多数，最大限度地减少社会对立面，促进社会和谐稳定，维护国家长治久安。

本案，被告人张某某具有多个从轻减轻处罚的情节，符合宽严相济刑事政策"宽"的一面，辩护人请求合议庭依据宽严相济的刑事政策，给上诉人以较轻的处罚。

八是给被告人张某某以较轻处罚符合中央保护民营企业的精神。2018 年 11 月 1 日，习近平总书记"在民营企业座谈会上的讲话"讲到，民营企业和民营企业家是我们自己人，要努力为民营企业发展营造良好的法治环境。2019 年 1 月 17 日，进一步明确了中央善待民营企业的精神，要求凡涉及民营企业或民营企业高管的情节较轻的刑事案件，能不捕的尽量不捕、能办取保的尽量取保、能判缓刑的尽量判缓刑，减少对民营企业生产经营活动的影响。2019 年 3 月 4 日，在全国政协十三届二次会议上，最高检副检察长孙谦表示，对于民营企业，不要动不动就抓人，只要没有谋取重大的违法利益，就可以减轻处理。

九是给被告人张某某以较轻处罚有利于区域热力供应民生工程工作。被告人张某某属于民营企业的高管人员，对企业的发展可以说举足轻重。张某某的企业涉及大野、微山两县的热力供应，涉及民生，是民生工程。给予张某某缓刑处罚，能够让其尽早回归社会，为社会作出更大的贡献。让张某某尽快投身企业管理、运营，对于企业的发展、对于稳定职工情绪、对于两个县的热力供应事业具有重要意义。

（五）辩护意见与裁判结果

本案在审查起诉阶段，辩护人向公诉机关提交了律师意见；在庭前会议上辩护人陈述了主要辩护理由。在庭前，由公诉人、辩护人见证，被告人签署了认罪认罚具结书，对被告人从宽处罚，判处有期徒刑 1 年 2 个月。辩护人在庭审前与公诉机关的交流，庭审中的辩护意见受到重视，被告人对裁判结果满意，接受处罚。

第五章 贪污贿赂罪

第一节 贪污罪

一、罪名解读

（一）刑法规定

（1）贪污罪规定在《刑法》第 383 条，《刑法修正案（九）》将《刑法》第 383 条修改为：对犯贪污罪的，根据情节轻重，分别依照下列规定处罚：（一）贪污数额较大或者有其他较重情节的，处 3 年以下有期徒刑或者拘役，并处罚金。（二）贪污数额巨大或者有其他严重情节的，处 3 年以上 10 年以下有期徒刑，并处罚金或者没收财产。（三）贪污数额特别巨大或者有其他特别严重情节的，处 10 年以上有期徒刑或者无期徒刑，并处罚金或者没收财产；数额特别巨大，并使国家和人民利益遭受特别重大损失的，处无期徒刑或者死刑，并处没收财产。

对多次贪污未经处理的，按照累计贪污数额处罚。

犯第 1 款罪，在提起公诉前如实供述自己罪行、真诚悔罪、积极退赃，避免、减少损害结果的发生，有第 1 项规定情形的，可以从轻、减轻或者免除处罚；有第 2 项、第 3 项规定情形的，可以从轻处罚。

犯第 1 款罪，有第 3 项规定情形被判处死刑缓期执行的，人民法院根据犯罪情节等情况可以同时决定在其死刑缓期执行 2 年期满依法减为无期徒刑后，终身监禁，不得减刑、假释。

（2）最高人民法院、最高人民检察院《关于办理贪污贿赂刑事案件适用法律若干问题的解释》（法释〔2016〕9 号）对贪污受贿的数额及法定刑作出了规定。

第 1 条规定，贪污或者受贿数额在 3 万元以上不满 20 万元的，应当认定为《刑法》第 383 条第 1 款规定的"数额较大"，依法判处 3 年以下有期徒刑或者拘役，并处罚金。

贪污数额在 1 万元以上不满 3 万元，具有下列情形之一的，应当认定为《刑法》第 383 条第 1 款规定的"其他较重情节"，依法判处 3 年以下有期徒刑或者拘役，并处罚金：（一）贪污救灾、抢险、防汛、优抚、扶贫、移民、救济、防疫、社会捐助等特定款物的；（二）曾因贪污、受贿、挪用公款受过党纪、行政处分的；（三）曾因故意犯罪受过刑事追究的；（四）赃款赃物用于非法活动的；（五）拒不交代赃款赃物去向或者拒不配合追缴工作，致使无法追缴的；（六）造成恶劣影响或者其他严重后果的。

受贿数额在 1 万元以上不满 3 万元，具有前款第（2）项至第（6）项规定的情形之一，或者具有下列情形之一的，应当认定为《刑法》第 383 条第 1 款规定的"其他较重情节"，依法判处 3 年以下有期徒刑或者拘役，并处罚金：（一）多次索贿的；（二）为他人谋取不正当利益，致使公共财产、国家和人民利益遭受损失的；（三）为他人谋取职务提拔、调整的。

第 2 条规定，贪污或者受贿数额在 20 万元以上不满 300 万元的，应当认定为《刑法》第 383 条第 1 款规定的"数额巨大"，依法判处 3 年以上 10 年以下有期徒刑，并处罚金或者没收财产。

贪污数额在 10 万元以上不满 20 万元，具有本解释第 1 条第 2 款规定的情形之一的，应当认定为《刑法》第 383 条第 1 款规定的"其他严重情节"，依法判处 3 年以上 10 年以下有期徒刑，并处罚金或者没收财产。

受贿数额在 10 万元以上不满 20 万元，具有本解释第 1 条第 3 款规定的情形之一的，应当认定为《刑法》第 383 条第 1 款规定的"其他严重情节"，依法判处 3 年以上 10 年以下有期徒刑，并处罚金或者没收财产。

第 3 条规定，贪污或者受贿数额在 300 万元以上的，应当认定为《刑法》第 383 条第 1 款规定的"数额特别巨大"，依法判处 10 年以上有期徒刑、无期徒刑或者死刑，并处罚金或者没收财产。

贪污数额在 150 万元以上不满 300 万元，具有本解释第 1 条第 2 款规定的情形之一的，应当认定为《刑法》第 383 条第 1 款规定的"其他特别严重情节"，依法判处 10 年以上有期徒刑、无期徒刑或者死刑，并处罚金或者没收财产。

受贿数额在 150 万元以上不满 300 万元，具有本解释第 1 条第 3 款规定的情形之一的，应当认定为《刑法》第 383 条第 1 款规定的"其他特别严重情节"，依法判处 10 年以上有期徒刑、无期徒刑或者死刑，并处罚金或者没收财产。

第 4 条规定，贪污、受贿数额特别巨大，犯罪情节特别严重、社会影响特别恶劣、给国家和人民利益造成特别重大损失的，可以判处死刑。

符合前款规定的情形，但具有自首，立功，如实供述自己罪行、真诚悔罪、积极退赃，或者避免、减少损害结果的发生等情节，不是必须立即执行的，可以判处死刑缓期 2 年执行。

符合第 1 款规定情形的，根据犯罪情节等情况可以判处死刑缓期 2 年执行，同时裁判决定在其死刑缓期执行 2 年期满依法减为无期徒刑后，终身监禁，不得减刑、假释。

第 5 条规定，挪用公款归个人使用，进行非法活动，数额在 3 万元以上的，应当依照《刑法》第 384 条的规定以挪用公款罪追究刑事责任；数额在 300 万元以上的，应当认定为《刑法》第 384 条第 1 款规定的"数额巨大"。具有下列情形之一的，应当认定为《刑法》第 384 条第 1 款规定的"情节严重"：（一）挪用公款数额在 100 万元以上的；（二）挪用救灾、抢险、防汛、优抚、扶贫、移民、救济特定款物，数额在 50 万元以上不满 100 万元的；（三）挪用公款不退还，数额在 50 万元以上不满 100 万元的；（四）其他严重的情节。

（二）概念

贪污罪，是指国家工作人员和受国有单位委托管理、经营国有财产的人员，利用职务上的便利，侵吞、窃取、骗取或者以其他手段非法占有国有财物的行为。

（三）犯罪构成

1. 贪污罪的主体

贪污罪的主体是特殊主体，即国家工作人员，具体可以分为以下 3 类从事公务的人员。

（1）国家机关工作人员。具体包括在国家机关中从事公务的人员以及在中国共产党的各级机关、中国人民政治协商会议的各级机关中从事公务的人员。

（2）依照法律从事公务的人员。具体包括：①国有公司、企业、事业单位、人民团体中从事公务的人员；②国家机关、国有公司、企业、事业单位委派到非国有公司、企业、事业单位、社会团体中从事公务的人员；③国家机关、国有公司、企业、事业单位委派到股份制公司、企业、事业单位、社会团体中从事公务的人员。被委派到非国有单位或者股份制公司、企业中从事公务的人员，只要他们在其中从事公务，不论被委派前是否具有国家工作人员的身份，都以国家工作人员论。

（3）其他依照法律从事公务的人员。主要指协助人民政府从事行政管理工作的村民委员会等村基层组织人员。根据全国人民代表大会常务委员会《对刑法第 95 条第 2 款的解释》，村（居）民委员会组成人员协助人民政府从事下列行政管理工作，属于《刑法》第 93 条第 2 款规定的"其他依照法律从事公务的人员"：①救灾、抢险、防汛、优抚、扶贫、移民、救济款物的管理；②社会捐助公益事业款物的管理；③国有土地的经营和管理；④土地征用补偿费用的管理；⑤代征、代缴税款；⑥有关计划生育、户籍、征兵工作；⑦协助人民政府从事的其他行政管理工作。还包括依法被选出的在人民法院履行职务的人民陪审员；履行特定手续被人民检察院聘任的特邀检察员，等等。

此外，依据《刑法》第 382 条第 2 款规定，受国家机关、国有公司、企业、事业单位、人民团体委托管理、经营国有财产的人员，也属于贪污罪的主体。所谓受委托管理、经营国有财产，是指受托以承包、租赁方式管理、经营国有财产。如行为人以承包、租赁人的身份，管理、经营国有的企业、公司，或者其中的某个工程队、车间、门市部等。在承包、租赁经营期间，属于受委托管理、经营国有财产的人员。这些人在受委托之前不一定具有国家工作人员的身份，在受委托之后，也不因此而具有国家工作人员的身份。但是这些人如果利用经管国有财产的职务上的便利，侵吞、骗取、窃取承包、租赁公司、企业财产的，以贪污罪论处。国家工作人员的本质特征是依法从事公务。依法从事公务是指在国家机关、国有公司、企业、事业单位、人民团体、社会团体中从事组织、领导、监督、管理等公共事务性质的活动。中国共产党的基层组织的组成人员的职务活动也属于从事公务活动。在有关单位工作，但不是从事公务活动的人员，不属于国家工作人员。因此，直接从事生产劳动或者服务性劳动的人员，如国家机关中的工勤人员、工厂的工人、商店的售货员、宾馆的服务员、部队战士、司机、收款员、售票员、购销员等，不属于从事公务的人员。

国家工作人员以外的人员不能构成贪污罪。但是其他人员与上述国家工作人员以及第 382 条规定的"受国家机关、国有公司、企业、事业单位、人民团体委托管理、经营国有财产的人员"勾结，伙同贪污的，以贪污罪的共犯论处。

2. 客观方面

表现为利用职务上的便利，侵吞、窃取、骗取或者以其他手段非法占有公共财物的行为。要点如下。

（1）"利用职务上的便利"，是指利用职务范围内的权力和地位形成的有利条件，具体表现为主管、保管、出纳、经手等便利条件。利用因工作关系熟悉作案环境、凭工作人员身份便于接近作案目标等与职务无关的便利条件，不属于利用职务之便。根据我国刑事立法和刑法理论，作为贪污罪行为条件的利用职务之便，并不是泛指一切职务上的便利，而是有其相对的、特定的内涵。一般说来，是与贪污罪主体的职务相对应，是针对职务与公共财物的关系而言的，即主管、管理、经营、经手公共或者国家财产的便利，尤其是与"利用工作上的便利"实施窃取、侵占公共财产的行为区别开。

在司法实践中认定作为贪污罪行为条件的利用职务便利，还应当注意这样的一个问题：即在管理、经营公共财产的活动中利用同事的疏忽，侵吞、盗窃公共财产的，是否应当视为利用职务上的便利的问题？对这个问题要根据行为人本人职务、业务活动的原则，具体情况具体分析，区别对待。

（2）"侵吞"，是指行为人利用职务上的便利，将自己控制之下的公共财物非法据为己有，如将自己保管、使用的公共财物加以扣留，应交而隐匿不交，应支付而不支付，收款不入账或非法转卖或者私自赠予他人，非法占有或私自用掉其所追缴的赃款赃物和罚没款物，甚至将自己控制下的国家机关、国有公司、企事业单位等用于行贿的款物非法据为己有，等等。

（3）"窃取"，是指行为人利用职务之便，将自己合法主管、管理、经手的公共财物，以秘密窃取的方法据为己有的行为，即通常所说的监守自盗。如银行的业务人员窃取自己经管的国有财产。

（4）"骗取"，是指行为人利用职务上的便利，以虚构事实或隐瞒真相的欺骗手段，非法占有公共财物的行为，如涂改单据、账目，谎报开支，冒领旅差费、医疗费、工资、补贴等；谎报亏损，非法占有公款；虚构或隐瞒事实，冒领款物，等等。所谓其他手段，是指侵吞、窃取、骗取以外的其他利用职务上的便利，非法占有公共财物的行为。

（5）《刑法》第394条规定，国家工作人员在国内公务活动或者对外交往中接受礼物，依照国家规定应当交公而不交公，数额较大的，以贪污罪定罪处罚。这是国家工作人员利用职务之便，侵吞公共财物的一种特殊形式。

3. 贪污罪的对象

贪污的对象是公共财产。所谓公共财产是指《刑法》第91条规定的下列财产：

（1）国有财产；（2）劳动群众集体所有的财产；（3）用于扶贫和其他公益事业的社会捐助或者专项基金的财产；（4）在国家机关、国有公司、企业、集体企业和人民团体管理、使用或者运输中的私人财产，以公共财产论。

注意以下三点。

一是当行为人是受国家机关、国有公司等国有单位的委托而管理、经营国有财产的人员时，其构成贪污罪的对象仅为国有财产，而非其他公共财产。

二是非公共财产在特定情况下也有可能成为贪污罪的犯罪对象，不仅包括《刑法》第91条第2款所规定的情形，而且当行为人是国家机关、国有公司等国有单位委派到非国有公司、企业、事业单位、社会团体从事公务的人员时，其利用职务之便，非法占有所在的非国有性质单位的财产而构成贪污的，犯罪对象可能不属于公共财产，如国家工作人员利用职务便利将非国有保险公司的保险金和非国有公司、企业或单位的财物非法据为己有的也应认定为贪污罪（分别见《刑法》第183条第2款和第271条第2款规定）。

三是公务活动中贪污对象的认定。国家工作人员在国内公务活动或者对外交往中接受礼物，依照国家规定应当交公而未交公，数额较大的，根据《刑法》第394条的规定，也应以贪污罪定罪处罚，这是贪污罪的一种特殊形式。可见，应当交公的礼物也可能成为贪污罪的犯罪对象。对于在国内公务活动或者对外交往中接受的礼物应当交公而不交的构成贪污罪，说明本罪也可以是不作为的方式构成，作为国家工作人员在这种与其职务、职权密切相关的场所所接受的礼物，有义务如实申报并依规定如实交公，但却没有积极履行的，构成本罪。

4. 贪污罪的主观方面

主观方面是故意，并且具有非法占有公共财物的目的。非法占有的目的是贪污罪与挪用公款罪区别的要点。非法占有的目的，需要根据行为人的客观表现认定。在司法经验上，认为行为人弄虚作假将账目冲平或者消去、销毁账目，掩盖财物的踪迹，就足以认定行为人具有非法占有的目的。

5. 贪污罪的共犯

《刑法》第382条第3款规定，行为人"与前两款所列人员勾结、伙同贪污的，以共犯论处"，即非国家工作人员可以成为贪污罪的共犯，但成立贪污罪共犯的一个前提条件是行为人与国家工作人员勾结，共同非法占有公共财物的行为，必须是利用了国家工作人员的职务便利，否则不构成贪污共犯，但可能成立职务侵占罪、盗窃罪、诈骗罪等共犯。同时，根据最高人民法院2000年6月27日《关于审理贪污、职务侵占案件如何认定共同犯罪几个问题的解释》的规定，公司、企业或者其他单位中，不具有国家工作人员身份的人与国家工作人员勾结，分别利用各自的职务便利，共同将本单位财物非法据为己有的，按照主犯的犯罪性质定罪。但是，也有学者不赞成该司法解释，认为如果公司、企业或其他单位的人员与国家工作人员相勾结，共同将本单位财物非法占为己有时，只要所占有的财物为公共财物，就应以贪污罪的共犯论处；如果共同非法占有的是本单位的非公共财物，则应认定为职务侵占罪的共犯。

6. 贪污罪的既遂与未遂

因为贪污罪所侵吞、骗取、窃取公共财产一般是行为人经管或者经手的财产，所以一般当行为人实施弄虚作假等行为充分暴露出非法占有意图的同时，犯罪也就既遂了。只有在侵犯的公共财产不在行为人占有之下或者不完全在行为人占有之下的场合，才可能发生未遂的情况。例如，行为人利用职务上的便利将单位存款从单位账户上划出，但因为意志以外的原因未能入到个人账户上，单位尚未失控而行为人也尚未控制该笔存款，可以认为是贪污罪未遂。

关于贪污罪既遂与未遂的界限。同盗窃罪类似，贪污罪也属于数额犯兼具结果犯特征，其既遂表现为行为人已经将其主管、经管、经手的财物非法转为自己所有，如果行为人已经着手实施贪污行为，因意志以外的原因未能将财物转归为己有的，如利用伪造的单据向单位报销时，当场被揭穿，未能骗取财物，就属于贪污罪未遂。但是在司法实践中，同盗窃罪一样，对于某些具体案件，既遂、未遂并非那么容易判断。例如，某甲系某市大型国有啤酒厂的财务处副处长，其利用职务便利，以转账支票的方式将本单位银行存款12万元划到其朋友的账户上，在其尚未将赃款从该账户上提走时，即被单位发现。此案中某甲是贪污既遂还是未遂？应属于贪污既遂。因为贪污罪在非法占有他人财物、侵犯财产所有权关系上，同盗窃罪、诈骗罪的既遂一样，不在于财物是否转移到了行为人的手中，或者其已经对财物进行了处置，而是主要在于所有者、管理者是否失去对财物的控制，即以"失控说"为标准。就该案中的某甲贪污行为而言，既然行为人能够利用朋友的账号划拨公款，就能够像利用自己的账号一样随时提取其公款，因此可以认为该笔款项单位已经失去控制，并且处于行为人的实际管控之下，该贪污行为应属于既遂。

二、案例

案例10 王某某贪污案

（一）起诉书指控的犯罪事实

（1）2010年2月至2011年1月，被告人王某某在担任榴庄市高新技术开发区（以下简称高新区）兴仁街道办事处托前村支部书记和城中村改造指挥部工作成员、村居拆迁小组组长期间，利用职务之便，违规抢盖房屋2处，并采取对房屋虚假定性等手段，骗取拆迁补偿款549 011.3元。（2）2010年5月至2010年11月，被告人王某某在担任榴庄市高新区兴仁街道办事处托前村支部书记和城中村改造指挥部工作成员、村居拆迁小组组长期间，利用职务之便，违规抢盖房屋2处，并采取隐瞒房屋性质等手段，骗取拆迁补偿款2 379 244.2元。

（二）本案争议焦点

（1）证据的真实性和合法性；（2）所获得的拆迁补偿是否合法；（3）有没有违规抢建；（4）有没有做虚假定性；（5）有没有隐瞒房屋性质；（6）对石粉

厂未拆除部分的补偿是否构成犯罪。

（三）辩护方案

作无罪辩护。

（四）辩护意见

1. 一审辩护意见

辩护人认为，公诉机关的指控，事实不清、证据不足，指控不能成立。

（1）被告人在侦查阶段的讯问笔录不能作为证据使用，应当以当庭供述为准。

最高人民检察院发布的《人民检察院讯问职务犯罪嫌疑人实行全程同步录音录像技术工作流程（试行）》第 4 条规定，录制的起止时间，以被讯问人员进入讯问场所开始，以被讯问人核对讯问笔录、签字捺印手印结束后停止。第 6 条规定，对参与讯问人员和讯问室温度、湿度，应当在讯问人员宣布讯问开始时以主画面反映。对讯问过程中使用证据、被讯问人辨认书证、物证、核对笔录、签字和捺印手印的过程应当以主画面反映。第 9 条规定，录制结束后，录制人员应当将录制资料的正本交讯问人员、被讯问人确认，当场装入人民检察院讯问全程同步录音录像资料密封袋，由录制人员、讯问人员、被讯问人三方封签，由被讯问人在封口处骑缝捺印手印。

最高人民检察院《人民检察院讯问职务犯罪嫌疑人实行全程同步录音录像的规定（试行）》第 2 条规定，人民检察院讯问职务犯罪嫌疑人实行全程同步录音、录像，是指人民检察院办理直接受理侦查的职务犯罪案件，每次讯问犯罪嫌疑人时，应当对讯问全过程实施不间断的录音、录像。第 6 条规定，讯问开始时，应当告知犯罪嫌疑人将对讯问进行全程同步录音、录像，告知情况应在录音、录像中予以反映，并记载于讯问笔录。第 7 条规定，全程同步录像的，摄制的图像应当反映犯罪嫌疑人、检察人员、翻译人员及讯问场景等情况，犯罪嫌疑人应当在图像中全程反映，并显示与讯问同步的时间数码。在检察院讯问室讯问的，应当显示温度和湿度。第 12 条规定，讯问结束后，录制人员应当立即将录音、录像资料复制件交给讯问人员，并经讯问人员和犯罪嫌疑人签字确认后当场对录音、录像资料原件进行封存，交由检察技术部门保存。第 15 条规定，案件审查过程中，人民法院、被告人或者辩护人对讯问活动提出异议的，或者被告人翻供的，或者被告人辩解因受刑讯逼供、威胁、引诱、欺骗等而供述的，公诉人应当提请审判长当庭播放讯问全程同步录音、录像资料，对有关异议或者事实进行质证。

本案侦查阶段对被告人王某某进行讯问时，违反了上述规定，程序不合法。

在庭审中，被告人王某某称受到了侦查人员的刑讯逼供，辩护人也对该项证据取得的合法性提出了质疑。根据最高人民法院、最高人民检察院、公安部、国家安全部、司法部 2010 年《关于办理刑事案件排除非法证据若干问题的规定》，公诉机关对被告人王某某在侦查阶段的讯问笔录不能作为证据使用，应当以当庭讯问为准。

（2）被告人王某某不符合贪污罪主体，其行为没有利用职务上的便利，不构成贪污罪。

根据我国《刑法》第 382 条规定，国家工作人员利用职务上的便利，侵吞、窃取、骗取或者以其他手段非法占有公共财物的，是贪污罪。受国家机关、国有公司、企业、事业单位、人民团体委托管理、经营国有财产的人员，利用职务上的便利，侵吞、窃取、骗取或者以其他手段非法占有国有财物的，以贪污论。贪污罪侵犯的客体是复杂客体，既侵犯了公共财物的所有权，又侵犯了国家工作人员职务的廉洁性。刑法理论认为，贪污罪犯罪对象必须属于公共财物，一般为本单位的财物，但构成贪污罪还必须要求行为人对该财物具有经手、管理、经营等支配、控制的职权，即非法占有该公共财物是利用了其职务上的便利条件，而房屋拆迁补偿款在被告人王某某领取之前并没有处于其经手、管理、经营等支配、控制之下，在拆迁工作中被告人王某某并不具有管理职权。虽然被告人是托前村支部书记和城中村改造指挥部工作成员、村居拆迁小组组长，但他还有另一个身份：托前村村民、被拆迁人，他有权利申请房屋拆迁补偿。在本案及本案涉及的拆迁过程中，被告人王某某始终是被拆迁人，没有也不可能利用什么职务之便，因此不构成贪污罪的犯罪主体。

（3）对被告人王某某违规抢盖房屋的指控事实不清、证据不足。

公诉机关指控被告人王某某"违规抢盖房屋"。"违规"，违反了哪个规定？违反了哪条规定？是 2009 年 10 月 8 日的《公告》吗？的确，所谓的证人证言和公诉机关都不约而同地指向了该《公告》。辩护人认为，2009 年 10 月 8 日的《公告》不能作为证据使用，因为该《公告》是一个无效文件。

其一，所谓公告者，公而告之也。然而该《公告》既没有在媒体上比如《榴庄日报》、榴庄电台、电视台及临城区的媒介之上公而告之，也没有将此《公告》下发到拆迁所涉及的村庄和村民，连本案被告人王某某当时作为村支部书记都没有见到，《公告》的公信力何在？

其二，从公诉机关提供的文本文件来看，该《公告》系由榴庄高新区兴仁街道城中村改造指挥部与包括托前村在内的 8 个自然村联合发布，但 8 个村的印章是如何加盖的？以托前村为例，印章需要由村委会主任签批方可使用，该公告加盖托前村印章既无批条，当时作为村支部支记的王某某对印章的使用也根本不知情。因此，该"公告"制作程序违法，是一个无效文件。

退一步说，即使该"公告"有效，被告人王某某也不构成"违规抢盖房屋"。理由如下。

榴庄高新区管理委员会 2008 年 4 月 21 日批复的《榴庄市行政中心区城中村改造拆迁补偿安置实施意见》（榴高管办发〔2009〕8 号文件）第 2 条规定，"拆迁范围：本次实施改造范围为市行政中心区内的托一村、托二村、托三村、托前村、托后村、徐沃村、东巨山村、西巨山村和四里石社区 9 个村居住地。规划占地面积约 3990 亩。该区域拆迁村民户约计 5309 户，拆迁房屋总建筑面积约计 1 170 000 平方米。上述区域的拆迁范围以市规划局界定的拆迁红线为准。力争用 2~3 年的时间完成 9 个村居的改造。"榴庄市新城区城中村改造工作领导小组和榴庄高新区城中村改造指挥部于 2009 年 5 月 1 日发布的《拆迁公告》规定，"三、拆迁范围：市行政中心区内的托一村、托二村、托三村、托前村、托后村、徐沃村、东巨山村、西巨山村和四里石社区 9 个村居范围内的所有村居民户及单位。上述区域的拆迁范围以市规划局界定的拆迁红线为依据。""四、拆迁期限：2009 年 5 月 1 日至 2011 年 12 月 31 日。"据此，拆迁范围应以市规划局界定的拆迁红线为准。而涉案的 3 处房屋，包括罗某某名下房屋、罗某川名下房屋和石粉厂房屋均不在红线之内。根据法不禁止即自由的原则，在拆迁范围之外盖房是正常的建房行为，显然不是抢盖，更不是"违规抢盖"。

（4）被告人王某某未对房屋做虚假定性、未隐瞒房屋性质。

本案涉案房屋有 3 处：被告人王某某妻子罗某某名下房屋、被告人王某某妻弟罗某川名下房屋、被告人王某某所经营的石粉厂房屋。被告人王某某对该 3 处房屋既没有做虚假定性，更没有隐瞒房屋性质的事实和证据。

其一，关于罗某某名下房屋。

罗某某名下房屋性质是老宅基地。我们向法庭提供了一份 1961 年的当契：

"立当约人王某标将堂屋 3 间出当于叔弟王某恒为业合同中言明共当钱壹佰二拾元当交不欠各无反悔钱到取赎如有不赎永远住房立字为证　中人张某仁　张某茂　张某志　一九六一年十月二十四　立"当契中出当人王某标系被告人王某某大伯，承当人王某恒系王某某父亲。因出当后未再取赎，房屋归于王某恒所有。王某恒去世后房屋由其子王某某继承，房屋宅基地来源合法。该处房屋宅基地另有王某勤等人予以证明，形成了完整的证据链。根据专纪字（2009）6 号专题会议纪要："历史形成的老宅基地（无证件），经村两委确认后，其房屋按有证房产予以补偿"。在对该处房屋进行定性时，是由托前村村委会、拆迁组成员共同研究确定，房屋定性表中有成员的签字，并非王某某利用职务之便的个人行为，定性程序合法。因此，罗某某名下房屋确属老宅基地，无虚假定性事实。

其二，关于罗某川名下房屋。

罗某川，男，40多岁，精神不健全。罗某川名下房屋系由包括王某某妻子罗某某在内的罗某川的兄弟姐妹共同凑钱盖的，宅基地系由罗某川表哥赠与并出资帮助盖房。房屋由村委会、拆迁小组定性，丈量时罗某川本人在现场（有丈量现场的照片、录像证明），房屋补偿款存折户名为罗某川。从宅基地来源、盖房、定性、丈量到最后补偿，程序完整合法，证明房屋确为罗某川本人所有。因此，该处房屋与被告人王某某无关。在刑法理论上，要构成犯罪，事实与结果之间必须具有因果关系。不能仅仅因为王某某是罗某川的姐夫，也不能因为王某某是村支部书记、村居拆迁小组组长就想当然地归罪于被告人王某某。对该处房屋无虚假定性事实。

其三，关于石粉厂房屋。

石粉厂由被告人王某某妻子罗某某管理经营，有房屋租赁合同、有营业执照、有纳税证明、有年检证明，是一个一直在合法、有序、正常经营的企业。如前所述，根据榴庄高新区管理委员会2008年4月21日批复的《榴庄市行政中心区城中村改造拆迁补偿安置实施意见》（榴高管办发〔2009〕8号文件）和榴庄高新区兴仁街道城中村改造指挥部2009年10月8日发布的公告，石粉厂房屋不在拆迁范围之内，石粉厂的改建、扩建行为是正常的扩大再生产的经营行为，根本不是抢建。在改建、扩建中也无任何人员予以警示和阻止。在补偿时严格按照丈量、公示、申请、补偿的程序进行，被告人王某某作为被拆迁人无隐瞒行为。至于公诉机关着力渲染、强调的所谓本该由外业四组丈量而被告人王某某自己找外业三组丈量问题，不能成为证明被告人有罪的证据。①石粉厂是企业，且坐落在徐沃村，是否拆迁、是否补偿、补偿标准皆由榴庄高新区兴仁街道城中村改造指挥部决定，被告人王某某是被拆迁人，尽管他是托前村支部书记、村居拆迁小组组长，但无经手、管理、经营拆迁徐沃村房屋的职务、更无职权，当然更谈不上利用职务之便了。②作为被拆迁人，房屋的丈量是由外业三组还是外业四组进行，他无权决定、无权指挥。③石粉厂房屋坐落于徐沃村，但企业归被告人王某某所有，企业不同于村居，对企业的丈量由哪个组负责丈量并无明确规定，对被拆迁人王某某来说，只要是榴庄高新区兴仁街道城中村改造指挥部的丈量组都可申请丈量，丈量组不同意完全可以拒绝。④不管最终由哪个组丈量，丈量结果是客观真实的房屋面积，无串通多量、虚报面积的行为。⑤根据城中村改造指挥部专纪字〔2009〕13号文件，对与村（居）签订合同的企业，只要有合同以及近3年租金收据就按合法建筑物计算。

与村（居）签订合同企业的补偿就是按照此文件进行的，根本不存在所谓的房屋定性。因此，对该处房屋无隐瞒房屋性质的事实。

其四，对罗某某名下房屋、罗某川名下房屋进行拆迁补偿，对被告人王某某石粉厂房屋进行拆迁补偿符合有关文件规定，无做虚假定性、隐瞒房屋性质之必要。

对罗某某名下房屋、罗某川名下房屋进行拆迁补偿，对被告人王某某石粉厂房屋进行拆迁补偿和经营性补助符合有关文件规定，这些文件和有关规定是：

其一，榴庄高新区管理委员会 2008 年 4 月 21 日批复的《榴庄市行政中心区城中村改造拆迁补偿安置实施意见》（榴高管办发〔2009〕8 号文件）第 3 条第（1）款第 3 项规定："违章建筑和超过批准期限的临时建筑；拆迁公告发布后新建、改建、扩建的房屋、附属设施；私自利用承包地、开荒地建设的建筑物；私自非法购买村民承包地违法建设的建筑物；违规占地建设的建筑物；改造区域内房屋的二层以上部分（不含两层），在规定的搬迁期限内，能够积极搬迁交房的，给予一定的拆迁补助。"第 4 项规定："丈量确认的房屋面积及附着物，由丈量人员、村两委干部、被拆迁人 3 方签字生效；被拆迁人无正当理由不到现场或拒绝签字的，工作人员依据房屋的权属证明和相关资料会同村两委干部依照程序进行标准、价格认定后生效。"

其二，榴庄市人民政府榴政发〔2009〕10 号《榴庄市人民政府关于加快推进新城区城中村改造的实施意见》第 1 条规定："以科学发展观为指导，坚持以人为本、惠民利民，政府主导、政策扶持，分级负责、部门配合，统一规划、分步实施，市场运作、公开透明的原则，用 2~3 年时间对新城区内的托一、托二、托三、托前、托后、徐沃、东巨山、西巨山 8 个村，分期分批实施改造。"第 4 条第（2）款规定："新城区城中村改造拆迁补偿要按照国家、省、市相关政策规定执行。榴庄高新区管委会可学习参照外地先进经验，结合村庄实际，制定科学合理的补偿标准。为促进拆迁工作顺利进行，可合理发放搬迁补助费、临时安置补助费、搬迁奖励费、经营性补助费。"

从效力位阶上，这两个文件居上位，榴庄高新区兴仁街道城中村改造指挥部文件居下位。也就是说榴庄高新区兴仁街道城中村改造指挥部的文件效力低于这两个文件，当榴庄高新区兴仁街道城中村改造指挥部的文件与这两个文件相抵触时以这两个文件为准。而按照这两个文件的规定，对拆迁公告发布后新建、改建、扩建的房屋、附属设施给予拆迁补助，对企业要给予拆迁补助和经营性补助费。而且是用 2~3 年时间对新城区内的托一、托二、托三、托前、托后、徐沃、东巨山、西巨山 8 个村，分期分批实施改造。另外，如前所述：根据城中村改造指挥部专纪字〔2009〕13 号文件，与村（居）签订合同的企业，可参照城中村房屋拆迁有关补偿政策；对与村（居）签订合同的企业作为合法建筑计算，但必须提供合同原件，租金交款收据等材料，建筑主体按主房计算，不分主配房。即只要有合同和租金交款收据即可给予补助，不存在定性问题。因此，对涉案的 3 处房屋进行拆迁补偿完全符合文件规定，根本没有必要做虚假定性也完全没有必要隐瞒房屋性质。

（5）关于王某某石粉厂未拆除部分的补偿能否构成贪污罪问题。

对王某某石粉厂给予补偿后，石粉厂仍有 1000 平方米左右的厂房和职工宿舍未予拆除，辩护人认为对该部分的补偿也不构成贪污罪，理由是：①石粉厂部分房屋未拆除不是王某某的个人主观行为。在主观上，王某某是要将石粉厂房屋拆除的，拆下的钢梁、钢筋等就能卖几万元钱。在客观上，王某某也实际进行了拆除，但在拆除过程中，兴仁街道办事处原支部书记孙某明等领导看到这部分房屋建筑质量好，就让王某某将这部分房屋留下来，准备作为街道办的警务区。当时，孙某明是街道办事处支部书记，王某某作为被拆迁人只能服从命令。这一点，孙某明、刘某忠、罗某某、邹某宝以及村民都可予以证明，法庭可予以核实。根据刑法理论，执行命令的行为是排除社会危害性的行为，不能构成犯罪。②对该虽未拆除部分的补偿，不违反文件规定，不构成犯罪。根据公诉人提供的《榴庄市行政中心区二〇〇九年城中村改造工作方案》第 2 条第 6 款规定："在搬迁期限内，被拆迁人按时搬迁并经工作组验收合格后，领取房屋搬迁验收号，签订搬迁补偿安置协议并领取补偿。在期限内完成搬迁的，每户享受相应的搬迁奖励。搬迁期限内没按时完成搬迁的……可实行强制拆除。"再根据《榴庄市行政中心区城中村改造拆迁补偿安置政策宣传提纲》第 3 条第 3 款第（3）项，"规定期限内拒不拆除的，依法强制拆除，不予奖励。"据此，不拆除的后果只有一个，那就是：依法强制拆除，不予奖励。但并不影响对房屋的补偿，补偿符合文件规定。③未拆除完毕领取补偿不符合贪污罪的构成要件，不构成犯罪。根据刑法规定，构成贪污罪必须利用职务上的便利。石粉厂坐落于徐沃村，而王某某是托前村的支部书记，而且只是一个被拆迁人，不能也没有职务之便可用，因此不能构成犯罪。

总之，本案有四个关键问题：一是有没有违规抢建；二是有没有做虚假定性；三是有没有隐瞒房屋性质；四是对石粉厂未拆除部分的补偿是否构成犯罪。综合以上分析，被告人王某某既没有违规抢建，也没有做虚假定性，更没有隐瞒房屋性质，对未拆除部分的石粉厂房屋补偿也不构成犯罪。因此，辩护人认为，指控的罪名不能成立，被告人王某某无罪。

一审判决采纳了辩护人的大部分意见，认定石粉厂的补偿不构成犯罪，认定两处住宅的补偿构成犯罪但将犯罪数额由 292 万元减至 31 万元，判处被告人有期徒刑 11 年。判决后，被告人不服提起上诉，二审发回重审。在重审中，辩护人仍然做无罪辩护，重审判决又采纳了辩护人的部分辩护意见，认定石粉厂和一处住宅的补偿不构成犯罪，认定其中一处住宅的补偿构成犯罪，将犯罪数额进一步减为 8.6 万元，判处被告人有期徒刑 5 年 6 个月。以上判决均发生在《刑法修正案（九）》和最高人民法院、最高人民检察院关于贪污贿赂罪的司法解释颁布之前，取得了较好的辩护效果。重审判决宣判后，检察院提起抗诉，被告人亦提起上诉。

2. 第二次二审的辩护意见

（1）支持抗诉事实不清。榴庄市人民检察院《支持刑事抗诉意见书》（榴检公二支刑抗〔2015〕2 号），是临城区人民检察院《刑事抗诉书》（薛检公二刑抗〔2014〕第 4 号）与支持抗诉机关对原审一审支持抗诉的《支持刑事抗诉意见书》（榴检公二支刑抗〔2013〕8 号）的拼接，有许多不实之处。

①支持抗诉机关《支持刑事抗诉意见书》（榴检公二支刑抗〔2013〕8 号）称："本院审查后认为，抗诉事实证据确实充分，应予支持，但指控贪污罪不当，应依法认定为诈骗罪"（第 1 页）；支持抗诉机关《支持刑事抗诉意见书》（榴检公二支刑抗〔2015〕2 号）称："本院审查后认为，抗诉事实证据确实充分，应予支持，但指控一审被告人王某某在石粉厂拆迁过程中，骗取国家补偿款构成贪污罪不当，应依法认定为诈骗罪"（第 1 页）。

A. 在王某某妻子罗某某经营的石粉厂的拆迁补偿问题上，临城区人民检察院两次抗诉罪名为贪污罪，而榴庄市人民检察院两次支持抗诉意见均认为临城区人民检察院指控不当，认为应认定为诈骗罪。那么，支持抗诉机关到底是支持抗诉呢还是不支持抗诉？自相矛盾。再说，公诉机关的职权是指控犯罪，认定犯罪则是合议庭的职权，不能越俎代庖。

B. 在石粉厂的拆迁补偿问题上，临城区人民检察院两次公诉、两次抗诉罪名均为贪污罪，而榴庄市人民检察院两次支持抗诉意见均认为临城区人民检察院指控不当，认为应认定为诈骗罪。两级检察院在这一方面的意见上发生了严重分歧。

②《支持刑事抗诉意见书》（榴检公二支刑抗〔2015〕2 号）称，"被告人王某某利用其身为托前村书记及兴仁街道办事处城中村改造指挥部工作成员的职务便利"（第 6 页、第 7 页），"这一行为王某某直接利用了村书记的职务便利，其余行为的实施是直接或者间接利用了城中村改造指挥部工作成员、村居拆迁小组组长职务上形成的方便条件或者利用了他人的职务便利"（第 7 页）。《支持刑事抗诉意见书》（榴检公二支刑抗〔2015〕2 号）又称："指控一审被告人王某某在石粉厂拆迁过程中，骗取国家补偿款构成贪污罪不当，应依法认

定为诈骗罪"（第 1 页），"我们认为王某某骗取国家补偿款的行为应该以诈骗罪追究其刑事责任"（第 7 页）。

根据我国刑法规定，国家工作人员利用职务上的便利，侵吞、窃取、骗取公共财物的，是贪污罪；以虚构事实、隐瞒真相的方法，骗取数额较大公私财物的，是诈骗罪；如果以骗取方法取得公共财物，贪污罪和诈骗罪的根本区别就在于是否利用了职务便利。而支持抗诉机关一方面说"利用了职务便利"，另一方面又说"认定为诈骗罪"，属于自相矛盾，支持抗诉事实不清。

众所周知，诈骗罪的行为方式是虚构事实、隐瞒真相。具体到本案石粉厂的补偿，何为虚构事实？如果石粉厂根本不存在，凭空编造出一个石粉厂的资料领取补偿款，这叫虚构事实。何为隐瞒真相？隐瞒石粉厂的房屋实际面积领取补偿款，比如，假设石粉厂房屋面积仅有 100 平方米，而领取补偿款的面积是 1000 平方米，这叫隐瞒真相。被告人王某某有这两种事实和行为吗？没有！因为石粉厂还立在那儿，是个真实的存在；实际面积是不是领取补偿的面积，现在还可以去丈量核实。

③王某某石粉厂的补偿合法，无诈骗行为。支持抗诉机关就指控的所谓诈骗事实列举了四个方面（榴检公二支刑抗〔2015〕2 号《支持刑事抗诉意见书》第 5 页）：一是抢建问题；二是丈量问题；三是公示问题；四是签字确认问题。

A. 关于是否抢建问题。认定是否抢建，首先要界定什么是抢建。辩护人认为，抢建应当包含两个因素：范围和时间。就是在拆迁范围之内，违背时间规定建房，范围和时间规定同时具备，缺少任何一个因素都不构成抢建。而被告人王某某石粉厂在文件规定的拆迁范围之外，亦未违背时间规定，不构成抢建。根据榴庄高新区管理委员会 2008 年 4 月 21 日批复的《榴庄市行政中心区城中村改造拆迁补偿安置实施意见》（榴高管办发〔2009〕8 号文件）第 2 条规定，"拆迁范围：本次实施改造范围为市行政中心区内的托一村、托二村、托三村、托前村、托后村、徐沃村、东巨山村、西巨山村和四里石社区 9 个村居住地。规划占地面积约 3990 亩。该区域拆迁村民户约计 5309 户，拆迁房屋总建筑面积约计 1 170 000 平方米。上述区域的拆迁范围以市规划局界定的拆迁红线为准。力争用 2~3 年的时间完成 9 个村居的改造。"又根据榴庄市新城区城中村改造工作领导小组和榴庄高新区城中村改造指挥部于 2009 年 5 月 1 日发布的《拆迁公告》"三、拆迁范围：市行政中心区内的托一村、托二村、托三村、托前村、托后村、徐沃村、东巨山村、西巨山村和四里石社区 9 个村居范围内的所有村居民户及单位。上述区域的拆迁范围以市规划局界定的拆迁红线为依据。""四、拆迁期限：2009 年 5 月 1 日至 2011 年 12 月 31 日"，拆迁范围应以市规划局界定的拆迁红线为准，时间规定是 2009 年 5 月 1 日至 2011 年 12 月 31 日。而王某某石粉厂房屋不在红线之内，根据法不禁止即自由的原则，在拆迁范围之外盖房是正常的建房行为，显然不是抢建。需要进一步说明的是，石粉厂由被告人王某某妻子罗某某管理经营，有房屋租赁合同、有营业执照、有纳税证明、有年检证明，是一个一直在合法、有序、正常经营的企业。根据前引榴庄高新区管理委员会 2008 年 4 月 21 日批复的《榴庄市行政中心区城中村改造拆迁补偿安置实施意见》（榴高管办发〔2009〕8 号文件）和榴庄高新区兴仁街道城中村改造指挥部 2009 年 10 月 8 日发布的公告，石粉厂房屋不在拆迁范围之内，石粉厂的改建、扩建行为是正常的扩大再生产的经营行为，根本不是抢建。

B. 关于丈量问题。《支持刑事抗诉意见书》说："被告人王某某协调城中村改造指挥部外业丈量组组长邹某宝安排外业丈量三组金某丈量他的厂房。"这没有什么不对。辩护人发现，支持抗诉机关在《支持刑事抗诉意见书》中多次使用"协调"一词，协调的具体含义是什么？语焉不详，请求、请示、申请、协商等应该在其含义之内。石粉厂是企业，且坐落在徐沃村，是否拆迁、是否补偿、补偿标准皆由榴庄高新区兴仁街道城中村改造指挥部决定。如果决定拆迁，被告人王某某就是被拆迁人，作为被拆迁人，房屋的丈量是由外业三组还是外业四组丈量他无权决定、无权指挥，不请求、不请示、不申请、不协商或者干脆就如支持抗诉机关所言不协调的话，怎么丈量？坐落于徐沃村的王某某石粉厂是一个企业，企业不同于村居，对企业的丈量由哪个组负责丈量并无明确规定，对被拆迁人王某某来说，只要是榴庄高新区兴仁街道城中村改造指挥部的丈量组都可申请丈量，丈量组不同意完全可以拒绝。不管最终由哪个组丈量，关键看丈量结果是否客观真实。事实证明，在丈量中是客观公正的，无任何串通多量、虚报面积之行为。不管是侦查机关、一审公诉机关还是支持抗诉机关对石粉厂房屋面积的丈量结果均未提出任何异议，有关机关恐怕不只去量了一次。

C. 关于公示问题。请看一下《支持刑事抗诉意见书》第 5 页倒数第 5 行"对该厂房根本没有在托前村进行公示"，再看第 6 页倒数第 4 行"根据证据，王某某该厂房根本没有在托前村进行公示"，但紧接这句话后面的是"被告人供述、证人孙某、孔某良、刘某文三人证言以及相关书证证实，厂房在托前村公示后，抢建的厂房按照正常厂房的标准进行了补偿"。到底公示了没有？支抗机关没有搞清楚吧？又是一个自相矛盾的情况，支持抗诉认定的事实错得太离谱。

事实是：企业不同于村居，不需要定性，无文件规定需要公示，即使公示也只是公示房屋面积。好在厂房还没有拆除，面积一量便知。

D. 关于签字确认问题。《支持刑事抗诉意见书》第 2 页"被告人王某某通过协调徐沃村的书记刘某文、徐沃村的村主任孔某良在补偿款申领表上签字确认"，这又有何不对？难道这就是犯罪事实？难道不需要签字确认？坐落在徐沃村的企业，请徐沃村的书记和村主任签字确认是申领补偿款的正当程序，合理合法，不请他们签字确认才是错误的。

在此，辩护人需要强调说明的是，支持抗诉机关对王某某石粉厂补偿事实的认定不仅是矛盾的、错误的，而且无关联性。因为在 2009 年 10 月 10 日城中村改造指挥部专纪字〔2009〕13 号文件（会议纪要）出台之前，没有任何一个文件包括 2009 年 10 月 8 日的公告涉及企业的补偿问题，正是因为这个原因城中村改造指挥部才专门就企业的补偿问题下发了这个文件。该文件规定："对与村（居）签订合同的企业，只要有合同以及近 3 年租金收据就按合法建筑物计算。"城中村改造指挥部在对企业的补偿中也确确实实是这么执行的，辩护人这里有两张对企业的补偿表，所有村企业都是这样补偿的。

因此，王某某在石粉厂的补偿中合理合法合规，无犯罪事实更无欺骗行为和事实，原审一审和重审一审对此两次不予认定是正确的。请求法庭明察。

（2）关于证据的采用问题。

支持抗诉机关《支持刑事抗诉意见书》（榴检公二支刑抗〔2015〕2 号）关于"一审判决书中'公诉机关提交的被告人有罪供述的笔录有重大瑕疵，且被告人王某某否认供述的真实性，对被告人王某某在侦查机关的供述不予认定'，系适用法律错误"（第 1 页），该理由不能成立。公诉机关提交的被告人王某某有罪供述的笔录不仅有重大瑕疵，而且不具有合法性。

① 《支持刑事抗诉意见书》（榴检公二支刑抗〔2015〕2 号）说，"本案是 2012 年 7 月 16 日临城区纪委向检察机关移交，在移交之前，纪委调查的同时，本院检察长批准对王某某涉嫌职务犯罪进行初查，由本院反贪的侦查人员对王某某和部分证人进行了询问，王某某于 7 月 12 日、13 日的询问笔录中均向侦查人员供述了自己在托前村和徐沃村抢建房屋骗取补偿款的犯罪事实"（第 1 页、第 2 页）。这里的问题如下。

A. "本案是 2012 年 7 月 16 日临城区纪委向检察机关移交"，我们有理由提出以下疑问。

临城区纪委向检察机关移交了什么材料？根据《中国共产党纪律检查机关案件检查工作条例》第 41 条规定，移送审理时，应移送下列材料，并办交接手续：（一）分管领导同意移送审理的批示；（二）立案依据；（三）调查报告和承办纪检室的意见；（四）全部证据材料；（五）与被调查人见面的错误事实材料；（六）被调查人对错误事实材料的书面意见和检讨材料；（七）调查组对被调查人意见的说明。

请支抗机关向法庭说明，这些材料移送了没有。如果移送了，材料在哪里；如果没有移送，原因是什么？如果不移送，不仅违反了《中国共产党纪律检查机关案件检查工作条例》，而且我们合理怀疑检察机关在 2012 年 7 月 16 日之前询问王某某和其他证人的合法性。

B. "在移交之前，纪委调查的同时，本院检察长批准对王某某涉嫌职务犯罪进行初查"，请支抗机关向法庭说明纪委调查的时间、地点。

其一，被告人王某某多次向法庭陈述，自己是 2012 年 6 月 28 日上午被临城区人民检察院侦查人员带走的，自 2012 年 6 月 28 日被带走至 7 月 16 日被送到看守所一直被关在临城区检察院。其二，证人李某槐、樊某荣、张某洋等人证实，6 月 28 日看到或听说薛城检察院的车、检察院的人把王某某带走。其三，王某某手机通话记录可证明，王某某手机自 6 月 28 日之后再无通话，请法庭予以核实。

C. 2012 年 7 月 16 日榴庄市临城区人民检察院薛检反贪传〔2012〕17 号《传唤通知书》记载：现通知居住临城区街道办事处托前村的犯罪嫌疑人王某某接受讯问。被传唤人必须持此件报到，无故不到，得以拘传。

请支抗机关释明，送达传票的人员是谁，送到了哪里，被告人王某某在何处签收的这张传票，什么时间到达临城区检察院，是怎么来的。

如果不能释明，我们合理怀疑：在下达该传票的时候，被告人王某某早已被关在检察院了。被告人王某某的多次供述也证明了这一点。

D. 《薛城区纪律检查委员会移送函》有瑕疵。其一，未附按照规定应当附的材料。其二，移送函没有落款时间，没有移送时间。其三，纪委移送应当移送给检察院而不是其内部机构反贪局。

E. 移送函载明，"我委检查一室于 2012 年 7 月 2 日对托前村支部书记王某某进行两规"，请支抗机关释明 6 月 28 日至 7 月 2 日期间被告人王某某身处何地。

F. 薛城区人民检察院《送达回证》显示：其一，拘留通知书收件人由张某和田某标签名，逮捕通知书收件人由张某签名，问题是拘留通知书和逮捕通知书的受送达人应当是被告人王某某的亲属，亲属不在或找不到或拒收才由他人代收，受送达人从未离开过居住地，送达人找了吗？送了吗？其二，拘留通知书送达回证收到时间的签字有改动，改动处没有手印、没有盖章、没有说明原因。请支抗机关释明。

我们合理怀疑：被告人王某某受到了非法拘禁。被告人及其亲属以及辩护人将保留向有关机关举报、控告的权利。

②公诉机关提交的被告人王某某的笔录主要有 3 份。

一份是 2012 年 7 月 16 日的讯问笔录，该笔录记载的讯问时间为 22 时 00 分至 23 时 55 分。明显属于疲劳审讯，是非法证据。

另两份是 2012 年 7 月 13 日的询问笔录，其中，9 时 24 分至 11 时 55 分一份，16 时 10 分至 18 时 15 分一份。其一，该两份笔录，询问前没有告知被告人应有的权利，属于程序违法；其二，在两份笔录最后的被询问人签名处，被询问人签署的时间都做了改动，为什么同一天的两份笔录时间都做了改动，合理怀疑笔录的真实性和合法性。

更为严重的是：侦查机关对王某某 2012 年 7 月 16 日 22 时 00 分至 23 时 55 分的讯问笔录（以下简称讯问笔录）与 2012 年 7 月 13 日 9 时 24 分至 11 时 55 分的询问笔录（以下简称询问笔录）如出一辙，主要内容几乎完全雷同。两份笔录相隔 3 天，这么多的段落和页码记载居然完全相同，甚至连标点符号都一样。

③庭审中当庭播放的关于被告人王某某的讯问笔录的"同步录音录像"非原始同步录音录像，其一，录音录像光盘没有现场开封；其二，在密封处没有被告人签字和手印；其三，录音录像内容与被告人供述笔录不一致；其四，录音录像内容显示播放的"同步录音录像"不是从第一次讯问开始录制。根据最高人民法院、最高人民检察院、公安部、国家案全部、司法部《关于办理刑事案件排除非法证据若干问题的规定》（以下简称《非法证据排除规则》）第 5 条及第 7 条和《人民检察院讯问职务犯罪嫌疑人实行全程同步录音录像的规定》应当予以排除。再根据 2013 年 10 月 9 日最高人民法院《关于建立健全防范刑事冤假错案工作机制的意见》第 8 条规定："采用刑讯逼供或者冻、饿、晒、烤、疲劳审讯等非法方法收集的被告人供述，应当排除。"

《非法证据排除规则》第 14 条规定，物证、书证的取得明显违反法律规定，可能影响公正审判的，应当予以补正或者作出合理解释，否则，该物证、书证不能作为定案的根据。对纪检程序中获取的书面形式的人证，即当事人陈述与证人证言，不能在司法程序中作为定案依据。言词证据容易受各种主客观因素的影响而出现虚假或失真的情况。纪检程序不受刑事程序法的约束，通过纪检程序获得的人证的真实性得不到程序法的保障，因此有正当的怀疑理由。《非法证据排除规则》第 11 条规定，对被告人审判前供述的合法性，公诉人不提供证据加以证明，或者已提供的证据不够确实、充分的，该供述不能作为定案的根据。对控方的证据要求其不仅具有真实性，而且具有合法性，因为这是出于规制职权、保障权利的需要。然而，对于辩护方提供的有利于被告人的证据来说，出于刑事诉讼法保护人权的需要，更重要的是其提供的证据的真实性。即如果辩护方提供的证据足以证明无罪，那么该证据的真实性才是关键问题，即使该证据在合法性上有所欠缺。换句话说，无罪的证据如果是真实的，即使不能证明其合法性，也不应影响其证明效力。

据此，辩护人认为，对于被告人侦查阶段的笔录不仅不能与所谓的"同步录音录像"相佐证，恰恰证明证据不具有合法性。重审一审判决书未认定被告人王某某侦查阶段笔录是非法证据，只是说有重大瑕疵不予采信，已经是较为委婉的说法了。

对于被告人王某某的供述应以当庭供述为准，以被告人当庭供述作为证据。

（3）关于证人证言。支持抗诉机关《支持刑事抗诉意见书》（榆检公二支刑抗〔2015〕2 号）称："王某某在侦查阶段的有罪供述和证人罗某川、金某、李某新、张某详、张某元、张某等人证言……相互印证，形成完整证据链条，足以认定指控事实成立。"（第 3 页）。请看证人的证言。

①证人刘某忠、孙某、邹某宝、金某、薛某艳的证言，主要针对的是石粉厂的补偿。这些证言不具有关联性。因为：A. 涉及企业拆迁补偿的规定只有一个会议纪要，只要有协议并交纳 3 年租金即可补偿，不需要定性和公示；B. 这些证言想证明什么，证明了什么？无非想证明，石粉厂的丈量本该由指挥部外业四组丈量，实际是由外业三组丈量的。不管由哪个组丈量，只要是指挥部的丈量组进行了实际丈量，丈量结果属实即可。

②孔某良的讯问笔录和刘某文的询问笔录两份言辞证据，不具有真实性。

公诉机关向法庭出示的 2012 年 7 月 8 日 11 时对犯罪嫌疑人孔某良的讯问笔录和 2012 年 7 月 9 日 14 时对证人刘某文的询问笔录，涉及被告人王某某的部分不具有真实性。因为：A. 孔某良讯问笔录第 7 页、刘某文询问笔录第 4 页；B. 孔某良讯问笔录第 8 页、刘某文询问笔录第 6 页；C. 孔某良讯问笔录第 9 页、刘某文询问笔录第 7 页；D. 孔某良讯问笔录第 9 页、刘某文询问笔录第 7 页；E. 孔某良讯问笔录第 11 页、刘某文询问笔录第 10 页中的内容几乎完全相同，甚至连错别字和标点符号都一样。作为诉讼证据的言辞证据，无论是对嫌疑人的讯问笔录还是对证人的询问笔录，都必须忠实记录被讯问人和被询问人的供述和证言。每个人的语言习惯是不同的，如此高度一致的言辞分别出现在两人的两份笔录中。只能证明一个问题：笔录是假的，不真实的。该两份证据不具有真实性，不能作为证据使用。

③证人张某详、张某元、李某新询问笔录三份言辞证据，不具有真实性。

公诉机关作为证据的 2012 年 9 月 8 日 14 时对证人张某详的询问笔录、2012 年 9 月 10 日 8 时对证人张某元的询问笔录、2012 年 9 月 13 日 14 时对证人李某新的询问笔录，不具有真实性。高度一致的证人证言，不具有真实性，不能作为证据使用。

④证人罗某川询问笔录不具有真实性。其一，罗某川是本案的利害关系人；其二，罗某川本人患有精神分裂症；其三，该份证言系编造（住址错误；不可能说出：大姐、三哥；不可能喊二姐夫、二哥）。不具有真实性。

⑤证人李某槐、田某标询问笔录不具有真实性。

该两份询问笔录中有前后矛盾之处有不少猜测性、推测性、评论性的语言，根据《刑事诉讼法解释》第 75 条的规定："证人的猜测性、评论性、推断性的证言，不得作为证据使用。"不动产的归属要靠不动产物权的登记、合同、书证等来证明。公诉机关提供的书证，只能证明 3 处房屋补偿的过程，不能证明被告人王某某构成犯罪。相反，恰恰证明被告人王某某无罪。

综上，对犯罪事实的指控需要证据来支撑，而刑事诉讼证据的证明标准是证据确实、充分，证据确实、充分，应当符合以下条件：①定罪量刑的事实都有证据证明；②据以定案的证据均经法定程序查证属实；③综合全案证据，对所认定事实已排除合理怀疑。纵观全案，本案控方提供的证据不仅达不到确实、充分的证明标准，不能形成完整的证据链，甚至是令人瞠目的编造虚假的证据材料，证据体系坍塌。

（4）辩护人提交及申请调取的证据。

①辩护人提交的 1961 年房屋当契、2012 年 6 月 3 日托前村村委会证明复印件、房屋定性人员名单和无记名投票 24 张，证明罗某某名下房屋定性合法、真实，无弄虚作假的行为。

②辩护人提交和申请调取的编号为 771、769 房屋拆迁照片、户名为罗某川的工商银行存折，结合其他相关书证、证人证言，证明：罗某川名下房屋和拆迁补偿属罗某川本人所有。

③辩护人提交和申请调取的相关文件证明：对罗某某名下房屋、罗某川名下房屋进行拆迁补偿，对被告人王某某石粉厂房屋进行拆迁补偿符合有关文件规定。

其一，榴庄高新技术产业开发区管理委员会 2008 年 4 月 21 日批复的《榴庄市行政中心区城中村改造拆迁补偿安置实施意见》（榴高管办发〔2009〕8 号文件）第 3 条第（1）款第 3 项规定："违章建筑和超过批准期限的临时建筑；拆迁公告发布后新建、改建、扩建的房屋、附属设施；私自利用承包地、开荒地建设的建筑物；私自非法购买村民承包地违法建设的建筑物；违规占地建设的建筑物；改造区域内房屋的二层以上部分（不含两层），在规定的搬迁期限内，能够积极搬迁交房的，给予一定的拆迁补助。"第4项规定："丈量确认的房屋面积及附着物，由丈量人员、村两委干部、被拆迁人三方签字生效；被拆迁人无正当理由不到现场或拒绝签字的，工作人员依据房屋的权属证明和相关资料会同村两委干部依照程序进行标准、价格认定后生效。"

其二，榴庄市人民政府榴政发〔2009〕10号《榴庄市人民政府关于加快推进新城区城中村改造的实施意见》第1条规定："以科学发展观为指导，坚持以人为本、惠民利民，政府主导、政策扶持，分级负责、部门配合，统一规划、分步实施，市场运作、公开透明的原则，用2~3年时间对新城区内的托一、托二、托三、托前、托后、徐沃、东巨山、西巨山8个村，分期分批实施改造。"第4条第（2）款规定："新城区城中村改造拆迁补偿要按照国家、省、市相关政策规定执行。榴庄高新区管委会可学习参照外地先进经验，结合村庄实际，制定科学合理的补偿标准。为促进拆迁工作顺利进行，可合理发放搬迁补助费、临时安置补助费、搬迁奖励费、经营性补助费。"

从效力位阶上，该两个文件居上位，榴庄高新区兴仁街道城中村改造指挥部文件居下位。也就是说榴庄高新区兴仁街道城中村改造指挥部的文件效力低于该两个文件，当榴庄高新区兴仁街道城中村改造指挥部的文件与该两个文件相抵触时应以该两个文件为准。而按照该两个文件的规定，对拆迁公告发布后新建、改建、扩建的房屋、附属设施给予拆迁补助，对企业要给予拆迁补助和经营性补助费。而且是用2~3年时间对新城区内的托一、托二、托三、托前、托后、徐沃、东巨山、西巨山8个村，分期分批实施改造。另外，如前所述：根据城中村改造指挥部专纪字（2009）13号文件，与村（居）签订合同的企业，可参照城中村房屋拆迁有关补偿政策；对与村（居）签订合同的企业作为合法建筑计算，但必须提供合同原件，租金交款收据等材料，建筑主体按主房计算，不分主配房。即：只要有合同和租金交款收据即可补助，不存在定性问题。因此，对涉案的3处房屋进行拆迁补偿完全符合文件规定，根本没有必要做虚假定性也完全没有必要隐瞒房屋性质。

（5）关于搬迁奖励的性质。

①侦查人员提交的3份判决书意图证明搬迁奖励问题。该三份判决书与本案不具有关联性，虽然同为拆迁补偿，但案件性质和情节不同，不能类比，再说，我国刑法早已废除了类推制度。

②侦查人员提交的《托前村无证房补偿款发放明细》与本案也不具有关联性，因为罗某某名下房屋被界定为老宅基地，老宅基地是按有证房补偿的。

③其他案件对搬迁奖励的界定未必正确。

④搬迁奖励的直接原因和根据是搬迁行为，无论房屋性质如何不搬迁则无奖励。被告人的行为与搬迁奖励之间没有直接的因果关系。根据刑法的因果关系理论，行为要构成犯罪，行为与结果之间必须具有因果关系而且必须是直接的因果关系，无直接的因果关系不构成犯罪。

⑤搬迁奖励是政府为了顺利完成城中村改造，及时顺利搬迁的激励措施，无此措施搬迁任务难以顺利完成。搬迁激励在城中村改造和房屋补偿中具有独立性，其性质应在本案中独立评价。不能因为在其他案件中将搬迁奖励认定为犯罪数额就继续错误地将搬迁奖励在本案中再认定为犯罪数额。

⑥没有期待可能性。根据期待可能性理论，本案中，既然房屋已经在规定的时间内搬迁，不能期待被告人不领取搬迁奖励。没有期待可能性，不能定罪。

⑦取得财产有合法取得和不合法取得。犯罪所得一定是不合法取得，但不合法取得不一定是犯罪所得。根据《民法通则》第 92 条规定："没有合法根据，取得不当利益，造成他人损失的，应当将取得的不当利益返还受损失的人。"这是《民法通则》关于不当得利的规定，不当得利的取得，不是由于受益人针对受害人而为的违法行为。被告人王某某及其妻子罗某某领取的搬迁奖励，是基于房屋的及时搬迁，即使房屋补偿不合法也不能将搬迁奖励归于犯罪数额，至多属于不当得利。

因此，重审一审将搬迁奖励不认定为犯罪数额是正确的。

（6）本案的事实。

本案涉案房屋有 3 处：被告人王某某妻弟罗某川名下 769 号房屋、被告人王某某妻子罗某某所经营的石粉厂房屋和被告人王某某妻子罗某某名下 771 号房屋。该 3 处房屋情况虽各有不同，但指控的罪名都不能成立。

①关于罗某川名下 769 号房屋。

罗某川名下 769 号房屋的焦点问题是该房屋的所有权和补偿款的归属。

A. 事实和证据证明：罗某川名下 769 号房屋由罗某川所有。

a. 罗某川名下 769 号房屋宅基地系由罗某川表哥赠与。

有罗某川表嫂（表哥已去世）证言证实，原审一审出庭作证；被告人王某某以前庭审供述、当庭供述。供证一致。

b. 罗某川名下 769 号房屋建房资金来源：罗某川名下房屋系由包括王某某妻子罗某某在内的罗某川的兄弟姐妹共同凑钱盖的，罗某川表哥也提供了资助。

被告人王某某以前庭审供述、当庭供述；罗某伦、罗某某证言；罗某川表嫂原审一审出庭作证；供证一致。

c. 罗某川本人情况：罗某川，男，40 多岁，患有精神分裂症，精神残疾；

本身是个罗锅，生理残疾。

医院诊断证明其患有精神分裂症，多人证明其精神不正常；罗锅，生理残疾，叫来本人一看便知。

一个父母双亡、患有精神分裂症、生理上有残疾的40多岁的人，兄弟姐妹为他操心盖房子，符合人之常情。

d. 罗某川名下769号房屋补偿程序：

房屋由村委会、拆迁小组定性，有房屋拆迁定性表予以证明；丈量时罗某川本人在现场，有丈量现场的照片、录像证明；房屋补偿款存折户名为罗某川，有工商银行存折予以证明。

从宅基地来源、盖房、定性、丈量到最后补偿，程序完整合法，证明房屋确为罗某川本人所有。

而公诉机关和支持抗诉机关提交的其他证人证言说罗某川名下769号房屋是被告人王某某的，这些证人并不了解真相，证言都是猜测性、评论性的言辞，根据《刑事诉讼法》和《刑事诉讼法解释》的规定，猜测性、评论性的言辞不能作为证据使用。

因此，该处房屋与被告人王某某无关。在刑法理论上，要构成犯罪，事实与结果之间必须具有因果关系。不能仅仅因为王某某是罗某川的姐夫，也不能因为王某某是村支部书记、拆迁组成员就想当然地归罪于被告人王某某。

就职务犯罪而言，在认定犯罪的证据要求上是不同的。比如贪污罪和受贿罪，贪污罪注重客观证据而受贿罪则重视言辞证据。本案被告人王某某被指控的是贪污罪，应主要由客观证据而不是言辞证据来证明。尤其是涉及不动产的归属问题，不是仅由证人就能证明的，不动产的归属要靠不动产物权的登记、合同、书证等来证明。

根据控辩双方提交的证据，尤其是辩方提交的证据足以证明罗某川名下769号房屋的所有人是罗某川。

B. 事实和证据证明：罗某川名下769号房屋的补偿款归属罗某川本人所有。

a. 原审一审辩护人提交了户名为罗某川的中国工商银行存折。

b. 控方提交了中国工商银行个人业务凭证、储蓄存单。

c. 以上证据证明房屋补偿款给了罗某川本人。在此之后，罗某川存折上的钱由谁提取与指控的犯罪事实无因果关系。

d. 因罗某川精神和生理有疾患，存折一直由其大哥罗某伦保管，罗某川是被告人王某某的妻弟，王某某帮其取款并无不当。

e. 王某某与张某等3人一起到榴庄市工商银行，取款后将其中的20万元借给了张某等 3 人，张某等 3 人也出具了证明。产生了两次借贷关系，借贷是民事行为，民事关系与犯罪无关。

因此，关于罗某川名下 769 号房屋的补偿款给了罗某川本人，补偿款归罗某川本人所有。

罗某川名下 769 号房屋的所有权和补偿款归属罗某川本人所有的事实清楚，证据确凿。重审一审对该处房屋的补偿不予认定是正确的。

②关于被告人王某某妻子罗某某所经营的石粉厂房屋。

被告人王某某妻子罗某某所经营的石粉厂房屋的关键问题在于：是否应该补偿，补偿依据是什么，怎么补。

A. 石粉厂房屋应该补偿。

a. 石粉厂由被告人王某某妻子罗某某管理经营，有房屋租赁合同、有营业执照、有纳税证明、有年检证明，石粉厂是一个一直在合法、有序、正常经营的企业。

b. 石粉厂的改建扩建不是抢建。石粉厂房屋不在拆迁范围之内，石粉厂的改建、扩建行为是正常的扩大再生产的经营行为，根本不是抢建。

认定是否抢建，首先要界定什么是抢建。抢建应当包含两个因素：范围和时间。就是在拆迁范围之内，违背时间规定建房，范围和时间规定同时具备，缺少任何一个因素都不构成抢建。而被告人王某某石粉厂在文件规定的拆迁范围之外，亦未违背时间规定，不构成抢建。根据榴庄高新技术产业开发区管理委员会 2008 年 4 月 21 日批复的《榴庄市行政中心区城中村改造拆迁补偿安置实施意见（榴高管办发〔2009〕8 号文件）》第 2 条规定，"拆迁范围：本次实施改造范围为市行政中心区内的托一村、托二村、托三村、托前村、托后村、徐沃村、东巨山村、西巨山村和四里石社区 9 个村居住地。规划占地面积约3990 亩。该区域拆迁村民约计 5309 户，拆迁房屋总建筑面积约计 1 170 000平方米。上述区域的拆迁范围以市规划局界定的拆迁红线为准。力争用 2～3 年的时间完成 9 个村居的改造。"又根据榴庄市新城区城中村改造工作领导小组和榴庄高新区城中村改造指挥部于 2009 年 5 月 1 日发布的《拆迁公告》"三、拆迁范围：市行政中心区内的托一村、托二村、托三村、托前村、托后村、徐沃村、东巨山村、西巨山村和四里石社区 9 个村居范围内的所有村居民户及单位。上述区域的拆迁范围以市规划局界定的拆迁红线为依据。""四、拆迁期限：2009 年 5 月 1 日至 2011 年 12 月 31 日"。据此，拆迁范围应以市规划局界定的拆迁红线为准，时间规定是 2009 年 5 月 1 日至 2011 年 12 月 31 日。而王某某石粉厂的房屋不在红线之内，根据法不禁止即自由的原则，在拆迁范围之外盖房是正常的建房行为，显然不是抢建。

c. 石粉厂本不在拆迁范围，但是后来城中村改造指挥部决定拆，就必须给予拆迁补偿，对于企业的补偿不仅要对房屋进行补偿，对地上物、机器设备也需给予补偿，而且根据榴政发〔2009〕10号文件还要给予经营性补助费。

B. 补偿依据。

a. 榴庄市人民政府榴政发〔2009〕10号《榴庄市人民政府关于加快推进新城区城中村改造的实施意见》第1条规定："以科学发展观为指导，坚持以人为本、惠民利民，政府主导、政策扶持，分级负责、部门配合，统一规划、分步实施，市场运作、公开透明的原则，用2~3年时间对新城区内的托一、托二、托三、托前、托后、徐沃、东巨山、西巨山8个村，分期分批实施改造。"第4条第（2）款规定："新城区城中村改造拆迁补偿要按照国家、省、市相关政策规定执行。榴庄高新区管委会可学习参照外地先进经验，结合村庄实际，制定科学合理的补偿标准。为促进拆迁工作顺利进行，可合理发放搬迁补助费、临时安置补助费、搬迁奖励费、经营性补助费。"

b. 根据城中村改造指挥部专纪字〔2009〕13号文件，对与村（居）签订合同的企业，只要有合同以及近3年租金收据就按合法建筑物计算。

C. 怎么补偿。

a. 石粉厂是企业且坐落在徐沃村，是否拆迁、是否补偿、补偿标准皆由榴庄高新区兴仁街道城中村改造指挥部决定。

b. 在补偿时严格按照丈量、公示、申请、补偿的程序进行，被告人王某某作为被拆迁人无隐瞒行为。

c. 石粉厂是企业且坐落在徐沃村，是否拆迁、是否补偿、补偿标准皆由榴庄高新区兴仁街道城中村改造指挥部决定，被告人王某某是被拆迁人，尽管他是托前村支部书记、拆迁组成员，但无经手、管理、经营拆迁徐沃村房屋的职务、更无职权。不是他想让谁量谁就来量，被告人王某某其实开始是找薛某某来量，但来的却是金某，就证明了这一点。企业不同于村居，对企业的丈量由哪个组负责丈量并无明确规定，对被拆迁人王某某来说，只要是榴庄高新区兴仁街道城中村改造指挥部的丈量组都可申请丈量，丈量组不同意完全可以拒绝。不管最终由哪个组丈量，关键看丈量结果是否客观真实。事实证明，在丈量中是客观公正的，无任何串通多量、虚报面积之行为。不管是侦查机关、一审公诉机关还是支持抗诉机关对石粉厂房屋面积的丈量结果均未提出任何异议。

d. 根据城中村改造指挥部专纪字〔2009〕13号文件，对与村（居）签订合同的企业，只要有合同以及近3年租金收据就按合法建筑物计算。与村（居）签订合同企业的补偿就是按照此文件进行的，根本不存在所谓的房屋定性。因此，对该处房屋无隐瞒房屋性质事实，无骗取行为。

e. 企业不同于村居，不需要定性，无文件规定需要公示，即使公示也只是公示房屋面积。好在厂房还没有拆除，还立在那儿，面积一量便知！坐落在徐沃村的企业，请徐沃村的书记和村主任签字确认是申领补偿款的正当程序，合理合法。因为在 2009 年 10 月 10 日城中村改造指挥部专纪字〔2009〕13 号文件（会议纪要）出台之前，没有任何一个文件包括 2009 年 10 月 8 日的公告涉及企业的补偿问题，正是因为这个原因城中村改造指挥部才专门就企业的补偿问题下发了这个文件。该文件规定："对与村（居）签订合同的企业，只要有合同以及近 3 年租金收据就按合法建筑物计算。"城中村改造指挥部在对企业的补偿中也确确实实是这么执行的，辩护人这里有两张对企业的补偿表，对所有村企业都是这样补偿的。

f. 骗取的行为方式是虚构事实、隐瞒真相。具体到本案石粉厂的补偿，何为虚构事实？如果石粉厂根本不存在，凭空编造出一个石粉厂的资料领取补偿款，这叫虚构事实。何为隐瞒真相？隐瞒石粉厂的房屋实际面积领取补偿款，比如，假设石粉厂房屋面积仅有 100 平方米，而领取补偿款的面积是 1000 平方米，这叫隐瞒真相。被告人王某某没有这两种事实和行为。因为石粉厂还立在那儿，是个真实的存在；实际面积是不是领取补偿的面积，现在还可以去丈量核实。

因此，王某某在石粉厂中得到的补偿合理合法合规，无犯罪事实更无欺骗行为和事实。

原审一审和重审一审对石粉厂的补偿不予认定犯罪是正确的。

③关于罗某某名下 771 号房屋。

A. 罗某某名下 771 号房屋的主要问题是房屋的定性问题，是认定被告人王某某是否利用职务便利的关键。对房屋定性是由托前村两委人员和村民代表共同决定，再由指挥部有关人员进行审查把关。

B. 什么是"虚假定性"？所谓虚假定性，应当是两委人员和村民代表原本没有进行定性而说成是进行了定性或者出具假证明说进行了定性，也就是说对房屋没有定性才是虚假定性的前提。

C. 是不是"虚假定性"是被告人在无证房补偿中是否构成犯罪的关键所在。而本案事实是两委人员和村民代表都参加进行了定性，而且在进行定性时也不是针对被告人一户，是对同类情况对多家进行了定性。辩护人提交的房屋界定人员名单和无记名投票 24 张，以及一审申请到庭作证的证人证言足以证明。在对该处房屋进行定性时，是由托前村村委会、拆迁组成员共同研究确定的，房屋定性表中有成员的签字，并非王某某利用职务之便的个人行为，定性程序合法。

D. 将罗某某名下房屋定性为老宅基地客观公正，无弄虚作假行为。辩护人提交的 1961 年房屋当契，契文曰："立当约人王某标将堂屋三间出当于叔弟王某恒为业同中言明共当钱壹佰二拾元当交不欠各无反悔钱到取赎如有不赎永远住房立字为证 中人张某仁 张某茂 张某志 一九六一年十月二十四 立"当契中出当人王某标系被告人王某某的大伯，承当人王某恒系王某某的父亲。因出当后未再取赎，房屋归于王某恒所有。王某恒去世后房屋由其子王某某继承，房屋宅基地来源合法。该处房屋宅基地另有王某勤等人予以证明，形成了完整的证据链。1961 年的当契，距今已经半个世纪之多，如果这也不算历史形成的老宅基地，不知在整个临城区是否还有符合条件的老宅基地。根据城中村改造指挥部专纪字〔2009〕6 号专题会议纪要规定："历史形成的老宅基地（无证件），经村两委确认后，其房屋按有证房产予以补偿。"

在对罗某某名下 771 号房屋进行定性时，由托前村村委会、村民代表、拆迁组成员共同研究确定，房屋定性表中有成员的签字，定性程序合法，无虚假定性事实；将该处房屋定性为老宅基地，有充足根据，无弄虚作假事实。

E. 辩护人提交的关于罗某某名下 771 号房屋的谷歌卫星拍照图显示，该房屋至少已经于 2009 年 12 月建成，具体建成时间我们已向法庭提交了调取卫星拍照图的申请。房屋已经于 2009 年 12 月前建成的事实，一是证明没有抢建行为；二是证明了检察机关提交的关于罗某某名下 771 号房屋于 2010 年 2、3 月开始建房的所有证人证言皆为虚假证言。

综上，被告人王某某既没有违规抢建，也没有对房屋做虚假定性，更没有隐瞒房屋性质的行为，对 3 处房屋的补偿合理、合法、合规，指控的罪名不能成立，被告人王某某无罪。

（7）关于量刑意见。

根据"两高三部"《关于规范量刑程序若干问题的意见（试行）》第 9 条的规定，作无罪辩护的案件，定罪辩论结束后，可以就量刑问题进行辩论，发表量刑建议或意见。

辩护人认为，在涉案的 3 处房屋中，对被告人王某某妻弟罗某川名下 769 号房屋、被告人王某某妻子罗某某所经营的石粉厂房屋和被告人王某某妻子罗某某名下 771 号房屋的补偿都不构成犯罪。其中，对被告人王某某妻子罗某某名下 771 号房屋的补偿，重审一审认定对该处房屋的补偿构成贪污罪，辩护人认为定性不当，充其量是诈骗罪，因为被告人没有利用职务便利。根据我国《刑法》第 382 条规定，国家工作人员利用职务上的便利，侵吞、窃取、骗取或者以其他手段非法占有公共财物的，是贪污罪。贪污罪犯罪对象必须属于公共财物，一般为本单位的财物。构成贪污罪要求行为人对该财物具有经手、管理、经营等支配、控制的职权，即非法占有该公共财物是利用了其职务上的便利条件。而被告人王某某在其妻子罗某某名下房屋在获取房屋拆迁补偿款的过程中没有利用职务便利。因为领取补偿款是由于将其房屋界定为老宅基地，在界定老宅基地的过程中，首先是由村两委成员、党员代表、群众代表界定，再由指挥部通过，被告人王某某及其妻子罗某某作为被拆迁人和被补偿人，其无权界定也没有利用职务操纵界定。因此，该款项不是贪污款。

辩护人认为，被告人王某某在整个案件中不构成犯罪，如果勉强认定的话，也只有重审一审认定的 86000 元勉强可认定为诈骗罪，根据《人民法院量刑指导意见（试行）》的规定，鉴于被告人是初犯、偶犯，建议对被告人处以 3 年或者 3 年以下有期徒刑。

（五）辩护意见与裁判结果

本案公诉机关指控的犯罪数额是 292 万元，经过辩护，最后认定的数额是 8.6 万元，辩护效果明显。

第二节　受贿罪

一、罪名解读

（一）刑法规定

《刑法》第 385 条规定，国家工作人员利用职务上的便利，索取他人财物的，或者非法收受他人财物，为他人谋取利益的，是受贿罪。

国家工作人员在经济往来中，违反国家规定，收受各种名义的回扣、手续费，归个人所有的，以受贿论处。

第 386 条规定，对犯受贿罪的，根据受贿所得数额及情节，依照本法第 383 条的规定处罚。索贿的从重处罚。

第 388 条规定，国家工作人员利用本人职权或者地位形成的便利条件，通过其他国家工作人员职务上的行为，为请托人谋取不正当利益，索取请托人财物或者收受请托人财物的，以受贿论处。

（二）概念

国家工作人员利用职务上的便利，索取他人财物的，或者非法收受他人财物，为他人牟取利益的，或者在经济往来中，违反国家规定，收取各种名义的回扣、手续费归个人所有的，以及国家工作人员利用本人职权或地位形成的便利条件，通过其他国家工作人员职务上的行为，为请托人牟取不正当利益，索取或收受请托人财物的，是受贿罪。

受贿罪的本质是权钱交易，一是利用了职务上的便利；二是索取他人财物，或者非法收受他人财物，为他人谋取利益。

利用职务上的便利，包括：①利用本人职务范围内的权力，即自己职务上主管、分管、负责某项公共事务的职权所形成的便利条件。②利用有隶属关系的其他国家工作人员的职权。例如，法院主管刑事的副院长指示民庭庭长，让其按照指示办事，也属于利用职务上的便利。③利用制约关系的人员的职权，如成某某通过银行为请托人办贷款，成某某身居自治区主席的要职，对银行存在制约关系。

（三）犯罪构成

（1）侵犯的客体是职务行为的廉洁性。根据罪刑法定原则，"贿赂"在我国刑法上目前仍限定在财物方面，而不包括非财物（产）性的利益，如提供招工指标、安置亲属就业、升学、提升职务、迁移户口以及与异性交往，如性贿赂问题。当然，对贿赂的范围我们虽然不能任意扩大到财物以外，但贿赂也不能仅仅狭隘地理解为现金、实物，其他财产性利益，如设定债权、免除债务，接受旅游，接受会员证等，与现金、实物没有实质的区别，是通过其他方式实行财物所有权的转移，是交付贿赂的特殊方式，也应视为贿赂的内容。

（2）受贿罪的犯罪主体是特殊主体，即国家工作人员。受贿罪国家工作人员的规定与贪污罪国家工作人员的规定一致。

（3）主观方面是直接故意，即认识到对方所送财物是贿赂仍然执意去收受或索要，或将回扣、手续费据为己有。

（4）客观方面表现为收受贿赂的行为。

根据《刑法》第385条、第388条以及相关司法解释，受贿行为方式大致有五种情形。

①索贿，即主动受贿，是作为国家工作人员的行为人利用他人有求于自己的职务行为之际主动要求、索要甚至勒索贿赂。

②收受贿赂，即被动受贿，是指在行贿人主动提供贿赂时，本应拒绝但却予以接受。

③商业受贿，即在经济往来中，违反规定，收受各种名义的回扣、手续费。

④斡旋受贿，或称居间受贿、间接受贿，即《刑法》第388条的规定，国家工作人员利用本人职权或者地位形成的便利条件，通过其他国家工作人员职务上的行为，为请托人谋取不正当的利益，索取或者收受请托人财物的行为。

⑤所谓的事后受贿，即在职在岗期间为请托人谋利，双方约定在离退休后收受财物的，这是最高人民法院2000年6月30日《关于国家工作人员利用职务上的便利为他人谋取利益离退休后收受财物行为如何处理问题的批复》（法释〔2000〕21号）所作的规定。

上述法定行为方式中，索贿与收受贿赂是最基本的两种行为类型。索贿或者收受贿赂并不限于行为人将贿赂直接据为己有，而且也包括使请托人向第三者提供贿赂的情形。另外，索贿不要求必须是为他人谋取利益，这一点不同于《刑法》第163条公司、企业人员受贿罪中的索贿；而收受贿赂构成犯罪必须同时具备收受他人财物和为他人谋取利益两方面的内容。

当然，受贿罪中为他人谋取利益既包括正当利益，即所谓的"贪赃不枉法"，也包括不正当的、非法的利益，即"贪赃又枉法"。但至于是否实际上已经为他人谋取了利益甚至有无具体的为他人谋取利益的实际行为，在所不问，原则上行为人收受贿赂之际，只要有为他人谋取利益的意思表示，如承诺，就可构成受贿罪。

另外，刑法特别规定的以受贿论处的有两种情况。

（1）在经济往来中的受贿罪。《刑法》第385条第2款规定："国家工作人员在经济往来中，违反国家规定，收受各种名义的回扣、手续费，归个人所有的，以受贿论处。"所谓"经济往来"，是指国家工作人员参与的国家经济管理活动和因职务关系而参与的购销商品或者提供、接受服务等交易活动。例如，建筑工程立项、承包、发包；为国家、国家机关、国有单位订货、采购商品，等等。所谓违反国家规定，收受各种名义的回扣、手续费，是指国家有关规定禁止国家工作人员在因职务关系参与的经济往来中收受各种名义的回扣、手续费归个人所有，因此收受归个人所有的，就属于违反国家规定。所谓归个人所有，是指个人账外暗中据为己有。如果国家工作人员收受了回扣、手续费之后，入账上交本单位，而没有归个人所有的，不构成犯罪。

（2）斡旋受贿以受贿论处。《刑法》第388条规定："国家工作人员利用本人职权或者地位形成的便利条件，通过其他国家工作人员职务上的行为，为请托人谋取不正当利益，索取请托人财物或者收受请托人财物的，以受贿论处。"

斡旋受贿与一般受贿不同：①行为人不是直接利用本人的职权，为请托人谋取利益，而是利用本人职权或地位形成的便利条件，通过其他国家工作人员职务上的行为，为请托人谋取不正当利益。②必须是不正当利益。斡旋受贿行为以受贿论处，无论是索取财物还是收受财物，都必须具有为请托人谋取不正当利益的条件。没有为请托人谋取利益或者为请托人谋取的利益不是不正当利益的，不构成犯罪。

（四）应当注意的问题

1. 受贿罪一罪数罪的认定

受贿罪的罪数问题，主要是国家工作人员收受他人贿赂而为他人谋取了不正当利益，而该谋取不正当利益的行为本身又触犯其他罪名时，该如何处理？法律上并无直接的明确规定。国家工作人员因为受贿为请托人谋取非法利益的场合，往往会同时构成其他犯罪。例如，因为受贿而挪用公款给他人使用的、因为受贿而徇私枉法或者枉法裁判的，因为受贿而犯玩忽职守、滥用职权、私放在押人员的等渎职罪的。对于这类情形在理论上通常解释为牵连犯。应当注意，根据司法经验对于这类因为受贿而犯其他罪行的情况，如果法律没有特别规定的，通常需要实行数罪并罚。例如，因为受贿而犯挪用公款罪的，因为受贿而犯玩忽职守、滥用职权等渎职犯罪的，一般应当实行数罪并罚。但是，如果属于法律明文规定择一重罪处罚的情形，依法不实行数罪并罚。从刑法理论上看，因受贿进行违法犯罪而构成其他犯罪的，不少人理解为牵连关系，受贿行为是原因行为，谋取不正当利益的行为本身是结果行为，对此牵连关系如果没有明确规定的，应择一重罪论处，另有规定的，依照规定处理。这里有两点需要提示。

（1）《刑法》第399条第4款规定，司法工作人员收受贿赂，又有为他人谋取不正当利益而徇私枉法、枉法裁判、执行判决、裁定滥用职权的行为的，应当依照处罚较重的规定定罪处罚，可见这里遵循的是"择一重罪处断"的原则。

（2）最高人民法院1998年4月6日《关于审理挪用公款案件具体应用法律若干问题的解释》（法释〔1998〕9号）第7条规定：因挪用公款索取、收受贿赂构成犯罪的，依照数罪并罚的规定处罚。可见，行为人索取、收受他人财物而为他人谋取不正当利益的行为，即挪用公款给他人使用的，原因行为构成受贿罪，结果行为构成挪用公款罪，两罪实行并罚。

2. 受贿罪的主体及受贿罪共犯的认定

受贿罪的主体问题主要还是在于对国家工作人员的把握，现实生活中涉及以下几个问题。

（1）受国家机关等国有单位委托管理、经营国有财产的人员能否成为受贿罪的主体？根据第382条第2款的规定，这类人员可以成为贪污罪的主体。但根据罪刑法定原则，这类人员是不能成为挪用公款罪的主体的，同样也不能作为受贿罪的主体，当然，如果其利用职务便利，收受贿赂的，可以作为公司、企业人员受贿罪论处。

（2）离退休的国家工作人员能否成为受贿罪的主体。问题的关键在于行为人利用职权为他人谋取利益的行为以及受贿意图的形成是否是在职在位期间，如果是，则不论何时收受贿赂都构成受贿罪。这一点，前述最高人民法院（法释〔2000〕21号）司法解释已经有了规定。

（3）国家工作人员的家属能否成为受贿罪的主体。应当说，国家工作人员的家属不能单独成为受贿罪的主体，但可以成为受贿罪的共犯，尤其是受贿罪的教唆犯和帮助犯，当然，能否一律作为受贿共犯，应当按照共同犯罪的基本原理，对案件进行具体分析和认定。

①如果家属利用国家工作人员的职权和地位，通过第三者为行贿人谋取利益，从而收受贿赂，而国家工作人员本人知道该情形后未加以制止而予以默认的，则该国家工作人员同其家属构成受贿罪的共犯。

②如果家人单方接受了贿赂，但未将此情况告知国家工作人员，只是一味地要求国家工作人员为行贿人谋取利益（办事），则不宜认定受贿罪共犯。即国家工作人员利用职务之便为他人谋取了利益，其家属从中索取或者收受他人财物的，没有证据证明前者知道并同意、默认其家属的行为的，对其不应以受贿罪论处。如果其为徇私情而违背职责行为本身构成犯罪的，则按照各自行为构成的犯罪分别论处，如该国家工作人员可能构成徇私枉法罪、滥用职权罪等，而其家属可能构成敲诈勒索罪（如果在索贿的情形下）。

3. 受贿罪既遂与未遂的标准

受贿罪的既遂，通常以收取财物为既遂。行为人受贿后，将收取的贿赂转送他人、捐赠公益事业的，属于犯罪后对财物的处分行为，不影响受贿成立。行为人收取财物后，没有实际给他人谋到利益的，也不影响受贿罪既遂的成立。刑法学界一般认为是否收受贿赂为既遂、未遂的标准，即只要行为人索取了或者收受了贿赂，就属于受贿罪的既遂，至于是否已经为他人谋取了利益，不影响既遂的成立。反之，如果行为人已经利用职务便利为请托人谋取了利益，但因其他原因尚未收受贿赂的，仍应认定为受贿罪未遂。

4. 罪与非罪的界限

主要是受贿与接受馈赠的区别：关键看有无具体的请托事项。如果没有具体的承诺事项，收受他人主动送给的礼物的，属于感情投资、灰色收入的范畴，一般不宜认定为受贿。如果有具体的请托事项，体现出"钱"与"权"交易两方面内容，则属于收受财物为他人谋利的受贿行为。至于财物的交付在请托事项之前还是之后，不影响受贿成立。因此如果行为人过去为他人办理过具体的请托事项，事后收取财物的，具有"权钱交易"的特征，应当认定为受贿。

关于司法实践中大量存在的"感情投资"如何处理的问题，即单位或者个人借祝贺节日、祝寿、婚丧嫁娶送礼等名义，给领导干部送"红包"的所谓"感情投资"问题。这个问题十分复杂，而且还不同于日常生活中的亲朋好友之间馈赠，对此刑法学界尚有不同的认识。问题的关键在于如何理解"为他人谋取利益"。一般认为，如果有证据证明送"红包"者有以钱换权的具体意图，受礼人内心也十分清楚送礼人的具体意图，并且后者确实利用职务上的便利为送礼人谋取利益，如关照、提拔过送礼人的行为（不论是否成功，只要有此行为，并且有证据证明该行为与送"红包"有因果关系），就可以以受贿罪论处。例如，深圳市南山区原区委书记虞某某受贿案即是如此。虞某某在担任深圳市南山区区委书记期间，曾接受过当地包工头纪某的"红包"，后来为了使本区某局长在工程招标和工程款发放方面关照纪某，曾几次请该局长吃饭，从而对其造成了影响。可见，这类问题的实质还是证据问题，即需要证据证明受礼人具备"为他人谋取利益"这一定罪的条件。

二、案例

案例 11　被告人佟某国受贿案

（一）起诉书指控的犯罪事实

被告人佟某国在担任林宜市蓝川区外经贸局副局长、蓝川区供销合作社监事会主任、党委书记、理事会主任期间，自 2005 年春节至 2013 年春节，利用职务之便，为他人谋取利益，先后多次收受蓝川区欧米拉农资公司经理、刘关镇供销合作社副主任送某之，工程项目开发商许某珍等人送给的现金、购物卡共计 132 000 元。

（二）本案争议焦点

非本人收受的数额，本人是否知情，部分数额是否是正常的礼尚往来。

（三）辩护方案

做罪轻辩护。

（四）辩护意见

辩护人认为，被告人涉嫌犯罪的数额不是指控的 132 000 元，实际犯罪数额应为 30 000 元。被告人佟某国犯罪数额不大、情节较轻，有坦白和积极退赃情节且有悔罪表现。具体意见如下。

1. 实际犯罪数额

公诉机关指控被告人受贿 6 笔，辩护人认为部分事实不清、部分证据不足。

（1）蓝川区欧米拉农资公司经理、刘关镇供销合作社副主任送某之送给被告人佟某国 5 万元现金。公诉机关的该项指控不能成立。理由如下。

①佟某国没有收受该 5 万元的意图。该费用不是被告人佟某国收取的，是其妻子收到的，被告人佟某国并不知情，因此被告人佟某国没有收受该 5 万元的意图。这些情况在检察机关调查中得以证实。

②佟某国没有占有该 5 万元的意图。被告人佟某国得知其妻子收受此款后多次退款未退成，包括打电话退款多次，亲自去送了 2 次也恰逢送某之都不在办公室未能退成。在退还过程中送某之说将该笔款项作为开办日用品超市的费用，佟某国说作为费用也不能放在自己这里。送某之的笔录也证明佟某国多次要求退还该笔款项。

③佟某国没有给送某之谋取所谓的承揽八大社区经营权的利益。

第一，山东省林宜市供销合作社提供的全市供销社系统 2013 年度重点建设项目督查表（证据 1），载明刘关新型农村社区服务中心建设项目及蓝川区日用品超市有限公司（筹）是山东省林宜市供销社指令蓝川区供销合作社作为责任单位的，绝非被告佟某国利用职权承揽的项目。

第二，林宜市蓝川区供销合作社提供的全市供销社系统 2013 年度重点建设项目督查表（证据 2），载明刘关新型农村社区服务中心建设项目及蓝川区日用品超市有限公司（筹）是蓝川区供销合作社承担的系统重点建设项目，绝非被告佟某国利用职权承揽的项目。

第三，林宜市工商行政管理局蓝川分局提供的林宜市蓝川区欧米拉农资公司企业信息，载明林宜市蓝川区欧米拉农资公司是由林宜市蓝川区刘关镇供销合作社出资 50 万元持股 100% 设立的有限责任公司，因此，蓝川区供销合作社承担的刘关新型农村社区服务中心建设项目及蓝川区日用品超市有限公司（筹）交由其下属企业刘关镇供销合作社出资设立的子公司负责是工作需要，绝非被告佟某国依职权谋取利益。

第四，此项工作得到省市供销社领导的支持，省市供销社领导多次到现场视察。蓝川区供销合作社缺乏资金，须吸收其他资金共同完成社区服务中心建设。这个社区服务中心是个公益项目，送某之及欧米拉农资公司原本不愿意承担此项工作，因为欧米拉农资公司是刘关镇供销合作社的全资子公司，经过被告人佟某国多次动员才作为一项任务承担起来。开办日用品超市是社区服务中心建设规划项目。日用品超市的开办需要前期费用，而这个超市，蓝川区供销合作社占一定股份，大约为 20%，刘关镇供销合作社占 5% 的股份，欧米拉农资公司持有 75% 的股份，因此由欧米拉农资公司现行垫付设立日用品超市的大部分开办费用是合理合法的。

综上所述，佟某国没有收受占有该 5 万元的意图，也没有利用职权给送某之谋取所谓的承揽八大社区经营权的利益，根据《刑法》第 385 条规定的受贿罪，是指国家工作人员利用职务上的便利，索取他人财物的，或者非法收受他人财物，为他人谋取利益的行为。根据犯罪构成主客观相统一原则，被告人的以上行为缺乏受贿罪的构成要件，因此，该款不构成受贿。

（2）林宜市振欣工贸有限公司总经理赵某君所送现金和购物卡的性质。公诉机关指控被告人收受林宜市振欣工贸有限公司总经理赵某君所送现金和购物卡，其中，于 2005 年春节和中秋节在办公室送给被告人现金 15 000 元，2006 年春节至 2013 年春节期间（每年的春节和中秋节前）15 个节日共送给被告人 25 000 元的购物卡，公诉机关的该项指控不能成立。理由如下。

①该现金和购物卡的性质属于朋友间的礼尚往来。被告人佟某国与赵某君认识很早，是多年的朋友，两家关系密切。在过年过节期间，赵某君给佟某国送钱卡，佟某国也给赵某君送烟酒茶（对此被告人有供述，但笔录中未予记载）。从客观上讲，送财物的时间都是在春节或中秋节前，按中国的传统风俗、往来礼节来讲，每个节日前送面值 1000 元或 2000 元的购物卡，是正常的人际交往，这是典型的朋友间的礼尚往来。

②被告人佟某国并未利用职权给赵某君谋取过任何利益。被告人佟某国没有为赵某君办过事情，没有为其谋取任何利益，这些在赵某君的证词中得到证明。检察机关指控 2003 年集中清理违章用地时被告人让赵某君的公司办理土地合法手续事宜，公诉机关据此事项意图认定被告人利用职务之便为他人谋取利益。而事实是违章用地办理合法手续是镇上集中办理的，镇政府鼓励办土地手续，办土地手续是对镇政府工作的支持，很多违章用地使用人怕花钱不愿意办理。当时被告人佟某国负责此项工作，他要逐一动员区域内的所有公司按政策办理土地手续，且无论何时何地，让所有公司合法经营依法使用土地都是政府工作人员的职责，根本不是利用职务之便为他人谋取利益的行为。但是基于被告人佟某国给赵某君提出的这些合理化建议，赵某君认为被告人从能力到人品都是值得交往的朋友，在被告人佟某国和他没有任何利益关系后的 8 年期间，一直作为朋友与他来往，在过年过节期间送面值 1000 元、2000 元的卡作为礼物馈赠，佟某国也相应送礼物给赵某君。

③佟某国 2003 年收受赵某君送的 15 000 元即使构成受贿，也已经超过了追诉时效。综上所述，赵某君给被告人佟某国送钱卡完全是出于多年的兄弟友情，都是在春节或中秋节前，按中国的传统风俗的礼尚往来，同时被告人佟某国没有为赵某君办过事情，没有为其谋取利益；根据《刑法》第 385 条规定的受贿罪，是指国家工作人员利用职务上的便利，索取他人财物的，或者非法收受他人财物，为他人谋取利益的行为。根据犯罪构成主客观相统一原则，被告

人的以上行为缺乏受贿罪的构成要件，因此，这项行为不构成受贿。

（3）关于浙江商人陈某善所送 1 万元山东一卡通购物卡的性质。

公诉机关的该项指控不能成立。理由如下。

①被告人没有收受他人财物的意图。根据我们提交的李某隆证言和其当庭作证证言，被告人佟某国原本不认识浙江商人陈某善，是通过李某隆认识的，陈某善送卡给被告人佟某国而佟某国不收，陈某善放下就走了。后来被告人佟某国告诉李某隆此事，想通过李某隆退还，如果是受贿的话是不会告诉别人的，这也能证明被告人根本没有收受他人财物的意图。

②被告人没有占有他人财物的意图。陈某善放下购物卡走后，被告人因为没有陈某善的联系方式无法直接退还。被告人一直将该卡放在办公室，装在一个信封里并且写着"请转交陈经理"，直至检察院在被告人的办公室找到这个信封，办公室是公共场所，被告人从未有过占有该财物的意图。另外，被告人一直在努力退还该卡，其间还多次找过李某隆想通过他退还此卡。

③被告人没有收受他人财物，为他人谋取利益的主观愿望。他人向被告人送财物，意图希望被告人在日后能够给予他们某方面的便利，但至于在哪一方面提供便利、提供怎样的便利、是不是被告人能够做得到、被告人是否有这个职权，都是不清楚和不明确的。只是对将来可能发生的某些事情，希望被告人能够提供某一方面的便利。被告人主观上能不能为其提供便利、提供什么样的便利，被告人也是不明知的，事实上也没有发生利用职权为他人谋取利益的事实行为。

根据《刑法》第 385 条规定的受贿罪，是指国家工作人员利用职务上的便利，索取他人财物的，或者非法收受他人财物，为他人谋取利益的行为。根据犯罪构成主客观相统一原则，被告人的以上行为缺乏受贿罪的构成要件，因此，这项不构成受贿。

（4）关于林宜宏大拍卖行经理王某玉送的两张面值 1000 元的购物卡不是受贿。

公诉机关的该项指控不能成立。理由如下。

①该 2 张面值 1000 元的购物卡性质属于单位过节时正常走访。林宜宏大拍卖行经理王某玉送的两张面值 1000 元的购物卡，是在 2012 年春节和 2013 年春节送给被告人佟某国的，这是各单位之间过节时正常走访的礼物，不属于受贿。

②被告人佟某国并未利用职权给林宜宏大拍卖行谋取过任何利益。

在林宜宏大拍卖行经理王某玉给被告人佟某国送礼物之后，被告人佟某国的单位并未与其有任何业务来往，佟某国并未利用职权为其谋取过任何利益。

综上所述，林宜宏大拍卖行经理王某玉送的两张面值 1000 元的购物卡，是各单位之间过节时正常走访的礼物，同时被告人佟某国没有利用职权为其谋取利益。根据《刑法》第 385 条规定的受贿罪，是指国家工作人员利用职务上的便利，索取他人财物的，或者非法收受他人财物，为他人谋取利益的行为。根据犯罪构成主客观相统一原则，被告人的以上行为缺乏受贿罪的构成要件，因此，这项不构成受贿。

综上所述，佟某国的受贿数额应该是 132 000 – 40 000 – 10 000 – 2000 – 50 000 = 30 000（元）。

2. 被告人佟某国具有坦白情节

被告人佟某国被立案侦查以后，立即主动全部交代了自己的犯罪事实，在看守所里认罪态度好，对犯罪事实供认不讳，没有丝毫隐瞒，对侦查机关的侦查工作始终予以配合。从侦查卷宗来看，本案全面交代、彻底坦白，特别是对动机、情节作了详细交代，便于本案的彻底查明。这表明，被告人能够坦白自己的罪行，具有坦白情节。根据《刑法修正案（八）》的规定，具有坦白情节，是法定的从轻处罚情节。

3. 被告人佟某国确有悔罪表现

被告人在侦查和公诉机关审查起诉期间，始终坚持诚恳的认罪态度，积极配合办案人员办案，从未出现过不如实交代和推脱罪责的情况。在今天的庭审中，被告人能如实地回答公诉人的讯问，态度诚恳，明确表示认罪。在本辩护人会见过程中他对自己的犯罪行为痛心疾首，悔恨不已，是一时糊涂才作出这样的事情来。被告人佟某国还专门口述了《悔罪书》，愿意认罪服法，争取宽大处理。在今天的庭审中被告人也对自己的犯罪行为向法庭深深忏悔，表达了无比的歉意与忏悔，反映出了其明显的悔罪态度，这足以说明被告人有着突出的可教育性、可塑性。

4. 被告人佟某国无犯罪前科

被告人佟某国无犯罪前科，系初犯、偶犯，一贯表现良好，多次受奖，此前没有任何违法违纪行为。其本身主观恶性较小，具备酌定情节，依法可从轻处理。

5. 被告人佟某国积极退赃、全部退赃

被告人佟某国愿意积极全部退赃。

6. 关于量刑建议

综上所述，辩护人认为，由于被告人佟某国法律观念的淡薄，导致了悲剧的发生，鉴于被告人在案发后能坦白交代自己的行为，认罪态度好，有悔罪表现，积极全部退赃。根据以上情节和 2010 年 10 月 1 日开始试行的最高人民法院《人民法院量刑指导意见（试行）》和山东省高级人民法院《〈人民法院量刑指导意见（试行）〉实施细则》的规定，辩护人建议给予被告人佟某国以缓刑处罚。

(五) 辩护意见与裁判结果

法院判决书认定的受贿数额为 8.2 万元，判处有期徒刑 5 年。采纳了大部分辩护意见。在《刑法修正案（九）》颁布之前，受贿数额 10 万元的起刑点是 10 年，能够将犯罪数额认定到 10 万元以下，辩护是成功的。

第三节　单位行贿罪

一、罪名解读

(一) 刑法规定和司法解释

(1) 单位行贿罪规定在《刑法》第 393 条，单位为谋取不正当利益而行贿，或者违反国家规定，给予国家工作人员以回扣、手续费，情节严重的，对单位判处罚金，并对其直接负责的主管人员和其他直接责任人员，处 5 年以下有期徒刑或者拘役，并处罚金。因行贿取得的违法所得归个人所有的，依照《刑法》第 389 条、第 390 条的规定定罪处罚。

(2) 最高人民检察院《关于人民检察院直接受理立案侦查案件立案标准的规定（试行)》（高检发释字〔1999〕2 号）规定，单位行贿罪是指公司、企业、事业单位、机关、团体为谋取不正当利益而行贿，或者违反国家规定，给予国家工作人员以回扣、手续费，情节严重的行为。涉嫌下列情形之一的，应予立案。

①单位行贿数额在 20 万元以上的。

②单位为谋取不正当利益而行贿，数额在 10 万元以上不满 20 万元，但具有下列情形之一的：为谋取非法利益而行贿的；向 3 人以上行贿的；向党政领导、司法工作人员、行政执法人员行贿的；致使国家或者社会利益遭受重大损失的。

因行贿取得的违法所得归个人所有的，依照本规定关于个人行贿的规定立案，追究其刑事责任。

(二) 概念

单位行贿罪，是指单位为谋取不正当利益而行贿，或者违反国家规定，给予国家工作人员以回扣、手续费，情节严重的行为。

(三) 犯罪构成

1. 主体

单位行贿罪的主体是单位，所谓"单位"，包括公司、企业、事业单位、机关、团体。与单位受贿罪不同，并不仅仅局限于国有公司、企业、事业单位、机关、团体，还包括集体所有制企业、中外合作企业、有限公司、外资公司、私营公司，等等。

2. 主观方面

单位行贿罪在主观方面表现为直接故意。

3. 客体要件

单位行贿罪侵犯的客体，主要是国家机关、公司、企业、事业单位和团体的正常管理活动和职能活动及声誉。

该罪的犯罪对象是财物。该财物一般是公司、企业、事业单位、机关、团体的财物，而非某个人的财物。同时，也包括一些具有财产性质的利益，如国内外旅游等。

4. 客观要件

单位行贿罪在客观方面表现为公司、企业、事业单位、机关、团体为了谋取不正当利益，给予国家工作人员以财物，数额较大的，或者违反国家规定，给予上述人员以回扣、手续费，情节严重的行为。

单位行贿罪的犯罪对象是国家工作人员。构成单位行贿罪必须具备"情节严重"的情况。

二、案例

案例 12　赵某祥单位行贿案

（一）起诉书指控的犯罪事实

公诉机关指控被告单位斋成吉立工程刀具有限公司、被告人赵某祥犯单位行贿罪。诉称："被告单位斋成吉立工程刀具有限公司在 2011 年扩大经营过程中，为了谋取较低利息贷款的不正当利益，该公司实际控制人赵某祥提议，以赠送公司干股的方式向斋成市兴业经济开发有限公司董事长兼总经理、斋成兴业融资担保有限公司董事长魏某武和斋成市兴业经济开发有限公司副总经理兼斋成兴业融资担保有限公司总经理王某礼行贿各 75.4 万元，共计人民币 150.8 万元。"

（二）本案争议焦点

（1）本案被告人的行为是不是送干股行为；（2）被告人是不是谋取不正当利益。

（三）辩护方案

做无罪辩护，最低争取定罪免刑。

（四）辩护意见

1. 关于本案的定性问题。

（1）送干股是否构成单位行贿罪。在 2007 年之前，收受干股的行为未规定为犯罪。2007 年，最高人民法院、最高人民检察院发布了《关于办理受贿刑事案件适用法律若干问题的意见》（法发〔2007〕22 号）第 2 条规定，干股是指未出资而获得的股份。国家工作人员利用职务上的便利为请托人谋取利益，收受请托人提供的干股的，以受贿论处。

也就是说，在 2007 年以前收受干股，法律没有规定为犯罪，2007 年之后最高人民法院、最高人民检察院的司法解释规定收受干股是受贿罪。但该解释并未将送干股的行为规定为行贿罪。根据罪刑法定原则，法无明文规定不为罪、法无明文规定不处罚。罪刑法定原则排斥类推，不能随意扩大，将送干股的行为认定为犯罪。因此，即使送了干股，也不宜认定为行贿。

（2）本案不是送干股。本案涉案股份不是干股。公诉机关出示的证据证明，涉案股份不是未出资而是出资 40 万元。根据法发〔2007〕22 号司法解释第 2 条规定，干股是指未出资而获得的股份。而本案的涉案股份不是未出资，只是出资不够、出资不足而已。显然，涉案股份不是干股。

因此，即使送了干股，也不宜认定为行贿；涉案股份不是干股，更不能认定为行贿。

（3）指控被告单位送股份的证据链不完整。根据《公司法》的规定，股东（发起人）要按照自主约定并记载于公司章程的认缴出资额、约定的出资方式和出资期限向公司缴付出资，股东（发起人）未按约定实际缴付出资的，要根据法律和公司章程承担民事责任。

公诉机关出示的证据中，没有公司章程，股东会决议，没有股东名册，在工商登记资料中也没有指控的收受人魏某武、王某礼的名字。因此，指控被告单位赠送股份缺乏必要的书证，不能形成完整的证据链。也就是说，本案不能证明股份进行了转让登记，也不能证明实际发生了转让。

（4）受贿人是否构成受贿尚不能确定。

①受贿人主体资格问题。根据《刑法》第 393 条和相关司法解释的规定，单位行贿罪的犯罪对象只能是国家工作人员。

公诉机关指控受贿人魏某武系斋成市兴业经济开发有限公司董事长兼总经理、斋成兴业融资担保有限公司董事长，指控受贿人王某礼为斋成市兴业经济开发有限公司副总经理兼斋成兴业融资担保有限公司总经理。但本案所涉及的贷款与魏某武、王某礼二人的该职务没有关联性（理由见下述"被告单位并非谋取不正当利益"部分）。

②魏某武、王某礼涉嫌受贿案未经审判。

与本案有重要关联的"魏某武、王某礼涉嫌受贿"案尚未审判，不能确定该两人犯有受贿罪，当然更不能推定该两人一定构成受贿罪，如果该两人不构成受贿罪，指控的单位行贿罪则不能成立。即使判决确定魏某武、王某礼两人构成受贿罪，也不能确定指控的单位行贿罪一定能成立，行贿与受贿之间不是完全的对应关系。

（5）被告单位未送干股。公诉机关出示的 2011 年 5 月 31 日《斋成吉立工程刀具有限公司董事会会议纪要》载明：魏某武、王某礼分别出资 20 万元购买了 9% 的股份，此时注册资本为 106 万元。也就是说，2011 年 5 月 31 日，魏某武、王某礼分别实际出资 20 万元购买了注册资本为 106 万元中 9% 的股份，不存在干股问题。而公诉机关出示的斋成吉立工程刀具有限公司的工商登记材料载明：注册资本由 106 万元增至 1060 万元的时间为 2011 年 7 月 6 日，此时斋成吉立工程刀具有限公司对新老股东一并进行了增资，并无不当。

也就是说，本案是先进股东后增资。书证效力大于证人证言，证明被告单位未送干股。

（6）被告单位并非谋取不正当利益。

根据《刑法》第 393 条的规定，单位行贿罪以单位谋取不正当利益为要件。而公诉机关指控称："被告单位斋成吉立工程刀具有限公司在 2011 年扩大经营过程中，为了谋取较低利息贷款的不正当利益"而进行单位行贿行为。其一，无谋取较低利息贷款的证据，"较低利息"，与哪里的贷款相比较低？低多少？皆无证据证明。其二，贷款是企业发展的正当行为，贷款非不当行为。

①2011 年 6 月 19 日，斋成兴业融资担保有限公司委托上海浦东发展银行贷款给斋成吉立工程刀具有限公司 1000 万元，年利率 9.6%；2011 年 6 月 19 日，斋成兴业融资担保有限公司委托上海浦东发展银行贷款给斋成吉立工程刀具有限公司 1000 万元，年利率 9.6%。

其一，该两份贷款合同手续齐全，并签有保证合同，年利率 9.6%，利率不低，未"谋取较低利息的贷款"。

其二，该两份贷款，日期是 2011 年 6 月 19 日。而工商登记资料显示，增加贝某霞、苗某荣为股东的时间为 2011 年 9 月 29 日，认缴出资时间为 2011 年 7 月 6 日，实缴出资时间为 2011 年 7 月 6 日。也就是说，该两份贷款与增加股东没有关联，贷款与所谓"送干股"更无关联。

②2012 年 5 月 24 日，斋成安信物流有限公司委托齐鲁银行斋成开发区支行贷款给斋成吉立工程刀具有限公司 500 万元，年利率 9.6%；2012 年 6 月 27 日，斋成安信物流有限公司委托齐鲁银行斋成开发区支行贷款给斋成吉立工程刀具有限公司 1200 万元，年利率 9.6%；2013 年 6 月 25 日，斋成安永物流有限公司委托齐鲁银行斋成开发区支行贷款给斋成吉立工程刀具有限公司 1200 万元，利率 8.4%（计息方式按日计息）。

其一，该三份贷款合同手续齐全，并签有保证合同，年利率分别为 9.6%、9.6%、利率 8.4%（计息方式按日计息），利率不低，未"谋取较低利息的贷款"。

其二，该 3 份贷款，日期是 2012 年 5 月、6 月，2013 年 6 月，虽发生于增加股东之后，但斋成安信物流有限公司和斋成安永物流有限公司作为委托人，不属于国有性质的公司，与国家工作人员无关联，与行贿、受贿之间更无关联。

根据最高人民法院、最高人民检察院《关于办理行贿刑事案件具体应用法律若干问题的解释》第 12 条的规定，行贿犯罪中的"谋取不正当利益"，是指行贿人谋取的利益违反法律、法规、规章、政策规定，或者要求国家工作人员违反法律、法规、规章、政策、行业规范的规定，为自己提供帮助或者方便条件。违背公平、公正原则，在经济、组织人事管理等活动中，谋取竞争优势的，应当认定为"谋取不正当利益"。

本案，被告单位斋成吉立工程刀具有限公司没有违反上述规定，没有谋取不正当利益的任何行为。

综上，公诉机关指控被告单位斋成吉立工程刀具有限公司、被告人赵某祥犯单位行贿罪不能成立，至少证据不足。因为根据《刑事诉讼法》的规定，刑事诉讼证据的证明标准是证据确实、充分，本案明显达不到该证明标准。

2. 关于本案的量刑问题

根据最高人民法院、最高人民检察院、公安部、国家安全部、司法部《关于规范量刑程序若干问题的意见（试行）》第 9 条规定，作无罪辩护的案件，"在定罪辩论结束后，审判人员告知控辩双方可以围绕量刑问题进行辩论，发表量刑建议或意见，并说明理由和依据。"

（1）根据最高人民法院、最高人民检察院《关于办理行贿刑事案件具体应用法律的若干问题解释》第 7 条规定，因行贿人在被追诉前主动交代行贿行为而破获相关受贿案件的，对行贿人不适用《刑法》第 68 条关于立功的规定，依照《刑法》第 390 条第 2 款的规定，可以减轻或者免除处罚。单位行贿的，在被追诉前，单位集体决定或者单位负责人决定主动交代单位行贿行为的，依照《刑法》第 390 条第 2 款的规定，对单位及相关责任人员可以减轻处罚或者免除处罚；受委托直接办理单位行贿事项的直接责任人员在被追诉前主动交代自己知道的单位行贿行为的，对该直接责任人员可以依照《刑法》第 390 条第 2 款的规定减轻处罚或者免除处罚。

因此，即使合议庭评议后仍然认为被告单位构成行贿罪，被告人赵某祥依法也应当被免于刑事处罚。

（2）被告人赵某祥具有自首情节。公诉机关在起诉书中认定被告人赵某祥系自首。《刑法》第 390 条规定，行贿人在被追诉前主动交代行贿行为的，可以减轻处罚或者免除处罚。

根据 2010 年 12 月 22 日最高人民法院《关于处理自首和立功若干具体问题的意见》第 8 条第 3 款的规定，"具有自首或者立功情节的，一般应依法从轻、减轻处罚；犯罪情节较轻的，可以免除处罚。类似情况下，对具有自首情节的被告人的从宽幅度要适当宽于具有立功情节的被告人。"根据我国刑法的规定，对于构成犯罪的，在刑罚的裁量上有定罪判处刑罚和定罪免除刑罚两种途径。对于本案，从事实和证据方面，从量刑情节方面，综合考量，对被告人赵某祥适用定罪免除处罚较为适宜。

（3）被告人赵某祥确有悔罪表现。被告人在侦查和公诉机关审查起诉期间，始终坚持诚恳的认罪态度，积极配合办案人员办案，从未出现过不如实交代和推脱罪责的情况。在今天的庭审中，被告人能如实地回答公诉人的讯问，态度诚恳，认罪悔罪，这足以说明被告人有着突出的可教育性、可塑性。

（4）被告人赵某祥无犯罪前科。被告人赵某祥无犯罪前科，系初犯、偶犯，一贯表现良好，多次受奖，此前没有任何违法违纪行为。其本身主观恶性较小，具备酌定情节，依法可从轻处理。

（5）被告人赵某祥积极退赃、全部退赃。被告人赵某祥在案发后，积极退还全部赃款。

（6）关于量刑建议。综合以上几方面，本案的指控证据不足，证据链不完整。而且鉴于被告人在案发后能够自首，认罪态度好，有悔罪表现，积极全部退赃。根据本案的具体情况和宽严相济的刑事政策以及最高人民法院《人民法院量刑指导意见（试行）》和山东省高级人民法院《〈人民法院量刑指导意见（试行）〉实施细则》的规定，即使认定被告人构成犯罪，辩护人建议给予被告人赵某祥以免刑处罚。

（五）辩护意见与裁判结果

法院判决书最终判决结果是定罪免刑，辩护意见大部分被采纳，辩护效果明显。

第四节　挪用公款罪

一、罪名解读

（一）刑法规定和立法、司法解释

1. 刑法的规定

《刑法》第384条规定，国家工作人员利用职务上的便利，挪用公款归个人使用，进行非法活动的，或者挪用公款数额较大、进行营利活动的，或者挪用公款数额较大、超过3个月未还的，是挪用公款罪，处5年以下有期徒刑或者拘役；情节严重的，处5年以上有期徒刑。挪用公款数额巨大不退还的，处10年以上有期徒刑或者无期徒刑。

挪用用于救灾、抢险、防汛、优抚、扶贫、移民、救济款物归个人使用的，从重处罚。

2. 最高人民法院、最高人民检察院《关于办理贪污贿赂刑事案件适用法律若干问题的解释》（法释〔2016〕9号）的规定

该解释第5条规定，挪用公款归个人使用，进行非法活动，数额在3万元以上的，应当依照《刑法》第384条的规定以挪用公款罪追究刑事责任；数额在300万元以上的，应当认定为《刑法》第384条第1款规定的"数额巨大"。具有下列情形之一的，应当认定为《刑法》第384条第1款规定的"情节严重"：（一）挪用公款数额在100万元以上的；（二）挪用救灾、抢险、防汛、优抚、扶贫、移民、救济特定款物，数额在50万元以上不满100万元的；（三）挪用公款不退还，数额在50万元以上不满100万元的；（四）其他严重的情节。

该解释第6条规定，挪用公款归个人使用，进行营利活动或者超过3个月未还，数额在5万元以上的，应当认定为《刑法》第384条第1款规定的"数额较大"；数额在500万元以上的，应当认定为《刑法》第384条第1款规定的"数额巨大"。具有下列情形之一的，应当认定为《刑法》第384条第1款规定的"情节严重"：（一）挪用公款数额在200万元以上的；（二）挪用救灾、

抢险、防汛、优抚、扶贫、移民、救济特定款物，数额在 100 万元以上不满 200 万元的；（三）挪用公款不退还，数额在 100 万元以上不满 200 万元的；（四）其他严重的情节。

3. 全国人民代表大会常务委员会《关于〈中华人民共和国刑法〉第 384 条第 1 款的解释》（2002 年 4 月 28 日全国人大常委会通过）

全国人大常委会讨论了《刑法》第 384 条第 1 款规定的国家工作人员利用职务上的便利，挪用公款"归个人使用"的含义问题，解释如下。

有下列情形之一的，属于挪用公款"归个人使用"：（一）将公款供本人、亲友或者其他自然人使用的；（二）以个人名义将公款供其他单位使用的；（三）个人决定以单位名义将公款供其他单位使用，谋取个人利益的。

（二）概念

挪用公款罪，是指国家工作人员利用职务之便，挪用公款归个人使用，进行非法活动的，或者挪用公款数额较大，进行营利活动的，或者挪用公款数额较大，超过 3 个月未归还的行为。

（三）犯罪构成

（1）侵犯的客体是国家工作人员职务行为的廉洁性和公款的所有权。对象一般是公款。挪用用于救灾、抢险、防汛、优抚、扶贫、移民、救济的物品归个人使用的，也构成挪用公款罪，并应从重处罚。

（2）犯罪主体是特殊主体，即国家工作人员，参见贪污罪主体。

挪用公款罪的主体限于自然人，不包括单位，单位挪用公款行为不构成本罪。

①集体研究决定，将本单位公款借给他人使用的，不构成本罪。

②个人决定，为了单位的利益把公款给个人使用的，如厂长为了本厂的利益，把公款挪给工商局长的亲戚做生意的。因为这实质上是单位行为，也不认为构成本罪。

关于犯罪主体，注意以下两个问题。

①根据全国人大常委会 2000 年 4 月 29 日《关于〈中华人民共和国刑法〉第 93 条第 2 款的解释》，村（居）民委员会等基层组织人员协助人民政府从事行政管理工作时，属于《刑法》第 93 条第 2 款规定的"其他依照法律从事公务的人员"，其利用职务上的便利，非法挪用公款的，以本条挪用公款罪定罪处罚。

②对于受国家机关、国有公司、企业、事业单位、人民团体委托，管理、经营国有财产的非国家工作人员，利用职务上的便利，挪用国有资金归个人使

用构成犯罪的，根据上述法释〔2000〕5 号的司法解释，应当依照《刑法》第 272 条第 1 款挪用资金罪定罪处罚，对此不能比照《刑法》第 382 条第 2 款的规定来推理，即不能定挪用公款罪。这一点容易混淆，因为一般而言，挪用公款罪与挪用资金罪的关系就如同贪污罪与职务侵占罪的关系一样，具有很强的对应关系。但是，对于受国家机关、国有公司等国有单位委托从事管理、经营国有财产的非国家工作人员，如果利用职务上的便利、挪用国有资金归个人使用的，应当以挪用资金罪论处；如果这类人员将国有资金非法据为己有的，则应以贪污罪论处而非职务侵占罪（《刑法》第 382 条第 2 款的规定）。因为从本质上讲，这类人员不认定挪用公款罪的关键在于本罪客观方面包括密切相连的二层含义：一是利用了职务上的便利；二是挪用公款归个人使用，数额较大的行为。本罪的主体是国家工作人员，其范围应依照《刑法》第 93 条确定。

（3）主观方面是故意，并以归个人使用为目的。但目的是使用公款，而不是占有公款。行为人明知是公款而予以挪用，但不具有将公款永远非法占为己有的目的，行为人只是想暂时非法使用公款，主观上是想还的。

（4）客观方面表现为利用职务之便，擅自动用公款归个人使用的行为。

①利用职务之便，指利用在职务上经手、管理或主管公款的便利条件。

②挪用公款归个人使用，即擅自动用自己所经手、管理或主管的公款，归本人使用或擅自借给他人使用。

根据 2002 年 4 月 28 日立法解释，挪用公款"归个人使用"是指：将公款供本人、亲友或者其他自然人使用的；以个人名义将公款供其他单位使用的；个人决定以单位名义将公款供其他单位使用，谋取个人利益的。

具体又有三种不同的情况。A. 挪用公款归个人使用，进行非法活动的。此时立法上对时间、数额都没有予以限制。B. 挪用公款数额较大，进行营利活动的。此时刑法上有数额的要求（数额较大），但没有时间上的限制。C. 挪用公款数额较大，超过 3 个月未还的。这是指挪用公款进行非法活动、营利活动以外的其他活动的情况。此时应同时具备数额上、时间上的要求。

挪用公款归个人使用，数额较大，超过 3 个月未还的，所谓"未还"，是挪用公款后被司法机关、主管部门或者有关单位发现前未还。挪用公款归个人使用，包括挪用者本人使用或者给其他人使用。为私利以个人名义将挪用的公款给企业、事业单位、机关、团体使用的，应视为挪用公款归个人使用。"私利"包括获取物质利益和就业、升学、调动工作、晋升等非物质利益。为本人或者其他个人获取以上利益，不论是否已实际获取，都属于"为私利"。挪用人违反财经管理制度，未经合法审批手续，将公款擅自借给其他单位使用，应认定为"以个人名义"。公司、企业或者部门负责人，为私利擅自批准将公款给他人使用，属于挪用公款的行为。

不论挪用公款的具体行为表现为哪一种方式，前提条件必须是"挪用公款归个人使用"可构成本罪。何谓"归个人使用"？如果是挪用者本人使用，或者挪用后借给亲友或者其他自然人使用都属于"归个人使用"，关键是借给其他单位甚至是国有单位使用，可否视为"归个人使用"？

根据全国人大常委会的立法解释的规定：如果是以个人名义将公款供其他单位使用的，或者是个人决定以单位名义将公款供其他单位使用而从中谋取个人利益的，应当视为"归个人使用"，而立法解释在这里并没有限定"其他单位"的性质，理应包括国有单位在内。这样，就使得《刑法》第384条的挪用公款罪中的"归个人使用"与《刑法》第272条的挪用资金罪中的"归个人使用"的内涵基本一致。

③挪用公款罪的行为对象是"公款"。所谓公款，以货币、金融票证、有价证券等形式存在的公共财产。包括人民币、外国货币以及支票、股票、国库券等金融票证、有价证券。这类公共财产的特点是具有流通性或者直接兑现成货币的特点。公款一般不包含公物。但是，根据《刑法》第384条规定，挪用用于救灾、抢险、防汛、优抚、扶贫、移民、救济款物归个人使用的，可以构成挪用公款罪。这特定款物中不仅包括特定的公款也包括特定的公物。因此，挪用公款罪的对象之中还包括特定公物。特定公物以外的普通公物，不属于挪用公款罪对象的范围。国家工作人员挪用非特定公物归个人使用的行为，不以挪用公款罪论处。根据《刑法》第384条第1款与第2款的规定，可以看出挪用公款罪的犯罪对象为公款（公共财产中呈货币或有价证券形态的那部分）和特定款物（特指第273条所列救济、救灾等7项特定款物）。如果国家工作人员挪用的是非特定公物归个人使用的，如何处罚？能否以挪用公款罪论处？最高人民检察院法释〔2000〕1号司法解释对此作了较为明确的规定，即《刑法》第384条规定的挪用公款罪中未包括挪用非特定公物归个人使用的行为，对该行为不以挪用公款罪论处。如果构成其他犯罪的，依《刑法》相关规定定罪处罚。

二、案例

案例13 王某某等挪用公款案

（一）起诉书指控的犯罪事实

公诉机关指控：2010年4月27日，被告人张某某、刘某某利用主管、管理、经手公款的职务之便，在被告人王某某等人的指使策划下，未经批准或许可，擅自将丹县企业家协会代收菏泽发电有限公司支付给丹县电力（集团）热电公司发电补偿款 420 万元借给被告人王某某的山东乐健生物科技有限公司（私有公司，以下简称"乐健公司"），用于该公司增加公司账户资金申报大项目享受相关优惠政策，进行营利活动，但因其意志以外的原因未能作为申报大项目验资使用。案发前，在被告人张某某、刘某某的催要下，该款于 2010 年 4 月 29 日全部归还本金。

公诉机关依据证人证言、相关书证等证据提出上述指控，认为被告人张某某、刘某某利用职务上的便利，挪用公款给被告人王某某等人的私有公司进行营利活动，数额特别巨大，情节严重，其行为均触犯了《中华人民共和国刑法》第 384 条之规定，应当以挪用公款罪追究其刑事责任，因案发前已全部归还本金，时间较短，可从轻处罚。

（二）本案争议焦点

（1）是不是挪用公款归个人使用；（2）是不是进行营利活动；（3）使用人有没有指使、策划行为。

（三）辩护方案

做无罪辩护。

（四）辩护意见

1. 初审辩护意见

（1）被告人既没有挪用公款归个人使用也没有进行营利活动，不构成挪用公款罪。根据我国刑法规定，挪用公款罪，是指国家工作人员，利用职务上的便利，挪用公款归个人使用，进行非法活动的，或者挪用公款数额较大、进行营利活动的，或者挪用数额较大、超过 3 个月未还的行为。辩护人认为，被告人不存在以上情形，不构成挪用公款罪。

①被告人没有挪用公款归个人使用。根据全国人民代表大会常务委员会《关于〈中华人民共和国刑法〉第 384 条第 1 款的解释》（2002 年 4 月 28 日第九届全国人民代表大会常务委员会第二十七次会议通过），"有下列情形之一的，属于挪用公款'归个人使用'：（一）将公款供本人、亲友或者其他自然人使用的；（二）以个人名义将公款供其他单位使用的；（三）个人决定以单位名义将公款供其他单位使用，谋取个人利益的。"该解释是立法解释，与法律具有同等效力。司法解释与该立法解释不一致的，当然应当以该立法解释为准。本案在庭审中，被告人张某某辩解，在借用款项之前张某某和刘某某向谢某作了汇报并同意（这一点请法庭予以核实），谢某是企业家协会的法人代表，可见借款是企业家协会的单位行为。而使用人是乐健公司，乐健公司是法人单位。所以，借款行为不存在立法解释的上述 3 种情形，不属于挪用公款归个人使用。

没有了挪用公款归个人使用这个前提，挪用公款罪当然不能构成。

②被告人没有进行营利活动。就刑法规定的挪用公款罪的三种情形而言，被告人与第一种情形无涉，与第二、第三种情形有关但不能构成犯罪。

首先，将个人账户中的 420 万元存入丹县人民政府发展和改革局招商引资和大项目建设办公室（以下简称丹县大项目办公室）指定的乐健公司在丹县工商银行开设的账户上，其行为性质和目的不是挪用，而是存放。因为乐健公司的经营账户在建设银行而不是工商银行。该工商银行的账户是按照丹县政府的要求临时开设的，由县大项目办公室、银行和投资方 3 方共同监管，没有县大项目办公室的批准和工商银行的同意，乐健公司不能支取，因此该项资金不存在任何资金风险。不能也没有流入乐健公司在建设银行的经营账户。从借用的过程来看，乐健公司借用涉案款项时间较短，而且该款始终处于 3 方监管之下，根本不可能流失到所注册的公司经营账户及股东手中，资金的安全性绝对可以保证。

其次，涉案款项于 2010 年 4 月 27 日借出，于 2010 年 4 月 29 日即返回，前后仅两天。从结果上看，本次借用行为未给借出单位造成任何实质性的损失。被告人不想也没有进行营利活动，该款项尚未实际投入使用，因为没有证据证明被告人王某某实际使用了 420 万元资金，相反，有证据证明乐健公司没有使用该 420 万元资金。其一，有丹县大项目办公室科员陈某的证言；其二，起诉书已经认定"未能作为申报大项目验资使用"。

根据最高人民法院《关于审理挪用公款案件具体应用法律若干问题的解释》（1998 年 5 月 9 日）的规定，挪用公款存入银行、用于集资、购买股票、国债等，属于挪用公款进行营利活动，所获取的利息、收益等违法所得，应当追缴，但不计入挪用公款的数额。就是说为获取利息将公款存入银行，为获取收益用于集资、购买股票、国债的行为是营利活动，而单纯在银行存放和过户的行为并没有被界定为营利活动。根据最高人民法院《全国法院审理经济犯罪案件工作座谈会纪要》（2003 年 11 月 13 日）规定："挪用公款归个人用于公司、企业注册资本验资证明的，应当认定为挪用公款进行营利活动。"对这一规定不能误读，该纪要之所以将挪用公款归个人用于公司、企业注册资本验资证明定性为营利活动，是因为注册资本验资证明在公司企业注册时发挥了作用，是实际的使用行为。而本案中乐健公司"未能作为申报大项目验资使用"，在大项目验资前就已经主动撤离，未发挥任何作用，不是实际的使用行为，因而不是营利活动。再进一步说，无论是刑法、还是立法解释和司法解释，皆没有为申报大项目享受相关优惠政策是营利活动的规定。无法从"用于增加公司账户资金申报大项目享受相关优惠政策""未能作为申报大项目验资使用"得出

"被告人挪用公款进行营利活动"的结论。可以说，逻辑推理不通、犯罪事实不清、认定犯罪证据不足、不能构成犯罪。

（2）公诉机关指控王某某指使、策划被告人张某某、刘某某挪用公款定性错误。起诉书指控的犯罪事实之一：被告人张某某伙同被告人刘某某于2010年4月27日，利用其主管、管理、经手公款的职务之便，在被告人王某某等人的指使与策划下，未经批准或许可，擅自将丹县企业家协会代收菏泽发电有限公司支付给丹县电力（集团）热电公司发电补偿款420万元借给被告人王某某的乐健公司。辩护人认为公诉机关指控王某某指使、策划被告人张某某、刘某某挪用公款系定性错误。

被告人王某某未指使、策划，其行为不符合策划、教唆、协助挪用公款犯罪的构成要件。挪用公款罪是直接故意的犯罪行为，只有行为人有直接的主观故意的情况下才构成挪用公款罪；挪用公款罪的本质特征是挪用公款为了谋取私利，如果行为人只是向他人借款，而没有教唆他人挪用公款为个人谋取私利的主观故意和客观行为，则不构成教唆他人挪用公款罪。公诉机关之所以定性错误，是因为在认定王某某构成挪用公款犯罪过程中采取了两种不同的标准，一边是以刘某某将公款私存不具有为个人谋利的主观故意，所以不认定其在先行为是犯罪；另一边是将刘某某将个人存折上的款项存入乐健公司在工商银行临时开设的三方监管账户，即使没有事前谋取利益的主观故意，也认定王某某为营利而认定为挪用公款罪。显然，公诉机关采用了两种标准来认定同一性质的活动。在整个证据材料中没有证据证明王某某指使、策划或帮助张某某、刘某某个人谋取私利的事实，公诉机关只是证明了刘某某将个人存折上的款项存入了监管账户，仅凭此点根本无法推断张某某、刘某某与王某某具有共同故意，也无法证实王某某事先具有指使和策划行为。所以辩护人认为王某某的行为是正常的借款行为，没有教唆他人犯罪的主观故意，更谈不上策划与协助他人犯罪的共同故意与客观行为，被告人王某某只是向张某某、刘某某提出了借钱以应对楼庄乡政府关于大项目观摩的建议而已。借款手续、款项转出转进都是由刘某某完成的，该借款在监管账户的账目都有反映。刘某某是经过独立判断、自主作出的决定，并不是王某某指使的结果。

本案中，被告人王某某是420万资金的使用人而不是挪用人，不构成挪用公款罪。根据最高人民法院《关于审理挪用公款案件具体应用法律若干问题的解释》第8条之规定，挪用公款给他人使用，使用人与挪用人共谋，指使或者参与策划取得挪用款的，以挪用公款罪的共犯定罪处罚。也就是说追究使用人刑事责任的唯一条件是使用人有参与挪用的行为。被告人王某某不具有主观故意。公诉机关认为王某某与张某某、刘某某构成挪用公款罪的共同犯罪，而共同犯罪中要求犯罪主体具有共同的犯罪故意，具体到挪用公款罪的共同故意则要求为直接故意，间接故意并不构成共同故意。在本案中只有王某某明知是张某某、刘某某非法获取公款为个人谋利，仍唆使、帮助其挪用，才构成共同故意。但王某某只是问有没有钱，可不可以借，并说明了用途，3 被告均未为个人谋利。至于是否借，从哪个账上出钱以及财务上怎么做手续，是否经过领导的同意等，均没有具体的策划或指使。不存在策划、教唆、协助被告人张某某、刘某某挪用公款进行营利活动的客观行为。王某某没有共同"挪"发电补偿款的行为，"挪"这个行为在被告人刘某某将补偿款由对公账户转入个人存折时已经完成了，因为该补偿款在转入监管账户前已经存入刘某某的个人存折。也就是说，存入监管账户的款项是从刘某某个人账户转入的，因此被告人王某某有理由相信该款项的非公款属性，王某某根本不存在教唆、策划和协助挪用公款的客观行为。即使王某某明知该款项是公款而使用的也不构成挪用公款罪，根据《刑法》对挪用公款罪的立法原意，挪用公款进行营利活动，是指挪用人将公款用于营利活动，而不是指使用人用于营利活动，仅有使用行为不构成挪用公款罪。

故此，辩护人认为王某某表达的内容不能认定为指示、策划，作为使用人不应构成挪用公款的共犯。

（3）"用于该公司增加公司账户资金申报大项目享受相关优惠政策，进行营利活动"的指控事实不清、证据不足。起诉书指控的犯罪事实之二为"用于该公司增加公司账户资金申报大项目享受相关优惠政策，进行营利活动。但因其他意志以外的原因未能作为申报大项目验资使用。"案发前，在被告人张某某、刘某某的催要下，该款于 2010 年 4 月 29 日全部归还本金。"用于增加公司账户资金申报大项目享受相关优惠政策"用语含混，事实不清。

其一，关于"用于增加公司账户资金"。乐健公司的经营账户在建设银行，该账户未增加资金。增加账户资金的是在工商银行的监管账户，这一账户是按照政府要求临时开设的，具有对公性质。因为在建设银行的经营账户上的资金可以随时使用，而在工商银行的监管账户根据 2010 年 4 月 27 日的《大项目资本金账户监管协议书》规定，没有丹县大项目办公室的同意，工商银行不予支付。也就是说，存入监管账户的资金无任何风险。

其二，关于"申报大项目"。申报大项目是政府行为，不是被告人王某某的主观行为。2010 年 4 月，根据丹县人民政府大项目推进方案，对丹县所有大项目进行观摩。乐健公司属于丹县楼庄乡招商入驻丹县开发区的工业项目，为迎接丹县大项目观摩，完成大项目考核指标任务，楼庄乡政府将乐健公司列为大项目。但乐健公司不符合大项目的条件，为此，楼庄乡政府为公司注入 800

万元资金，并要求其余差额由乐健公司解决，于是乐健公司向本案被告人张某某、刘某某借款420万元。乐健公司自设立以来一直合法正常经营，无申报大项目意愿，是碍于情面，迫于压力的无奈之举。其性质属于楼庄乡政府为应对县里对楼庄乡大项目认定的政府行为。

其三，关于"享受相关优惠政策"。是谁享受相关优惠政策，享受什么优惠政策？起诉书语焉不详。公诉人提供的证据是《丹县招商引资优惠政策》（讨论稿），首先讨论稿没有法定效力，即使按照该讨论稿，享受优惠政策也是有条件的，即："凡来丹县投资的县外企业、经济组织和个人，固定资产投资在3000万元以上（含3000万元）的工业生产项目及限额以上工业企业固定资产投资1000万元以上（含1000万元）的新建、技改、扩建工业生产性项目"，从这一条件来看，限定的是"来丹县投资的县外企业、经济组织和个人"，乐健公司作为丹县县内企业不是来丹县投资的县外企业、经济组织和个人，根本不能享受所谓的优惠政策。而且要享受这一优惠政策，必须由丹县大项目办公室认定，而认定的前提是申报。起诉书指控："因其他意志以外的原因未能作为申报大项目验资使用"，是哪些意志外的原因，起诉书未作说明，即便如此，也只能说明是在为申报做准备。而真实的事实是什么？请看检察机关提供的证据材料最后一页对丹县大项目办公室科员陈某的询问笔录，她说："我记得在2010年5月份，签订了监管协议后没多长时间，我们大项目办公室要求中国工商银行丹县支行出具山东乐健生物科技有限公司资本金账户的存款余额的书面文件，中国工商银行丹县支行就告知我们山东乐健生物科技有限公司资本金账户上已经没有余额了。我们就把这个情况给领导汇报，取消了山东乐健生物科技有限公司二期扩建项目入选重点推进项目的资格。"这段证言对整个案件的定性非常重要，证明了什么问题？证明了乐健公司在申报大项目验资前就撤出了资金，退出了申报，是自动放弃，是意志内原因，充其量是预备阶段的犯罪中止。根据《刑法》第22条的规定，在犯罪过程中，自动放弃犯罪或者自动有效地防止犯罪结果发生的，是犯罪中止，对于中止犯，没有造成损害的，应当免除处罚。因此，被告人王某某即使构成犯罪，因为是预备阶段的犯罪中止，且没有造成任何损害，也应当免除处罚。需要特别指出的关键问题是：挪用公款罪有其特殊性。因为刑法不处罚挪用公款罪的预备行为，更不处罚预备阶段的中止行为，即使处罚也是有条件的，就是挪用数额较大、超过3个月未归还。尚未投入使用，未超过3个月的，既不能定罪也不能处罚。这一点，最高人民法院《全国法院审理经济犯罪案件工作会谈纪要》（2003年11月13日）作了明确答复，挪用公款后尚未投入实际使用的，须同时具备数额较大和超过3个月未归还的才构成挪用公款罪。本案中，涉案款项"没有作为申报大项目验资使用",就是"尚未投入实际使用",因而不构成挪用公款罪。法庭是说理的地方,说理就要言之有理、持之有据。以上事实和证据充分证明了被告人王某某不构成挪用公款罪,另两名被告人张某某、刘某某也不构成挪用公款罪,整个案件都不构成挪用公款罪。

2. 重审辩护意见

本案一审判决被告人王某某5年有期徒刑,被告人不服提起上诉。二审以事实不清、证据不足发回重审。以下是重审辩护意见。

(1)程序之辩。侦查机关取证程序不当,被告人在庭前作出的供述不能作为本案的定案依据。

根据最高人民检察院《人民检察院讯问职务犯罪嫌疑人实行全程同步录音录像技术工作流程(试行)》第4条规定,录制的起止时间,以被讯问人员进入讯问场所开始,以被讯问人核对讯问笔录、签字捺印手印结束后停止。第6条规定,对参与讯问人员和讯问室温度、湿度,应当在讯问人员宣布讯问开始时以主画面反映。对讯问过程中使用证据、被讯问人辨认书证、物证、核对笔录、签字和捺印手印的过程应当以主画面反映。第9条规定,录制结束后,录制人员应当将录制资料的正本交讯问人员、被讯问人确认,当场装入人民检察院讯问全程同步录音录像资料密封袋,由录制人员、讯问人员、被讯问人三方封签,由被讯问人在封口处骑缝捺印手印。

根据最高人民检察院《人民检察院讯问职务犯罪嫌疑人实行全程同步录音录像的规定(试行)》第2条规定,人民检察院讯问职务犯罪嫌疑人实行全程同步录音、录像,是指人民检察院办理直接受理侦查的职务犯罪案件,每次讯问犯罪嫌疑人时,应当对讯问全过程实施不间断的录音、录像。第6条规定,讯问开始时,应当告知犯罪嫌疑人将对讯问进行全程同步录音、录像,告知情况应在录音、录像中予以反映,并记载于讯问笔录。第7条规定,全程同步录像的,摄制的图像应当反映犯罪嫌疑人、检察人员、翻译人员及讯问场景等情况,犯罪嫌疑人应当在图像中全程反映,并显示与讯问同步的时间数码。在检察院讯问室讯问的,应当显示温度和湿度。第12条规定,讯问结束后,录制人员应当立即将录音、录像复制件交给讯问人员,并经讯问人员和犯罪嫌疑人签字确认后当场对录音、录像资料原件进行封存,交由检察技术部门保存。第15条规定,案件审查过程中,人民法院、被告人或者辩护人对讯问活动提出异议的,或者被告人翻供的,或者被告人辩解因受刑讯逼供、威胁、引诱、欺骗等而供述的,公诉人应当提请审判长当庭播放讯问全程同步录音、录像资料,对有关异议或者事实进行质证。

本案侦查阶段对被告人张某某进行讯问时,违反了上述规定,程序不合法。

在庭审中，被告人称受到了侦查人员的诱供，辩护人也对该项证据取得的合法性提出了质疑。根据最高人民法院、最高人民检察院、公安部、国家安全部、司法部《关于办理刑事案件严格排除非法证据若干问题的规定》，公诉机关对被告人在侦查阶段的讯问笔录不能作为证据使用，应当以当庭讯问为准。

对此，检察机关因不能提供原始的全程同步录音录像，在第三次开庭审理时，公诉机关明确表示不再以讯问笔录作为证据，以被告人当庭供述为准，以当庭查明的事实为准。据此，法院的判决应当以被告人当庭供述为准，不能再以讯问笔录作为定罪证据。

（2）事实之辩。

①被告人当庭供述。被告人张某某在出借款项前向企业家协会法人代表谢某作了汇报并经谢某同意后才出借的。这一点被告人张某某当庭作了明确供述。同时，被告人王某某当庭也供述称："我向张某某提出借款时，跟张某某说要向领导汇报，领导同意借就借，领导不同意别为难。"这已经形成了完整的证据链，如此重要的证据，法庭在不核实、不让谢某出庭作证的情况下，对张某某和王某某的供述不予采信，导致认定的案件事实完全错误。

根据全国人民代表大会常务委员会《关于〈中华人民共和国刑法〉第384条第1款的解释》规定，有下列情形之一的，属于挪用公款"归个人使用"：（一）将公款供本人、亲友或者其他自然人使用的；（二）以个人名义将公款供其他单位使用的；（三）个人决定以单位名义将公款供其他单位使用，谋取个人利益的。该解释是立法解释，与法律具有同等效力。司法解释与该立法解释不一致的，当然应当以该立法解释为准。谢某是企业家协会的法人代表，谢某同意，出借就是企业家协会的单位行为，借款行为也就不存在立法解释的上述三种情形，从而不属于挪用公款归个人使用，挪用公款罪当然不能构成。

被告人王某某向张某某提出借款时，跟张某某说"要向领导汇报，领导同意借就借，领导不同意别为难。"的供述与张某某出借款项前"向谢某作了汇报并经谢某同意后才出借"的供述，证明两被告人没有挪用公款的意思联络和犯意沟通，证明了被告人王某某没有共谋、指使和策划行为，法庭所谓"挪用人与使用人构成共犯"的认定不能成立。

②当庭查明的事实。乐健公司申报大项目是迫于楼庄乡政府的压力，是楼庄乡政府为了完成招商引资任务要求乐健公司申报的。这一事实既有被告人的当庭供述，也有楼庄乡党委书记仝某某的证言予以佐证，2012年3月12日仝某某的证言说到："为了乐健生物科技有限公司能入选大项目和县观摩项目完成我们乡的招商引资任务，我们乡协调各方面关系给乐健生物科技有限公司在一家担保公司筹集了一部分资金。"同时，在第四次开庭时有证据进一步证明

楼庄乡政府为完成招商引资任务弄虚作假、迫使乐健公司申报大项目的事实。其一，楼庄乡政府为了完成招商引资任务让乐健公司申报大项目，乐健公司表示不愿申报。为了让乐健公司申报，楼庄乡政府为乐健公司做了申报大项目的可行性研究报告。公司不愿申报，乡政府为其做可行性研究报告，乡政府为了完成招商引资任务弄虚作假、迫使申报的目的昭然若揭。其二，公诉机关提供的《2010年我县部分重点推进项目建设资本金情况》中，乐健公司资本金情况凭证种类及金额栏目中有"江苏省、上海市工业统一发票989.2万元"，该发票系楼庄乡政府主要负责人安排制作的假发票。一个乡政府为企业制作假发票不但行为性质恶劣，而且进一步说明楼庄乡政府为完成招商引资任务弄虚作假、迫使乐健公司申报的事实。这一事实的查明，进一步证明被告人王某某无使用款项意愿，无"策划"动机，无营利目的，而是迫于政府压力的无奈之举。没有犯罪故意，何来挪用公款？因此，被告人无罪。

（3）证据之辩。原审法院在作出判决时使用的证据应当是：被告人当庭作出的供述和辩解、经质证的证人证言和书证。但法院的判决所使用的被告人供述的证据不少来自公诉机关侦查讯问笔录。比如，判决书第30页使用的证据是："被告人王某某明知被告人张某某420万元系公款，仍向被告人张某某提议将此款出借给自己经营的乐健公司使用，被告人张某某起初对被告人王某某提出的非法要求予以拒绝，而被告人王某某仍予纠缠再次找到张某某借款，并承诺'借款没有风险，仅使用二三天'。"并据此得出："坚定了被告人张某某挪用公款的决心，而由此在被告人王某某和被告人张某某之间形成了挪用公款的意思联络和犯意沟通"的结论。原审法院判决时无视查明的关于被告人王某某向张某某提出借款时跟张某某说的"要向领导汇报，领导同意借就借，领导不同意别为难"和张某某出借款项前"向谢某作了汇报并经谢某同意后才出借"的当庭供述这一应当采用的证据，而是采用了已经由公诉机关明确表示不作为证据使用的侦查和审查起诉阶段的讯问笔录。众所周知，法院的职能是在控辩双方之间不偏不倚，居中裁判。将控方明确表示不作为证据使用的被告人供述作为被告人有罪的证据而使用，一审法院使用证据不当。

本案另一项重要证据是检察机关提供的证据材料最后一页对丹县大项目办公室科员陈某的询问笔录，她说："我记得在2010年5月份，签订了监管协议后没多长时间，我们大项目办公室要求中国工商银行丹县支行出具山东乐健生物科技有限公司资本金账户的存款余额的书面文件，中国工商银行丹县支行就告知我们山东乐健生物科技有限公司资本金账户上已经没有余额了。我们就把这个情况给领导汇报，取消了山东乐健生物科技有限公司二期扩建项目入选重点推进项目的资格。"这段证言证明了乐健公司在申报大项目验资前就撤出了资金，退出了申报。原审法院判决书中也认定：乐健公司使用款项是在为申报大项目作准备，而且乐健公司在申报大项目验资前就撤出了资金，退出了申报，是自动放弃，是意志内原因。

（4）法律之辩。

①根据最高人民法院《关于审理挪用公款案件具体应用法律若干问题的解释》（1998 年 5 月 9 日），挪用公款存入银行、用于集资、购买股票、国债等属于挪用公款进行营利活动，所获取的利息、收益等违法所得，应当追缴，但不计入挪用公款的数额。就是说为获取利息将公款存入银行，为获取收益用于集资、购买股票、国债的行为是营利活动，而单纯在银行存放和过户的行为并没有界定为营利活动。根据最高人民法院《全国法院审理经济犯罪案件工作座谈会纪要》（2003 年 11 月 13 日）规定："挪用公款归个人用于公司、企业注册资本验资证明的，应当认定为挪用公款进行营利活动。"对这一规定不能误读，座谈会纪要之所以将挪用公款归个人用于公司、企业注册资本验资证明定性为营利活动，是因为注册资本验资证明在公司企业注册时发挥了作用，是实际的使用行为。而本案中乐健公司"未能作为申报大项目验资使用"，在大项目验资前就已经主动撤离，未发挥任何作用，不是实际的使用行为，因而不是营利活动。再进一步说，无论是刑法、还是立法解释和司法解释，皆无为申报大项目享受相关优惠政策是营利活动的规定。即使按照类推原则也推定不出被告人的营利活动，遑论自 1997 年《刑法》实施以来确定、实行的是罪刑法定原则。所以，无论如何也无法从"用于增加公司账户资金申报大项目享受相关优惠政策""未能作为申报大项目验资使用"得出"被告人挪用公款进行营利活动"的结论。

②本案中，被告人王某某是 420 万元资金的使用人而不是挪用人，不构成挪用公款罪。根据最高人民法院《关于审理挪用公款案件具体应用法律若干问题的解释》第 8 条之规定，挪用公款给他人使用，使用人与挪用人共谋，指使或者参与策划取得挪用款的，以挪用公款罪的共犯定罪处罚。也就是说追究使用人刑事责任的唯一条件是使用人有参与挪用的行为。被告人王某某不具有主观故意。公诉机关认为王某某与张某某、刘某某构成挪用公款罪的共同犯罪，而共同犯罪中要求犯罪主体具有共同的犯罪故意，具体到挪用公款罪的共同故意则要求为直接故意，间接故意并不构成共同故意。在本案中只有王某某明知是张某某、王某某非法获取公款为个人谋利，仍唆使、帮助其挪用，才构成共同故意。但王某某只是问有没有钱，可不可以借，并说明了用途，3 被告均未为个人谋利。再从王某某向张某某提出借款时跟张某某说"要向领导汇报，领导同意借就借，领导不同意别为难"的话语进一步证实没有具体的策划或指

使。应当指出的是，本案全案不构成挪用公款罪，退一步说即使张某某、刘某某构成，王某某也不构成挪用公款罪。因为：王某某表达的内容不能认定为指示、策划，作为使用人不应构成挪用公款罪的共犯。

③如前所述，被告人王某某不构成犯罪。再退一步说，即使被告人王某某构成犯罪，原审法院也应当正确适用法律。原审法院判决书中认定，乐健公司使用款项是在为申报大项目作准备，而且乐健公司在申报大项目验资前就撤出了资金，退出了申报，是自动放弃，是意志内原因。据此，被告人王某某充其量是预备阶段的犯罪中止，且没有造成任何损失。那么，判决时就应当适用《刑法》第22条"在犯罪过程中，自动放弃犯罪或者自动有效地防止犯罪结果发生的，是犯罪中止，对于中止犯，没有造成损害的，应当免除处罚"这一规定。因此，被告人王某某即使构成犯罪，因为是预备阶段的犯罪中止，且没有造成任何损害，应当免除处罚。

3. 补充辩护意见

在重审中，公诉机关退回补充侦查，第二次开庭。以下是补充辩护意见。

本次庭审，公诉人提供的所谓新证据是几个申报大项目公司相关人员和楼庄乡党委书记全某某等人的询问笔录、楼庄乡政府与乐健公司的合同等，意图证明：被告人王某某主动申报大项目——使用款项是为了申报大项目——申报大项目是为了办土地使用证——办理土地使用证就是用于营利——最终归罪。

（1）乐健公司申报大项目是被动行为不是主动行为。在上次庭审中，辩护人要求非法证据排除时，公诉机关主动提出讯问嫌疑人笔录不作证据使用，以当庭讯问为依据。而当庭讯问查明的事实是：乐健公司申报大项目是迫于楼庄乡政府的压力，是楼庄乡政府为了完成招商引资任务要求乐健公司申报的。这一事实有被告人的当庭供述，也有楼庄乡党委书记全某某的证言予以佐证，2012年3月12日全某某证言说："为了乐健生物科技有限公司能入选大项目和县观摩项目完成我们乡的招商引资任务，我们乡协调各方面关系给乐健生物科技有限公司在一家担保公司筹集了一部分资金。"

值得注意的是，在上次庭审后公诉机关进行了补充侦查，于2012年8月30日再次对全某某进行了询问，全某某一方面说上次说的都是实话，另一方面又说"当时应王某某的要求，确实协调丹县中小企业信用担保有限公司给乐健生物科技有限公司筹集了800万元资金。"前面说为了完成乡里的招商引资任务给乐健公司筹集资金，后面又说应王某某的要求给乐健公司筹集资金，前后两次证言在主要事实上不一致且相互矛盾。根据证据规则，同一人对同一事实相互矛盾的证言不得作为证据使用。因此，对于全某某2012年8月30日的证言不能作为证据使用。

同时，有新证据进一步证明楼庄乡政府为完成招商引资任务弄虚作假、迫使乐健公司申报大项目的事实。其一，楼庄乡政府为了完成招商引资任务让乐健公司申报大项目，乐健公司表示不愿申报。为了让乐健公司申报，楼庄乡政府为乐健公司做了申报大项目的可行性研究报告。公司不愿申报，乡政府为其做可行性研究报告，这是什么性质的行为？其为了完成招商引资任务弄虚作假、迫使申报的目的昭然若揭，请法庭予以核实。其二，公诉机关提供的《2010 年我县部分重点推进项目建设资本金情况》中，乐健公司资本金情况凭证种类及金额栏目中有"江苏省、上海市工业统一发票989.2 万元"，该发票系楼庄乡政府主要负责人安排制作的假发票。一个乡政府为企业制作假发票不但行为性质恶劣，而且进一步说明楼庄乡政府为完成招商引资任务弄虚作假、迫使乐健公司申报的事实。在此，辩护人请法庭核实并提请司法机关追究相关责任人的法律责任。

（2）涉案款项未用于办理土地使用证。第一，办理土地使用证的依据是《土地管理法》，政策不能对抗法律更不能代替法律。符合法律规定的企业土地管理部门应当给予办理，不办理就是行政不作为；不符合法律规定的企业即使符合政策规定也不能办理，办理就是行政违法。因此，被告人王某某要求办理土地使用证的行为是正当行为，相反，在法律之外通过政策设置障碍则有违法律规定。况且，如前所述，乐健公司申报大项目是被动行为，是迫于楼庄乡政府为完成招商引资任务的无奈之举，根本不是为了办理土地使用证。

第二，公诉人提供的新证据不能证明涉案款项用于办理土地使用证。公诉机关提供了丹县发改局副局长刘某国、丹县县委统战部副部长张某兴、丹县砖庙镇党委书记张某、菏泽巨鑫源食品有限公司董事长孙某林、丹县青固集镇政府宣传委员张某斌、丹县圣祥粮油食品有限公司办公室主任李某坤、山东曹普有限公司副总经理王某玉、丹县国土资源局党副局长邢某玉、丹县楼庄乡政府财政所所长汪某峰等人的询问笔录。这些证人证言无一个是直接证据，根据证据规则仅有间接证据不能证明案件事实，而且这些证据在本案中不具有因果关系。尤为令人不能理解的是用菏泽巨鑫源食品有限公司董事长孙某林、丹县圣祥粮油食品有限公司办公室主任李某坤、山东曹普有限公司副总经理王某玉的证言来证明乐健公司申报大项目是为办土地使用证，且不说这几份证言如出一辙，单在逻辑上就讲不通。即使这几人所说真实，它们这些公司申报大项目是为了办理土地使用证也不能证明乐健公司申报大项目就是为了办理土地使用证。请问：甲乙丙丁四人到同一商店各自买了一把刀，甲乙丙三人都说自己买刀是为了杀人就能证明丁买刀也是为了杀人吗？可见，这在逻辑上是讲不通的。况且逻辑前提乐健公司主动申报大项目根本不存在。

（3）被告人不构成挪用公款罪。关于被告人王某某不构成挪用公款罪的理由我们在上次庭审的辩护意见中已经阐明。本次庭审，公诉机关试图通过被告人王某某主动申报大项目——使用款项是为了申报大项目——申报大项目是为了办土地使用证——办理土地使用证就是用于营利的逻辑关系最终达到归罪的目的。前面分析证明这个逻辑关系是不存在的。在此，我们郑重申明，即使该逻辑关系成立，被告人王某某也不构成挪用公款罪。因为挪用公款用于营利活动是指挪用人将公款用于营利活动，本案中，被告人张某某、刘某某是所谓的挪用人（向主要领导做了汇报，实际不是挪用），他们并未将公款（本案款项不具有公款属性）用于营利活动。而被告人王某某是 420 万元资金的使用人而不是挪用人。根据最高人民法院《关于审理挪用公款案件具体应用法律若干问题的解释》第 8 条之规定：挪用公款给他人使用，使用人与挪用人共谋，指使或者参与策划取得挪用款的，以挪用公款罪的共犯定罪处罚。也就是说追究使用人刑事责任的唯一条件是使用人有指使或者参与策划取得公款的行为。其一，上次庭审查明 420 万元资金是企业家协会的钱，不具有公款属性；其二，本案另一被告人张某某在借款前向企业家协会法人代表谢某做了汇报；其三，被告人王某某借款时只是问有没有钱，可不可以借，并说明了用途，3 被告均未为个人谋利，没有具体的策划或指使。不存在策划、教唆、协助被告人张某某、刘某某挪用公款进行营利活动的客观行为。因此，不构成挪用公款罪。

综合以上分析，我们的结论依然是：指控的罪名不能成立，被告人无罪。恳请法庭给予被告人一个公正的裁决。

（五）辩护意见与裁判结果

重审的判决结果是对 3 名被告人定罪免刑，取得了较好的辩护效果。

第六章　妨害社会管理秩序罪

第一节　组织、领导、参加黑社会性质组织罪

一、罪名解读

（一）刑法规定

组织、领导、参加黑社会性质组织罪规定在《刑法》第294条，组织、领导黑社会性质的组织的，处7年以上有期徒刑，并处没收财产；积极参加的，处3年以上7年以下有期徒刑，可以并处罚金或者没收财产；其他参加的，处3年以下有期徒刑、拘役、管制或者剥夺政治权利，可以并处罚金。

境外的黑社会组织的人员到中华人民共和国境内发展组织成员的，处3年以上10年以下有期徒刑。

国家机关工作人员包庇黑社会性质的组织，或者纵容黑社会性质的组织进行违法犯罪活动的，处5年以下有期徒刑；情节严重的，处5年以上有期徒刑。

犯前3款罪又有其他犯罪行为的，依照数罪并罚的规定处罚。

（二）概念和犯罪构成

（1）概念。组织、领导、参加黑社会性质组织罪，是指组织、领导或者参加以暴力、威胁或者其他手段，有组织地进行违法犯罪活动，称霸一方，为非作歹，欺压、残害群众，严重破坏经济、社会生活秩序的黑社会性质组织的行为。本罪是行为犯，属选择性罪名，只要行为人实施了组织、领导、积极参加或参加黑社会性质组织的行为之一，便成立本罪。

（2）犯罪构成。

①犯罪客体。本罪的犯罪客体是复杂客体，既侵犯了经济秩序、社会生活秩序，同时又侵犯了公民的人身财产权利。

②客观方面。本罪的客观方面表现为行为人实施了组织、领导、积极参加或者参加黑社会性质组织的行为。所谓组织，是指倡导、发起、策划、安排、建立黑社会性质组织的行为。所谓领导，是指在黑社会性质组织中处于领导地

位，对该组织的活动进行策划、决策、指挥、协调的行为。通常情况下组织者即是领导者，但也不尽然，非组织者（参加者）也可能通过犯罪表现及其他手段成为领导者。所谓积极参加，是指虽然没有组织、领导，但积极主动地参加到他人组织的黑社会性质组织中去，并积极参与谋划、实施犯罪活动的行为。所谓参加，是指一般参加者，即在黑社会性质的组织中，除组织、领导和积极参加者外，其他参加该组织的成员。

③主体。本罪的主体为一般主体，任何已满16周岁并具有刑事责任能力的自然人，均可成为本罪的主体。国家机关工作人员组织、领导、参加黑社会性质组织的，应从重处罚。

④主观方面。本罪的主观方面是直接故意，即行为人怀着明确的意图组织或领导黑社会性质组织，或者明知是黑社会性质组织而参加。

（三）特征

根据《刑法》第 294 条的规定，黑社会性质的组织应当同时具备以下特征。

（1）形成较稳定的犯罪组织，人数较多，有明确的组织者、领导者，骨干成员基本固定。

（2）有组织地通过违法犯罪活动或者其他手段获取经济利益，具有一定的经济实力，以支持该组织的活动。

（3）以暴力、威胁或者其他手段，有组织地多次进行违法犯罪活动，为非作歹，欺压、残害群众。

（4）通过实施违法犯罪活动，或者利用国家工作人员的包庇或者纵容，称霸一方，在一定区域或者行业内，形成非法控制或者重大影响，严重破坏经济、社会生活秩序。

二、案例

案例 14　王某河组织、领导、参加黑社会性质组织案

（一）起诉书指控的犯罪事实

被告人王某河自 2005 年注册成立曹州市立民装载运输有限责任公司（以下简称立民公司）后，在公司运营中发现通过带车使超载、超限车辆逃避交通、交警等职能部门的查处，可大幅度降低运输成本。自 2007 年以来，被告人王某河为谋取非法利益，开始有组织地为其公司货运车辆非法带车，并逐渐向社会上的车辆扩展带车业务。2009 年以来，被告人王某河为发展带车业务，通过发展成员，以非法带车为业，实施违法犯罪活动扩大影响，攫取经济利益，逐渐

形成了以其本人为首的黑社会性质组织。

（1）该组织已形成较稳定的犯罪组织，人数较多，有明确的组织者、领导者，骨干成员基本固定。

①被告人王某河自2007年以来开始为其公司内部货运车辆进行非法带车，为进一步牟取暴利，进而为曹州市鲍沟镇金庄煤矿附近从事运输业务的货车车主提供带车服务，收取带车费用。自2009年以来，被告人王某河以友情、亲情、地缘关系为纽带，纠集其公司员工吕某军、吕某、渠某普，并吸收路某、史某日、刘某华、赵某、王某、王某元、王某磊、王某岩（另案处理）等社会闲散人员，以立民公司为掩护，在曹州一带专职非法为曹州南部、西部地区的大量不特定货车车主带车，并组织实施了多起违法犯罪活动，牟取了大量不法利益，逐步做大成势，在曹州市地区形成了以被告人王某河为组织者、领导者，以被告人史某日、吕某军、渠某普、路某、吕某、王某岩为骨干成员和积极参加者，以被告人刘某华、赵某、王某、王某磊为一般成员的黑社会性质组织，对外号称"立民公司"。

②该黑社会性质组织结构严密，层次分明，实行分级管理。在该组织内，以非法带车为主线，实行"公司化"管理，王某河是绝对的权威，地位显著，组织成员均尊称其为"老板"，直接领导史某日、吕某军、渠某普，路某、王某岩等人，负责组织、领导、指挥、策划手下组织成员从事违法犯罪活动，如按辈份吕某系王某河长辈，但仍听从王某河管理，尊称王某河为"老板"，王某河直呼其名或绰号。骨干成员各自又管理手下三线成员。如史某日管理吕某、王某；王某岩管理王某元；路某管理刘某华。在实施违法犯罪活动时，王某河通常只对受其直接领导的骨干成员下达命令，骨干成员再严格按照其指示，召集、带领其他三线成员从事违法犯罪活动，一级管理一级，层次分明。

③该组织骨干成员归属信念较强，主要成员基本固定。被告人王某河为稳定其组织，采用经济手段将主要成员拴在一起，其主要组织成员吕某军、渠某普、路某、吕某、王某岩等人，均与王某河合伙购买货运车辆、以车辆入股立民公司，享受年终分红；被告人史某日把自己的货车放在立民公司运营，享受立民公司带来的各种便利，为自己牟利；按月发放基本工资并根据违法带车收益情况发放奖励，解除了其组织成员的后顾之忧，使其成员对组织有了归属感，主要成员基本固定，而且愿意为了维护组织利益进行违法犯罪活动，一旦被告人王某河个人与他人发生冲突或是为了组织利益，其他组织成员都会闻讯而至甚至主动实施违法犯罪行为来维护其组织利益和王某河的权威。如被告人史某日等人为维护组织利益主动实施妨害公务案，事后王某河为保全在该组织地位、层次高的史某日，采取"舍卒保车"的方法安排王某元去代替史某日投案，王

某元遵照执行，体现了该组织骨干成员的稳固性。

④该黑社会性质组织分工明确，各负其责。该组织以公司的组织形式作为组织的主体结构，该组织成员均被王某河安排为立民公司"员工"，该组织成员对外以"立民公司"自居，但基本不参与公司正常经营范围内的运输、管理而是专门负责"带车业务"。王某河为"立民公司"的总经理，领导全面事务；骨干成员和积极参加者史某日、吕某军、路某、渠某普、王某岩被王某河封为"立民公司"的副总经理、经理。

被告人王某河为有效发挥组织成员的自身特点，壮大该组织声威和财力，对组织成员的分工比较明确，组织成员根据王某河的安排完成交办任务。王某河将被告人吕某军作为主要的经济帮手，由吕某军负责其组织主要成员入股的立民公司的车队管理，协调车队同带车人员的信息沟通，必要时直接调度带车人员，为组织利益参与违法犯罪活动；被告人路某在立民公司带车期间，王某河安排其负责在路上带车，对带车人员进行管理；王某河对被告人史某日信任有加，安排史某日全面负责带车业务，对带车人员进行管理；王某河对被告人渠某普委以重任，掌管非法带车账目，并由其向大车车主收取"带车费"、发放标识；被告人吕某作为长期跟随王某河的亲信，直接服务于王某河，同被告人王某元二人均系该组织主要"打手"，在王某河带领、安排、授意、默认下，积极参加该组织实施的一系列违法犯罪活动，并经常纠集社会闲散人员参与违法犯罪活动；被告人赵某、王某、王某磊均是自愿加入立民公司，积极参与有组织的违法犯罪活动。

⑤该黑社会性质组织有被组织成员认可的规定和纪律。为加强组织管理，维护组织利益，王某河经常向组织成员宣布要听从指挥，有禁则止，在组织内逐步形成了不成文的规约，对不遵守规约的组织成员，轻者遭到训斥，重则被赶出组织。

A. 要求手下成员听其话、按其要求办事。B. 为维护组织利益，要求组织人员不得内讧。C. 不准擅自惹事，避免为组织带来不必要的影响。D. 组织成员手机必须 24 小时开机，夜间带车不能喝酒、不能吸毒。E. 不准私自带车，干私活。被告人王某河通过定期开会汇报、微信点名、微信查岗等形式监督其组织成员遵守纪律情况。被告人路某、刘某华先后因违反其组织纪律被王某河开除；被告人吕某曾因违反组织纪律被开除过；其他组织成员多数因表现不好被王某河训斥甚至打骂过。

（2）有组织地通过违法犯罪活动或者其他手段获取经济利益，具有一定的经济实力，以支持该组织的活动。

①该组织依靠组织力量，以各种手段获取经济利益，具有一定的经济实力。

2005 年 5 月 23 日，王某河注册成立立民公司，2007 年王某河等人面向曹州市鲍沟镇金庄煤矿附近从事运输业务的货车车主提供带车业务谋取非法利益，2009 年在路某等人加入后，通过非法带车形成以王某河为首的黑社会性质组织"立民公司"，在该组织存续期间，"立民公司"开始大肆对曹州市社会上的大货车提供非法带车业务，并通过实施虚开增值税专用发票犯罪、保险诈骗犯罪、敲诈勒索犯罪、妨害公务违法犯罪、寻衅滋事等违法犯罪活动获取了大量非法经济利益。

为获取更多经济利益及洗白违法所得，该组织领导者王某河又于 2009 年 9 月 3 日，注册成立曹州市滕南立民汽车修理有限公司，并由其妻子王某莲出任法人代表；2009 年 8 月 31 日，注册成立榴庄誉源煤业有限公司，2013 年 6 月 7 日变更为榴庄誉源挂车机械有限公司，由其组织成员渠某普任法人代表；2014 年 3 月 28 日，注册成立曹州市誉诺汽车销售有限公司，由王某河的朋友王某虎任法人代表，上述公司注册法人虽不是王某河本人，但是王某河却是实际的幕后老板。被告人王某河在带领其组织从事非法带车过程中，逐步向修车行业、煤炭经营、挂车制造等领域渗透扩张，非法带车与其他经营业务相互促进，非法经营与合法经营相互交织，对国家、社会造成严重危害。

经审计核算，该组织自 2011 年 4 月至 2013 年 12 月通过合法和非法方式攫取经济收入总数达 1686 万余元。其中，该组织仅 2011 年 4 月至 2013 年 12 月，通过非法带车获取非法经济利益高达 2 326 051.00 元（不完全统计，不包括按次数收取的带车费）。实施虚开增值税专用发票犯罪获取非法经济利益 293 576.02 元；实施保险诈骗行为获取非法所得 15 480 元；实施敲诈勒索犯罪获取非法所得 12 000 元。

②该组织以经济实力维系组织运转及内部关系，支持违法犯罪活动。

A. 根据立民公司 2011 年 4 月至 2013 年 12 月的账目，违法带车收入是维持立民公司运营的主要经济保障，如果没有违法带车收入，则立民公司严重亏损。2014 年以后，随着煤炭价格下滑，煤炭运输价格也同样下滑，且运量严重萎缩，违法带车业务成为立民公司的主业，成为维系该组织存在发展的经济来源保障。

B. 被告人王某河为稳定其组织、豢养组织成员，维持组织运转，现固内部关系，依托其经济实力，以各种形式拉拢和豢养组织成员。如按成员所处的地位、所起作用的大小予以分配经济利益，对主要成员分配大货车股份，根据收益年终分红；根据带车人员的表现情况，在按月发放基本工资的基础上，向其发放奖金；对组织成员违法犯罪活动买单，如给吕某交纳取保候审保证金 5000 元、为路某支付给被害人赔偿款 5000 元、为在违法犯罪活动中受伤人员支付医疗费用等；组织成员家中有红白事盖房子等大事，钱不够时可以由组织支出或向公司借支。

C. 该组织为了保障违法犯罪活动的顺利实施，以经济实力支持违法犯罪活动，被告人王某河为顺利实施带车及其他违法犯罪活动及遇到突发情况及时应对，为带车人员配备多辆汽车、购买对讲机、交纳手机话费，并按照车辆行驶里程发放燃油补贴。

（3）该组织以暴力、威胁或者其他手段，有组织地多次进行违法犯罪活动，为非作恶，欺压、残害群众。

该组织为获取经济利益、确立组织强势地位、树立组织淫威，通过王某河亲自参与、直接指挥、授意、指使、放任或事后默许等方式，以组织淫威为后盾，以殴打、语言威胁、胁迫、精神强制为主要手段，多次在曹州市范围内实施了妨害公务、聚众斗殴、寻衅滋事、非法拘禁、保险诈骗、敲诈勒索、故意伤害、虚开增值税专用发票等违法犯罪行为。该组织实施的各种违法犯罪活动具有组织化的特征，实施非法带车、敲诈勒索、保险诈骗、虚开增值税专用发票、妨害公务、寻衅滋事、非法拘禁等违法犯罪活动是为该组织获取经济利益，以支持该组织活动，通过实施寻衅滋事、聚众斗殴、妨害公务、敲诈勒索、站场滋事等违法犯罪活动扩大该组织的影响，造成群众的恐惧心理，为该组织非法带车提供服务，组织犯罪特征明显。

（4）该组织通过非法带车，在曹州市公路货运行业称霸一方，严重妨害了交通、路政、交警等执法部门的正常执法活动，对曹州市运输业产生了极坏的影响，致使正常的社会管理秩序遭破坏，正常的经济秩序被破坏，群众没有了安全感。

①该组织为开展非法带车业务实施各种违法犯罪行为，在曹州地区非法带车行业内形成了非法控制，严重破坏了曹州市的经济、社会秩序，严重妨害了职能部门正常的执法秩序。

该组织通过组织有劣迹的人员或社会闲散人员盯梢交通等职能部门工作人员，干扰职能部门正常执法，甚至使用暴力公然抗法等手段，提供24小时"全面"带车服务，在带车行业内创出了"找立民公司不挨罚，挨罚了也能少罚款"的"声誉"，导致大量货车车主为逃避罚款而崇黑用黑，其非法带车的触角已扩展到山亭、薛城、微山等地。目前，已查证长期通过立民公司带车的货车100余辆，仍有大量按次提供带车服务的车辆无法查证，大量超载、超限车辆违反道路安全在道路上行驶，严重危害道路安全，也造成了道路交通设施的提前老化，严重损害了国家利益。

②该组织称霸一方，以恶逞强、欺压、残害群众，在当地造成严重影响。

被告人王某河及其组织成员，倚仗其组织的恶势力，动辄拳脚、刀棍相加，在曹州市特别是曹州南部范围内多次实施站场斗殴、寻衅滋事，随意殴打群众的违法犯罪活动，为恶一方，众多受欺压迫害的群众因害怕遭到报复而不敢报案，忍气吞声，当地的社会管理秩序遭到严重破坏，群众完全没有安全感。

对其他个罪的指控（略）。

（二）本案争议焦点

是否符合组织、领导、参加黑社会性质组织罪的四个特征。

（三）辩护方案

无罪辩护。

（四）辩护意见

1. 关于王某河组织、领导、参加黑社会性质组织罪

辩护人认为，本案中并不存在所谓的"黑社会性质组织"，公诉机关对王某河的指控不能成立。

根据《刑法》第294条以及全国人民代表大会常务委员会《关于〈中华人民共和国刑法〉第294条第1款的解释》（以下简称立法解释），黑社会性质组织应当同时具备以下特征：（1）形成较稳定的犯罪组织，人数较多，有明确的组织者、领导者，骨干成员基本固定；（2）有组织地通过违法犯罪活动或者其他手段获取经济利益，具有一定的经济实力，以支持该组织的活动；（3）以暴力、威胁或者其他手段，有组织地多次进行违法犯罪活动，为非作恶，欺压、残害群众；（4）通过实施违法犯罪活动，或者利用国家工作人员的包庇或者纵容，称霸一方，在一定区域内或者行业内，形成非法控制或者重大影响，严重破坏经济、社会生活秩序。

《刑法修正案（八）》第43条将《刑法》第294条修改为：组织、领导黑社会性质的组织的，处7年以上有期徒刑，并处没收财产；积极参加的，处3年以上7年以下有期徒刑，可以并处罚金或者没收财产；其他参加的，处3年以下有期徒刑、拘役、管制或者剥夺政治权利，可以并处罚金。境外的黑社会组织的人员到中华人民共和国境内发展组织成员的，处3年以上10年以下有期徒刑。国家机关工作人员包庇黑社会性质的组织，或者纵容黑社会性质的组织进行违法犯罪活动的，处5年以下有期徒刑；情节严重的，处5年以上有期徒刑。犯前3款罪又有其他犯罪行为的，依照数罪并罚的规定处罚。纵观本案王某河等人所参与的违法行为、涉嫌的犯罪行为均达不到上述法律规定黑社会性质组织罪的四个犯罪特征，不构成组织、领导黑社会性质组织罪。

辩护人注意到，公诉机关在起诉书中确实是按照上述四个特征组织材料的，

但貌似符合，其实较为牵强，在案证据和庭审调查的事实表明，起诉书指控的所谓"黑社会性质组织"并不具备上述特征，不符合黑社会性质组织的法定认定标准，不应认定为黑社会性质组织。具体理由分别阐述如下。

（1）本案不具备"黑社会性质组织"的特征。

①本案不具备黑社会性质组织罪的黑社会组织性特征。黑社会性质组织，从字面上看首先它已经在某种程度上自成一个区别于一般普通社会的"社会"，具有一定的社会组织性特征。立法解释将黑社会性质组织的组织性特征规定为"形成较稳定的犯罪组织，人数较多，有明确的组织者、领导者，骨干成员基本固定"。从字面上看，公诉机关在形式上提出了一些用以证明该特征的证据。但是最高人民法院《关于审理黑社会性质组织犯罪的案件具体应用法律若干问题的解释》规定黑社会性质组织应当"有较为严格的组织纪律"。

该罪的组织性特征，是指犯罪组织成员人数较多，有明确的组织者、领导者，有相对稳定的、严密的犯罪组织结构，骨干成员基本固定，有被犯罪组织及成员认可的帮规、纪律。同时，该组织的成员对该组织具有依赖性，依靠该组织生存。因此，黑社会性质组织比一般犯罪团伙，其组织程度更高，内部结构自成体系，等级森严，控制成员能力强。

辩护人认为，在案证据表明，王某河等人并没有形成一个组织，他们之间没有形成一个层次分明、等级严格、纪律严明的组织结构，不能以这种事实上的上下级关系就简单地认定存在组织。被告人王某河是公司的创办者和负责人，公司有汽车修理、煤炭运输等正当业务。同案其他被告人与王某河是工作关系，他对员工的要求是：A. 上班时间不允许喝酒；B. 任何时候不允许吸毒，只要发现就报警；C. 不允许打架斗殴，不允许与社会上的闲散人员、痞子接触；D. 员工之间不允许搞不团结。这些要求完全符合法律规定，与我们提倡的主流价值观是一致的，是应当受到鼓励的。王某河在公司受到尊重，是因为其社会关系、做事能力与风格等多方面让人信服而得到其他被告人的认可，但这种认可并不代表存在组织上的层级关系。既无明确、严格的黑社会性质的组织名称、组织章程、行为规范，更无黑社会性质的帮规、家法和成员加入、退出制度，也没有赏罚分明的奖惩制度、财务管理制度。

本案缺乏认定"黑社会性质组织"的基本证据。

2006年最高人民检察院出版的《公诉案件证据参考标准》中关于黑社会性质组织罪应查清的事实及相关证据如下。

A. 关于"黑社会性质组织"的组织者，侦查机关应当查明以下事实：

a. "黑社会性质组织"的机构设置、组织成员名册、会议记录、保证书等证实黑社会性质组织的组织结构、规模；

b. "黑社会性质组织"由犯罪团伙→犯罪集团→黑社会性质组织的演化情况；

c. "黑社会性质组织"的发起、发展经过，发展活动的宗旨，成立的时间、地点、经过，所要达到的目的（主要看目的的违法犯罪性）。

B. 作为"黑社会性质组织"的组织者，应查明：

a. 组织者为成立"黑社会性质组织"注入资金、实物、财产性利益的时间、地点、交接人、经过、财产数额、财产去向及相关票证；

b. 组织者为"黑社会性质组织"制定活动宗旨、帮规、戒律等时间、地点、手段、参与人、经过、结果；

c. 组织者依照黑社会性质组织章程，行使人事安排权、经营决策权、利益分配权、惩戒权的时间、地点、手段、参与人、经过、结果等。

通过开庭，公诉人根本没有按照上述公诉案件证据参考标准进行举证，本案证据远远达不到要求，指控黑社会性质组织犯罪明显证据不足。

因此，本案不完全具备黑社会性质组织罪的组织性特征。

②本案不具备黑社会性质组织罪的经济性特征。根据刑法及立法解释，经济性特征首先要求一定的经济实力，即犯罪组织及其成员所获取的经济利益，能够维持犯罪组织的基本活动和维系成员的生活；其次经济利益是以有组织的方式通过违法犯罪取得；最后，获取的经济利益是由犯罪组织管理、分配、使用，并主要用于支持该犯罪组织的活动。

王某河等个人通过开公司，确实获得了一定的经济利益，但这些经济利益多数是合法取得的。当然，应当承认也有少部分是通过不合法手段、违法行为获得的，但从王某河等人的经济条件来看，尚不具备刑法所规定组织、领导、参加黑社会性质组织罪的经济实力，也未设立运作资金、基金，从在案证据来看，这些非法收入主要来自两部分：一部分是带车收入；另一部分是所谓虚开增值税发票所得。关于带车问题，一是从案卷中的审计报告来看，王某河的公司收入中带车收入和虚开增值税收入所占比例占不到10%（见后面的辩护理由，虚开收入48 531元，带车收入1 072 496元），根本不是也不可能成为所谓黑社会性质组织的经济后盾；二是带车业务的目的是逃避交通管理部门查扣超载罚款，客观上为客户省了钱，也为自己带来了收益。但在曹州市内，逃避查扣超载罚款现象比较多，带车收费不仅王某河的立民公司。王某河等人没有黑社会性质的所谓"组织"，非法所得也并未用于支持所谓"犯罪组织"的活动，不具备黑社会性质组织罪的经济性特征。

（2）本案不具备黑社会性质组织罪的行为特征。黑社会性质组织的行为特征，一般理解为行为方式的组织化——"有组织地进行违法犯罪活动"，即组织者、领导者直接组织、策划、指挥、教唆犯罪组织成员为组织利益有预谋地共同实施犯罪；犯罪组织成员为组织利益按照该组织一贯的行为实施犯罪。

本案中公诉机关指控的犯罪并不具备组织化行为特征。在案证据表明以下情况。

王某河没有独霸、垄断当地的煤炭运输业务，带车行为也不仅仅只是王某河等人这么做。当然，带车业务是非正当业务，其收入属于非法收入，带车行为是不正当行为。但王某河等并没有强迫运输车辆让自己带车，是双方自愿，各自有利可图。而且法律禁止的是超载行为，并没有禁止带车行为，他们是钻了管理的漏洞。1997 年的《刑法》规定了罪刑法定原则，法无明文规定不为罪、法无明文规定不处罚，《刑法》没有规定带车罪，也没有规定逃避超载罚款罪。带车逃避超载罚款的，充其量只能对其行政处罚。

公诉机关指控的聚众斗殴、寻衅滋事、非法拘禁、保险诈骗、敲诈勒索、故意伤害等犯罪都是事出有因，或基于个人恩怨，或是偶发事件，大多是临时起意，而非有组织的实施。这些违法犯罪活动都有特殊起因，实质上是各自独立的单一违法事件，相互之间没有合理的联系纽带，不是有组织的行为，也不是为组织利益而预谋实施的。而且所指控的数个"犯罪事实"也不构成犯罪。

某个个人多次违法犯罪或几个人多次共同实施犯罪，这些犯罪仅仅是犯罪数量上的简单叠加，而不能简单地认定为组织行为，简单地认定为是黑社会性质的组织进行违法犯罪活动。组织领导参加黑社会性质组织罪，绝不是以违法犯罪人数的多少为标准，更不是违法犯罪次数的累积和简单叠加。

（3）本案不具备黑社会性质组织罪的非法控制性特点。黑社会性质组织的非法控制性特征是指，在某一个区域或某一个行业内采用暴力、威胁或者其他手段等形成垄断地位或者足够的影响力，在这个领域内该组织说了算。这是黑社会性质组织的本质特征。

黑社会性质组织与其他团伙犯罪的不同，就在于它要在政治上、经济上、社会生活方面有影响力，取得这种影响力的形式如下：一种是在政治界有自己的代表人物，就是保护伞；另一种是自己进入政界，进入社会上层建筑。再有就是通过金钱等非法手段，对上层建筑施加影响，以达到其目的。如果没有这种影响力，它就不能形成对某一领域的控制，也就不是黑社会性质组织，更谈不上称霸一方。可见，黑社会性质组织罪的影响力是多方面的，必须是政治、经济、生活等多方面的影响力，而非仅仅某个方面的影响力。

本案中，王某河等人在政治、经济、生活上均没有形成这种绝对的控制力、垄断地位和重大影响力。辩护人也未看到王某河等人对某个行业造成重大影响的相应证据。王某河等人在从事煤炭运输、买卖、汽车销售、修理业务中逐渐形成了一定的名气和影响，但并未独霸、垄断曹州地区的煤炭运输、买卖、汽车销售、修理业务市场。王某河等人也没有在政治上有所发展或图谋，王某河所涉交通事故、打架等事件属于民间纠纷，也有出于朋友帮忙的居中调解。这些活动均不能表示王某河等人在这些领域、行业形成了重大的影响和控制力。

本案不具备黑社会性质组织罪中"黑社会组织长期生存所需要的保护体系与措施"这种保护性特征。黑社会性质是相对于正常社会而言的，是对抗正常社会的。要形成对一定区域或者一定行业的控制，必然要求该黑社会性质组织有逃避主流社会控制与法律制裁的防护体系与措施。至于如何建立防护体系、采取何种措施，由黑社会性质组织自己确定。这里面最基本最重要的还是利用"国家工作人员的包庇或纵容"，最高人民法院领导谈到黑社会性质组织犯罪的特征时曾经这么表述，"有了国家工作人员的包庇、纵容，司法实践当中80%、90%都认定是黑社会性质组织，但如果没有这个特征，认定起来就格外谨慎"。一般来说如果没有国家工作人员的保护伞，就要判断该组织有没有以下保护措施：①有没有采取极为隐蔽的方式实施违法犯罪行为；②对其成员规定极为严格的、防止组织被发现的纪律，如不准退出组织、被司法机关发现后必须保持沉默、不供出其他成员。③有没有向政权机关渗透，以取得某种社会地位和政治身份，等等。

在本案中，我们没有看到国家工作人员这种保护伞的存在，也没有看到王某河为了隐蔽、保护该组织而采取一定的保护措施。

综上所述，辩护人认为，王某河等人不构成组织领导参加黑社会性质组织罪。黑社会性质组织罪认定的标准是客观的，而非主观的，不能把看上去像黑社会的就认定为黑社会性质组织。无论是根据现行法律规定还是从保护社会的角度来说，不能把不符合标准的一般性质的违法犯罪当作黑社会性质组织罪处理，如果符合其他罪名的就按照其他罪名处理。辩护人认为，依法追究王某河等人所构成的其他个罪已经足以惩罚他们的行为，足以维护本地区的治安和社会稳定和谐。

（4）必须严格区分黑社会性质组织罪与普通集团犯罪、恶势力等其他有组织犯罪的界限。

①黑社会性质组织与普通犯罪集团的界限。黑社会性质组织，具有犯罪集团的所有特征，同时又具有决定、反映其自身本质的、其他普通犯罪集团所没有的特征，主要有以下几种。

A. 犯罪目的的复杂性不同。普通犯罪集团的目的比较单纯，一般是追求经济利益，没有控制、影响社会的政治化倾向；而黑社会性质组织虽然以追求经济利益为主要目的，但是企图通过控制、影响社会某一区域、某一行业来实现，从而具有欲与国家、政府依法调控的社会分庭抗礼的政治化色彩。

B. 实现犯罪目的所采取的手段方法不同。黑社会性质组织所采取的手段和方法是，为实现其攫取经济利益和控制、影响一定区域、行业的意图，实施的违法犯罪活动如走私、贩毒等等，极为广泛，并且伴有欺压、残害群众的杀人、伤害、绑架、聚众斗殴、寻衅滋事等各种各样的暴力违法犯罪行为。有的还采用贿赂、美色诱惑等手段拉拢腐蚀国家工作人员，向党政机关不断渗透，求得保护、包庇和纵容，违法犯罪活动的多样性、复杂性远非普通犯罪所能比。其所实施的行为，有的是为了直接凭之获取经济利益，有的则是借此树立自己的威信、地位，借以形成控制、影响社会的一种非法地下秩序，进而通过这种不法秩序坐收渔利，不劳而获，危害性自然更大。

C. 有无公开的相对固定的势力范围不同。黑社会性质组织为了极大限度地攫取经济利益，不仅直接通过一些违法犯罪的活动进行，而且通过控制、影响一定区域、一定行业即建立一定的势力范围来进行。在势力范围内，其称王称霸，为非作歹，按自己意志为所欲为，群众迫于其淫威，无奈服从其控制、影响，在一定程度上已经形成另一种排斥、否定正常的秩序，从而与国家、政府分庭抗礼的非法地下黑秩序，具有公然性、相对稳定性。

②黑社会性质组织与恶势力的界限。恶势力并非法律概念，但在司法实践中已被广泛使用。恶势力，是指以暴力、威胁、滋扰等手段，在相对固定的区域或行业内为所欲为，欺压群众，打架斗殴，强买强卖，扰乱公共秩序的团伙。其由较多人数组成，经常进行一些违法犯罪活动。与黑社会性质组织的区别在于恶势力不具有严密的组织结构，整体处于无序状态，成员属临时纠合，犯罪目的也较单一，犯罪活动比较盲目，缺乏自觉性等。不同点则表现为：在渗透能力方面，恶势力的保护伞和关系网不明确或层次较低，有的还没有形成保护伞和关系网，对抗社会的实力稍弱。在危害程度上，恶势力实施的违法犯罪行为以扰乱社会秩序的违法犯罪为主，影响市场秩序和社会治安，势力范围相对较小。

由此可以明显看出王某河根本不构成组织、领导黑社会性质组织罪。至于其他人的一般性犯罪，根据上述罪责自负的原则应由其自己承担责任，与王某河无关，不能张冠李戴、强加罪责。特别是把违法行为、单个罪名归结为组织、领导黑社会性质组织罪，系定性错误。

（5）关于起诉书中指控的所谓"该组织以暴力威胁或其他手段，有组织地多次进行违法犯罪活动，为非作恶，欺压、残害群众"的事实是人数的堆积和偶发日常事件甚至是琐事的罗列（见起诉书第14页至第30页）。

指控的带车业务，全国各地屡见不鲜，是各种原因形成的现象，是不正当业务，但不能定性为犯罪。被带车辆是否超载、超速无证据证实。指控收取的"带车费"2 326 051元，事实不清，根据公诉机关提供的滕理会专审字〔2015〕

第 76 号《审计报告》第 8 页，第 350 项为管理费 510 660 元、第 351 项为挂靠费 154 380 元、第 352 项为保修维护费用 129 390 元、第 353 项为保养维修费用 201 275 元、第 354 项为未载明费用 257 850 元，共计 1 253 555 元不是带车费，应予核减。实际带车收入为 2 326 051 - 1 253 555 = 1 072 496 元。以 100 万余元来维护存在 10 年之久的所谓"黑社会性质组织"，是不可能的。

2. 关于故意伤害罪

公诉机关指控被告人王某河故意伤害事实有两起：袁某被伤害案和高某伟被伤害案。

（1）2007 年袁某被伤害案。

对于该起伤害案，辩护人首先对袁某受到的伤害表示同情，伤人者也理应受到处罚。

但是在该案中应该明确伤人者是谁？根据在案证据，无论是被告人供述、证人证言还是被害人陈述，都证明伤人者不是被告人王某河。

那么，是否被告人王某河指使所为？在案证据也不能证明。

其一，本案系一起偶发事件。在案证据证实，2007 年 3 月 10 日，被告人王某河等人去兖州市是打算偷回被查扣的车辆，未及着手之前在兖州市中山西路三源肥牛火锅店就餐时，侯某武与被害人袁某因上厕所门挤手发生纠纷，是被害人不依不饶，首先拿菜刀威胁、恐吓、打击，将侯某武打倒在地，将素某砍伤多处（后因病死亡）。被告人王某河力图阻止、劝和，但未成功（多人证实），之后见素某等被砍伤，遂开车救治伤员。被告人王某河不是组织者和指使者。

其二，本案的发生是由于被害人挑起事端、殴打被告人侯某武引起的，被害人本人对案件发生具有重大过错。

其三，被告人王某河充其量是帮助者，而且连帮助者的证据都不足。

其四，本案犯罪地在兖州市，主要犯罪嫌疑人和其他犯罪嫌疑人由兖州市管辖，单独将被告人王某河交本院管辖，辩护人对管辖有异议，意见已在庭前会议时提出，请合议庭记录在案，引起重视。

其五，无辨认被告人王某河之证据。

其六，伤情鉴定有瑕疵。

公诉机关提供的关于被害人伤情的《公安局伤情检验鉴定书》是一份瑕疵证据。根据最高人民法院《关于适用〈中华人民共和国刑事诉讼法〉的解释》第 84 条规定，对鉴定意见应当着重审查以下内容：（一）鉴定机构和鉴定人是否具有法定资质……（四）鉴定意见的形式要件是否完备，是否注明提起鉴定的事由、鉴定委托人、鉴定机构、鉴定要求、鉴定过程、鉴定方法、鉴定日期等相关内容，是否由鉴定机构加盖司法鉴定专用章并由鉴定人签名、盖章；（五）鉴定程序是否符合法律、有关规定；（六）鉴定的过程和方法是否符合相关专业的规范要求……（九）鉴定意见与勘验、检查笔录及相关照片等其他证据是否矛盾……

而该鉴定书既无鉴定机构司法鉴定专用章；鉴定人也没有全部签名，没有盖章，不得作为定案的根据。

据此，公诉机关提供的关于被害人伤情的《公安局伤情检验鉴定书》是瑕疵证据，不能作为定案证据。

（2）2014年1月25日高某伟被伤害案。

其一，该起事实发生于被告人王某河家中，两人素无恩怨且是好朋友，常在一起喝酒，这次也是两人喝酒后来王某河家，伤人不符合生活常理，无伤人动机。

其二，被告人供述是被害人摔到玻璃上致伤，证供不一。

其三，该案只有被害人和被害人妻子的陈述和证言，而且其妻子不是目击证人，具有利害关系，她的证言证据能力有限。

其四，该案无作案工具和对工具的鉴定，也无现场勘验检查。被害人没有报案，如果是故意伤害，被害人为什么不报案？

根据《刑事诉讼法》的规定，刑事诉讼证据的证明标准是证据确实、充分。证据确实、充分，应当符合以下条件：（一）定罪量刑的事实都有证据证明；（二）据以定案的证据均经法定程序查证属实；（三）综合全案证据，对所认定事实已排除合理怀疑。以上两起案件，证明被告人王某河构成犯罪的证据尚达不到确实、充分的证明标准，不能排除合理怀疑。

3. 关于虚开增值税专用发票罪

根据《刑法》第205条，虚开增值税专用发票或者虚开用于骗取出口退税、抵扣税款的其他发票的，处3年以下有期徒刑或者拘役，并处2万元以上20万元以下罚金；虚开的税款数额较大或者有其他严重情节的，处3年以上10年以下有期徒刑，并处5万元以上50万元以下罚金；虚开的税款数额巨大或者有其他特别严重情节的，处10年以上有期徒刑或者无期徒刑，并处5万元以上50万元以下罚金或者没收财产。

单位犯本条规定之罪的，对单位判处罚金，并对其直接负责的主管人员和其他直接责任人员，处3年以下有期徒刑或者拘役；虚开的税款数额较大或者有其他严重情节的，处3年以上10年以下有期徒刑；虚开的税款数额巨大或者有其他特别严重情节的，处10年以上有期徒刑或者无期徒刑。

根据最高人民法院《关于适用〈全国人民代表大会常务委员会关于惩治虚

开、伪造和非法出售增值税专用发票犯罪的决定〉的若干问题的解释》，具有下列行为之一的，属于"虚开增值税专用发票"：（1）没有货物购销或者没有提供或接受应税劳务而为他人、为自己、让他人为自己、介绍他人开具增值税专用发票；（2）有货物购销或者提供或接受了应税劳务但为他人、为自己、让他人为自己、介绍他人开具数量或者金额不实的增值税专用发票；（3）进行了实际经营活动，但让他人为自己代开增值税专用发票。

虚开税款数额 1 万元以上的或者虚开增值税专用发票致使国家税款被骗取 5000 元以上的，应当依法定罪处罚。

虚开税款数额 10 万元以上的，属于"虚开的税款数额较大"；具有下列情形之一的，属于"有其他严重情节"：（1）因虚开增值税专用发票致使国家税款被骗取 5 万元以上的；（2）具有其他严重情节的。

虚开税款数额 50 万元以上的，属于"虚开的税款数额巨大"；具有下列情形之一的，属于"有其他特别严重情节"：（1）因虚开增值税专用发票致使国家税款被骗取 30 万元以上的；（2）虚开的税款数额接近巨大并有其他严重情节的；（3）具有其他特别严重情节的。

利用虚开的增值税专用发票实际抵扣税款或者骗取出口退税 100 万元以上的，属于"骗取国家税款数额特别巨大"；造成国家税款损失 50 万元以上并且在侦查终结前仍无法追回的，属于"给国家利益造成特别重大损失"。利用虚开的增值税专用发票骗取国家税款数额特别巨大、给国家利益造成特别重大损失，为"情节特别严重"的基本内容。

虚开增值税专用发票犯罪手段也是多种多样的，主要表现为以下五种。

一是开具"大头小尾"的增值税专用发票。这种手段是在开票方存根联、记账联上填写较小数额，在收票方发票联、抵扣联上填写较大数额，利用二者之差，少记销项税款。开票方在纳税时出示记账联，数额较小，因而应纳税额也较少；收票方在抵扣税款时，出示抵扣联，数额较大，因而抵扣的税额也较多。这样开票方和收票方都侵蚀国家税款。

二是"拆本使用，单联填开"发票。开票方把整本发票拆开使用，在自己使用时，存根联和记账联按照商品的实际交易额填写，开给对方的发票联和抵扣联填写较大数额，从而使收票方达到多抵扣税款，不缴或少缴税款的目的，满足了收票方的犯罪需要，促进了自己的销售。

三是"撕联填开"发票，即"鸳鸯票"。蓄意抬高出口货物的进项金额和进项税额。

四是"对开"，即开票方与受票方互相为对方虚开增值税专用发票，互为开票方和受票方。

五是"环开"，即几家单位或个人串开，形同环状。

在被告人王某河涉案的两起事件中，辩护人对第一起事件不持异议，但该起事件应为单位犯罪。第二起事件不构成犯罪，因为该起事件有真实的业务往来，实际运输煤炭 5 万余吨；该起事件因满其敏公司不具有资质，与王某河的立民公司签有协议（公诉机关未附卷，请法庭予以核实），实际是挂靠立民公司进行运输业务，立民公司开具增值税专用发票不违反法律规定。

因此，公诉机关对被告人王某河虚开增值税专用发票罪的指控，第一起是单位犯罪，第二起不构成犯罪。因第一起涉案数额不大，且被告人王某河构成特别自首或坦白，应从轻处罚。

4. 关于聚众斗殴罪

聚众斗殴罪，是指为了报复他人、争霸一方或者其他不正当目的，纠集众人成帮结伙地互相进行殴斗，破坏公共秩序的行为。

本罪侵犯的客体是公共秩序。所谓公共秩序，不应简单地理解为公共场所的秩序，而是指在社会公共生活中应当遵守的各项共同生活的规则、秩序。聚众斗殴犯罪往往同时会造成公民的人身权利和公私财产权利受到侵害的结果，但是，其所侵犯的主要不是特定的个人或者特定的公私财物，而是用聚众斗殴行为向整个社会挑战，从而形成对整个社会秩序的严重威胁。因此，公然藐视法纪和社会公德，破坏公共秩序，是聚众斗殴罪的本质特征。

本罪的客观方面表现为纠集众人结伙斗殴的行为。聚众斗殴主要是指出于私仇、争霸或者其他不正当目的而成帮结伙地斗殴。"聚众"，一般是指人数众多，至少不得少于 3 人；斗殴，主要是指采用暴力相互搏斗，但使用暴力的方式各有所别。聚众斗殴多表现为流氓团伙之间互相殴斗，少则几人、十几人，多则几十人，上百人，他们往往是约定时间、地点，拿刀动棒，大打出手，而且往往造成伤亡和社会秩序的混乱，是一种严重影响社会公共秩序的恶劣犯罪行为。

本罪的主观方面是故意犯罪。犯罪的动机，一般不是完全为了某种个人的利害冲突，也不是单纯为了取得某种物质利益，而是公然藐视国家的法纪和社会公德，企图通过实施聚众斗殴活动来寻求刺激或者追求某种卑鄙欲念的满足。行为人在思想上已经丧失了道德观念和法制观念，是非荣辱标准已被颠倒。这种公然藐视社会公德和国家法纪的心理状态，是聚众斗殴犯罪故意的最明显的特点。

本案指控的聚众斗殴事实有 3 起，被告人王某河均不构成。

（1）关于第一起事件，2012 年 1 月 9 日路某与赵某宁的斗殴行为。

其一，在本起事件中，被告人王某河未参与也未指使，只是事件发生后参与调解。

其二，根据共同犯罪的规定和理论，事前加入是共同犯罪，而事后加入不构成共同犯罪。也就是说犯罪既遂之后再加入进来的，不构成共同犯罪。本起事件，被告人王某河只是在事后参与调解，不构成犯罪。

（2）关于第二起事件，2013 年 8 月 28 日王某河等与邵某雪等的行为。

其一，本起事件，如果构成犯罪，双方都构成，不能只追究一方，公权力不能拉偏架。

其二，在本起事件中，被告人王某河没有指使和参与打架，是本案的受害人，其本人头部被李某龙用烟灰缸砸伤，车被砸坏，损失 15 480 元。

（3）关于第三起事件，2012 年 7 月 22 日张某与鲁某玉的行为。

本起事件与被告人王某河无任何关联。

5. 关于寻衅滋事罪

寻衅滋事罪，是指肆意挑衅，随意殴打、骚扰他人或任意损毁、占用公私财物，或者在公共场所起哄闹事，严重破坏社会秩序的行为。现行刑法中的寻衅滋事罪是从 1979 年《刑法》流氓罪中分离出来的，其保护的法益是社会秩序或公共秩序。《刑法》第 293 条将寻衅滋事罪的客观表现形式规定为四种：（1）随意殴打他人，情节恶劣的；（2）追逐、拦截、辱骂、恐吓他人，情节恶劣的；（3）强拿硬要或者任意损毁、占用公私财物，情节严重的；（4）在公共场所起哄闹事，造成公共场所秩序严重混乱的。

公诉机关指控的被告人涉及的 9 起寻衅滋事事实无一起符合寻衅滋事罪的客观构成要件。

（1）关于第一种情况，随意殴打他人，情节恶劣的。

随意殴打他人，是指出于耍威风、取乐等不健康动机，无故、无理殴打他人。

随意，一般意味着即使按照犯罪人的理性，殴打行为也不具有可以被一般人"理解""接受"的原因与动机。犯罪人的理性不同于一般人的理性，但一般人也可能站在犯罪人的立场、从犯罪人的角度思考问题。当一般人从犯罪人的角度思考，也不能接受犯罪人的殴打行为时，该殴打行为便是随意的。从行为人角度而言，随意，意味着行为人殴打他人没有任何自我控制。刑法理论与司法实践一般以"事出有因"来判断是否随意，亦即，如果事出有因，就不是随意；如果事出无因，就是随意。所谓事出有因，是指一般人可以按照犯罪人的理性"理解""接受"的原因；而事出无因，则是基于犯罪人的理性也难以"理解""接受"的原因。但是，殴打行为是否随意，并不是一种纯主观的判断，而是基于客观事实作出的判断。在我国刑法中，情节轻微的殴打行为不可能成立犯罪。所以，刑法作出了"情节恶劣"的要求。情节是否恶劣，应围绕法益受侵害或者威胁的程度作出判断。例如，随意殴打他人手段恶劣、残忍的；随意使用凶器殴打他人的；纠集多人随意殴打他人的；多次随意殴打他人或者一次随意殴打多人的；随意殴打残疾人、儿童等弱势群体的。均宜认定为情节恶劣。但必须注意的是，不能将殴打他人的"随意性"本身评价为情节恶劣；只有当殴打行为同时具备随意性与恶劣性时，才能以寻衅滋事罪论处。

（2）关于第二种情况，追逐、拦截、辱骂、恐吓他人，情节恶劣的。

本案不存在追逐、拦截、辱骂、恐吓他人之事实，即使有也没有达到情节恶劣之情形。

（3）第三种情况，强拿硬要或者任意损毁、占用公私财物，情节严重的。

本案不存在强拿硬要或者任意损毁、占用公私财物之行为，即使有也没有到达情节严重之情形。

（4）关于第四种情况，在公共场所起哄闹事，造成公共场所秩序严重混乱的。

在公共场所起哄闹事，是指出于取乐、寻求精神刺激等不健康动机，在公共场所无事生非，制造事端，扰乱公共场所秩序。造成公共场所秩序严重混乱的，是指公共场所正常的秩序受到破坏，引起群众惊慌、逃离等严重混乱局面的。对起哄闹事行为是否造成公共秩序严重混乱的判断，应以行为时的全部具体状态为根据。公共场所的性质、公共场所活动的重要程度、进入公共场所的人数、起哄闹事的时间、公共活动受影响的范围与程度等，是判断行为是否造成公共秩序严重混乱的重要资料。例如，行为人是在公共活动开始时起哄闹事，还是在公共活动结束时起哄闹事，行为是导致公共场所的少数人不能从事正常活动，还是导致公共场所的多数人不能或者难以从事正常活动，对于判断结论会有重大影响。

本案也不存在该种情况。

因此，辩护人认为，公诉机关将该9起事实定性为寻衅滋事罪，罪名和适用法律都不妥，因为从主观方面、客观方面、客体等各方面来说都不符合寻衅滋事罪的构成要件。

①关于第一起寻衅滋事事件，2006年7月5日因宅基地纠纷，马某法被打伤。

其一，被害人马某法被打伤的事件与被告人王某河没有任何关联。

其二，根据《刑法》第234条故意伤害他人身体的，处3年以下有期徒刑、拘役或者管制。再根据《刑法》第87条规定，犯罪经过下列期限不再追诉：

法定最高刑为不满 5 年有期徒刑的，追诉时效的期限为 5 年。

本起事件发生于 2006 年 7 月 5 日，已经超过了 5 年的追诉时效。

②关于第二起寻衅滋事事件，2009 年 5 月 12 日路某在曹州市鲍沟镇老贺炒鸡店，因车被剐蹭与饭店产生纠纷。

其一，该起事件，是一起偶发事件，事出有因，是纯粹的民事纠纷，不应该定性为犯罪。

对该起事件，公诉机关做了倾向性描述：王某河、路某等人到老贺炒鸡店就餐时，路某的车停在饭店门口被剐蹭是事实，因在饭店吃饭，饭店有保证车辆安全之责任和义务，如果找不到肇事者，找饭店赔偿有法律依据。但公诉机关描述为"借口停放在饭店门口的轿车被剐蹭，在饭店内无故殴打、威胁来劝解的店员陈某廷"，是倾向性描述，不是客观描述，不是事实真相。发生纠纷后，路某被打伤是事实，双方打架何来防卫？但公诉机关描述为"陈某廷在被被告人路某追打过程中，情急中持啤酒瓶防卫，造成路某被轻微划伤"，是倾向性描述，不是客观描述，不是事件真相。公诉机关关于"被告人王某河借机继续滋事，纠集 30 多人来到饭店，持棍棒、砍刀追打饭店老板贺某军和来劝说的贺某红，将陈某廷家的院墙推倒，在该饭店大肆吃喝，将剩余的酒、菜、饮料倾倒，并拒付用餐费用 4200 元"的描述，就不仅仅是倾向性描述了，而是歪曲性描述。事实如下：A. 被告人王某河并未纠集人员，而是炒鸡店的老板主动找到王某河，让王某河进行调解；B. 对将陈某廷家院墙推倒王某河不知情，是路某被陈某廷打伤后带人去找陈某廷，没找到本人就把院墙推倒了，与被告人王某河无关；C. 后来在老贺炒鸡店吃饭，是因为中间人为了说和，将人叫到饭店吃饭并说饭费由他来出，而且饭费也不到 4200 元。

其二，被告人王某河在该起事件中不是当事人，只是因为老贺炒鸡店老板主动找被告人王某河调解，调解的结果双方是满意的，而且化解了矛盾。被告人王某河没有滋事，也没有敲诈的故意和行为。因此，这是一起典型的民事纠纷，公权力不应介入。

其三，本起事件在敲诈勒索事件中做了起诉，又以寻衅滋事起诉，属于一案两诉，重复评价。

其四，本起事件发生于 2009 年 5 月 12 日，已经超过了 5 年的追诉时效。

③关于第三起寻衅滋事事件，2009 年 9 月 19 日因倒车渠某国被打伤，2009 年 9 月 29 日张某洪被打伤。

其一，该起事件与被告人王某河没有任何关联。

其二，本起事件在敲诈勒索罪中做了起诉，又以寻衅滋事起诉，属于一案两诉，重复评价。

其三，本起事件发生于 2009 年 9 月 19 日，已经超过了 5 年的追诉时效。

④关于第四起寻衅滋事事件，2013 年 9 月 14 日卜某华在雷石 KTV 被打伤。

其一，该起事件与被告人王某河没有任何关联。

其二，该起事件是偶发的故意伤害案件，被告人王某河只是居间调解人，而且借钱给被告人路某赔偿被害人。无论是故意伤害还是寻衅滋事都与被告人王某河无关。

⑤关于第五起寻衅滋事事件，2013 年 9 月 22 日，王某河父亲与李某宇发生交通事故，李某宇赔偿 3400 元。

本起事件不应定罪。发生交通事故，肇事者不积极为被害人就医，任何人都不会无动于衷，作为被害人之子的王某河，要求赔偿完全是合理要求，谈到赔偿数额的多少完全是双方当事人的民事权利，本着自愿、平等、公平的原则达成的赔偿协议，不违背法律规定。如果认为数额太高，当事人可以不同意也可以通过民事诉讼的方式解决。而且 3400 元的费用并不高，且是协商后自愿赔付的，赔礼道歉也理所应当。连普通群众都知道"民不告官不纠"的道理，公权力在此介入，属于小题大做。将一个十分简单的民事侵权索赔案件上升为刑事案件追究法律责任，违背了刑法的价值取向，对此类行为定罪不符合刑法的补充性、谦抑性原则，只有其他部门法，如民法、经济法、商法等不能解决问题的时候，才应由刑法加以调整。

因此，这是一起典型的普通民事案件，不应也不能定罪。

⑥关于第六起寻衅滋事事件，2014 年 8 月 5 日王某元等致李某营、任某轻微伤。

本起事件与被告人王某河无任何关联。

⑦关于第七起寻衅滋事事件，2014 年 10 月 5 日刘某良被打。

其一，本起事件是，刘某良与王某勇因村务问题争执、打架，被告人王某河前去是为了劝解。

其二，被告人王某河与刘某良都是乡里乡亲，一起喝酒也是为了化解矛盾。

因此，本起事件连治安案件都算不上。

⑧关于第八起寻衅滋事事件，2015 年 2 月与保安人员赵某光打架。

本起事件是被告人王某河因为自己车位被占与保安人员赵某光争执、打架，事出有因，且保安人员未尽到管理义务有错在先，至多是一起治安案件，不应定性为犯罪。

⑨关于第九起寻衅滋事事件，2015 年 3 月 21 日与保安人员邵某生打架。

本起事件是被告人王某河因为自己车位被占与保安人员邵某生发生争执、打架，事出有因，不属于无故滋事，且保安人员未尽到管理义务有错在先，至多是一起治安案件，不应定性为犯罪。

综上，公诉机关起诉的以上 9 起事件无一起构成寻衅滋事罪，请合议庭明断。

6. 关于敲诈勒索罪

根据《刑法》第 274 条，敲诈勒索罪，是指以非法占有为目的，对被害人使用威胁或要挟的方法，强行索要公私财物的行为。具体说，敲诈勒索是指以非法占有他人财产为目的，对财产的所有者或管理者以日后的侵害行为相威胁，当场或者日后占有其数额较大财物，或者以当场实施暴力相威胁，迫使被害人日后交付数额较大财物的行为。构成要件是，行为人非法占有、企图不劳而获，而受害人不得不屈服而给付财物的行为。

本案指控的敲诈勒索事实有两起，被告人王某河均不构成该罪。

（1）关于第一起事件。

关于指控的第一起事件，不应该定性为犯罪。

该起事件发生于 2009 年 5 月 12 日，路某在曹州市鲍沟镇老贺炒鸡店，因车被剐蹭与饭店产生纠纷。这是一起偶发事件，事出有因，是纯粹的民事纠纷。

其一，路某的车被剐蹭是事实。因在饭店吃饭，饭店有保证车辆安全之责任和义务，如果找不到肇事者，找饭店赔偿有法律依据。

其二，路某被打伤是事实。

其三，被打伤，到医院住院治疗，符合生活常理。

其四，侵权人赔偿住院费，理所应当。按照《侵权责任法》的规定，侵权人需要对被侵权人赔偿住院费、医疗费、误工费、车辆维修费等各种费用，赔偿 5000 元并不多。不存在非法占有他人财产的主观犯意。况且，不论得多得少，被告人王某河没有获取分文，也没有分文用于所谓的黑社会性质组织。

其五，被告人王某河在该起事实中不是当事人，只是因为老贺炒鸡店老板主动找被告人王某河主持调解，调解的结果双方是满意的，而且化解了矛盾。被告人王某河没有敲诈的故意和行为。因此，这是一起典型的民事纠纷，公权力不应介入。

其六，本起事件以寻衅滋事做了起诉，又以敲诈勒索起诉，属于一案两诉，重复评价。

其七，根据《刑法》第 274 条的规定，敲诈勒索公私财物，数额较大或者多次敲诈勒索的，处 3 年以下有期徒刑、拘役或者管制，并处或者单处罚金。再根据《刑法》第 87 条规定，犯罪经过下列期限不再追诉：法定最高刑为不满 5 年有期徒刑的，追诉时效的期限为 5 年。

本起事件发生于 2009 年 5 月 12 日，已经超过了 5 年的追诉时效。

（2）关于第二起事件。

关于指控的第二起事件，不应该定性为犯罪。被告人王某河并没有对受害人实施敲诈的故意和具体行为。

其一，被告人王某河没有实施敲诈勒索的犯罪故意。

通过在卷材料和法庭调查，本起案件的经过是：2009 年 9 月 19 日，在曹州市滕南铁路三孔桥下，候某伟、张某洪与渠某国等人因倒车发生争执、厮打，渠某国被打伤。打架时，被告人王某河不在现场。是派出所出警处理的。后来，张某洪等人与被告人王某河经过调解协商，决定赔付渠某国 7000 元，由王某河转交给渠某国。

根据刑法理论，敲诈勒索罪主观方面表现为直接故意，必须具有非法强索他人财物的目的。根据《侵权责任法》和《民法通则》的规定，受害人遭受损失的，侵害人应当赔偿损失。据此，受害人渠某国完全有理由索赔，有权利索赔，他是在行使自己的民事权利。即使在索赔过程中出现一些过激的语言和行为，也是任何一个正常人都可能发生的。民事纠纷双方是完全有权利协商处理的，调解是公民的权利，也是法律所提倡的。

根据《民事诉讼法》第 13 条规定，当事人有权在法律规定的范围内处分自己的民事权利和诉讼权利。双方通过中间人进行协调，最终达成协议，是双方当事人合法地处分了自己的民事权利。被告人王某河是作为中间人进行调解、协商，显然不具有非法强索他人财物的目的，根据刑法理论，如果行为人不具有非法强索他人财物的目的，或者强索财物的目的不违法，被告人就不具有敲诈勒索的犯罪故意，即不具备犯罪的主观要件。

其二，被告人王某河没有实施敲诈勒索的客观行为。

敲诈勒索罪，在客观方面表现为采用威胁、要挟、恫吓等手段，迫使被害人交出财物的行为。对于本案，公诉机关指控的行为中有下列描述，"为达到索要财物目的，被告人王某河纠集人员到张某洪的玻璃店内威胁、恐吓，并多次给张某洪的哥哥张某春打电话进行威胁，索要两万元。其间，被告人路某、吕某等人在曹州市鲍沟镇前皇甫路口加油站持铁棍等凶器将被害人张某洪打伤。被害人张某洪出于对王某河犯罪组织的恐惧，在找人多次协调不成的情况下，被迫付给王某河 7000 元了结此事"。

这一描述不符合案件事实。

①关于"为达到索要财物目的，被告人王某河纠集人员到张某洪的玻璃店内威胁、恐吓"的描述，被告人王某河不在现场，人员也不是被告人王某河纠集的。

②关于"多次给张某洪的哥哥张某春打电话进行威胁，索要两万元"的描

述，张某春不是案件当事人，被告人未多次打电话，也未威胁，更未强行索要。

③关于"被告人路某、吕某等人在曹州市鲍沟镇前皇甫路口加油站持铁棍等凶器将被害人张某洪打伤"的描述，被告人王某河未参与也未指使，与王某河无关联。

④关于"被害人张某洪出于对王某河犯罪组织的恐惧，在找人多次协调不成的情况下，被迫付给王某河7000元了结此事"的描述，这是公诉机关的推测。如果是出于对王某河犯罪组织的恐惧，怎么还去找人协调？协调就是协商，协商就不是被迫；如果是出于对王某河犯罪组织的恐惧，怎么能7000元了结？实在与公诉机关给被告人王某河的立民公司加封的黑社会性质组织不相称。

案件事实是：被告人王某河在该起事实中不仅没有敲诈勒索的故意和行为，而且做了调解和说服工作。刑事侦查卷宗第十八卷（诉讼证据16卷）有下列记载。

问：谁办的住院和出院手续？

答：入院是路某办的手续，出院的时候是路某把我接走送回家的。

问：后来王某河给你提过你被打的事吗？

答：我被打后，王某河还抱怨我不会处理事，说我那么大年纪了，一点小事还跟人咯架。在派出所里和后来我住院期间，王某河劝过我几次，跟我说："三叔，拉倒吧，人家揍你了，你也揍人家了，都亲戚礼道的互相认识"，意思就是不让我再提这件事了。

以上笔录证实被告人王某河多次对受害人且是自己亲戚的渠某国做劝解和说服工作，也证明王某河没有敲诈的动机。

其三，关于本案的性质。

本案不应定罪。被害人渠某国被打伤，要求赔偿完全是侵权法调整的范围，谈到赔偿数额的多少完全是双方当事人的民事权利，本着自愿、平等、公平的原则达成的赔偿协议，不违背法律规定。如果认为数额太高，当事人可以不同意也可以通过民事诉讼的方式解决。而且7000元的费用并不高，且是协商后自愿赔付的，被告人王某河不是打架的参与者，只是在其中做了调解和说服工作。将一个十分简单的民事侵权索赔案件上升为刑事案件追究法律责任，违背了刑法的价值取向，对此类行为定罪不符合刑法的补充性、谦抑性原则，只有其他部门法，如民法、经济法、商法等不能解决问题的时候，才应由刑法加以调整。

其四，本起事件在寻衅滋事中做了起诉，又以敲诈勒索起诉，属于一案两诉，重复评价。

其五，根据《刑法》第274条的规定，敲诈勒索公私财物，数额较大或者多次敲诈勒索的，处3年以下有期徒刑、拘役或者管制，并处或者单处罚金。

再根据《刑法》第 87 条规定，犯罪经过下列期限不再追诉：法定最高刑为不满 5 年有期徒刑的，追诉时效的期限为 5 年。

本起事件发生于 2009 年 9 月 19 日，已经超过了 5 年的追诉时效。

7. 关于妨害公务罪

根据《刑法》第 277 条的规定，妨害公务罪是指以暴力、威胁方法阻碍国家机关工作人员、人大代表依法执行职务，或者在自然灾害和突发事件中，使用暴力、威胁方法阻碍红十字会工作人员依法履行职责，或故意阻碍国家安全机关、公安机关依法执行国家安全工作任务，未使用暴力威胁方法，造成严重后果的行为。

本罪在客观方面必须是以暴力或者威胁的方法阻碍国家机关工作人员依法执行职务的行为，也就是行为人必须是以暴力或者威胁的方法阻碍执行公务。本条所称暴力，是指行为人对正在依法执行职务的国家工作人员的身体实施了暴力打击或者人身强制，如殴打行为、捆绑行为等。本条所称威胁，是指行为人以杀害、伤害、毁坏财产、破坏名誉、扣押人质等对正在依法执行职务的国家机关工作人员进行威逼、胁迫，企图迫使国家机关工作人员放弃执行职务。行为人如果并未采用暴力或威胁方法，而是用其他方法干扰国家机关工作人员执行职务，虽然对执行职务有一定程度的妨害，但也不能构成本罪。对此种行为可以批评教育，或进行治安管理处罚。在本起事件中，被告人均没有对执法人员施以暴力或者威胁，公诉机关所列举的"驾车阻拦、投掷茶杯、用轿车撞击已被查扣的货车"之行为都不是针对执法人员本人实施的行为，不能界定为暴力和威胁，只能归于用其他方法干扰国家机关工作人员执行职务，虽然对执行职务有一定程度的妨害，但不能构成本罪。

当然，《刑法》第 277 条规定了未使用暴力、威胁方法，但造成严重后果构成妨害公务罪的情形，但只限于故意阻碍国家安全机关、公安机关依法执行国家安全工作任务，而本案曹州市交通局稽查大队的人员显然不属于国家安全机关、公安机关的人员，不能适用此规定。

因此，对本起事件涉案被告人可以批评教育，或进行治安管理处罚。

本起事件发生于 2014 年 5 月 11 日，对于被告人王某河来说，他没有参与该起事件，与其无关。

8. 关于非法拘禁罪

被告人王某河不构成非法拘禁罪。

根据《刑法》第 238 条规定，所谓非法拘禁罪，就是指以拘押、禁闭或者其他强制方法，非法剥夺他人人身自由的行为。其犯罪构成为：主观方面是故意，并以剥夺他人人身自由为目的。客观方面表现为非法剥夺他人身体自由的行为，即非法拘禁他人或者以其他方法剥夺他人行动自由的行为。

一般来说，非法拘禁行为只有达到相当严重的程度才构成犯罪。如何判断是否达到相当严重的程度呢？最高人民检察院《关于人民检察院直接受理立案侦查案件立案标准的规定》（高检发释字〔1999〕2号）规定：非法拘禁罪是指以拘禁或者其他强制方法非法剥夺他人人身自由的行为。国家机关工作人员涉嫌利用职权非法拘禁，具有下列情形之一的，应予立案：（1）非法拘禁持续时间超过24小时的；（2）3次以上非法拘禁他人，或者一次非法拘禁3人以上的；（3）非法拘禁他人，并实施捆绑、殴打、侮辱等行为的；（4）非法拘禁，致人伤残、死亡、精神失常的；（5）为索取债务非法扣押、拘禁他人，具有上述情形之一的；（6）司法工作人员对明知是无辜的人而非法拘禁的。在司法实践上，对于一般主体的立案标准没有法定，也没有司法解释的规定，一般是参照该标准。本案情况如下。

第一，本案公诉机关指控被告人王某河"限制王某印人身自由四个小时"，拘禁持续时间不足24小时。

第二，被告人王某河没有实施捆绑、殴打、侮辱行为。

从在卷证据与公诉机关指控的行为来看，被告人王某河因误解被害人王某印举报他而与其打架，后来一起去交通局对质，在车上没有打架，更无殴打、捆绑、侮辱行为，而且当天还一起喝酒，最终和解。

第三，本案无3次以上非法拘禁他人，或者一次非法拘禁3人以上的情形。

第四，本案没有致人伤残、死亡、精神失常的情形。

根据高检发释字〔1999〕2号，再根据《刑法》第238条第4款，对国家工作人员处罚重于一般主体的规定，可以得出这个结论：被告人王某河连国家工作人员的犯罪标准都没有达到，一般主体的犯罪标准就更没有达到。

因此，本起事件不符合非法拘禁罪的构成要件，不构成非法拘禁罪。

9. 关于保险诈骗罪

关于保险诈骗罪，辩护人对公诉机关指控的罪名和事实不持异议。但根据《刑法》第198条的规定，"进行保险诈骗活动，数额较大的，处5年以下有期徒刑或者拘役，并处1万元以上10万元以下罚金。"再根据最高人民法院《关于审理诈骗案件具体应用法律的若干问题的解释》（法发〔1996〕32号）的规定，"个人进行保险诈骗数额在1万元以上的，属于'数额较大'"。因为被告人王某河保险诈骗的数额为15 480元，刚刚达到起刑点，又无其他严重情节，建议量刑1年以下有期徒刑或者拘役。

10. 关于伪造公文、证件罪

根据《刑法》第280条伪造、变造、买卖国家机关公文、证件、印章罪的规定，伪造、变造、买卖或者盗窃、抢夺、毁灭国家机关的公文、证件、印章的，处 3 年以下有期徒刑、拘役、管制或者剥夺政治权利，并处罚金；情节严重的，处 3 年以上 10 年以下有期徒刑，并处罚金。所谓伪造，是指无权制作者制作假的公文、证件或印章，既包括根本不存在某一公文、证件或印章而非法制作出一种假的公文、证件和印章，又包括在存在某一公文、证件或印章的情况下而模仿其特征而复印、伪造另一假的公文、证件或印章。既包括非国家机关工作人员的伪造或制作，又包括国家机关工作人员未经批准而擅自制造。另外，模仿有权签发公文、证件的负责人的手迹签发公文、证件的，亦应以伪造论处。所谓变造，则是对真实的公文、证件或印章利用涂改、擦消、拼接等方法进行加工、改制，以改变其真实内容。所谓买卖，即对国家机关公文、证件或者印章实行有偿转让，包括购买和销售两种行为。至于买卖的公文、证件或印章，既可以是真实的，也可以是伪造或者变造的。

而本案被告人王某河的行为是向制作假证件者提供了信息资料，购买并使用了假证件。被告人王某河不是伪造人，而真正的伪造人是制作者即办假证的人；而购买并使用假证件的行为在《刑法》第 280 条中并没有规定为犯罪，对这一行为规定为犯罪的是《刑法修正案（九）》。根据法不溯及既往的溯及力原则，被告人王某河的该行为发生于《刑法修正案（九）》2015 年 11 月 1 日之生效前，不构成犯罪。

再退一步说，如果认定构成犯罪，根据《刑法》第 280 条（伪造、变造、买卖国家机关公文、证件、印章罪）的规定，伪造、变造、买卖或者盗窃、抢夺、毁灭国家机关的公文、证件、印章的，处 3 年以下有期徒刑、拘役、管制或者剥夺政治权利，并处罚金；情节严重的，处 3 年以上 10 年以下有期徒刑，并处罚金。本案显然达不到情节严重，建议量刑 1 年以下有期徒刑或者拘役。

（五）辩护意见与裁判结果

本案关于被告人王某河不构成组织领导黑社会性质组织罪的辩护意见未被采纳，其他个案的辩护意见部分被采纳。

第二节　贩卖毒品罪

一、罪名解读

（一）刑法规定

《刑法》第 347 条规定，走私、贩卖、运输、制造毒品，无论数量多少，都应当追究刑事责任，予以刑事处罚。

走私、贩卖、运输、制造毒品，有下列情形之一的，处15年有期徒刑、无期徒刑或者死刑，并处没收财产：

（1）走私、贩卖、运输、制造鸦片1000克以上、海洛因或者甲基苯丙胺50克以上或者其他毒品数量大的；

（2）走私、贩卖、运输、制造毒品集团的首要分子；

（3）武装掩护走私、贩卖、运输、制造毒品的；

（4）以暴力抗拒检查、拘留、逮捕，情节严重的；

（5）参与有组织的国际贩毒活动的。

走私、贩卖、运输、制造鸦片200克以上不满1000克、海洛因或者甲基苯丙胺10克以上不满50克或者其他毒品数量较大的，处7年以上有期徒刑，并处罚金。

走私、贩卖、运输、制造鸦片不满200克、海洛因或者甲基苯丙胺不满10克或者其他少量毒品的，处3年以下有期徒刑、拘役或者管制，并处罚金；情节严重的，处3年以上7年以下有期徒刑，并处罚金。

单位犯第2款、第3款、第4款罪的，对单位判处罚金，并对其直接负责的主管人员和其他直接责任人员，依照各该款的规定处罚。

利用、教唆未成年人走私、贩卖、运输、制造毒品，或者向未成年人出售毒品的，从重处罚。

对多次走私、贩卖、运输、制造毒品，未经处理的，毒品数量累计计算。

（二）概念与犯罪构成

1. 概念

贩卖毒品罪，是指明知是毒品而非法销售或者以贩卖为目的而非法收买毒品的行为。来自于选择性罪名走私、贩卖、运输、制造毒品罪。

2. 犯罪构成

（1）主体。本罪的主体是一般主体，即达到刑事责任年龄且具有刑事责任能力的自然人均可成为本罪主体。根据《刑法》第17条第2款，已满14周岁未满16周岁的未成年人贩卖毒品的，应当负刑事责任。对于被利用、教唆、胁迫参加贩卖毒品犯罪活动的已满14周岁不满16周岁的人，一般可以不追究其刑事责任。

（2）主观方面。本罪在主观方面表现为故意，且是直接故意，即明知是毒品而贩卖，过失不构成本罪。如果行为人主观上不明知是毒品，而是被人利用而实施了贩卖行为，就不构成犯罪。一般是以营利为目的，但也不能排除其他目的，法律没有要求构成本罪必须以营利为目的。

（3）客观方面。客观方面表现为走私、贩卖、运输、制造毒品的行为。

走私，即携带毒品出入国（边）境的行为。贩卖，指有偿转让毒品或者以贩卖为目的而收购毒品。《刑法》第 355 条规定，向走私、贩卖毒品的犯罪分子或者以牟利为目的，向吸食、注射毒品的人提供国家规定管制的能够使人形成瘾癖的麻醉药品、精神药品的，也构成贩卖毒品的行为。运输，将毒品从一个地方转移到另一个地方，两地之间的距离一般应比较远。制造，即用一定原料，经过一定的化学、生物的方法，制造出新的毒品的行为。《刑法》第 350 条规定，明知他人制造毒品而为其生产、买卖、运输醋酸酐、乙醚、三氯甲烷等制造毒品的原料或配剂的，以制造毒品的共犯论处。

贩卖假毒品的处理：明知是假毒品而当成真毒品贩卖以获取非法利益的，是诈骗罪；将假毒品误以为是真毒品而予以贩卖的，构成贩卖毒品罪的对象不能犯未遂。

非法持有毒品罪，指违反国家毒品管制法律，非法持有毒品数量较大的行为。

持有是一种事实上的支配与被支配的关系，即行为人与毒品之间存在着支配与被支配的关系。在行为人持有毒品的情况下，如果案件证据能够证明行为人是为了进行走私、制造、贩卖、运输毒品或为他人窝藏毒品，按照相应的罪名定罪；如果不能证明这些犯罪的存在，则成立非法持有毒品罪。

（4）客体。本罪侵犯的客体是国家对毒品的管理制度和人民群众的生命健康。由于鸦片、海洛因、甲基苯丙胺等麻醉药品和精神药品既有医用价值，又能使人形成瘾癖，使人体产生依赖性。因而，犯罪分子利用来牟取非法利润。近几年来，国际上制毒、贩毒、走私毒品活动不断向我国渗透或借道我国向第三国运输。国内一些不法分子大肆进行制造毒品、贩卖毒品的犯罪活动，使大量毒品流入社会，严重地损害了他人的身体健康。为此国家陆续颁布了一系列的法律、法规，严格控制麻醉药品、精神药物的进出口等活动，严禁非法走私毒品活动。如《中华人民共和国药品管理法》《麻醉药品和精神药品管理条例》《麻醉药品和精神药品生产管理办法（试行）》等法规都对麻醉药品和精神药品的供应、运输、生产等做了具体而严格的规定，任何单位和个人违反上述法律规定，走私毒品的行为，都直接侵犯了有关毒品管制法规。

（三）犯罪对象

本罪的对象是毒品，毒品数量没有要求，无论走私、贩卖、运输、制造了多少毒品都构成犯罪。多次走私、贩卖、运输、制造毒品未经处理的，毒品数量累计计算。毒品数量以查证属实的走私、贩卖、运输、制造毒品的数量计算，不以纯度折算。根据《刑法》第357条规定："本法所称的毒品是指鸦片、海洛因、甲基苯丙胺（冰毒）、吗啡、大麻、可卡因以及国家规定管制的其他能够使人形成瘾癖的麻醉药品和精神药品。"目前，联合国关于麻醉药品种类规定了128种麻醉药品。精神药品种类表中共规定了99种精神药品。在我国的麻醉药品、精神药品种类表中，不仅规定了联合国规定的麻醉药品、精神药品，而且根据我国的情况，增加规定了一些公约中未规定的药品种类。除以上所列6种常见的毒品外，同时还明确将"国家规定管制的其他能够使人形成瘾癖的麻醉药品和精神药品"列为毒品。1987年11月和1988年11月国务院发布的《麻醉药品管理办法》和《精神药品管理办法》中规定，麻醉药品是指连续使用后易产生生理依赖性，能形成瘾癖的药品。包括阿片类、可卡因类、大麻类、合成麻醉药类及卫生部指定的其他易成瘾癖的药品、药用原植物及其制剂，如鸦片、海洛因、吗啡、可卡因、哌替啶等。精神药品是指直接作用于中枢神经系统，使之兴奋或抑制，连续使用能产生依赖的药品。如甲基苯丙胺（去氧麻黄素）、安纳咖、甲喹酮等。

（四）贩卖毒品方式

贩卖毒品的行为多种多样。下列行为应属于贩卖毒品的行为：（1）将毒品买入后又转手卖出，从中牟利的；（2）将家中祖传下来的毒品卖出牟利的；（3）制造毒品后销售的；（4）以毒品为流通手段交换商品和其他货物的；（5）以毒品支付劳务费或者偿还债务的；（6）赊销毒品的；（7）介绍毒贩，从中牟利的；（8）依法从事生产、运输、管理、使用国家管制的麻醉药品、精神药品的单位和人员，违反国家规定，以牟利为目的，向吸食、注射毒品的人员提供国家管制的麻醉药品、精神药品的。

二、案例

案例15　尚某庆等贩卖毒品案

（一）起诉书指控的犯罪事实

公诉机关指控，2014年10月12日，被告人王某剑为谋私利，由被告人尚某庆居中介绍，在郓城县黄安镇以2300元的价格卖给郭某本冰毒9克，被告人尚某庆从王某剑处获利1克冰毒吸食。

（二）本案争议焦点

（1）贩卖毒品的数量问题；（2）居间贩卖毒品的认定问题。

（三）辩护方案

关于毒品犯罪，刑法虽有规定，但对一些适用法律的具体问题需要作出进一步的明确，辩护方案就是以最高人民法院的司法解释为依据，论证本案被告人贩卖毒品的数量问题和居间贩卖毒品的认定问题。

（四）辩护意见

现就该案的事实及法律适用发表如下辩护意见。

1. 公诉机关指控被告人尚某庆贩卖毒品的数量事实不清

该事实不清，不能认定被告人尚某庆居中介绍贩卖冰毒 9 克的事实。

我国关于居间介绍贩卖毒品的规定经历了以下几个阶段。

第一个阶段，1994 年 12 月 20 日最高人民法院《关于适用〈全国人民代表大会常务委员会关于禁毒的决定〉的若干问题的解释》第 2 条第 4 款规定，居间介绍买卖毒品的，无论是否获利，均以贩卖毒品罪的共犯论处。

第二个阶段，2000 年 4 月 4 日《全国法院审理毒品犯罪案件工作座谈会纪要》（《南宁会议纪要》）规定，"有证据证明行为人不是以营利为目的，为他人代买仅用于吸食的毒品，毒品数量超过《刑法》第 348 条规定数量最低标准，构成犯罪的，托购者、代购者均构成非法持有毒品罪"。

因这种情况中的居间行为人与贩卖毒品行为人在贩卖的故意上缺乏必要的联系和沟通，不应属于居间介绍买卖毒品，因此不能以贩卖毒品罪的共犯论处。但是对于行为人为他人代购仅用于吸食的毒品且从中牟利的情况，没有作出明确规定，致使司法实践中存在分歧。

第三个阶段，最高人民法院于 2008 年出台的《全国部分法院审理毒品犯罪工作座谈会纪要》（《大连会议纪要》）新增规定，对代购者为吸毒人员代买毒品并牟利的，应以贩卖毒品罪定罪。

通过对相关法律规定的梳理可以发现，对于居间介绍买卖毒品行为有以下几种情况。

（1）居间介绍人为吸毒者介绍卖毒者，帮助吸毒者购买毒品的。在这种情况下，居间介绍人的行为在客观上虽然对卖毒者的贩毒活动起到了帮助作用，促成了毒品交易，具有一定的社会危害性，但从主观上看，居间介绍人并没有帮助卖毒者进行贩卖毒品的故意，而仅是为了帮助吸毒者能够买到毒品，使其达到消费毒品的目的。因此，不能以贩卖毒品罪的共犯论处。对此，《南宁会议纪要》中也明确指出："有证据证明行为人不是以营利为目的，为他人代买仅用于吸食的毒品，毒品数量超过《刑法》第 348 条规定数量最低标准，构成犯罪的，托购者、代购者均构成非法持有毒品罪"。该规定表明，即便是为吸毒者向贩毒者代购毒品的，只要不是以从中加价牟利为目的，都不能以贩卖毒品罪的共犯论处。如需定罪处罚的，也只能以非法持有毒品罪追究刑事责任。

（2）居间介绍人为以贩卖毒品为目的的购毒者介绍卖毒者，帮助其购买毒品的。在这种情况下，只要居间介绍人明知他人购买毒品的目的是贩卖，仍为之介绍卖毒者，帮助其购买毒品的，无论其是否从中获利，都表明其与以贩卖毒品为目的的购毒者之间存在共同故意，并成为后者的帮助犯，应以贩卖毒品罪的共犯论处。反之，如果居间介绍人确实不知他人购买毒品的目的是贩卖，虽然其居间介绍行为客观上促成了交易双方的毒品贩卖活动，但既不能成立以贩卖毒品为目的的购毒者的帮助犯，也不能成立卖毒者的帮助犯，即不应以贩卖毒品罪的共犯论处。

（3）居间介绍人为卖毒者介绍买毒人，在二者之间牵线搭桥，促成毒品交易的，成立卖毒者的帮助犯，应当以贩卖毒品罪的共犯论处。

关于居间介绍买卖毒品的行为，行为人帮助购买毒品者联系卖主的居间介绍行为主要包括三类：一是帮助自吸者介绍或联系购买毒品，不以牟利为目的，一般不追究刑事责任，毒品数量超过《刑法》第348条规定数量最低标准，构成犯罪的，对代购者可以非法持有毒品罪论处；二是行为人以牟利为目的，在毒品交易环节进行加价出售转手倒卖的行为，其行为独立构成贩卖毒品罪，牟利一般是谋取金钱利益，如果行为人仅仅是拿回之前垫付的车资、交通费用等，不属于牟利。有的居间介绍人在提供毒源信息后，从吸毒者处获取少量毒品吸食作为报酬、好处，这种情况下居间人不具备帮助贩卖毒品者贩卖的故意，一般不宜以犯罪论处；三是居间介绍人为以贩卖毒品为目的的购毒者介绍卖毒者的，属于购毒者的帮助犯，应当以贩卖毒品罪追究刑事责任。

2. 关于本案公诉机关指控的被告人尚某庆居间介绍贩卖9克冰毒的事实

本案中，被告人尚某庆是帮助毒品吸食者郭某本向被告人王某剑购买毒品，而不是帮助王某剑贩卖毒品；更准确地说，是被告人尚某庆与郭某本一起向王某剑购买毒品用于自己吸食。

（1）侦查卷第29页、30页王某剑讯问笔录记载："大约20天前的一天上午10点来钟的时候，尚某庆给我打电话说带个朋友来买冰毒，我问他要多少，他说要10克20克的，我就和他约在郓城县黄安镇见面，到下午3点多快4点的时候，尚某庆和他一个伙计开车找到我，见面后我在宾馆开了一个房间，试完货后，尚某庆给我讲价，最后讲到10克2500元，我答应了以后，尚某庆的朋友说那就没有过路过桥的钱了，要9克吧，2300元钱。我收完他们的2300元钱后，我给了他们9克，尚某庆跟我说：'我给你介绍了个客户，你不给我点？'，然后他从袋子里拿出一部分，我说：'都给你吧。'然后就把10克冰毒都给尚某庆他们了，他们就走了。"

"尚某庆给我打电话说带个朋友来买冰毒"，证明是尚某庆和朋友一起来买冰毒，不是帮助王某剑卖冰毒，充其量是帮助郭某本买冰毒。

"试完货后，尚某庆给我讲价，最后讲到 10 克 2500 元"，尚某庆是向卖毒者王某剑讨价还价，证明是购买行为，充其量是帮助购买行为，如果是帮助贩卖应当是向购买者郭某本讨价还价。

现有证据表明，尚某庆和郭某本购买的这 9 克冰毒都用于了自己吸食。

（2）侦查卷第 54 页、55 页尚某庆讯问笔录："20 多天前，我朋友郭某妮（男，25 岁，家是龙泉郭庄村的，他的名字可能叫郭某本）因为和他媳妇闹离婚，心情不好，想弄点冰毒玩，我就想到了姓黄的人，我就给他联系说我有个朋友想买点冰毒，要个 10 克 20 克的，姓黄的答应了。我们约在黄安镇见面，那天下午三四点钟，我和郭某妮开着他的银色雪铁龙轿车去的。姓黄的先在一个宾馆开了房间，我们试吸完。然后给姓黄的谈价格，我最后给他讲价讲到 2500 元买 10 克。郭某妮没带这么多钱，只用 2300 元钱买了 9 克。买完后，我见姓黄的还有点货，我就想要过来，就对他说介绍了个客户，你得给我点。姓黄的就把剩下的大约 1 克冰给我了，算是给我的好处。"

尚某庆的供述与王某剑的供述一致，进一步证明尚某庆和郭某本一起来向王某剑（笔录中的"姓黄的"）购买冰毒，不是帮助王某剑贩卖冰毒的事实。

（3）侦查卷第 67 页、68 页郭某本讯问笔录："当时我开的雪铁龙轿车，银灰色的，车牌号是鲁 D6G820，我到银行取完钱，加上身上的钱一共 2200 多块钱，然后到国运物流接了文某（尚某庆），文某当时带了 400 多块钱，我们就一起去了，……我们先在房间里面溜的冰，文某就给他伙计谈价格，最后谈到 2500 元 10 克，我和文某来的时候一共带了 2600 元钱，还加了 200 块钱的汽油，回去的话还需要钱，我就给文某说咱没这么多钱了，文某说要不然要 9 克吧，我说行。然后我们就买了 9 克冰毒。"

郭某本的供述证明尚某庆和郭某本一起凑了 2600 元钱由曹州去郓城县黄安镇向王某剑购买冰毒的事实。是共同出资购买冰毒用于自己吸食，不是帮助王某剑贩卖冰毒。

总结如下。

一是公诉机关指控的被告人尚某庆居间介绍贩卖 9 克冰毒的事实只有王某剑、尚某庆、郭某本的口供，没有其他证据证实。根据刑事诉讼法关于证据的规定，只有被告人的口供没有其他证据证明的不能定罪量刑。

二是上述三人的口供只是证明了尚某庆、郭某本向王某剑购买毒品用于自己吸食的事实，不能证明尚某庆介绍贩卖冰毒的事实。

三是尚某庆、郭某本向王某剑购买 9 克冰毒后又向王某剑要了 1 克的性质问题。根据最高人民法院《大连会议纪要》新增规定，对代购者为吸毒人员代买毒品并牟利的，应以贩卖毒品罪定罪。牟利一般是谋取金钱利益，如果行为人仅仅是拿回之前垫付的车资、交通费用等，不属于牟利。居间介绍人在提供毒源信息后，从吸毒者处获取少量毒品吸食作为报酬、好处，这种情况下居间人不具备帮助贩卖毒品者贩卖毒品的故意，一般不宜以犯罪论处。对被告人尚某庆在该事实中不能认定有牟利行为，当然也就不能认定其行为为帮助贩卖毒品。

3. 公诉机关指控的被告人尚某庆其他犯罪事实

公诉机关指控的被告人尚某庆其他犯罪事实有 3 起，分别是：

（1）2014 年 10 月 23 日，被告人王某剑、尚某庆经预谋后，在曹州市万家宾馆以 300 元每克的价格卖给胡某冰毒 2 克，该冰毒部分被胡某吸食，剩余 1.58 克被查获。

（2）2014 年 10 月 23 日，被告人王某剑、尚某庆经预谋后，在曹州市静雅大酒店附近以 300 元每克的价格卖给史某福冰毒 1 克，该冰毒被史某福吸食。

（3）2014 年 10 月 23 日，被告人王某剑、尚某庆经预谋后，在曹州市万家宾馆楼下以 300 元每克的价格卖给李某鹏、韩某冰毒 1 克。

该 3 起事实发生在 2014 年 10 月 23 日同一天，除现场查获的 1.58 克外，主要依据是被告人的口供。

一是侦查卷第 31 页、32 页王某剑讯问笔录记载："到晚上 9 点来钟的时候，我听尚某庆打电话说是到宾馆附近的一个什么小区送货去，我也没听清是什么小区，尚某庆就拿了 1 克冰毒下楼了，过了一会他回来给了我 300 块钱。""又过了一会，大约是晚上 10 点多钟，尚某庆的大哥来了，他开始说要 2 克，我就把两个 1 克的袋子合到一起了，这时候尚某庆就让我到内屋上网，过了一会，我听见有关门的声音，我就出来看，见我合在一起的那 2 克冰毒没有了，我就问尚某庆那袋冰毒呢，尚某庆说让他大哥买走了，给了 300 块钱。那时候我就觉得尚某庆有点骗我了。""尚某庆的大哥走了没多大会，我有点饿了，就和尚某庆一起出去吃饭，吃饭的时候，我给梦某打了一个电话……他说要 1 克……我把我的建设银行的银行卡号发给他，过了一会他给我打了 300 块钱，我给他说把冰毒送到静雅大酒店附近，然后我让尚某庆帮我引路，我把冰毒放到静雅大酒店旁边的一个北辛什么市场的柱子下面，用黄金叶烟盒包着。"

二是侦查卷第 55 页、56 页尚某庆讯问笔录记载："姓黄的到万家宾馆后，拿出身上带的麻古和冰毒，让我帮忙卖掉，价格大约是 300 元 1 袋。这样我就联系了我的朋友胡某，胡某去后先吸了一点，后又留下 300 元钱买走了一袋。

接着姓黄的一个朋友联系他买毒，姓黄的不想跟他见面，就让他先打了款，确认收到钱后，姓黄的让我用摩托车驮着他把冰毒放到静雅酒店旁边的柱子下面。后来我又联系了某城，说我朋友还有 1 克货，让他找人来买，价格便宜才 400 元。某城到万家宾馆来拿货时，公安局的人把我们都抓了。"

该两位被告人的供述，包括其他人史某福、李某鹏、韩某等人的供述和证言，证明卖给胡某的 2 克冰毒和卖给"某城"也就是起诉书指控的卖给李某鹏、韩某的 1 克冰毒，被告人尚某庆的行为才是真正的居间介绍贩卖毒品；而卖给史某福的 1 克冰毒，被告人尚某庆只是骑摩托车带着王某剑将冰毒放到柱子下面，是典型的帮助行为。不管是居间介绍还是单纯的帮助，被告人尚某庆的行为在该 4 克冰毒的贩卖行为中都是从犯。

4. 本案的证据瑕疵

（1）本案证据主要是被告人的口供，缺少必要的书证和物证。

（2）在起诉的卖给李某鹏、韩某冰毒 1 克冰毒没有银行打款记录证明。

（3）对查获的冰毒的鉴定报告中，只是说检查出甲基苯丙胺成分，未载明含量。

综上，辩护人认为公诉机关指控的被告人尚某庆居间介绍贩卖 9 克冰毒事实不清证据不足，是共同购买吸食行为，充其量是帮助购买吸食行为，不构成犯罪。公诉机关指控的被告人尚某庆其余共计 4 克冰毒的贩卖事实，属于居间介绍和帮助行为，应认定为从犯。

（五）辩护意见与裁判结果

被告人尚某庆被判处 2 年有期徒刑，部分辩护观点被采纳。